edition suhrkamp

Redaktion: Günther Busch

D1844177

Die gegenwärtigen Entwicklungen des weltwirtschaftlichen Systems machen schon für einen aufmerksamen Zeitungsleser deutlich, daß a) Umfang und Intensität der wirtschaftlichen Interaktionen, die politische Grenzen überschreiten, tendenziell zunehmen, und b) ökonomische Prozesse sich nicht auf der Ebene traditioneller Nationalstaaten abspielen und beschreiben oder gar kontrollieren lassen. Diesen Entwicklungen liegen tiefgreifende Veränderungen der Struktur der Weltwirtschaft zugrunde, die insgesamt und unter verschiedenen einzelnen Aspekten in diesem Band erörtert werden.

Starnberger Studien 4

Margaret Fay, Ernest Feder,
Andre Gunder Frank, Folker Fröbel,
Jürgen Heinrichs, Otto Kreye,
Anne-Marie Münster, Barbara Stuckey

Strukturveränderungen in der kapitalistischen Weltwirtschaft

Suhrkamp Verlag

Herausgeber: Max-Planck-Institut zur Erforschung der Lebensbedingungen der wissenschaftlich-technischen Welt, Starnberg. Redaktion: Tilman Spengler.

edition suhrkamp 982
Erste Auflage 1980
© Suhrkamp Verlag, Frankfurt am Main 1980. Erstausgabe. Printed in Germany. Alle Rechte vorbehalten, insbesondere das der Übersetzung, des öffentlichen Vortrags und der Übertragung durch Rundfunk und Fernsehen, auch einzelner Teile.
Satz: LibroSatz, Kriftel. Druck und Bindung bei Georg Wagner, Nördlingen. Gesamtausstattung Willy Fleckhaus.

Inhalt

Vorwort

Diejenige akademische Disziplin, die ökonomische Tatbestände und Entwicklungen sowie deren politische und gesellschaftliche Voraussetzungen und Folgen zu beschreiben und zu erklären für sich in Anspruch nimmt, nennt sich in diesem Lande »Volkswirtschaftslehre« oder »Nationalökonomie«. Der Gegenstand dieser Forschung wird also territorial durch die Grenzen eines (National-)Staates bestimmt. Nach dieser Auffassung gibt es einzelne Volkswirtschaften, die zunächst als von einander getrennte Einheiten existieren, die jedoch miteinander Beziehungen eingehen können. Unter dem Titel »Außenhandelsbeziehungen« werden sie quasi in einem Appendix zur vorherrschenden volkswirtschaftlichen Theorie abgehandelt. Die Weltwirtschaft und die internationale Arbeitsteilung sind gemäß dieser theoretischen Vorentscheidung lediglich das resultierende Aggregat der Interaktionen der einzelnen Volkswirtschaften.

Die Autoren dieses Bandes haben einen grundsätzlich anderen Begriff von der Weltökonomie. Das Kapital hat seine Verwertung immer schon – das heißt: seit rund fünfhundert Jahren – weltweit organisiert und betrieben. Mit der dem Kapital eigenen Tendenz zur Expansion strebt es über jede Grenze hinaus und hat von Anfang an einen expandierenden Weltmarkt konstituiert, demgegenüber die einzelnen »Volkswirtschaften« nur als die Segmente dieses Weltmarks richtig verstanden werden können. Das Kapital hat sich zu seiner Verwertung die ihm jeweils erreichbare Welt, also deren Menschen und stoffliche Güter, gegen den spontanen oder organisierten Widerstand der Menschen als der Produzenten verwertbarer Güter – soweit der Widerstand es zuließ – unterworfen, und zwar unter Benutzung auch der Staaten und ihrer Machtmittel.

Die gegenwärtigen Entwicklungen des weltwirtschaftlichen Systems machen schon für einen aufmerksamen Zeitungsleser deutlich, daß a) Umfang und Intensität der wirtschaftlichen Interaktionen, die politische Grenzen überschreiten, tendenziell zunehmen, und b) ökonomische Prozesse sich nicht auf der Ebene traditioneller Nationalstaaten abspielen und beschreiben oder gar kontrollieren lassen. Diesen Entwicklungen liegen tiefgreifende Veränderungen der Struktur der Weltwirtschaft zugrunde, die insgesamt und unter verschiedenen einzelnen Aspekten in diesem Band erörtert werden.

Die Autoren danken Tilman Spengler für seine Anregungen und seine Mithilfe bei der Fertigstellung der Beiträge.

Folker Fröbel

Zur gegenwärtigen Entwicklung der Weltwirtschaft

Die kapitalistische Weltwirtschaft hat in den beiden ersten Jahrzehnten nach dem Zweiten Weltkrieg den größten Boom ihrer Geschichte erlebt. Der Boom ist Ende der sechziger Jahre zu Ende gegangen. Seitdem befindet sich die Weltwirtschaft in einer Phase verlangsamten Wachstums, intensivierten Strukturwandels und erhöhter politischer Unsicherheit.

Der folgende Aufsatz ruft einleitend einige empirische Indizien für diesen Vorgang in Erinnerung, um dann immanente Entwicklungstendenzen des ökonomisch-politischen Akkumulationsmodells der beiden ersten Nachkriegsjahrzehnte aufzuzeigen, die das Expansionspotential dieses Modells haben aushöhlen helfen, ohne daß ein Übergang zu einem anderen Akkumulationsmodell mit erneuertem Expansionspotential bisher schon eindeutig vorgezeichnet oder gar politisch entschieden wäre.

Das Thema bringt es mit sich, daß allgemeine Trends oder Tendenzen der Akkumulation im Mittelpunkt des Aufsatzes stehen, Tendenzen, deren Konkretisierung, Modifikation oder Aufhebung durch »lokale« Besonderheiten nicht mehr im einzelnen analysiert wird. Hier müssen weitere Untersuchungen einsetzen.

1. *Zahlreiche Indizien der kapitalistischen Entwicklung lassen einen ausgeprägten Kontrast zwischen den beiden Jahrzehnten vor und dem Jahrzehnt nach dem Ende der sechziger/Anfang der siebziger Jahre erkennen.* Die kapitalistische Weltwirtschaft hat demnach wieder einmal einen Wendepunkt ihrer Entwicklung durchlaufen. Stichwortartig sei die Aussage einiger dieser Indizien für die ersten Jahre nach diesem Wendepunkt in Erinnerung gerufen; die jeweils kontrastierende Aussage für die beiden Jahrzehnte davor wird nicht eigens aufgeführt.

– Drastischer Rückgang der gesamtwirtschaftlichen Wachstumsraten der Marktwirtschaften insgesamt, insbesondere aber der Industrieländer für sich genommen

– Sinkender oder vergleichsweise niedriger Auslastungsgrad industrieller Kapazitäten in den Industrieländern
– Rückgang oder Stagnation industrieller Anlageinvestitionen in den Industrieländern (»Investitionslücke«)
– Zunehmender oder vergleichsweise hoher Anteil von Ersatz- und Rationalisierungsinvestitionen, zurückgehender oder vergleichsweise niedriger Anteil von Erweiterungsinvestitionen in den Industrieländern
– Änderungen in der Struktur der internationalen Arbeitsteilung: In der verarbeitenden Industrie Produktionsverlagerungen nicht mehr nur im wesentlichen aus Industrieländern in andere Industrieländer (USA – Westeuropa) oder innerhalb von Industrieländern (traditionelle industrielle Zentren – industriell zurückgebliebenes Hinterland), wie in der vorangegangenen Phase, sondern nun in wachsendem Ausmaß auch aus Industrieländern in Entwicklungsländer und in zentrale Planwirtschaften; in der Landwirtschaft Aufnahme sog. nicht-traditioneller weltmarktorientierter Produktionen in Entwicklungsländern (zum Beispiel Obst, Gemüse, Blumen, Fleisch); im Dienstleistungsbereich zunehmende Einbeziehung der Entwicklungsländer beispielsweise durch das Touristik-Gewerbe
– Rasche Ausbreitung von Produktionsstätten und Produktionsstandorten neuen Typs in vielen Entwicklungsländern und zentralen Planwirtschaften: Weltmarktfabriken für weltmarktorientierte (Teil-)Fertigungen in Freien Produktionszonen, in Exportenklaven und an sonstigen Standorten, mit einer auf dem Weltmarkt – nicht nur, unter Bedingungen der Protektion, auf dem jeweiligen Binnenmarkt – wettbewerbsfähigen, freilich in der Regel sehr fragmentierten, sehr instabilen (konjunkturreagiblen) und auf der jeweiligen lokalen Wirtschaft und Gesellschaft parasitierenden Produktionsstruktur
– »Strukturkrisen« industrieller Branchen: Die internationale Wettbewerbsfähigkeit einer Fertigung an den traditionellen Standorten in Industrieländern ist durch kostengünstigere Fertigungen an neuen Standorten (zunehmend auch in Entwicklungsländern und zentralen Planwirtschaften) bedroht; Beispiele sind die Chemiefaser-, Textil- und Bekleidungsindustrie, die Leder- und Schuhindustrie, die Stahlerzeugung, der Schiffbau, die Uhrenindustrie, die optische Industrie, Teile des Maschinenbaus und der Elektroindustrie
– Zunehmende internationale Synchronisierung der Konjunkturzyklen – die Rezession von 1974/75 war die erste allgemeine Rezession seit Ende des Zweiten Weltkriegs! –, so daß die Möglichkeit einer national konzipierten anti-zyklischen Wirtschaftspolitik, die vordem von der internationalen Ungleichzeitigkeit der nationalen Konjunkturzyklen profitierte, immer prekärer geworden ist; die bislang wenig erfolgreichen Ansätze zu einer weltweit koordinierten Wirtschaftspolitik, die den veränderten weltwirtschaftlichen Gegebenheiten Rechnung tragen soll (»Weltwirtschaftsgipfel«), haben den nachhaltig erschütterten neokeynesianischen Optimis-

mus der wirtschaftspolitischen Möglichkeit einer Prävention kapitalistischer Wirtschaftskrisen nicht wiederbeleben können

– Erhöhung der durchschnittlichen Inflationsraten

– Zusammenbruch des Systems von Bretton Woods mit dem US-Dollar als Leitwährung: Symbol der Erosion der weltwirtschaftlichen Hegemonie der Vereinigten Staaten

– Drastische Umverteilung der weltweiten Einkommen aufgrund der sog. Ölkrise, unter anderem ablesbar an veränderten Welthandelsstrukturen und verschärften Zahlungsbilanzproblemen vieler Entwicklungsländer

– Zunehmende Zahl von (staatlich geduldeten oder geförderten) Krisenkartellen

– Öffentliche Subventionierung »notleidender« Branchen oder Unternehmen sowie zunehmende protektionistische Tendenzen in Industrieländern mit dem Ziel, Geschwindigkeit und soziale Auswirkungen »strukturell notwendiger Anpassungen« abzumildern

– Zunehmende oder auf vergleichsweise hohem Niveau stagnierende Arbeitslosenzahlen in den Industrieländern

– Zunehmendes Auseinanderklaffen der Qualifikationsstrukturen arbeitssuchender beziehungsweise nachgefragter Arbeitskräfte mit dem Ergebnis des Anwachsens des Anteils »struktureller« oder »friktioneller« Arbeitslosigkeit

– Das »soziale Netz« in den Industrieländern wird nicht mehr »enger geknüpft« (Verbesserung der Leistungen und Erweiterung des Kreises der Anspruchsberechtigten), sondern »sicherer«, sprich: tendenziell wieder weitmaschiger gemacht (Verschlechterung der Leistungen und Verengung des Kreises der Anspruchsberechtigten)

– Die Auseinandersetzungen zwischen den sog. Sozialpartnern um Reallöhne, Arbeitsplätze und Arbeitsbedingungen nehmen in den Industrieländern wieder an Schärfe zu

– In vielen Entwicklungsländern wird die kapitalistische Ausbeutung und Überausbeutung der Arbeitskraft neu organisiert, intensiviert und erweitert

– Präventiv oder komplementär zur Belebung ethnischer, nationaler, anti-imperialistischer, anti-kapitalistischer, feministischer, ökologischer etc. Bewegungen werden staatliche Legitimations-, Manipulations- und Repressionsapparate verstärkt.

Diese Liste von Indizien, die übereinstimmend für Ende der sechziger/Anfang der siebziger Jahre einen Wendepunkt der Entwicklung der kapitalistischen Weltwirtschaft erkennen lassen, könnte noch verlängert werden.[1] Wichtig ist aber an dieser Stelle nicht die Aussage dieses oder jenes Indizes für sich genommen; wichtig ist zunächst nur, daß zahlreiche Indizien in diesem einen zentralen Punkt übereinstimmen. Insbesondere läßt sich der Wendepunkt sogar noch auf der Ebene einiger der umfassendsten weltwirtschaftlichen Aggregatgrößen nachweisen. Dieser Nachweis, der verständlicherweise besonderes Gewicht besitzt, wird im Anhang des vorliegenden Aufsatzes geführt. Da für viele andere aufgeführte Indizien der entsprechende Nachweis nicht strittig ist und wir ihn zudem für einige Indizien an anderer Stelle im Detail erbracht haben (Strukturwandel des Textil- und Bekleidungsgewerbes, Produktionsverlagerungen der bundesdeutschen verarbeitenden Industrie, Freie Produktionszonen und Weltmarktfabriken)[2], sei hier auf weitere Belege verzichtet.

2. Wenn die Frage gestellt wird, wie dieser Wendepunkt der Entwicklung der kapitalistischen Weltwirtschaft in seinem ökonomischen Gehalt jenseits der Ebene einzelner Indizien zusammenfassend charakterisiert werden kann, so ist nach Ausweis der genannten vielfältigen und umfassenden Indizien zunächst einmal offensichtlich, daß der Wendepunkt – anders als es einige Autoren glauben machen wollen – mehr indiziert als solch vergleichsweise marginale oder kontingente Erscheinungen wie den Strukturwandel vereinzelter industrieller Branchen (Bekleidungsindustrie, Teile der elektrotechnischen Industrie) oder die nachholende Internationalisierung der Industrie eines einzelnen Industrielandes (Bundesrepublik Deutschland) oder die Auswirkungen der Ölpreiserhöhungen.

Demgegenüber ist unverkennbar, daß die aufgeführten Indizien auf nichts weniger als das *Ende des Nachkriegsbooms* (des größten Booms in der Geschichte des Kapitalismus) und den *Beginn einer Phase deutlich verringerten weltwirtschaftlichen Wachstums bei gleichzeitigem Wandel einiger langjährig stabiler Strukturmerkmale der kapitalistischen Weltwirtschaft* verweisen.

Zu diesen Wandlungen zählt vor allem eine *Veränderung in der Struktur der internationalen Arbeitsteilung*. Beispielsweise ist neuerdings, in bemerkenswertem Gegensatz zu früheren Jahrzehnten und insbesondere zur voraufgegangenen Boomphase, ein *rasches Vordringen einer auf dem Weltmarkt wettbewerbsfähigen Produktion verarbeiteter Erzeugnisse in Entwicklungsländern* zu beobachten.[3] Seit ungefähr zehn Jahren werden Teile des immensen Arbeitskraftpotentials der Entwicklungsländer in wachsendem Umfang an Ort und Stelle für weltmarktorientierte industriekapitalistische

Produktion in der verarbeitenden Industrie genutzt – und nun nicht mehr nur, was die unmittelbare Beschäftigung in lokaler kapitalistischer Produktion angeht, in beschränktem Umfang in der Produktion einiger landwirtschaftlicher und bergbaulicher Rohstoffe für den Export sowie allenfalls in einer bescheidenen sog. importsubstituierenden verarbeitenden Industrie für den lokalen Konsum.[4]

Damit wird eine langjährige Phase regionaler Konzentration der kapitalistischen Produktion auf einige wenige traditionelle Zentren in einer kleinen Zahl von Industrieländern mit tendenzieller Vereinheitlichung der gesellschaftlichen Bedingungen der materiellen Produktion und der Reproduktion der Arbeitskraft (Arbeits-, Tarif-, Investitionsrecht, Sozialversicherung, Familienpolitik etc.) abgelöst von einer Bewegung der Dezentralisierung der kapitalistischen Produktion in Richtung auf bislang periphere Regionen auch außerhalb der Grenzen der traditionellen Industrieländer; die gesellschaftlichen Bedingungen der materiellen Produktion und der Reproduktion der Arbeitskraft werden durch diese und gleichlaufend mit dieser Bewegung wieder vermannigfacht: *internationale Dezentralisierung und gesellschaftliche Diversifizierung der materiellen Produktion und der Reproduktion der Arbeitskraft*.

Dieser spezielle Aspekt der gegenwärtigen Entwicklung der kapitalistischen Weltwirtschaft wird hier deswegen besonders herausgehoben, weil er sich einerseits auch dem Blick des oberflächlichsten Beobachters aufdrängt, und weil andererseits eine solche geographische Dezentralisierung und gesellschaftliche Diversifizierung in Phasen verlangsamten kapitalistischen Wachstums in der Geschichte des Kapitalismus einige ihres Folgenreichtums halber bemerkenswerte Parallelen besitzt, insbesondere die Installierung einer für überregionale, ja weltweite Märkte bestimmten ländlich-gewerblichen Warenproduktion in Teilen Europas vor der Industriellen Revolution und die Ablösung Englands als »workshop of the world« durch die industriekapitalistische Entwicklung einiger Länder Westeuropas und der Vereinigten Staaten im letzten Viertel des vergangenen Jahrhunderts. Selbstverständlich muß eine Interpretation und Erklärung der gegenwärtigen kapitalistischen Entwicklung, welche diesen speziellen Aspekt zum Ausgangspunkt wählt, auch den anderen Merkmalen der gegenwärtigen Entwicklung im Grundsatz Rechnung tragen können.

3. Die Mehrzahl aller vorliegenden Ansätze zur Interpretation und Erklärung der gegenwärtigen Entwicklung der kapitalistischen Weltwirtschaft ist wenig überzeugend. Dies gilt zunächst schon einmal für *Erklärungsversuche, die ad hoc eingeführt worden sind.*

Hinweise auf den Zusammenbruch des Systems von Bretton Woods und die Freigabe der Wechselkurse, auf die Erosion der weltwirtschaftlichen Dominanz und weltpolitischen Hegemonie der Vereinigten Staaten, auf die in den Industrieländern angeblich »zu hoch« (?) gestiegenen Arbeitskosten, auf die Investitionsschwäche bei gleichzeitigem Überwiegen von Rationalisierungs- gegenüber Erweiterungsinvestitionen in den Industrieländern bezeichnen zwar zutreffend einige Symptome weltweit veränderter Strukturen der Wettbewerbsfähigkeit »nationaler Ökonomien«, haben aber – ähnlich wie der schlichte Verweis auf einen angeblichen Mangel an sog. technischen Basisinnovationen – keinerlei tiefergehenden Erklärungswert.

Andere Ansätze versuchen, die seit Ende der sechziger/Anfang der siebziger Jahre beobachtbare weltweite Verlangsamung der Akkumulation auf die Jahre der Rezession 1974/75 einzugrenzen und mit der sog. Ölkrise von 1973/74 und ihren unmittelbaren Auswirkungen zu begründen (regional-sektorale Verlagerung und temporärer Rückgang der weltweiten zahlungsfähigen Nachfrage, temporäre Schwierigkeiten der Anpassung der Produktionsstrukturen an die veränderten Preis- und Nachfragestrukturen, etc.). Diese Ansätze sind allein schon angesichts der Chronologie der empirischen Indizien, insbesondere des zeitlichen Verlaufs der weltwirtschaftlichen Wachstumsraten, offensichtlich unzulänglich. Zwar vergrößert die sog. Öl- oder Energiekrise unzweifelhaft manche Schwierigkeiten in einer Phase, in der die weltweite Akkumulation aus anderen unabhängigen Gründen ohnehin schon verlangsamt ist. Die sog. Ölkrise ist aber andererseits auch funktional, wenn schon nicht inszeniert zur Verbesserung der Kapitalverwertung in der gesamten Energiewirtschaft (auf Kosten möglicherweise anderer Wirtschaftszweige); in vielen Ländern dürfte sie zudem energiepolitisch verschleierte Versuche einer Umverteilung des Volkseinkommens zugunsten des Kapitals erleichtern.

Noch andere Untersuchungen setzen sich zum Ziel, das »Verlagerungspotential« industrieller Branchen empirisch zu bestimmen. Beispielsweise werden Korrelationen zwischen dem Sach- und Ausbildungskapital pro Beschäftigten und der internationalen Wettbewerbsfähigkeit der Industrieländer in diesen Branchen errechnet (Institut für Weltwirtschaft, Kiel), oder es wird aufgrund der Ergebnisse von Unternehmensbefragungen die Relevanz einiger vorgegebener Motive für Produktionsverlagerungen gewichtet (zum Beispiel Ifo-Institut, München). Solche Untersuchungen tun zwar erste Schritte zu einer Deskription der Erscheinungen, kranken aber schon auf dieser Ebene an der Armut der als Bestimmungsgründe zugelassenen oder berücksichtigten Faktoren: Beispielsweise vernachlässigen sie die zentrale Rolle der Aufspaltung einzelner Fertigungen in Teilfertigungen; politische Bestimmungsfaktoren (»Investitionsklima« und ähnliches) werden tunlichst ignoriert oder durch pseudo-objektive Formulierungen als politische möglichst unkenntlich gemacht.

4. Im Gegensatz zu diesen unzulänglichen Partialanalysen (die aber immerhin zur Kenntnis nehmen, daß erklärungsbedürftige Strukturänderungen der Weltwirtschaft eingetreten sind) erheben *Ansätze im Rahmen überkommener Entwicklungstheorien* (zum Beispiel Stadientheorie des wirtschaftlichen Wachstums, Modernisierungstheorie, Dependenztheorie) einen umfassenderen Erklärungsanspruch.

Es kann heute nicht mehr ernsthaft bezweifelt werden, daß die Stadien- und Modernisierungstheorien schon bei der Analyse vergangener Phasen kapitalistischer Entwicklung im Weltmaßstab versagen. Ihre Grundvorstellung von einem inhaltlich im wesentlichen eindeutig bestimmten Entwicklungsablauf, dem alle Gesellschaften beziehungsweise Nationen auf dem Weg zur modernen Industriegesellschaft und zur »postindustriellen Gesellschaft« zu unterschiedlichen Zeiten unabhängig voneinander zwangsläufig folgen beziehungsweise folgen werden, schließt die Einsicht von vornherein kategorial aus, daß die, verglichen mit der Entwicklung der traditionellen Industrieländer, so grundsätzlich unterschiedene Entwicklung (»Unterentwicklung«) der sog. Entwicklungsländer Funktion ihrer subalternen Einbeziehung in den metropolitanen oder weltweiten Akkumulationsprozeß ist; alternative Entwicklungsabläufe sind nicht vorgesehen; für Änderungen der Struktur der internationalen Arbeitsteilung und für die Auslösung sog. Modernisierungsprozesse vermögen sie lediglich kontingente exogene Gründe zu benennen.

Die Theorien der Abhängigkeit (Dependenztheorien) sind aus der Kritik an den Stadien- und Modernisierungstheorien entstanden. Die Kritik ist gewiß berechtigt, insoweit sie die polare Einheit von »Entwicklung und Unterentwicklung« als ein Wesenselement des Kapitalismus hervorhebt und konkretisiert. Freilich ist in den Dependenztheorien darüber hinaus auch die politisch folgenreiche Tendenz angelegt, diese Einheit von »Entwicklung und Unterentwicklung« primär auf die komplementäre Entwicklung von Industrie- beziehungsweise Entwicklungsländern zu beziehen und zu einem unabänderlichen Fatum zu verabsolutieren, das im Rahmen kapitalistischer Entwicklung auf Weltebene immer wieder nur reproduziert wird (allenfalls »auf immer höherem Niveau«): Die kapitalistisch bestimmte weltweite Arbeitsteilung (re-)produziert immer wieder subaltern inkorporierte abhängige unterentwickelte Länder, die erstens einen systematischen Ressourcentransfer zugunsten des Zentrums (Fremdarbeiter, »brain drain«, ungleicher Tausch von Arbeitsquanten, Energie, Protein, Umweltverschmutzung etc.) und zweitens, wichtiger noch, eine systematische Distortion einer ansonsten möglichen eigenständigen Entwicklung erfahren. Ja, es wird sogar suggeriert, daß alle Länder, die irgendwann und irgendwie einmal den Status eines Entwicklungslandes und damit das Akkumulationsmodell des peripheren Kapitalismus aufoktroyiert erhielten, diesen inferioren Status so lange jedenfalls beibehalten werden, wie sie in das kapitalistische Weltsystem integriert sind.

Diese Schlußfolgerung einer im Kontext des kapitalistischen Weltsystems unaufhebbaren permanenten Marginalität und Marginalisierung der Entwicklungsländer unterliegt theoretischen wie empirischen Zweifeln. Wie sich zeigen wird, ist die reale Möglichkeit nicht länger mehr von der Hand zu weisen, daß sich wenigstens einige heutige Entwicklungsländer in überschaubaren Zeitspannen aufgrund vorhersehbarer Entwicklungstendenzen des kapitalistischen Weltsystems über weltmarktorientierte Teilindustrialisierung und fortschreitende Durchkapitalisierung in industriekapitalistische Gesellschaften mit einem entsprechenden Akkumulationsmodell verwandeln könnten.

5. Diese kursorische Durchmusterung erhebt nicht den Anspruch, die vorliegenden Ansätze zur Interpretation und Erklä-

rung der gegenwärtigen Entwicklung der kapitalistischen Weltwirtschaft vollständig aufzuführen und die Kritik an ihnen ausreichend zu begründen. Das angedeutete überwiegend negative Resultat der Durchmusterung soll es aber dem zögernden Leser erleichtern, sich auf eine *Theorie der Akkumulation im Weltmaßstab* (genauer: eine Theorie der langfristigen, ungleichmäßigen und ungleichen Entwicklung der Kapitalakkumulation im Weltmaßstab) einzulassen, auch wenn diese Theorie bisher nur in verstreuten Bruchstücken existiert.

Die Weltgeschichte der vergangenen fünfhundert Jahre ist beherrscht vom *Kampf für oder gegen die Imperative der Kapitalakkumulation im Weltmaßstab.* Der Kampf geht nicht allein um die Aneignung des einmal produzierten Mehrprodukts, sondern ebensosehr um die Höhe des Mehrprodukts und die Bedingungen der Produktion und Reproduktion generell: Während die totalisierende Tendenz der Kapitalakkumulation und ihrer Agenten den historisch überkommenen Komplex von Lebens- und Arbeitsformen beständig zum Zwecke produktiver (mehrwertsetzender, profitmaximierender) Tätigkeit zu unterwerfen und transformieren sucht, zielen vielfältige Bestrebungen darauf hin, althergebrachte Lebens- und Arbeitsformen dem Zugriff des Kapitals zu entziehen oder die gesellschaftliche Entwicklung in eine andere als die vom Kapital mehr oder weniger eindeutig vorgezeichnete Richtung (zum Beispiel: Effizienz in der Produktion von Tausch-, nicht Gebrauchswerten; Trennung von Hand- und Kopfarbeit; Kontrolle der gesamten Lebenszeit einschließlich »Freizeit« und Fortpflanzungsverhalten) zu lenken. Auf der Grundlage dieser Einsicht vom Kampf um die Akkumulation als Motor der kapitalistischen Entwicklung lassen sich unter anderem folgende, hier nur zusammengestellte und nicht im einzelnen historisch-systematisch begründete oder abgeleitete Momente als bedeutsam in der Entfaltung des Kapitalismus erweisen:

– *Die Herausbildung einer spezifischen weltweiten gesellschaftlichen Arbeitsteilung als wesentliches Instrument für die Produktion und Aneignung des Mehrwerts,* also – in Abhängigkeit von der Fähigkeit oder Bereitschaft der arbeitenden Klassen zu Widerstand oder Kollaboration – wechselnde Kombinationen von Exploitationsformen zur Kontrolle und Nutzung verschiedener (oder zu verschiedenen gemachter) Typen von Arbeitskraft für verschiedene Teile des kapitalistischen Produktionsprozesses in verschiedenen Regionen; *die industriekapitalistische Lohnarbeit spielt hierbei eine maßge-*

bende Rolle (ungleiche Entwicklung)

– *Die Fähigkeit oder die Bereitschaft von Gruppen, Schichten oder Klassen zum Widerstand gegen Anforderungen des Kapitals oder zur Kollaboration.* Beispiele sind: Der Widerstand nicht-kapitalistischer Schichten gegen die Zerstörung der traditionellen Ökonomie und Sozialordnung, oder umgekehrt ihre Anpassungsbereitschaft; die Tendenz der organisierten »alten« Lohnarbeiterschaft in den Zentren kapitalistischer Produktion zum Sozialpakt mit dem Sozialpartner statt zum politischen Kampf gegen die Grundlagen des kapitalistischen Systems; die Selbstorganisation der »neuen« Lohnarbeiterschaft und anderer gesellschaftlicher »Randgruppen« zum Zwecke einer vom Kapital möglichst unabhängigen Reproduktion, sei es in der Entstehungsphase des Industriekapitalismus, sei es später im Falle diskriminierter Gruppen (ethnische Minoritäten, Jugendliche, Frauen usw.)

– *Die Verwertungskonkurrenz zwischen Branchen und die Konkurrenz zwischen Unternehmen innerhalb ein und derselben Branche,* ausgetragen unter anderem in der Form einer (Lohn-)Konkurrenz um die besten Arbeitskräfte und in der Form von Produktivitätssteigerungen, mit Ergebnissen wie: Konzentration und Zentralisation; Herausbildung gigantischer transnationaler Unternehmen, die im Grenzfall ganze Branchen monopolisieren und ganze Länder dominieren; die nur scheinbar unerklärliche Resistenz von landwirtschaftlichen und gewerblichen Familienbetrieben in Teilbereichen der Warenproduktion

– *Die Herausbildung verschiedener Formen des kapitalistischen Staates, die in unterschiedlicher Weise Vorbedingungen der Akkumulation schaffen und aufrechterhalten* (sowohl allgemeine Bedingungen wie Garantie des Privateigentums und Verhinderung einer Selbstorganisation der arbeitenden Klassen, als auch die Institutionalisierung eines von Zeit zu Zeit möglicherweise veränderten Akkumulationsmodells, als auch die dementsprechend notwendige Bereitstellung spezifischer Vorleistungen für die privatkapitalistische Produktion und für die Reproduktion der Arbeitskraft), kulminierend im bürgerlich-liberalen Staat auf der einen und der Kolonialverwaltung auf der anderen Seite, oder im sozialdemokratischen Wohlfahrtsstaat (hoher Kommerzialisierungsgrad der Reproduktionssphäre = nominal relativ hohe Löhne) auf der einen und der repressiven Entwicklungsdiktatur (nicht-kapitalistische Subsidiierung der Reproduktion der Arbeitskraft = niedrige Löhne) auf der anderen Seite, je nachdem welche Funktionen die verschiedenen Territorien in einer bestimmten Phase der kapitalistischen Entwicklung für den weltweiten Akkumulationsprozeß erfüllen konnten oder mußten, und je nach dem Kräfteverhältnis im lokalen oder nationalen Klassenkonflikt

– *Auseinandersetzungen einschließlich inter-imperialistischer Kriege zwischen ökonomisch fortgeschrittenen Ländern um die Hegemonialstellung im kapitalistischen Weltsystem,* die es einem Land erlaubt, ein im Interesse seiner herrschenden Klasse optimales und vielleicht im Interesse gewisser Teile seiner arbeitenden Bevölkerung scheinbar akzeptables Modell weltweiter kapitalistischer Akkumulation einschließlich der dazugehörigen weltweiten gesellschaftlichen Arbeitsteilung verbindlich zu machen (Holland, England, USA)

– *Der Widerstand abhängiger Länder und ihrer Bevölkerungen gegen ihre Unterwerfung unter die Erfordernisse des von wenigen Ländern dominierten Akkumulationsprozesses und gegen seine lokalen Statthalter und Nutznießer*

– Als Ergebnis und Zusammenfassung solcher Momente kurz-, mittel- und langfristige *Schwankungen, Zyklen und Trends der Akkumulation einschließlich der Krisen* (ungleichmäßige Entwicklung).

Im einzelnen aufzuweisen, wie diese Momente als unterschiedliche Ausdrücke des Kampfes um die Akkumulation des Kapitals miteinander verknüpft sind, ist Aufgabe einer Theorie der Akkumulation im Weltmaßstab, die sich heute rudimentär abzeichnet und hier in ihrer künftigen konsistenteren Form antizipiert wird.

Im folgenden wird zunächst eines der wichtigsten Resultate der ungleichen Entwicklung der Kapitalakkumulation in Erinnerung gerufen, nämlich der charakteristisch unterschiedene gesellschaftliche Kontext, dem die Arbeitskraft in Industrie- beziehungsweise Entwicklungsländern entstammt. Sodann wird zu zeigen versucht, wie auf dieser Basis neuerdings eine weltweite Reorganisation der kapitalistischen Produktion ausweisbar möglich geworden ist, das heißt mit anderen Worten: zur Disposition steht. Anschließend soll dargetan werden, daß die seit Ende der sechziger/Anfang der siebziger Jahre tatsächlich beobachtbare Tendenz zu einer solchen Reorganisation Ausdruck der ungleichmäßigen Entwicklung der Kapitalakkumulation ist, nämlich Resultat der Schwierigkeiten, in die das Nachkriegsmodell weltweiter Kapitalakkumulation im Laufe der Jahre fast zwangsläufig geraten mußte. Einige Vermutungen über mögliche künftige Entwicklungen bilden den Abschluß.

6. *Die Akkumulation des Kapitals vollzieht sich in unterschiedlichen Formen der materiellen Produktion und zugehörigen Formen der Reproduktion der Arbeitskraft.* In der Regel macht sich das Kapital diese Formen zunächst in der Gestalt zunutze, in der es sie vorfindet, um sie später in den durch Widerstand und Kollaboration der betroffenen Menschen gesetzten Grenzen so gut und vollständig als möglich seinen spezifischen Erfordernissen zu adaptieren. Für drei Formen von Produktion und Reproduktion seien die Möglichkeiten der Nutzung durch das Kapital angedeutet.

Erstens die *Subsistenzwirtschaft »primitiver« Stämme ohne Tributverpflichtungen und Marktabhängigkeiten.* Diese Stämme sind weitgehend selbstgenügsame Einheiten von Produktion und Reproduktion. Überschüsse, sofern sie bei mehr oder weniger stagnierender Arbeitsproduktivität überhaupt über das zur gesellschaftlichen Subsistenz erforderliche Maß hinaus produziert werden, werden durch Feste etc. unproduktiv »verschwendet« oder – solange eine unter den gegebenen Umständen möglicherweise begrenzte Flächenproduktivität dies erlaubt – in Bevölkerungswachstum umgesetzt und damit der Verfügung durch eine potentielle Oberklasse entzogen. Dieser selbstgenügsamen »primitiven« Subsistenzwirtschaft gilt neben einer progressiven Kritik – »Idiotie des Landlebens«, »allgemeine Mittelmäßigkeit« – vor allem das unerbittliche Verdikt alter und neuer Fanatiker des Mehrprodukts. Für das Kapital ist sie in ihrer Selbstgenügsamkeit ganz nutzlos. Irgendwann aber kommt fast unweigerlich der Tag, an dem sie »zivilisiert« oder »modernisiert«, sprich: zerstört oder aufgebrochen und adaptiert werden muß, um der Akkumulation nicht im Wege zu stehen oder – besser noch – um einen positiven Beitrag zur Akkumulation leisten zu können. Umstandslose Ausrottung, Versklavung Arbeitsfähiger, Raub des Landes, Abpressung von Tributen, mehr oder weniger friedliche Einbeziehung in die Waren- und Marktgesellschaft durch Missionare, Händler, Entwicklungsprojekte, Wanderarbeit (welch letztere oft durch monetäre Besteuerung oder Ähnliches erzwungen wird) sind einige der Methoden der Zivilisierung durch das Kapital.

Zweitens die *Familienwirtschaft (prototypisch die Bauernwirtschaft) innerhalb eines größeren Verbandes mit Tributverpflichtungen oder Marktabhängigkeiten.* Die Familien (Haushalte) sind keine weitgehend abgeschlossenen Einheiten von Produktion und Reproduktion, sondern sind zur regelmäßigen Erzeugung und Abführung eines Mehrprodukts gezwungen; darüber hinaus sind sie häufig flexible Reservoirs von Arbeitskraft im Dienste des größeren Verbandes, sei es als Ort der Produktion und der Lieferung zusätzlicher frischer Arbeitskraft oder sei es als Ort der Aufnahme und Versorgung temporär überschüssiger oder verbrauchter Arbeitskraft. Viele Varianten sind zu unterscheiden. In feudalen oder tributären Produktionsweisen beispielsweise werden die subsistenzermöglichenden Produktionsmittel (vor allem Land) persönlich abhängigen Bauernfamilien von einer Oberklasse oder vom Staat gegen

Entrichtung eines Tributs in Arbeit oder Produkten oder Geld mehr oder weniger auf Widerruf zur Verfügung gestellt. Über den Handel kann das Mehrprodukt in den Kreislauf des Kapitals eingehen; steigende Nachfrage von außen in Verbindung mit entsprechendem Durchsetzungsvermögen von seiten der Grundherren oder des Staates mag bis zur »zweiten« Leibeigenschaft führen, wo den Familien gegen Entrichtung einer hohen Arbeitsrente nur noch eine knappst bemessene Subsistenz-Bauernstelle überlassen bleibt. Eine andere Variante ist die nicht-kapitalistische Warenproduktion durch formal unabhängige landwirtschaftliche oder gewerbliche Familienbetriebe mit Eigentum an den Produktionsmitteln. Diese Familienbetriebe können sich häufig nur mittels langer Arbeitszeiten, hoher Intensität der Arbeit, Heranziehung aller arbeitsfähigen Familienangehörigen, gegebenenfalls niedrigster Entlohnung nicht zur Familienverwandtschaft gehörender Beschäftigter und schließlich Verzicht auf einen betrieblichen Gewinn behaupten. In dem Maße, in dem sie zu Produktions- und Produktivitätssteigerungen mittels zugekaufter Maschinen, Kunstdünger usw. oder durch arbeitsteilige Spezialisierung gezwungen sind (beispielsweise um die aus einer bürgerlichen Agrarreform herrührenden Zahlungsverpflichtungen abzulösen oder um einen Preisverfall ihrer Produkte, verursacht durch parasitären Zwischenhandel oder durch industriekapitalistische Konkurrenz, zu kompensieren, oder um abwanderungswillige Arbeitskräfte wenn nötig durch materielle Anreize halten zu können usw.), vervielfältigen und intensivieren sich die Mechanismen, die ihnen das Mehrprodukt entziehen, und wächst die Gefahr, daß der höhere Aufwand nicht mehr aus einem ausreichend höheren Ertrag bestritten werden kann: Waren sie real vielfach schon lange von Bedingungen abhängig, welche die Außenwelt oder das Kapital diktiert, so verlieren sie mit ihren Produktionsmitteln (vor allem Land) ihre Unabhängigkeit nun auch formal und endgültig.

Drittens die *industriekapitalistisch entwickelte Lohnarbeit in der materiellen Produktion mit der Reproduktion der Arbeitskraft in der proletarischen Familie*. Anders als bei den beiden erstgenannten Formen – dem abgeschlossenen »primitiven« Gemeinwesen und der zur gesellschaftlichen Umwelt geöffneten Produzentenfamilie –, aber ähnlich wie in der Sklavenwirtschaft, nur auf eine in der Regel für heutige Akkumulationserfordernisse viel effizientere Weise, sind hier im System der »Lohnsklaverei« die Sphären von Produktion und Reproduktion weitgehend getrennt. Im Grenzfall wird in der proletarischen Familie nur noch jenes Minimum an sogenannter Reproduktionsarbeit (Kinderaufzucht, psychische Regenerierung der Arbeitskraft) geleistet, das primär durch die jeweiligen Erfordernisse der kapitalistischen Akkumulation und sekundär durch staatliche Familien-, sprich: Bevölkerungs- oder Arbeitskraftpolitik gesellschaftlich bestimmt und überwiegend den Frauen auferlegt ist. Die materielle Produktion dagegen, einschließlich der Produktion der zur Reproduktion der Arbeitskraft bestimmten Güter und Dienstleistungen (Lebensmittel, langlebige Haushaltsgüter, Kleidung, Wohnung, Transport, Ausbildung, Kindergarten, Krankenhaus, Altersheim, Waren der Freizeitindustrie usw.), ist entsprechend großenteils aus dem Bereich möglicher nicht-kapitalistischer Eigenproduktion der Familie herausgenommen und direkt oder indirekt (über den Staat) in industriekapitalistische Regie übernommen.

Wie die geschichtliche Erfahrung lehrt, ist es unter all den verschiedenen Formen von Produktion und Reproduktion, deren sich das Kapital in den durch Widerstand und Kollaboration der Betroffenen gesetzten Grenzen virtuos kombinierend und adaptierend bedient, diese letztere, *in den Proportionen ihrer wechselseitigen Arbeitsteilung flexible Verbindung von industriekapitalistischer Lohnarbeit und proletarischer Familie, welche langfristig eine maßgebende, wenn auch nicht nach der Zahl der ihr direkt Angehörenden dominierende Rolle im weltweiten Akkumulationsprozeß des Kapitals spielt*. Dies vermutlich vor allem aus folgenden Gründen.

Von der Seite der Kapitalverwertung her gesehen steht im Kapitalismus eine hohe gesellschaftliche Prämie auf der Entfaltung der Produktivkräfte als Mittel, um nicht-kapitalistische Lebens- und Arbeitsweisen auszubeuten und bei Bedarf zu verdrängen sowie um in der inter-kapitalistischen Konkurrenz Profite und Extraprofite zu machen. Es leuchtet ein, daß die Entfaltung der Produktivkräfte in einem gewissen Ausmaß an die Verfügbarkeit einer leicht kontrollierbaren, regional mobilen, qualifikationsmäßig flexiblen und zur intensiven Verausgabung motivierten Arbeitskraft gebunden ist, eine Bedingung, die in der Verbindung von industriekapitalistischer Lohnarbeit und proletarischer Familie bisher offenbar am effektivsten zu erfüllen war: Ökonomischer Zwang, hierarchische Herrschaftsstrukturen und bisweilen materielle Anreize treiben den freien Lohnarbeiter im industriellen Kapitalismus, insbesondere unter Bedingungen eines überfüllten Arbeitsmarktes und schwacher gewerkschaftlicher Organisation, zur nahezu schrankenlosen Verausgabung seiner Arbeitskraft; zudem ruft eine reformistisch verkürzte Form des Klassenbewußtseins (»die Klasseninteressen von Kapitalisten und Arbeitern sind zwar verschieden, aber nicht notwendig entgegengesetzt«) unter geeigneten Umständen ein systematisches Interesse privilegierter Fraktionen der Lohnabhängigen an einer Perpetuierung des Systems und an einer Steigerung des Mehrprodukts hervor (der Kuchen, von dessen Wachstum man etwas abzubekommen hofft). Im industriellen Kapitalismus erleichtert darüber hinaus die Konzentration der Produktionsmittel die Einführung von Maschinerie und Fabriksystem, die systematische Nutzung von Technik und Wissenschaft »westlicher« Provenienz, die sog. wissenschaftliche Betriebsführung usw., alles Mittel, um dem Arbeiter nach dem Eigentum an den Produktionsmitteln oder Arbeitsinstrumenten auch noch die Kontrolle über die Arbeitsvorgänge zu nehmen und ihn zu höherer Arbeitsintensität und Arbeitsproduktivität anzuspornen. In anderen Produktionsweisen hingegen ist Mehrarbeit in der Regel eine Funktion außerökonomischen Terrors, der gegen den passiven Widerstand der unmittelbaren Produzenten in der Regel nur zu hohen, ja häufig nur zu prohibitiv hohen Kosten aufrechterhalten werden kann. Endlich macht sich das Kapital in der proletarischen Familie ein Bedürfnis nach zwischenmenschlicher Wärme und ein Bollwerk patriarchalischer Herrschaft zur – bisher – konkurrenzlos billigen Nachzucht, zur – bisher – hinreichend effizienten Disziplinierung und ideologischen Indoktrination (Zivilisierung) und zur permanenten seelischen Regenerierung der Arbeitskraft zunutze; überdies dient die Familie als plastisches Arbeitskraftreservoir, als Puffer zwischen Fabrikarbeit und offener Arbeitslosigkeit (ablesbar an den großen mittelfristigen Fluktuationen der Erwerbsquote verheirateter Frauen).

Auch von der Seite der Realisierung des produzierten Mehrwerts her gesehen ist die Verbindung von industriekapitalistischer Lohnarbeit und proletarischer Familie durch vorteilhafte Eigenschaften ausgezeichnet: Die Mittel zur Reproduktion der Arbeitskraft und gegebenenfalls die Mittel zur Befriedigung darüber hinausgehender Bedürfnisse können, wenn notwendig, weitgehend in Waren verwandelt und nahezu schrankenlos vermehrt werden, womit sich das Kapital scheinbar unbegrenzt seinen eigenen inneren Markt schaffen kann.

7. Die kapitalistische Entwicklung der vergangenen fünfhundert Jahre ist wesentlich auch die Geschichte wechselnder, vom Kampf um die Akkumulation des Kapitals geprägter und im Dienste der Akkumulation des Kapitals stehender *Formen der Arbeitsteilung zwischen der spezifisch industriekapitalistischen und anderen Formen von Produktion und Reproduktion.* Grundlage für die Geschichte der *internationalen Arbeitsteilung* als Moment des Akkumulationsprozesses im Weltmaßstab ist der regional charakteristisch unterschiedlich entwickelte gesellschaftliche Kontext, dem die jeweilige Arbeitskraft entstammt. Abgesehen von der Tatsache, daß seit der Oktoberrevolution ein Drittel der Menschheit aus der unmittelbaren Herrschaftssphäre des Kapitals ausgeschieden ist, ist das *Auseinandertreten von Industrieländern und Entwicklungsländern* das vielleicht augenfälligste Resultat der bisherigen Geschichte der internationalen Arbeitsteilung, also Resultat der in den Grenzen von Widerstand und Kollaboration der betroffenen Menschen virtuosen Kombination und Adaptierung verschiedener Formen der Produktion und Reproduktion durch das Kapital, also Resultat des nackten Raubbaus an, der prekären Symbiose mit und des herrscherlichen Managements von diesen verschiedenen Formen. Diese beiden Ländergruppen: Industrie- und Entwicklungsländer unterscheiden sich grundsätzlich durch ihr im Rahmen weltweiter Kapitalakkumulation je spezifisches Akkumulationsmodell und durch die je spezifische Weise, in der sie ihre Arbeitskraft rekrutieren und reproduzieren.

Für die späteren *Industrieländer* Westeuropas war der Übergang vom Feudalismus zum Kapitalismus Ergebnis des Versuchs der Akteure der dezentralisierten feudalen Gesellschaft, die regional unterschiedlich ausgeprägten Krisen (letzten Endes Ausdruck des tendenziellen Falls von Grundrente und Produktivität sowie periodischer Überbevölkerung) gegen regional unterschiedliche Widerstände und in wechselseitiger Konkurrenz systemimmanent durch geographische Expansion und Erweiterung von Warenproduktion zu überwinden; dieser Versuch aber setzte fast zwangsläufig Elemente frei, welche die Grundlagen einer weltweiten kapitalistischen Entwicklung abgeben konnten; mit dem

Sieg oder der Konsolidierung der Englischen Revolution wurde diese Möglichkeit kapitalistischer Entwicklung stellvertretend für die ganze Welt politisch ratifiziert und irreversibel abgesichert. In Japan, das mit Westeuropa die feudale Vergangenheit gemein hatte, bestimmte die entschlossene Übernahme entscheidender Elemente des Kapitalismus die Politik des Überlebens angesichts der kapitalistischen Bedrohung. Die »weißen« Siedlerkolonien schließlich waren Auffangbecken für Emigranten, welche die Akkumulation in Europa überzählig gemacht hatte; die Entwicklung dieser Kolonien hatte die »offene Grenze«, mit anderen Worten: die Unschädlichmachung der eingesessenen Bevölkerung zur Voraussetzung.

In all diesen Ländern haben sich die spezifisch kapitalistische Produktionsweise und mit ihr das Lohnarbeit-Kapital-Verhältnis sowie Organisationen der Lohnarbeiterschaft halbwegs umfassend entwickelt. Dies bedeutet zwar im großen Maßstab die progressive Ruinierung, aber unter gewissen Umständen durchaus auch die Erhaltung, Verwandlung oder verwandelte Neubelebung anderer Produktionsweisen, sei es, daß sie sich wechselnden Umständen anpassend gegenüber der spezifisch kapitalistischen als einigermaßen dauerhaft lebensfähig erwiesen haben und/oder aus Gründen der politischen Stabilisierung bewußt am Leben erhalten werden (zum Beispiel bäuerliche und handwerkliche Familienbetriebe), sei es, daß sie während einer Galgenfrist gerade in dem Maße, in dem sie ihre eigene Lebens- und Arbeitsweise zu behaupten suchen, als komplementäres Instrument der Kapitalverwertung fungieren, bis sie der steigenden Effizienz industriekapitalistischer Produktion zum Opfer fallen (zum Beispiel vielerorts das ländliche Gewerbe; die handloom weavers; die sweat shops usw.).

Die Erfahrung, die das Kapital machen mußte, daß die Erträge allzu langer Arbeitstage abnehmen, sowie der Druck einer organisierten Arbeiterschaft haben zu effektiven gesetzlichen Beschränkungen der Produktion des absoluten Mehrwerts geführt, was die Entwicklung der Produktivkräfte als Methode zur Produktion des relativen Mehrwerts vorantreibt, in der Regel verbunden mit erhöhter Arbeitsintensität und gesteigerter Kontrolle des Kapitals über die Arbeit.

Die Arbeitskräfte selbst werden überwiegend von der proletarischen Familie aufgezogen und zur Verfügung gehalten, mit den

Frauen in der Doppelrolle unbezahlter Hausfrauen/Mütter in der Familie und besonders ausgebeuteter Lohnarbeiter in der (kapitalistischen) Produktion außerhalb des Haushalts.

Mit der Herausbildung des industriekapitalistischen Lohnarbeit-Kapital-Verhältnisses als des auch zahlenmäßig dominierenden Produktionsverhältnisses in den Industrieländern sowie mit der Steigerung des Massenkonsums auf der Grundlage eines »Sozialpaktes« zwischen den »Sozialpartnern«, also der Erweiterung des Umkreises nur in Warenform zu befriedigender, zur gesellschaftlichen Reproduktion der Arbeitskraft notwendiger plus weitergehender Bedürfnisse ist ein scheinbar unbegrenzt expansionsfähiger innerer Markt (einschließlich eines mit hoher Rate wachsenden »Freizeit-Marktes«, der von einer eigenen Industrie im Verwertungsinteresse gestaltet und »bearbeitet« wird) und damit eine wesentliche Voraussetzung für eine nachhaltige, angeblich sogar dauerhaft sich selbst tragende kapitalistische Industrialisierung gegeben. Selbstverständlich besagt eine solche Ausdehnung des Massenkonsums nicht, daß ein wachsender »Lohnkorb« in den traditionellen Industrieländern im Durchschnitt wesentlich mehr enthält, als zur Reproduktion der Arbeitskraft unter den »gegebenen« Umständen notwendig ist: Aufwendungen für reichliche Ernährung, teure Mietwohnungen, Eigenheime (USA), langlebige Haushaltsgüter, Autos, lange Ausbildung, längere Erholungsurlaube, Sozialversicherung usw., einerseits Ergebnis des »Sozialkontrakts« und deshalb theoretisch an das Wachstum der Produktivität und nicht an die notwendigen Reproduktionskosten gebunden, gehören unter heutigen Umständen in den Industrieländern tatsächlich weitgehend zu den notwendigen Reproduktionskosten einer zu qualifikationsmäßiger und regionaler Mobilität angehaltenen, mit hoher Intensität und unter psychisch belastenden Bedingungen arbeitenden Arbeitskraft; diese Aufwendungen in monetärer Form sind von den individuellen Arbeitskräften um so schwieriger zu vermeiden, als sich die Möglichkeiten ihrer nicht-warenförmigen Substitution materiell und psychisch verringern.

Insgesamt mag der Anschein entstehen, als habe die spezifische Verknüpfung der kapitalistischen Produktionsweise mit anderen Produktions- und Reproduktionsformen, insbesondere der Hausarbeit, im Verein mit geeigneten staatlichen Aktivitäten in den Industrieländern nach dem Zweiten Weltkrieg eine sowohl unter technischen als auch unter ökonomischen Gesichtspunkten autonome »immanente« erweiterte Reproduktion von Kapital und Arbeitskraft ermöglicht, also eine Reproduktion, die unter anderem nicht systematisch auf periodische oder permanente Transfers aus der Dritten Welt oder in die Dritte Welt (hier im engen geographischen Sinn verstanden) angewiesen war – selbst wenn faktisch solche Transfers weitergegangen sind.

8. Anders ist die Entwicklung in den *Entwicklungsländern* verlaufen. Ihre historisch überkommenen gesellschaftlichen Strukturen erwiesen sich gegenüber der systembedingt expansiven Aggressivität des westeuropäischen Spätfeudalismus/Frühkapitalismus in unterschiedlichem Maße und nach unterschiedlich langen Perioden des Widerstands als wehrlos oder unterlegen. Der Gegensatz einerseits (zum Teil auf hohem Niveau) nahezu stagnierender, andererseits gerade in strategisch entscheidenden Bereichen (»guns and sails«) unter dem Stachel einer hohen gesellschaftlichen Prämiierung rasch sich entfaltender Produktivkräfte spielte dabei eine wichtige, wenn nicht letztlich ausschlaggebende Rolle. Die Entwicklungsländer konnten so dem spätfeudalen/frühkapitalistischen Regime Westeuropas und später dem kapitalistischen Regiment sans phrase in dem Maße unterworfen werden, als sie eine für die Erhaltung des Feudalsystems/Entwicklung des Kapitalismus wünschenswerte oder notwendige Komplementärfunktion erfüllen konnten: Etwa als Reservoirs billiger Arbeitskraft (von Sklaven zu Gastarbeitern), als Absatzmärkte für industrielle Erzeugnisse der Metropolen (einheimische Produzenten wurden häufig mit offener Gewalt oder – zivilisierter – durch die stille Gewalt des Marktes als Konkurrenten ausgeschaltet), als Lieferanten bestimmter temporär unersetzlicher oder temporär besonders billiger Rohstoffe, als Standorte umweltbelastender Industrien.

Diese subalterne Subsumtion der Entwicklungsländer unter die wechselnden Erfordernisse der Metropolen beziehungsweise der Akkumulation im Weltmaßstab ist der entscheidende Grund für die Entwicklung der kapitalistischen Produktionsweise in der Dritten Welt, vor allem aber auch für das Schneckentempo dieser Entwicklung – Resultat sowohl lokaler Bedingungen als auch der Mechanismen weltweiter Akkumulation. Zu den lokalen Bedingungen zählt der soziale und kulturelle Widerstand der nicht-kapitalistischen »Sektoren« und ihrer Angehörigen gegen die Zerstörung ihrer althergebrachten Arbeits- und Lebensweise; langfristig ermöglicht wird dieser Widerstand (an dem die Besitzer der Produktionsmittel naturgemäß das größte Interesse haben: Landbesitzer, Kleinbürgertum, auf einer anderen Ebene das Patriarchat) durch die ökonomische Zählebigkeit dieser »Sektoren« aufgrund intensiver Ausbeutung der Arbeitskräfte einschließlich erforderlichenfalls der »Selbstausbeutung« der Besitzer. Andererseits ist der Nutzen, den nicht nur vielleicht die lokalen Besitzer (die lokale Oberklasse), sondern auch das Kapital gerade aus der adaptierenden Indienstnahme und nicht Zerstörung dieser »Sektoren« unter geeigneten Umständen immer wieder gezogen hat und vielfach auch heute noch zieht, groß genug, um die raison d'être dieser »Sektoren« im weltweiten Akkumulationsprozeß und bewußte Anstrengungen zu ihrer Konservierung verständlich zu machen.

Es sind im wesentlichen drei Formen, in denen sich das Kapital heute die Arbeitskraft der Entwicklungsländer zunutze macht. Einmal die unmittelbare Lohnarbeit in industriekapitalistisch organisierter Produktion. Sodann die Arbeit in der nicht-kapitalistischen Warenproduktion vornehmlich der Familienwirtschaft, solange und in dem Umfang, wie es unter Verwertungsgesichtspunkten vorteilhafter ist, so und nicht industriekapitalistisch produzierte Waren als Inputs in den kapitalistischen Produktionsprozeß eingehen zu lassen (beispielsweise Erdnußproduktion durch kleinbäuerliche Betriebe, Vermarktung durch das Agribusiness; Näh- und Stickarbeiten durch Heimarbeiterinnen oder in sweat shops im Auftrag von Exportunternehmen oder ausländischen Warenhäusern). Und schließlich »Reproduktionsarbeit«, das heißt Arbeit, die zur Aufzucht und Versorgung jener Arbeitskräfte geleistet wird, die das Kapital direkt in der industriekapitalistischen Produktion oder indirekt in der nicht-kapitalistischen Warenproduktion von Elementen des variablen und des konstanten Kapitals nutzt.

Der letzte Punkt bedarf einer Erläuterung. Die Löhne, die den Lohnarbeitern in Entwicklungsländern gezahlt werden, decken häufig nicht mehr als nur die monetären Kosten der täglichen Wiederherstellung der Arbeitskraft während der Zeit der tatsächlichen Beschäftigung, nicht aber die Aufwendungen für die Aufzucht von Nachwuchs und die »Alters«- und Invaliditätsversorgung der ausgepumpten Arbeiter und Arbeiterinnen; diese Aufwendungen müssen von den sog. rückständigen (traditionellen, informellen, etc.) Sektoren getragen werden. Sogar noch diese monetären Kosten der täglichen Wiederherstellung der Arbeitskraft während der Zeit der tatsächlichen Beschäftigung durch das Kapital sind häufig noch durch eine in Entwicklungsländern verglichen mit Industrieländern weit überdurchschnittliche Indienstnahme nicht-kapitalistischer Produktionsweisen reduziert: Sei es aufgrund der unentgeltlichen Leistungen, welche die erweiterte Familie des Lohnarbeiters (der Lohnarbeiterin) aus dem kleinen Überschuß ihrer nicht-kapitalistischen Produktion erbringt (erbringen muß), sei es aufgrund der Verbilligung der Lebensmittel durch einfache (nicht-kapitalistische) Warenproduktion dieser Lebensmittel. Von der Seite des Kapitals her gesehen ist also die Reproduktion der Arbeitskraft in einer noch weithin nicht-kapitalistischen Umgebung weit über das in Industrieländern übliche (aber auch dort noch sehr ins Gewicht fallende) Maß hinaus subventioniert (extern gewährleistet), was die Überausbeutung der Arbeitskraft erlaubt. Es sind solche Subsidien und nicht etwa eine hohe Arbeitslosenrate und »das Gesetz von Angebot und Nachfrage«, welche die Niedriglöhne in Entwicklungsländern ökonomisch und sozial möglich machen.

Aufgrund dieser Niedriglöhne und weil die spezifisch kapitalistische Produktionsweise in den Entwicklungsländern bis zum heutigen Tage in der Regel nur ein schmaler Teilsektor auf einem breiten Fundament nicht-kapitalistischer, vom Kapital adaptierter und in Dienst genommener Produktionsweisen ist, bildet die Lohnarbeiterschaft im großen und ganzen lediglich einen Kosten-(Verwertungs-)Faktor und nicht wie in den Industrieländern zugleich einen Nachfrage-(Realisierungs-)Faktor der industriekapitalistischen Produktion, und damit fehlt – so scheint es wenigstens – eine entscheidende Voraussetzung für eine nachhaltige oder gar sich selbst tragende und autonome kapitalistische Industrialisierung der Entwicklungsländer.

9. Ausgehend von dem soeben skizzierten, heute erreichten Stand des in Industrie- beziehungsweise Entwicklungsländern unterschiedlich herausgebildeten gesellschaftlichen Kontextes, dem die jeweilige Arbeitskraft entstammt, stellt die folgende Liste solche *Rahmenbedingungen heutiger Kapitalverwertung* zusammen, die einerseits theoretisch zu erwartendes und empirisch belegbares Ergeb-

nis der bisherigen ungleichen Entwicklung des kapitalistischen Weltsystems sind, und die andererseits in ihrem Zusammenwirken geeignet sind, Bewegung in die kapitalistisch bestimmte Struktur der internationalen Arbeitsteilung zu bringen.

(A) Weltweit hat sich heute ein nahezu *unerschöpfliches Reservoir potentieller Arbeitskräfte* herausgebildet – in einer Größenordnung von mehreren Hundert Millionen (zu vergleichen etwa mit den ungefähr 75 Millionen Beschäftigten der verarbeitenden Industrie in den traditionellen Industrieländern), angesiedelt in erster Linie in Entwicklungsländern, Ergebnis gradueller, wenn auch längst noch nicht abgeschlossener Desintegration oder Destruktion nicht-kapitalistischer Produktionsweisen, Arbeitskräfte, über deren Einsatz das Kapital heute bei Bedarf in den oben angedeuteten Formen disponieren kann, um das Arbeitskraftpotential der traditionellen Industrieländer und das über Kontraktproduktionen erschlossene Arbeitskraftpotential zentraler Planwirtschaften zu ergänzen. Bei allen, im konkreten Fall zu berücksichtigenden Unterschieden von Entwicklungsland zu Entwicklungsland ist dieses Reservoir durch folgende, die ökonomischen Bedingungen seiner potentiellen Nutzung im Verwertungsprozeß bezeichnenden Eigenschaften charakterisiert:

(a) Die vom Kapital im industriekapitalistischen Sektor zu zahlenden Löhne betragen grob 10 bis 20 Prozent der Löhne in den traditionellen Industrieländern. Eher noch niedriger dürften die anteiligen Arbeitskosten sein, die dem Kapital bei der Auftragsvergabe an nicht-kapitalistische Warenproduzenten (moderne Hausindustrie, »cash crop farming« usw.) erwachsen. Wie oben hervorgehoben, ist die Möglichkeit solcher Niedriglöhne an die Existenz nicht-kapitalistischer »rückständiger« Sektoren als Brutstätten der Arbeitskraft, als Produzenten billiger Subsistenzmittel und als »Zufluchtsstätten der Überzähligen« geknüpft.

(b) Der Arbeitstag (die Arbeitswoche, das Arbeitsjahr) ist im industriekapitalistischen Sektor für den individuellen Beschäftigten merklich, für den »Gesamtarbeiter« ganz erheblich länger als in den traditionellen Industrieländern mit ihren Tarifverträgen, ihrer Arbeitsgesetzgebung usw., vor allem aufgrund weitverbreiteter Schicht-, Nacht- und Feiertagsarbeit und niedrigster Ausfallzeiten (Urlaub, Krankheit, Mutterschaft, Zuspätkommen, Absentismus, Schulung, etc.). Das erlaubt eine verwertungsoptimale Nutzung des fixen Kapitals. Vielleicht in noch höherem Ausmaß gilt Analoges für die sog. rückständigen Sektoren, wo immer sie vom Kapital in Dienst genommen und/oder sich gegen industriekapitalistische Konkurrenz zu behaupten gezwungen sind.

(c) Die Arbeitskräfte können angesichts der immensen Zahl Arbeitssuchender nahezu beliebig angeheuert und wieder abgestoßen werden (unterstützt durch eine entsprechend flexible Arbeitsgesetzgebung). Das bedeutet unter anderem, daß eine höhere Arbeitsintensität durch schnellere Auslaugung der Arbeitskraft erzwungen werden kann: Die ausgelaugte Arbeitskraft kann fast nach Belieben durch eine unverbrauchte ersetzt werden.

(d) Die Größe des verfügbaren Reservoirs potentieller Arbeitskräfte erlaubt in vielen Fällen eine verwertungsoptimale Auswahl der jeweils besonders geeigneten Arbeitskraft hinsichtlich Alter, Geschlecht, Gesundheitszustand, Qualifikation, Disziplin usw. – häufig Frauen im Alter von 15 bis 22 oder höchstens 25 Jahren (das sind die »Mädchen« in der Terminologie der Manager) mit gegenüber männlichen Arbeitskräften nochmals verringerten Lohnsätzen.

(e) Gemessen an den kapitalistischen Standards der traditionellen Industrieländer ist die berufsspezifische Qualifikation der Arbeitskräfte in der Regel gering (nicht zuletzt auch aufgrund des »brain drain« aus Entwicklungsländern in Industrieländer). Zu den nicht seltenen Ausnahmen gehören beispielsweise vielerorts Näherinnen, wo die industriekapitalistische beziehungsweise hausindustrielle Warenproduktion auf »traditionelle« Fertigkeiten zurückgreifen kann. Die geforderten formalen Qualifikationen, wie Pünktlichkeit, Pflichtbewußtsein, Sauberkeit, Unterwürfigkeit, versucht man durch ökonomische und außer-ökonomische Disziplinierungsmechanismen und -mittel herzustellen: Etwa fristlose Kündigung bei den geringsten Verfehlungen, staatliches Verbot oder Behinderung effektiver gewerkschaftlicher Betätigung. Ein zweckentsprechend ausgerichtetes Ausbildungssystem und die »zivilisierende« Wirkung der Lohnarbeit unter Bedingungen hoher Arbeitslosigkeit könnten auf längere Sicht in vielen Entwicklungsländern die berufsspezifische Qualifikation und die Arbeitsdisziplin der Arbeitskräfte zweifellos den Anforderungen des Kapitals noch erheblich über das heute erreichte Ausmaß hinaus anpassen.

(f) Die Produktivität im Sinne des Outputs pro Beschäftigtenstunde (Ergebnis des Zusammenwirkens von Arbeitsorganisation, berufsspezifischer Qualifikation, Arbeitsintensität, Arbeitsdisziplin, maschineller Ausrüstung usw.) ist im weltmarktorientierten industriekapitalistischen Sektor für vergleichbare Produktionsprozesse der Produktivität in den traditionellen Industrieländern vergleichbar, ja gar nicht so selten sogar überlegen. Der Vergleich bezieht sich auf faktisch verlagerte Produktionen in Weltmarktfabriken; es wäre unzulässig, daraus umstandslos zu schließen, dasselbe müsse nicht nur für strukturell vergleichbare Produktionen, sondern beispielsweise unterschiedslos auch für Produktionen der »alten« importsubstituierenden verarbeitenden Industrie (Produktion für einen geschützten Markt) gelten. Freilich wird wenigstens in allen solchen Produktionen eine vergleichbar hohe Produktivität über kurz oder lang erreichbar sein, die im wesentlichen kurzfristig angelernte Arbeitskraft erfordern.

(B) *Technologie und Arbeitsorganisation zur Zerlegung komplexer Produktionsprozesse* sind unter dem Gesichtspunkt verfeinert worden (oder können bedarfsweise so verfeinert werden), daß kurzfristig angelernte Arbeitskräfte einen großen Teil der fragmentierten Tätigkeiten des Gesamtprozesses auszuführen vermögen. Diese Form der Arbeitsteilung ist als betriebliche und technische zwar begrifflich unterscheidbar von, im Verwertungsprozeß aber in der Regel untrennbar verknüpft mit einer territorialen, internationalen oder einer Arbeitsteilung zwischen verschiedenen Produktionsweisen. Abgesehen davon, daß sie häufig eine Vorstufe oder Voraussetzung für eine Mechanisierung oder Automatisierung des Produktionsprozesses darstellt, ist sie im wesentlichen aus drei Gründen von Bedeutung. Erstens erlaubt sie eine Steigerung von Intensität und Produktivität der Arbeit (Adam Smith). Zweitens verbilligt sie die Produktion dadurch, daß sie die fragmentierten Tätigkeiten der jeweils für ein bestimmtes Tätigkeitsfragment mindestens gerade noch ausreichend qualifizierten, daher in der Regel im Überfluß verfügbaren und billigstmöglichen Arbeitskraft zuzuweisen gestattet (Charles Babbage). Drittens ermöglicht sie eine striktere Kontrolle der Arbeiter, indem sie zum Beispiel temporär erforderliche Facharbeiter-Qualifikationen immer wieder entbehrlich macht und damit dem Kapital ein Kampfmittel gegen »launenhafte«, aufgrund ihrer Fähigkeiten ein gewisses Monopol besitzende Fachkräfte an die Hand gibt; dieses Mittel wird selbst dann nicht entscheidend entwertet, wenn an anderer Stelle temporär andere Facharbeiter-Qualifikationen wieder zusätzlich benötigt werden sollten (Andrew Ure).

Unter dem abstrakten Aspekt des technisch und arbeitsorganisatorisch Möglichen kann die Fragmentierung der Produktionsprozesse heute bei Bedarf so weit getrieben werden, daß die Anlernzeit für einzelne Teilschritte selbst hochkomplizierter Gesamtprozesse in zahllosen Fällen (oft sogar schon in der Phase der Einführung eines neuen Produkts) nur noch wenige Tage, wenige Wochen oder allenfalls wenige Monate beträgt. In dem Maße, wie sich unter dem konkreten Imperativ der Kapitalakkumulation eine Nutzung der Arbeitskraft in Entwicklungsländern im unmittelbaren Produktionsprozeß als möglich abzeichnet, ist der im allgemeinen niedrige berufsspezifische Qualifikationsstandard der Arbeitskraft in Entwicklungsländern ein Grund unter anderen, diese technische und arbeitsorganisatorische Möglichkeit tatsächlich zu verwirklichen, ja die Entwicklung von Technologie und Arbeitsorganisation in dieser Richtung zu forcieren. Es ist absehbar, daß die sog. elektronische Revolution zu großen »Fortschritten« gerade in dieser Richtung zunehmender Automatisierung bei gleichzeitig verringerten Qualifikationsanforderungen für die residual noch benötigte Arbeitskraft befähigen wird.[5] Diese unter gewissen Rahmenbedingungen aus den Imperativen der Akkumulation ableitbare Determinante von Technologie-Entwicklung und Technologie-Einsatz wird gern von jenen übersehen, die Tendenzen technologischer Entwicklung aus vermeintlichen oder wirklichen vergangenen Erfahrungen der traditionellen Industrieländer abstrakt extrapolieren und zum Beispiel Automatisierungstendenzen als angeblich zwangsläufige, Verlagerungstendenzen konterkarierende oder gar umkehrende »Antwort der Industrieländer« (?) ableiten wollen.

(C) *Transport- und Kommunikationstechnik* ermöglichen eine industrielle Standortwahl und Steuerung der Produktion, die von geographischen Entfernungen zunehmend unabhängiger wird (Container, Roll-on-Roll-off-Verbindungen, Luftfracht, Fernschreiber usw.). Die Produktivität in diesen Industriezweigen ist überdurchschnittlich schnell entwickelt worden – in korrekter Einschätzung der verbesserten Verwertungsbedingungen, die eine geographische Neuverteilung der kapitalistischen Produktion anderer Industriezweige eröffnen würde, eine Neuverteilung zunächst innerhalb der und zwischen den traditionellen Industrieländern, und nun auch – unbeabsichtigtes Nebenresultat? – weltweit.

10. Die vorstehende, in drei Hauptpunkten zusammengefaßte Liste wesentlicher Rahmenbedingungen heutiger Kapitalverwertung hebt solche Elemente und ihre Änderungen hervor, die zwar nicht Element für Element, aber in ihrem Zusammenwirken geeignet sein könnten, Bewegung in die kapitalistisch bestimmte Struktur der internationalen Arbeitsteilung zu bringen. Unter der später zu diskutierenden Annahme, daß die in der Liste im wesentlichen nur qualitativ charakterisierten Änderungen ein hinreichendes quantitatives Ausmaß angenommen haben, ist in zweifacher Hinsicht eine Neuentstehung oder doch entscheidende Ausweitung und Intensivierung weltweiter Konkurrenzbeziehungen aufgrund dieser veränderten Konstellation von Rahmenbedingungen der Kapitalverwertung zu erwarten.

Erstens entsteht eine weltweite industrielle Reservearmee und in gewisser Weise ein *Weltmarkt für Arbeitskraft.* Obwohl erzwungene oder freiwillige Arbeitskraftwanderungen von jeher für die kapitalistische Weltwirtschaft charakteristisch sind, sind doch in der Regel Arbeiter und Arbeiterinnen aus ökonomischen, sozialen und politischen Bedingungen darauf verwiesen, einen ihren beruflichen Qualifikationen entsprechenden Arbeitsplatz in der Nähe eines bestimmten Ortes zu finden. Das Kapital hingegen ist in der Lage, Arbeitsplätze mit bestimmten Qualifikationsanforderungen in Abhängigkeit von den jeweiligen Verwertungsbedingungen »hier oder dort« zu schaffen. Auf diese Weise durch das Kapital in Beziehung zueinander gesetzt und gegeneinander ausspielbar, müssen heute Arbeiter und Arbeiterinnen der traditionellen Industrieländer aufgrund der veränderten Konstellation von Rahmenbedingungen möglicherweise in einem historisch noch nicht dagewesenen Ausmaß mit ihren Kolleginnen und Kollegen nicht mehr nur in anderen Industrieländern, sondern nun auch in Entwicklungsländern um ihren Arbeitsplatz konkurrieren.

Zweitens entsteht ein *Weltmarkt für Produktionsstandorte,* auf dem die traditionellen Industrieländer und die Entwicklungsländer mit- und gegeneinander um den Verbleib oder die Neuansiedlung von weltmarktorientierten Produktionen der verarbeitenden Industrie und anderer Wirtschaftszweige an den jeweils eigenen Standorten konkurrieren müssen. Zwar benutzt und benötigt das Kapital den Staat als Garanten allgemeiner Bedingungen der Akkumulation, zur Institutionalisierung eines spezifischen Akkumulationsmodells, als Lieferanten spezifischer Vorleistungen für die materielle Produktion und zur Gewährleistung der Reproduktion oder wenigstens der Rekrutierbarkeit einer geeigneten Arbeitskraft (und dies in einer von Land zu Land und insbesondere im Vergleich von Industrie- mit Entwicklungsländern mehr oder weniger unterschiedlichen Weise); es ist dabei aber in der Regel nicht auf irgendeinen bestimmten Staat ausschließlich angewiesen.

Für die Unternehmen bedeutet die veränderte Konstellation von Rahmenbedingungen der Kapitalverwertung, daß sie um der Erhaltung ihrer Konkurrenzfähigkeit willen Produktionsverlagerungen an die Standorte billiger disziplinierter Arbeitskraft nicht mehr nur in anderen Industrieländern oder in industriell zurückgebliebenen Regionen des Stammlandes, sondern zunehmend auch in Entwicklungsländern als Ergänzung oder Alternative zu anderen Maßnahmen in ihren Kalkulationen systematisch prüfen und in ihren Investitionsentscheidungen entsprechend berücksichtigen müssen. Rationalisierungen der Produktion an den traditionellen Standorten waren immer und sind auch heute ein unerläßliches Instrument der Kapitalverwertung; heute freilich wird ihre Ergänzung durch beziehungsweise Integration mit Verlagerungen von Teilschritten der Produktion auch in Entwicklungsländer zunehmend relevant.

Neu an einer derartigen *weltweiten Reorganisation der kapitalistischen Produktion* ist nicht, daß Produktionsprozesse derart aufgespalten, die resultierenden Teilprozesse derart auf Standorte verteilt und derart einer bestimmten Arbeitskraft zugewiesen werden, daß die Kombination von spezifischer Aufspaltung in Teilprozesse, spezifischer Verteilung der Teilprozesse auf besondere Standorte und spezifischer Zuweisung an bestimmte Arbeitskraft die optimale Verwertung des Kapitals unter den jeweiligen ökonomischen und politischen Rahmenbedingungen gewährleistet.[6]

Neu, weil in Kontrast zu Jahrzehnten, ja Jahrhunderten vergangener kapitalistischer Entwicklung stehend, ist nur, daß das Spektrum alternativer Standorte, die aufgrund der veränderten Konstellation von Rahmenbedingungen der Kapitalverwertung fallweise realisiert werden können, quantitativ bedeutend erweitert sowie qualitativ verändert ist. Dieses Spektrum umfaßt nun nicht mehr nur im wesentlichen Standorte in verschiedenen Industrieländern oder verschiedenen Regionen innerhalb eines Industrielandes mit eventuell nach Geschlecht, Alter, Rasse, Nationalität usw. unterschiedenen Arbeitskräften, sondern nun auch in einem ins Gewicht fallenden Ausmaß Standorte in zahlreichen Entwicklungsländern. Damit ist der gesellschaftliche Kontext, aus dem die Arbeitskraft für industriekapitalistisch organisierte Produktion rekrutiert wird, extrem diversifiziert worden.

Ohne detaillierte Kenntnis der Kalkulationsunterlagen, ohne Einblick in die Geschäftsbücher einzelner Unternehmen ist es selbstverständlich unmöglich, im einzelnen anzugeben, welche Produktinnovation oder welcher spezifische Komplex von Prozeß-, Standort- und Arbeitskraftinnovation für das individuelle Unternehmen ökonomisch geboten ist, oder in welcher spezifischen Weise gegebenenfalls die Arbeitskraft an neuen Standorten und an welchen neuen Standorten zu nutzen ist – vom Zukauf aus der Heimindustrie bis hin zur Errichtung einer eigenen Weltmarktfabrik in einer Freien Produktionszone. Immerhin reichen die verfügbaren Informationen aus, um solche Kalkulationen qualitativ und in Einzelfällen auch in Mark und Pfennig nachvollziehbar zu machen.[7]

Die Extraprofite, die eine weltweite Reorganisation der kapitalistischen Produktion gemäß jener veränderten Konstellation von Rahmenbedingungen der Kapitalverwertung für das konkrete Unternehmen versprechen mag, sowie die für konkurrierende Unternehmen dadurch ausgelöste erzwungene Verallgemeinerung dieser Reorganisation sind allein schon ausreichend, die *Möglichkeit und Realität dieser Reorganisation in einer qualitativen Weise verständlich* zu machen. Viele der einleitend in diesem Aufsatz genannten empirischen Indizien für einen Wendepunkt der kapitalistischen Entwicklung und insbesondere für Änderungen der Struktur der internationalen Arbeitsteilung finden auf diese Weise eine plausible Erklärung, zumindest was den allgemeinen Trend angeht. Man denke exemplarisch etwa an die Verdoppelung des Anteils der Entwicklungsländer an der Weltausfuhr von verarbeiteten Erzeugnissen im Zeitraum von 1968 bis 1978, Ausdruck der rapide gestiegenen Wettbewerbsfähigkeit von Standorten in Entwicklungsländern für weltmarktorientierte Produktionen der verarbeitenden Industrie.[8]

11. Die bisherigen Überlegungen erklären nicht den *Zeitpunkt, zu dem die weltweite Reorganisation der kapitalistischen Produktion relativ abrupt einsetzt: Ende der sechziger/Anfang der siebziger Jahre*. Dieser

Zeitpunkt ist besonders erklärungsbedürftig, wenn man bedenkt, daß ein unbekannter Autor seinen englischen Landsleuten bereits im Jahre 1701 folgende Vision von Rationalisierung und Verlagerung vor Augen führen konnte:

»Um die Wettbewerbsfähigkeit unseres englischen Seetransportgewerbes gegenüber dem holländischen zu gewährleisten, könnte man den Schiffbau in unsere Kolonien verlagern. Dort ist das Material billiger, und bei Einsatz von Negern könnten auch die Arbeitskosten geringer gehalten werden:

Man könnte nämlich die Neger jeweils zu ganz spezifischen Arbeitsvorgängen heranziehen – einer fertigt nur Kiele, ein anderer nur Ruder, ein dritter nur Masten usf. Die einzelnen Fertigungsschritte würden noch einmal geringere Anforderungen an die Qualifikation stellen, ließe man die Arbeiter überdies immer nach dem gleichen Modell arbeiten – ohne Abweichung von der Vorlage, immer das gleiche Standardschiff. Warum das Modell wechseln, wenn man einmal ein brauchbares herausgefunden hat? Jeder Neger wäre so immer ausschließlich mit dem gleichen Teilarbeitsvorgang befaßt, was die Arbeit eines jeden sehr vereinfacht. Auf diese Weise wäre es möglich, die Arbeit in unseren Kolonien durch Neger tun zu lassen, komplizierte Tätigkeiten zu vereinfachen und Neger so effizient wie holländische Schiffszimmerleute einzusetzen: Neger sind genauso kräftig, und wir haben einen Weg zum optimalen Einsatz ihrer Fähigkeiten gewiesen; damit ist sichergestellt, daß sie genauso gut und effizient arbeiten. Nun sind Negerlöhne nur halb so hoch wie die Löhne holländischer Schiffszimmerleute. Einzig hohe Löhne aber oder langsame und ineffiziente Arbeit verteuern die Fertigung. Das heißt, Neger könnten gleich gute Schiffe mit derselben Effizienz zu den halben Arbeitskosten bauen. Da auch das Material in unseren Kolonien billiger ist, würden die von Negern dort gebauten Schiffe demnach billiger als die gleichen in Holland gebauten Schiffe sein.

Würde man solche Schiffe nach England importieren, dann müßte der Marktpreis für Schiffe generell und insbesondere auch der Marktpreis für in England selbst gebaute Schiffe fallen. Man wäre folglich gezwungen, die Produktionskosten in England entsprechend zu senken, indem man sich ganz genauso auf Standardschiffe beschränkt, die Werften mechanisiert und Maschinen einsetzt – alles, um die Arbeitskosten zu verringern. Die dann noch übrigbleibenden Beschäftigten wären zu größerer Sorgfalt und Regelmäßigkeit gezwungen, und auf diese Weise würde sich zu guter Letzt sogar bei gleichbleibenden Lohnsätzen ihre Arbeit verwohlfeilern.«[9]

Wenn dieser Autor bereits im Jahre 1701 die Vorteile diskutieren kann, die eine Produktionsverlagerung an Standorte mit billiger Arbeitskraft und günstigen sonstigen Bedingungen (hier: billiges

Rohmaterial) auch bei Berücksichtigung eventuell zusätzlicher Transportkosten bietet; wenn er anzugeben weiß, wie unqualifizierte Arbeitskraft nutzbar gemacht werden kann – durch Zerlegung des Arbeitsprozesses in simple Teilschritte; wenn er Mechanisierung der Produktion an den traditionellen Standorten als die Antwort der Fabrikanten eines »Hochlohnlandes« auf die Konkurrenz billiger Einfuhren vorhersieht; wenn er Freisetzung und Dequalifizierung von Arbeitskräften, aber auch höhere Arbeitsdisziplin, Arbeitsintensität und Produktivität in strukturkrisengeschüttelten, da der Konkurrenz billiger Einfuhren ausgesetzter Branchen im »Hochlohnland« erwartet; wenn er Freie Produktionszonen, frei von jedweder Reglementierung der Produktion und des Außenhandels, zur Absorption »Überzähliger« und zur Billigproduktion verarbeiteter Erzeugnisse aus zollfrei eingeführten Vormaterialien einzurichten vorschlägt – Warum mußte dann die Welt bis Ende der sechziger Jahre des zwanzigsten Jahrhunderts warten, um diese Vision ansatzweise in Erfüllung gehen zu sehen?

Die bisher berücksichtigten und in drei Hauptpunkten zusammengefaßten Rahmenbedingungen heutiger Kapitalverwertung scheinen nicht auszureichen, um den Zeitpunkt drastisch einsetzender weltweiter Reorganisation der kapitalistischen Produktion hinreichend präzise zu bestimmen:

Das Arbeitskraftpotential der Entwicklungsländer wird zwar erst in neuerer Zeit in großem Maßstab durch die Kapitalisierung der Landwirtschaft und die endgültige Proletarisierung breiter Bevölkerungsschichten im Rahmen eines in der Regel zahlenmäßig noch dominierenden nicht-kapitalistischen Milieus für die Nutzung auch in der industriekapitalistischen Lohnarbeit disponibel gemacht, und auch die partielle Re-Integration der zentralen Planwirtschaften in die kapitalistisch bestimmte internationale Arbeitsteilung ist erst jüngeren Datums – aber Kapital und Kapitalismus haben schon immer Mittel und Wege gefunden, Arbeitskräfte bei Bedarf in ausreichender Zahl zu mobilisieren, sei es »exogen« durch Auflösung nicht-kapitalistischer Produktionsweisen in Industrie- wie Entwicklungsländern, oder sei es »endogen« durch Rationalisierung und Schaffung einer im Rhythmus der Akkumulation veränderlichen, ausreichend großen industriellen Reservearmee im engeren Sinn.

Oder: Arbeitsprozesse können heute zwar aufgrund der Entwicklung von Technologie und Arbeitsorganisation möglicherweise in einem gegenüber früher relativ höheren Ausmaß in Elementaroperationen für kurzfristig anzulernende Arbeitskräfte aufgespalten werden – aber in der Geschichte von Kapital und Kapitalismus hat es bisher nie sehr lange gedauert, bis die Zerlegung der Produktion geänderten ökonomischen Möglichkeiten und Notwendigkeiten angepaßt war.

Oder: Die Transporttechnik hat zwar in den letzten Jahrzehnten überdurchschnittlich große Produktivitätszuwächse erzielt und damit den Transportkostenanteil in vielen Fällen auf ein Maß gesenkt, das neue Standorte weltweit und neue Aufspaltungen der Produktion in den Bereich der Rentabilität bringt – aber schon vor 250 Jahren verhinderten die Transportkosten keineswegs, daß indische Textilien auf dem Weltmarkt nahezu konkurrenzlos billig waren.

Jenes Mirabeausche »Impossible? Ne me dites jamais ce bête de mot!« scheint also auch hier zu gelten: Hätten es die Imperative weltweiter Kapitalakkumulation wirklich erfordert, wären alle »Naturhindernisse« der Produktion bezüglich Arbeitskraftbeschaffung, Ausmaß der Arbeitsteilung und Transport, die eine institutionelle Innovation der Kapitalverwertung und weltweite Reorganisation der Produktion im oben beschriebenen Sinne hätten hemmen können, vielleicht viele Jahre früher beseitigt worden.

Diese Unbestimmtheit der bisherigen Überlegungen ist freilich nicht besonders verwunderlich, basieren sie doch weitgehend auf dem im wesentlichen statisch verstandenen Konzept der Ungleichheit der kapitalistischen Entwicklung in Industrie- beziehungsweise Entwicklungsländern. Um diese Unbestimmtheit zu beseitigen, ist es erforderlich, den Aspekt der (zeitlichen) *Ungleichmäßigkeit der Kapitalakkumulation* und insbesondere die *immanenten Entwicklungstendenzen unterschiedlicher Akkumulationsmodelle* näher ins Auge zu fassen.

12. Die erste einigermaßen deutlich abgrenzbare Form einer schon auf den Kapitalismus vorweisenden weltweiten Arbeitsteilung resultierte aus dem *Versuch, die Krise des westeuropäischen Feudalismus mit Mitteln systemimmanent zu überwinden, die sich teilweise als Elemente einer künftigen kapitalistischen Entwicklung erweisen sollten.* Geographische Expansion, die Errichtung des überwiegend

auf Raub und Monopol gegründeten »alten« Kolonialsystems, die Entfaltung des Handels- und Finanzkapitals in den Poren der spätfeudalen Gesellschaft auf der Grundlage des Fernhandels mit Luxusgütern und einigen Rohstoffen sowie der Organisation des Großkredits, der beginnende ökonomische Niedergang der Mittelmeerländer und großer Teile Zentraleuropas, der komplementär beginnende Aufstieg der Niederlande und Englands, exportorientierte Getreideproduktion auf der Grundlage der sog. Zweiten Leibeigenschaft in Osteuropa sind einige hier wesentliche Momente. Für die spätere Entwicklung entscheidend sollte aber die Kommerzialisierung der Landwirtschaft und des Landes sowie die damit einhergehende beginnende Proletarisierung der Landbevölkerung in Teilen Westeuropas sein.

Die Zerstörung der Grundlagen eigenständiger landwirtschaftlicher Subsistenz durch Prozesse ursprünglicher Akkumulation/Exploitation und der Kommerzialisierung des Landes bildet den Auftakt für die jahrhundertelange Vorbereitungsphase des industriellen Kapitalismus in Westeuropa, die von den Versuchen des Kapitals geprägt war, sich die widerstrebende Arbeitskraft zu subsumieren – die Arbeitskraft, die zunächst in feudalen Abhängigkeitsverhältnissen, in der kleinbäuerlichen Familienwirtschaft und in den Zünften mit mehr oder weniger prekären Garantien ihrer Existenz (zum Beispiel »Prinzip der Nahrung«) gebunden, aber auch geschützt und deshalb dem direkten Zugriff des Kapitals weitgehend entzogen war. Das Kapital, als Handels- und Finanzkapital an den Grenzen seiner Expansionsmöglichkeiten in den Poren der spätfeudalen Gesellschaft angelangt (»Krise des 17. Jahrhunderts«), war auf die institutionelle Innovation einer Entwicklung von Handel und Produktion von Massenkonsumgütern für die zunächst allein hinreichend aufnahmefähigen überregionalen, ja weltweiten Märkte verwiesen. Es konnte den Widerstand der Zünfte, des traditionellen institutionellen Rahmens gewerblicher Warenproduktion, gegen ihre Unterwerfung unter die Imperative kapitalistisch bestimmter Produktion nur auf dem Umweg über die Entwicklung und Indienstnahme des zerstreuten ländlichen Gewerbes brechen, das für seine Angehörigen im Maße fortschreitender ländlicher Proletarisierung zur Existenzgrundlage und wohl auch zur Grundlage eines veränderten generativen Verhaltens wurde. Seiner Natur nach erlaubte dieses *zerstreute ländliche Gewerbe im Dienste des Kapitals keine entscheidenden Steigerun-*

gen der Produktivität; Produktionssteigerungen waren deshalb im wesentlichen nur durch Erweiterung des Kreises der in hausgewerbliche Produktion einbezogenen Regionen möglich (extensive Akkumulation). Dies war zugleich die Periode des Übergangs vom »alten« zum »neuen« Kolonialsystem: Produktion landwirtschaftlicher und bergbaulicher Rohstoffe in Verbindung mit einem bewußten Arbeitskraft-Management (zum Beispiel das auf die Einfuhr afrikanischer Sklaven gegründete Plantagensystem der Zuckerinseln Westindiens – Glied in der Kette des Dreieckhandels); gewaltsame oder durch das freie Spiel der Marktkräfte herbeigeführte Unterbindung autonomer gewerblicher oder industrieller Entwicklung in den Kolonien. Und es war dies zugleich die Periode der *graduellen Ablösung Hollands durch England als Hegemonialmacht des kapitalistischen Weltsystems.*

Eine hinreichend weit fortgeschrittene Proletarisierung der unmittelbaren Produzenten und Kommerzialisierung der materiellen Produktion mit dem Ergebnis eines wachsenden inneren Marktes, sprunghaft steigende Absatzmöglichkeiten auf dem Weltmarkt und ein der Förderung kapitalistischer Produktion nahezu bedingungslos ergebener Staat ermöglichten schließlich eine erneute institutionelle Innovation in Gestalt der Industriellen Revolution Englands: Die Voraussetzungen waren entstanden, auf deren Basis sich das Kapital die Arbeitskraft nun endlich auch reell subsumieren konnte; *mit dem ökonomischen Zwangsverhältnis der industriekapitalistischen freien Lohnarbeit im Fabriksystem wurden Methoden der Produktivitätssteigerung zum bestimmenden Mittel der Kapitalverwertung und der Produktionssteigerungen, ohne daß damit andere (extensive) Formen der Warenproduktion aufhörten, ein notwendiges Komplement der industriekapitalistischen Produktion zu sein (intensive Akkumulation).*

Die Phase der sogenannten Großen Depression (1873/96) in Europa brachte unter anderem den *Aufstieg einiger neuer industriekapitalistischer Gesellschaften und das Ende der unbezweifelbaren Hegemonialstellung Englands,* rasch expandierende Kapitalexporte nach Übersee, den Ausbau einer weltumspannenden Infrastruktur von Schiffahrtslinien und Eisenbahnen und schließlich eine transatlantische Auswanderungswelle großen Ausmaßes von Menschen, welche die Akkumulation in Europa »überzählig« gemacht hatte. Steigende Einfuhren landwirtschaftlicher Erzeugnisse nach Westeuropa senkten den Wert der Arbeitskraft auf Kosten einer schweren Krise der westeuropäischen Landwirtschaft, während gleichzeitig die Reallöhne langsam zu steigen begannen. Die Entwicklungsländer wurden damals endgültig zu komplementären Werkzeugen metropolitaner Akkumulation degradiert.

Ohne bei Bedarf auf die Absorption billiger Arbeitskraft zu verzichten, welche die Zersetzung nicht-kapitalistischer Produktionsweisen in Industrie- und Entwicklungsländern freisetzt, kann das Kapital von nun an seine Arbeitskraftbasis weitgehend autonom regulieren: Hat der industrielle Zyklus die Reservearmee nahezu erschöpft oder haben Organisationen der Arbeiterschaft die freie Verfügung des Kapitals über eine atomisierte Arbeiterschaft ungebührlich eingeengt, dann vermag das Kapital der resultierenden Verknappung, übermäßigen Verteuerung oder sonstigen unbilligen Forderungen der Arbeitskraft durch Maßnahmen (Mechanisierung, »Rationalisierung«) entgegenzuwirken, welche die Zahl benötigter Arbeiter verringern und die Kosten der Beschäftigung senken.

Die Anfangsjahre von Boomphasen der Weltwirtschaft bezeichnen jeweils Zeitpunkte, zu denen es dem Kapital nach den ökonomischen Restrukturierungen der vorangegangenen Depressionsphase gelungen war, der Arbeiterschaft in den Zentren kapitalistischer Produktion durch Klassenkampf von oben auch noch politische Niederlagen zu bereiten, oder zu denen sich unter fortgeschritteneren Bedingungen Organisationen der Arbeiterschaft und das Kapital auf einen Sozialpakt verständigt hatten, der die entscheidenden Grundlagen des kapitalistischen Wirtschafts- und Gesellschaftssystems sakrosankt machte.

1793: Konservative Reaktion in England, die Arbeiter in der Fabrik und in der Hausindustrie zeitweilig »vom Produktionslärm übertölpelt«; in Frankreich Scheitern der Forderung nach garantiertem Existenzminimum, Gesetzgebung gegen das Koalitionsrecht der Arbeiter (loi Le Chapelier), ablösungsfreie Abschaffung der feudalen Lasten zugunsten der Bauern und damit Eliminierung der wichtigsten potentiellen Bundesgenossen der Arbeiter aus der politischen Auseinandersetzung. *1848:* Mit dem Scheitern der demokratischen Revolutionen ist das »Gespenst des Kommunismus« gebannt, das vor 1848 in Europa umging und den industriellen Kapitalismus, kaum hatte er erste Wurzeln geschlagen, schon wieder mit der Abschaffung bedrohte. *1896:* Konzentration und Zentralisation haben die Konkurrenz der Einzelkapitalien untereinander verringert und damit den Arbeitern einen gewissen Schutz entzogen; angesichts langsam ansteigender Reallöhne beginnen sich Teile der Arbeiterschaft Westeuropas allmählich auf eine Anpassung innerhalb des kapitalistischen Systems einzurichten. *1948:* Die frühen Phasen der industriekapitalistischen Entwicklung waren durch das nahezu bedingungslose Bestreben nicht nur, was sich von selbst versteht, der Einzelkapitalien, sondern auch des Gesamtkapitals gekennzeichnet, die Arbeitskosten im Interesse möglichst hoher Profitraten so gering wie möglich zu halten. Diese Politik hatte regelmäßig Realisierungskrisen aufgrund ungenügender Massenkaufkraft zur Folge; in den zwanziger und dreißiger Jahren war sogar die Existenz des kapitalistischen Systems selbst bedroht. Nachdem diese bisher schwerste ökonomische und politische Krise des Kapitalismus durch Kriegswirtschaft, hohe Arbeitslosigkeit, Weltwirtschaftskrise, Verhinderung einer »Wirtschaftsdemokratie«, »Augenmaß« und »gesamtwirtschaftlich verantwortungsbewußtes Verhalten« der Gewerkschaften usf. auf Kosten der Bevölkerungsmassen noch einmal beendet werden konnte, sollte ein neues Modell der Sozialpartnerschaft in den Industrieländern durch planmäßige Steigerung des Massenkonsums den alten systembedrohenden Fehler vermeiden und die Systemkonkurrenz mit den sozialistischen Ländern durch ökonomische Befriedung und politische Integration des organisierten Kerns der alten Lohnarbeiterschaft bestehen helfen.

13. Das *Akkumulationsmodell,* das ab 1948 den unvergleichlichen Nachkriegsboom der kapitalistischen Weltwirtschaft trug, war Ausfluß der US-amerikanischen Hegemonie. In den Industrieländern sorgte nach einer gewissen Anlaufszeit eine *Politik produktivitätsorientierter Lohnsteigerungen* dafür, daß die *gesamtwirtschaftliche Lohnquote »weder zu hoch noch zu niedrig«* war, mit anderen Worten, daß die Scylla von Verwertungs-, vor allem aber auch die Charybdis von Realisierungskrisen vermieden wurde.[10] Überdies waren die Lohnsteigerungen auch »leistungsbezogen«, das heißt, sie konservierten oder verstärkten vorhandene Einkommensunterschiede, um die ökonomisch wie politisch erwünschte Aufsteiger-Mentalität zu befördern. Die Erfüllung sozialer Ansprüche der Arbeiterschaft war tendenziell nur in systemkonform kommerzialisierter Form zugelassen. Wachsende Masseneinkommen (auch wenn sie weitgehend lediglich notwendige Konsequenz

zunehmender Kapitalisierung des Reproduktionsbereichs und zunehmender Vermarktung der Freizeit waren), eine Tendenz zur Vollbeschäftigung und ein allmählich immer »enger geknüpftes soziales Netz« machten dieses Modell der Sozialpartnerschaft vor allem im harten, gewerkschaftlich organisierten Kern der alten Lohnarbeiterschaft attraktiv: »Das ist unser Staat! Den lassen wir uns nicht kaputtmachen!« Politischer Ausdruck hiervon war die Hegemonie reformistischer Arbeiterparteien in den Industrieländern (sozialdemokratischer Wohlfahrtsstaat). Daß dabei Fremdbestimmung und Leistungsdruck in Fabrik, Büro, Familie und Freizeit fühlbar intensiviert wurden (man vergleiche die Zunahme von Frühinvalidität, von Suchterkrankungen usw.), wurde im Vertrauen auf die Möglichkeit weiter fortgesetzter humanisierender Reformpolitik hingenommen beziehungsweise in die Forderung monetärer Kompensationen umgesetzt. *Anders als für die organisierte Lohnarbeiterschaft stand freilich dieses Modell, wie jedes andere auch, für das Kapital prinzipiell jederzeit zur Disposition, wenn veränderte Umstände es erfordern sollten.*

Die lange Periode beschleunigter und zunehmend »autozentrierter« Akkumulation seit Ende der vierziger Jahre führte etwa ab Mitte der sechziger Jahre in den meisten kapitalistischen Industrieländern zu einer *fühlbaren Verringerung der industriellen Reservearmee* (euphemistisch »Vollbeschäftigung« genannt). Modifiziert wurde dieser Zeitpunkt einerseits durch die Auflösung der kleinen Landwirtschaft und durch erhöhte Erwerbsquoten des weiblichen Teils der Bevölkerung sowie durch forcierte Zufuhr von Arbeitskräften aus Drittländern bis nahe an ihre »natürlichen« oder politischen Grenzen heran, andererseits durch die Ausdehnung des tertiären Sektors, Arbeitszeitverkürzungen und Ähnliches. In einer solchen, für die Geschichte des Industriekapitalismus nicht untypischen Situation war eine temporäre Reduktion der Investitionen (man denke an die »Investitionslücke« ab 1970!) bei gleichzeitig erhöhtem prozentualen Anteil von Rationalisierungsinvestitionen das probate klassische und – wie es hätte scheinen können – einzige Mittel, um das Angebot disponibler Arbeitskraft und die Bedingungen dieses Angebots wieder auf ein der Verwertung zuträgliches Maß zu bringen. Diesmal freilich blieb das Kapital nicht auf dieses Mittel allein beschränkt, sozusagen glücklicherweise, weil Massenarbeitslosigkeit als Steuerungs- und Disziplinierungsinstrument der Akkumulation heute ideologischer Bemäntelungen oder besser noch der Berufung auf vermeintlich exogene, unbeeinflußbare, »objektive« Ursachen bedarf.

Zwei Jahrzehnte produktivitätsorientierter Lohnerhöhungen in den Industrieländern hatten die *Differenz zwischen durchschnittlichen Industrielöhnen in Industrieländern und durchschnittlichen Industrielöhnen in Entwicklungsländern derart anwachsen* lassen, daß – in Verbindung mit all den anderen, nicht ganz so rapide veränderten Rahmenbedingungen der Kapitalverwertung – eine Verlagerung von Teilen der Produktion aus Industrieländern in Entwicklungsländer offenbar ökonomisch möglich und – vermittelt über den Mechanismus der Konkurrenz – vielfach auch notwendig wurde. Die eingangs des Aufsatzes erwähnten Indizien zeigen, daß ab Ende der sechziger/Anfang der siebziger Jahre für eine ins Gewicht fallende Zahl von Teilproduktionen die *Kostenvorteile der Industrieländer* (Infrastruktur, Ausbildung der Arbeitskraft, politische Stabilität, Nähe von Zulieferern und Abnehmern usf.) *nicht mehr ausreichten, um die andersartigen Kostenvorteile der Entwicklungsländer* (niedrige Löhne, verwertungsgünstige sonstige Arbeitsbedingungen, hinreichend hohe Arbeitsproduktivität, vielfältige staatliche Subventionierungen usf.) *zu kompensieren.*

Mit anderen Worten: *Das auf produktivitätsorientierten Lohnsteigerungen basierende Sozialpartnerschaftsmodell ist kein auf Dauer stellbares Modell einer (zunehmend autozentrierten) Akkumulation in den Industrieländern, weil die nur scheinbar residualen Beziehungen der Industrieländer zu ihrer gesellschaftlichen Umwelt, vor allem zum peripheren Kapitalismus in den Entwicklungsländern, diesem Modell über den Mechanismus von Rationalisierung und Verlagerung früher oder später eine zentrale Voraussetzung seines Funktionierens entziehen: die Abgeschlossenheit.* Rationalisierungen und Verlagerungen, die der neuen Qualität von Rahmenbedingungen der Kapitalverwertung durch entsprechende weltweite Reorganisation der Produktion Rechnung tragen, bewirken nun einen tendenziellen Beschäftigungsrückgang in den Industrieländern, ohne daß es hierzu einer Forcierung von Rationalisierungen nach dem probaten klassischen Schema bedarf.

Angesichts dieser gesunkenen Wettbewerbsfähigkeit kapitalistischer Produktion in den Industrieländern und weil »nicht noch einmal verteilt werden kann, was die Ölscheichs schon genommen haben«, haben sich die Sozialpartner inzwischen stillschweigend darauf geeinigt, daß die *Lohnzuwächse für die noch Beschäftigten in den Industrieländern in Zukunft nicht mehr produktivitätsorientiert sind, sondern in einem »gesamtwirtschaftlich vertretbaren« Ausmaß niedriger.*

Es wird versichert, daß alle diese Restrukturierungen dazu beitragen, die (noch verbleibenden) Arbeitsplätze in den Industrieländern »sicherer zu machen«: Produktionsverlagerungen in Niedriglohnländer erlauben den Unternehmen eine »Mischkalkulation« und damit eine Absicherung der Produktion im Industrieland; »defensive Rationalisierungen« und »gesamtwirtschaftlich vertretbare« Lohnerhöhungen in den Hochlohnländern verringern den Lohnkostenanteil der Produktionskosten und erhöhen damit wieder die Wettbewerbsfähigkeit; »die Gewinne von heute sind die Investitionen von morgen und die Arbeitsplätze von übermorgen« (eine im höchsten Maße irreführende Propagandaphrase, solange zu erwarten ist, daß die Gewinne tendenziell wachsend für Rationalisierungsinvestitionen oder für Produktionsverlagerungen eingesetzt werden); die Energiekrise, Ergebnis zweier Jahrzehnte unvergleichlichen, von einer gewaltigen Woge (zu) billigen Öls getragenen Wirtschaftswachstums, nötigt zu einer grundsätzlichen Umstrukturierung der Wirtschaft und eröffnet neue Investitionschancen.

Bisher haben sich diese Erwartungen kaum erfüllt. Bisher ist als Ergebnis all dieser Restrukturierungen ein reduziertes Wachstum der effektiven Nachfrage in den Industrieländern und auch weltweit zu konstatieren – der *Ausfall an Masseneinkommen in den Industrieländern* wird nicht durch einen entsprechenden Anstieg in Entwicklungsländern (einschließlich OPEC) und auch auf keine andere erkennbare Weise ausgeglichen. Dies ist die *zentrale, weil aus den Funktionsbedingungen des Akkumulationsmodells der Nachkriegszeit folgende Ursache für die seit Ende der sechziger/Anfang der siebziger Jahre in den Industrie-, weniger in den Entwicklungsländern beobachtbaren tendenziellen Rückgänge der Wachstumsraten von Inlandsprodukt, industrieller Produktion und (mit einiger zeitlicher Verzögerung) Außenhandel.*

14. Die *Prognose* fällt nicht schwer, *daß die weltweite Reorganisation und Dezentralisierung der kapitalistischen Produktion bei vergleichsweise sehr niedrigen Wachstumsraten in den nächsten Jahren weitergehen wird,* da nicht zu erkennen ist, daß sich in absehbarer Zeit an den für diese Entwicklung ursächlichen Rahmenbedingungen gegenwärtiger

Kapitalverwertung Grundsätzliches ändern könnte.

So ist keine politische Kraft erkennbar, welche die weitgehende Freiheit des internationalen Waren- und Kapitalverkehrs weltweit drastisch einzuschränken gewillt und befähigt wäre und damit die Abgeschlossenheit als Voraussetzung für eine erneute Politik produktivitätsorientierter Lohnsteigerungen in den Industrieländern wieder herstellen könnte. Gegen den Widerstand der organisierten Arbeiterschaft in den Industrieländern ist eine drastische Verschlechterung von Löhnen und Arbeitsbedingungen der Beschäftigten (entscheidendes Element einer Austerity-Politik) nahezu unvorstellbar, wenn auch dieser Widerstand mit relativ hoher und tendenziell steigender Arbeitslosigkeit erkauft ist. Aufgrund der Subventionierung aus den zahlenmäßig immer noch erheblich ins Gewicht fallenden nicht-kapitalistischen Produktionsweisen und angesichts der wechselseitigen Konkurrenz, zu der die Entwicklungsländer auf dem Weltmarkt für Produktionsstandorte gezwungen sind, ist auch eine fühlbare Verbesserung von Löhnen und Arbeitsbedingungen in den Entwicklungsländern nahezu ausgeschlossen (immer unter der Annahme, daß die gegenwärtige Gesellschafts- und Wirtschaftsstruktur grundsätzlich aufrechterhalten wird). Nur eine drastische Verschlechterung in den Industrieländern und/oder eine fühlbare Verbesserung in den Entwicklungsländern könnte aber die unterschiedlichen Kostenvorteile von Standorten hier und dort so verändern, daß die fortschreitende weltweite Reorganisation und Dezentralisierung der kapitalistischen Produktion in Frage gestellt wäre.

Damit entfallen bis auf weiteres die wichtigsten allgemeinen Gründe, welche die obige Prognose in Frage stellen könnten. Sekundäre Faktoren sind allenfalls insofern von Belang, als sie die Geschwindigkeit, nicht aber das Faktum und den Richtungssinn des Prozesses beeinflussen.

Einige sekundäre Faktoren begünstigen und beschleunigen die weitere Reorganisation: Internationale Organisationen wie die Weltbank, der Internationale Währungsfonds oder die UNIDO, die ihre nicht ganz unwichtige Rolle als Vertreter des weltweiten Gesamtkapitals durch Beförderung dieser Reorganisation wahrnehmen; die Bourgeoisie der Entwicklungsländer, wenn sie ihre lokale Hegemonie als Makler kapitalistischer weltmarktorientierter (Teil-)Industrialisierung durch Schaffung von Voraussetzungen für die Ausbeutung der Ressourcen Land und Arbeitskraft ihrer

Länder, so gut es gegen innere Widerstände geht, zu sichern sucht (die erforderlichen Mittel werden alternativen, im Interesse der Bevölkerungsmehrheit wünschenswerteren Verwendungen entzogen; Auslandskredite sind in der Regel mit strikten Auflagen für eine im Interesse weltweiter Kapitalakkumulation und nicht etwa lokaler Wohlfahrtssteigerung förderliche Verwendung verbunden; die resultierende Wirtschafts- und Gesellschaftsstruktur bedeutet eine schwere Hypothek für künftige Reformversuche); Regierungen und Interessenverbände jener Industrieländer, allen voran die Bundesrepublik, deren technologische Spitzenstellung bei einem entsprechenden Strukturwandel der eigenen Wirtschaft günstige Voraussetzungen für einen Fortbestand der internationalen Konkurrenzfähigkeit der eigenen Wirtschaft zu bieten scheint (»Modell Deutschland«; Monopolrenten durch Lieferung schlüsselfertiger Industrieanlagen, Blaupausenexport etc., wobei eine entsprechende Wirtschaftspolitik ihre Massenbasis in jenen Arbeitern und Angestellten hat, die bei ausreichender individueller Mobilität eine Aufstiegschance sehen und dementsprechend für das rechte gewerkschaftliche »Augenmaß« plädieren, um zu ihrem Teil an den monetären Gratifikationen des Systems auch in Zukunft, wenn auch vielleicht in abgeschwächtem Ausmaß und notfalls auf Kosten jener Kollegen, die durch Strukturwandel, Rationalisierung, Verlagerung »überzählig« gemacht werden und/oder zur geforderten individuellen regionalen oder qualifikatorischen Mobilität nicht befähigt sind, zu partizipieren); schließlich sogar Staatsbürokratien zentraler Planwirtschaften, die sich mit einer solchen weltweiten Reorganisation stillschweigend arrangiert haben, in der Hoffnung, den status quo für ihre Länder und Bevölkerungen zu stabilisieren und womöglich aus einer, verglichen mit Entwicklungsländern, Position relativer Stärke heraus durch selektive Partizipation in bescheidenem Ausmaß für ihre Länder aus dieser Entwicklung Nutzen zu ziehen (vergleiche beispielsweise Projekte der »tri-partite co-operation« oder industrielle Kooperationsabkommen mit vereinbartem Technologie- und Know-how-Transfer).

Andere sekundäre Faktoren hemmen und verlangsamen die weitere Reorganisation: Etwa die Schwierigkeit, gleichsam im Handumdrehen auf breiter Front günstige Voraussetzungen für kapitalistische Produktion in Entwicklungsländern auch außerhalb einiger weniger privilegierter Standorte (beispielsweise Freie Produktionszonen) zu schaffen (Disziplin und Qualifikation der Arbeitskraft, Infrastruktur, effiziente Administration etc., vor allem aber auch »günstiges Investitionsklima« und »politische Stabilität«); der zum Beispiel in protektionistischen Maßnahmen wirksam werdende Widerstand der organisierten Arbeiterschaft in Industrieländern gegen einen sozial allzu disruptiven Strukturwandel (Massenarbeitslosigkeit in den Ausmaßen der Zeit zwischen den beiden Weltkriegen ist in den Industrieländern politisch nicht mehr praktikabel); eine tiefsitzende Verunsicherung in den verschiedensten Lagern über den Weg, auf dem es weitergehen soll, nachdem es inzwischen vielen dämmert, daß kapitalistisches Wachstum keine beliebig in die Zukunft fortsetzbare gesamtgesellschaftliche Strategie sein kann.

15. Welche Auswirkungen sind unter der Prämisse eines jedenfalls in der Gesamttendenz fortschreitenden Prozesses weltweiter Reorganisation und Dezentralisierung der kapitalistischen Produktion in der vorhersehbaren Zukunft zu erwarten?

Was die *Entwicklungsländer* angeht, ist eins von vornherein klar: Gemessen an der Zahl der Arbeitsplätze, die in den letzten zehn oder fünfzehn Jahren in weltmarktorientierter Produktion von Entwicklungsländern entstanden sind, *hat dieser Prozeß keinesfalls das Potential, die Arbeitslosigkeit oder Unterbeschäftigung in den Entwicklungsländern insgesamt auch nur ansatzweise zu reduzieren vermocht* – zu welchen Löhnen und Arbeitsbedingungen auch immer –, *während umgekehrt die in diesem Prozeß in den Industrieländern entstandene Arbeitslosigkeit zahlenmäßig, verglichen etwa mit der Gesamtbeschäftigung der Industrieländer, durchaus nicht vernachlässigbar ist.* Eine »neue internationale Wirtschaftsordnung«, in welcher dieser Prozeß eine Schlüsselrolle spielt, wird die bestehenden drastischen Unterschiede im materiellen Lebensstandard der Bevölkerungsmehrheit von Industrie- beziehungsweise Entwicklungsländern nicht verringern.

Nun ist es freilich von vornherein unwahrscheinlich, daß das Verlagerungspotential etwa der verarbeitenden Industrie gleichmäßig von allen Entwicklungsländern realisiert wird. »Lokale«, historisch-gesellschaftlich zu erklärende Besonderheiten einerseits, Kostenvorteile aufgrund der regionalen Konzentration verlagerter Produktionen andererseits haben dazu geführt, daß heute *ein Großteil der weltmarktorientierten Industrie in einigen wenigen Ent-*

wicklungsländern konzentriert ist (sog. Schwellenländer wie Hongkong, Singapur, Südkorea, Taiwan, Brasilien, Mexiko). Wie ein Vergleich mit den Bezugsstandards zeigt, die durch die Industrieländer beziehungsweise in umgekehrter Weise von der Mehrzahl der sonstigen Entwicklungsländer vorgegeben sind, gehen in diesen Schwellenländern die Möglichkeiten einer massiven Subventionierung der Kapitalverwertung aus nicht-kapitalistischen Produktionsweisen entweder bereits heute oder doch in vorhersehbarer Zukunft weitgehend zur Neige. In dem Maße, in dem dies der Fall ist, müssen die gezahlten Industrielöhne steigen (oder mußten dies bereits in den vergangenen Jahren tun), um die Reproduktion der Arbeitskraft unter Berücksichtigung des Beitrags von Hausarbeit und externer Arbeitskraftreservoirs (vergleiche etwa das malaysische Hinterland von Singapur) gesamtgesellschaftlich im großen und ganzen gewährleisten zu können. Im Rahmen des kapitalistischen Weltsystems (!) sind daher *zwei alternative Entwicklungswege für die Entwicklungsländer denkbar.*

Entweder das Ensemble einschlägiger Rahmenbedingungen der Kapitalverwertung (Ausbildung und Disziplin der Arbeitskraft, Arbeitsbedingungen, Infrastruktur, Investitionsklima, politische Stabilität usw.), in dem die Lohnhöhe ein zwar wichtiges, aber eben nur einzelnes Element unter vielen anderen, prinzipiell gleichrangigen ist, entwickelt sich in den Schwellenländern derart, daß die industrielle Produktion trotz steigender und vielleicht schon relativ hoher Löhne international wettbewerbsfähig bleibt (vergleiche etwa Hongkong oder Singapur mit den Philippinen). Diese Länder haben dann die Chance, ihre Produktion fortschreitend ausdehnen zu können, weil sie – anders als im Falle der importsubstitutierenden Industrie, wo (mit möglicher Ausnahme der bevölkerungsreichsten Entwicklungs- und einiger OPEC-Länder) die Grenzen einer industriellen Expansion aufgrund der beschränkten inländischen Nachfrage in peripher-kapitalistischen Ländern sehr schnell erreicht sind – einen relativ großen Markt, nämlich den der traditionellen Industrieländer, vor sich haben, an dem sie sich möglicherweise wachsende Anteile für ihre Produktion sichern können. Eine fortschreitende Durchkapitalisierung und Industrialisierung dieser Schwellenländer ist also möglich, wenn es ihnen gelingt, steigende Reproduktionskosten und Löhne und andere zusätzliche Kostenfaktoren jeweils rechtzeitig durch erhöhte Arbeitsproduktivität, verbesserte Infrastruktur, verbesserte Ausbildung, Mobilisierung inter-industrieller Verflechtungen, steigende Qualitäten, geeignete Spezialisierung, Übergang zu neuen Produktionsbereichen usf. aufzufangen, freilich immer unter der fatalen Hypothek, auf einen einigermaßen ungehinderten Zugang zu den Absatzmärkten angewiesen zu sein, und alles unter frühkapitalistischen Lebens- und Arbeitsbedingungen der Bevölkerungsmehrheit.

Oder, und dies gilt für alle Entwicklungsländer, nicht nur möglicherweise für einige der sog. Schwellenländer, steigende Reproduktionskosten und Löhne der Arbeitskraft (nicht zu sprechen von politischer Instabilität und ähnlichem) verschlechtern die Verwertungsbedingungen des Kapitals, weil sie nicht auf andere Weise kompensiert werden. Dann wandert das industrielle Kapital nach Erreichen einer kritischen Schwelle an andere Standorte ab oder stellt zumindest seine Expansion an Ort und Stelle ein. Diese Form einer über den Erdball und insbesondere durch die Entwicklungsländer vagabundierenden Industrie kann mit der sog. shifting cultivation verglichen werden: Sobald der (gesellschaftliche) Boden durch Kapitalverwertung und Raubbau erschöpft ist, überläßt sie ihn einer Brache, also einer Regeneration durch die vegetative Lebenskraft nicht-kapitalistischer, ja vielleicht sogar sozialistischer Produktionsweisen, um möglicherweise übermorgen wieder zum Zwecke erneuter vampyrhafter Kapitalverwertung zurückzukehren, im blinden Vertrauen darauf, daß die letzte Aussaugung das fernere Wiederaufkommen nicht-kapitalistischer Produktionsweisen nicht irreversibel geschädigt hat, und notfalls unter zynischer Inkaufnahme etwa von Hungerkatastrophen nach dem Motto: »Let nature take its course!«

Neben diesen beiden alternativen Entwicklungswegen im Rahmen des kapitalistischen Weltsystems, die allenfalls für einige wenige Schwellenländer das Potential einer Industrialisierung unter kapitalistischem Vorzeichen bereithalten, dürfen freilich nicht die *wachsenden Anzeichen »politischer Instabilität« in der Dritten Welt* vergessen werden, die das Versprechen einer besseren Zukunft enthalten, auch wenn sie zunächst nur Ausdruck temporärer anti-imperialistischer Klassenallianzen oder Revolten ohne jede ausdrückliche politische Zielrichtung sein sollten.[11]

Die Revolutionen in China, Kuba und andernorts haben gezeigt, daß es Wege gibt, die materielle Verelendung der Bevölkerung eines Entwicklungslandes in weniger als einer Generation zu überwinden. Offenbar sind für Entwicklungsländer allein schon die Zerstörung peripher-kapitalistischer Produktions- und Herrschaftsverhältnisse und die partielle und temporäre Desintegration aus dem kapitalistischen Weltmarkt Produktivkräfte ersten Ranges. Ob diese sozialistischen Übergangsgesellschaften – haben sie erst einmal diese erste Phase mit ihren mobilisierenden Auswirkungen durchlaufen – sich auf Dauer der ökonomisch-militärischen Bedrohung und der ideologischen Herausforderung durch das kapitalistische Weltsystem mit seinem noch immer scheinbar ungebrochenen Potential für Produktivitätssteigerungen erwehren oder entziehen können, ohne zunehmend wieder auf kapitalistische Organisationsprinzipien und Ideologien zurückzufallen, muß die Zukunft lehren.

Was die traditionellen *Industrieländer* angeht, wird das Kapital in den nächsten Jahren eine Restrukturierung der Wirtschaft vor allem in zwei Hinsichten vorantreiben. Einmal werden *energiesparende Technologien* entwickelt, welche – möglicherweise nach einem Intervall forcierter Kernenergienutzung zur Diversifizierung und nochmaligen Ausweitung der Energieproduktion – die energieaufwendigen Technologien der fünfziger und sechziger Jahre ablösen werden. Zum anderen wird der Prozeß von *Rationalisierung und Verlagerung* fortgesetzt werden – im Zeichen der sog. elektronischen Revolution und im Zeichen des »subcontracting« aller Arten, mit dem Ziel vor allem, einen möglichst großen Prozentsatz der Beschäftigten außerhalb des aufwendigen »sozialen Netzes« zu halten, unabhängig von dem Ausmaß sog. Rückverlagerungen der Produktion in die traditionellen industriekapitalistischen Zentren.

Die Freisetzungsraten werden in den Industrieländern hoch bleiben. Die Schwierigkeiten, *friktionelle Arbeitslosigkeit* aufgrund großer Divergenzen zwischen den beruflichen Qualifikationen der Freigesetzten einerseits, den Qualifikationsanforderungen neu entstehender Arbeitsplätze andererseits in Grenzen zu halten, werden beträchtlich sein und jedenfalls ernstliche *physische und psychische Mehrbelastungen* der Betroffenen bedeuten.

Mindestens drei *unterschiedliche Antworten der Hauptbetroffenen* auf diese Entwicklungen zeichnen sich ab. Der gewerkschaftlich organisierte harte Kern der Arbeiterschaft in den technologisch führenden Industrieländern (Typus: Der männliche, aufstiegsorientierte, mobile, sozialdemokratisch wählende Facharbeiter mittleren Alters) befürwortet eine Fortsetzung der nach außen freihändlerischen und nach innen produktivitätsorientierten (Lohn-)Politik der vergangenen Boomphase, in der Erwartung, daß die Extrarevenuen eines an der Spitze der internationalen Hierarchie des Ungleichen Tausches stehenden Landes für die Sicherung und weitere Erhöhung des materiell-monetären Lebensstandards wenigstens der eigenen sozialen Gruppe reklamiert werden können (»Modell Deutschland«). Die gewerkschaftlich Organisierten der anderen Industrieländer und auch der von Strukturwandel am härtesten betroffenen Branchen jener technologisch führenden Industrieländer fordern protektionistische Maßnahmen der Industrieländer und soziale Verbesserungen in der weltmarktorientierten Industrie der Entwicklungsländer, um den Rationalisierungs- und Verlagerungsdruck in den eigenen Ländern zu verringern. Die sog. Unorganisierten, das heißt die nicht gewerkschaftlich (von oben) Organisierten, also zum Beispiel vor allem Frauen, Jugendliche, Gastarbeiter, sogenannte Randgruppen aller Art, suchen eine vom Kapital möglichst unabhängige und eine der Tendenz zur totalen Kommodifizierung entgegengesetzte Lebens- und Arbeitsweise zu verwirklichen, was in Zeiten der ökonomischen Depression zwar ökonomisch und politisch stabilisierend wirken mag, langfristig aber für die These von der Unentbehrlichkeit des Kapitalverhältnisses und für dieses Verhältnis selbst gefährlich werden könnte.

Im Rahmen ihrer prekären Möglichkeiten werden die *Staaten* versuchen, den Strukturwandel zu planen, d. h. Systemnotwendigkeiten zu erfüllen, die wegen momentan ungenügender einzelwirtschaftlicher Rentabilität vom Markt nicht erfüllt werden, in erster Linie also Maßnahmen zur Erhöhung der internationalen Konkurrenzfähigkeit des jeweiligen nationalen Standorts, und hier wieder vor allem Maßnahmen zur Senkung der Reproduktionskosten der Arbeitskraft: Standardisierung des Massenkonsums und von Dienstleistungen (zum Beispiel Massentransportmittel), »flexible« Arbeitsmarkt-, Sozial- und Familienpolitik, Subventionen für Technologie-Entwicklung usf. Wesentlich ist daneben vor allem auch der Versuch, die Bevölkerungsmehrheit über die »Notwendigkeit eines Strukturwandels« hinaus auch von der angeblichen Notwendigkeit eines Verzichts auf »unbezahlbar gewordene« Sozialleistungen und weitere soziale Reformen zu überzeugen; dabei ist die vorgeblich von einigen Scheichs mutwillig vom Zaun gebrochene sog. Ölkrise ein willkommenes Alibi zur Verschleierung der Tatsache struktureller Defizienzen des kapitalistischen Systems. In der bundesdeutschen Presse liest sich das zum Beispiel so:

»Die Energiekrise wird für die achtziger Jahre immer krasser als das kardinale Problem in Erscheinung treten. Der absolute Zwang zum Aufbau neuer Strukturen in der Energiewirtschaft sollte eigentlich die Prognose einer industriellen Revolution, einer intensiven Investitionstätigkeit und unternehmerischer Anstrengungen, also eine Wachstumsphase, plausibel machen. Die Zeit für utopische Diskussionen ist endgültig abgelaufen. Nun gilt es zu handeln. Das bedeutet aber auch, daß wir nach langen Jahren einer konsumorientierten Wirtschaftspolitik nunmehr die wirtschafts- und finanzpolitischen Weichen so zu stellen haben, daß die notwendigen, gewaltigen Finanzierungen zum Strukturumbau mit marktwirtschaftlichen Methoden möglich werden. Wir haben lange genug über unsere Verhältnisse gelebt.«[12]

Noch ist freilich in den einzelnen Industrieländern politisch nicht entschieden, ob eine solche *Rückkehr zu einem antediluvianischen Akkumulationsmodell des Konsumverzichts der Massen* (mit der sicheren Folge gesteigerter Krisenanfälligkeit) oder eine *modifizierte Neubelebung des auf Expansion des Massenkonsums gestützten Akkumulationsmodells* der Nachkriegszeit (eventuell mit erhöhtem, unter anderem durch Besteuerung weltweiter Produktionsverlagerung finanziertem Anteil des staatlich vermittelten gesellschaftlichen Konsums) erfolgen wird. So oder so: Soll es wieder und noch einmal zu einer erfolgreichen Rekonstitution des kapitalistischen Weltsystems kommen, aber vor allem auch um anderer, alternativer Perspektiven willen ist zu hoffen, daß die internationalen Spannungen einer Zeit der (Quasi-)Stagnation und des Strukturwandels sich entgegen allen historischen Präzedenzfällen diesmal nicht wieder explosiv entladen.

Anmerkungen

1 In diesem Zusammenhang wird oft darauf verwiesen, daß die durchschnittlichen Profitraten in mehreren großen Industrieländern seit Anfang der siebziger Jahre zurückgehen. Wegen der notorischen Schwierigkeiten einer einigermaßen verläßlichen Ermittlung solcher Raten und wegen der länderweise merklich unterschiedlichen Datierung soll aber daraus hier kein besonderer Punkt gemacht werden.

(Nebenbei bemerkt würde ein solcher Rückgang der durchschnittlichen Profitraten selbstverständlich nicht ausschließen, daß die Profitraten des Großteils der Großunternehmen unverändert hoch bleiben oder vielleicht sogar noch wachsen.)

2 Siehe Folker Fröbel, Jürgen Heinrichs, Otto Kreye, *Die neue internationale Arbeitsteilung*, Reinbek bei Hamburg 1977.

3 Selbstverständlich bedeutet dieses Vordringen weltmarktorientierter verarbeitender Industrie in Entwicklungsländern nicht, daß sich das Kapital nun nicht mehr mögliche Vorteile einer Produktion in Ländern zunutze machte, deren Binnenmarkt durch Einfuhrbeschränkungen, hohe Einfuhrabgaben, strikt kontrollierte Auflagen über ein Mindestmaß an »local content« der Produktion, hohe Transportkosten und ähnliches geschützt ist. Neu ist allerdings, daß heute immer mehr *Landesfabriken* (Produktion weitgehend für den lokalen Markt unter Nutzung, ja häufig allein aufgrund der Kostenvorteile der Protektion) *zugleich Weltmarktfabriken* (Produktion für den Weltmarkt, unter Einschluß des lokalen Marktes, auch ohne die Kostenvorteile einer Protektion) sind. Ein typisches Beispiel. Volkswagen läßt unter anderem in Mexiko produzieren. Ein Teil der dortigen Produktion wird auf dem geschützten Binnenmarkt abgesetzt – unter selbstverständlicher Nutzung der Kostenvorteile der Protektion (»Landesfabrik«). Die Produktion erfolgt aber offenbar nicht allein aufgrund der Kostenvorteile der Protektion: Ein anderer Teil der Produktion wird nämlich auf ausländische Märkte exportiert (VW-Käfer nach Westeuropa etc.), was beweist, daß die mexikanische Produktion von Volkswagen auch auf dem Weltmarkt – ohne die Kostenvorteile einer Protektion – wettbewerbsfähig ist (»Weltmarktfabrik«), im Unterschied zur klassischen importsubstituierenden Industrie.

4 Produktionsverlagerungen aus Industrieländern in Entwicklungsländer durch und innerhalb von Unternehmen der Industrieländer sind zwar die bekannteste, aber keineswegs die einzige Form, die dieser Vorgang annimmt.

5 Ein aktuelles Beispiel. Die Firma Kochs Adler AG, Bielefeld, annonciert eine automatisierte Nähmaschine (»›Classical‹ Sleeve Vents – Sewing and Folding performed in one single automated operation«). Als dritter von zehn Punkten, die die Maschine charakterisieren, wird genannt: »Very short time required for training of unskilled operator.« Siehe *Textile Asia*, November 1979, S. 125.

6 Dabei werden nicht Prozeßinnovationen für sich genommen und Standortinnovationen für sich genommen und Arbeitskraftinnovationen für sich genommen unabhängig voneinander optimiert – *Gegenstand des Optimierungsverfahrens* ist vielmehr *der ungeteilte Komplex von Prozeß-, Standort- und Arbeitskraftinnovationen.* Dementsprechend ist die vielfach anzutreffende, politisch motivierte, Rationalisierung und Verlagerung auseinanderreißende Fragestellung irreführend, ob nicht eines Tages Produktionsverlagerungen in Niedriglohnländer durch hinreichend forcierte Rationalisierungen in den traditionellen Industrieländern überflüssig gemacht werden könnten.

7 Einige Quellen: Fröbel/Heinrichs/Kreye, op. cit., insbesondere S. 174f., 571ff.; Redaktion der Zeitschrift *Textil-Wirtschaft, Schema einer Rentabilitätsberechnung für Erstellung eines Bekleidungsbetriebes in Tunesien. Stand: Frühjahr 1977* (Mimeo); Gespräche des Verfassers mit bundesdeutschen Industriellen und Einkäufern der Bekleidungsbranche auf einer Südostasienreise zur »Standortprüfung vor Ort«.

8 Untersuchungen von Teilaspekten des Reorganisationsprozesses in der verarbeitenden Industrie: Fröbel/Heinrichs/Kreye, op. cit.; M. van Klaveren, *Internationalisation and the Clothing Industry,* Mimeo 1976; Studien des Forschungsprojektes *Industrial re-adjustment and the international division of labour* der Universität Tilburg/ Niederlande (unter anderem Arbeiten von Ben Evers, Gerard de Groot, Willy

Wagenmans); Sonderheft *Philippines: Workers in the Export Industry* der Zeitschrift *Pacific Research* (Vol. IX, Nos. 3&4, März-Juni 1978); Sonderheft *Free Trade Zones & Industrialization of Asia* der Zeitschrift *AMPO* (Vol. 8, No. 4 & Vol. 9, Nos. 1-2 = Series Nos. 30-31, 1977); Anthony Edwards, *The New Industrial Countries and their Impact on Western Manufacturing*, London 1979. Für das Agribusiness vergleiche die Arbeiten von Ernest Feder.

9 Anonymus, *Considerations on the East-India Trade*, London 1701, zitiert nach der Ausgabe J. R. McCulloch (ed.), *Early English Tracts on Commerce*, Nachdruck London 1970, S. 620-624 (deutsche Übersetzung gekürzt).

10 Vergleiche zum Folgenden: Samir Amin, *Le modèle théorique de l'accumulation et du développement économique et social du monde contemporain*, in: Boubacar Barry, *Le royaume de waalo*, Paris 1972, S. 32-54; Samir Amin, *Self-reliance and the New International Economic Order*, in: *Monthly Rewiew*, Vol. 29, No. 3, Juli-August 1977, S. 1-21; Wladimir Andreff, *Profits et structures du capitalisme mondial*, Paris 1976; Giovanni Arrighi, *Towards a Theory of Capitalist Crisis*, in: *New Left Review*, No. 111, September-Oktober 1978, S. 3-24; Giovanni Arrighi, *The Class Struggle in Twentieth-Century Western Europe*, Manuskript 1979; Robert Boyer, *La crise actuelle: une mise en perspective historique*, in: *Critiques de l'économie politique*, Nouvelle série, No. 7-8, April-September 1979, S. 5-113; Hartmut Elsenhans, *Grundlagen der Entwicklung der kapitalistischen Weltwirtschaft*, in: Dieter Senghaas (Hrsg.), *Kapitalistische Weltökonomie*, Frankfurt 1979, S. 103-148; Andre Gunder Frank, *Weltwirtschaft in der Krise*, Reinbek bei Hamburg 1978; Andre Gunder Frank, *Crisis*, Manuskript 1978; Eric J. Hobsbawm, *The development of the world economy* (reviewing: W.W. Rostow, *The World Economy: History and Prospect)*, in: *Cambridge Journal of Economics*, Vol. 3, 1979, S. 305-318; *Le Monde diplomatique*, No. 309, Dezember 1979 (unter anderem Artikel von Marc Anvers, Nicolas Baby, Claude Courlet und Pierre Judet, Joyce Kolko, Jean Roussel).

11 Vergleiche hierzu das Februar-Heft 1979 von *Monthly Review* mit den Beiträgen von Paul Sweezy, Harry Magdoff, *Iran: The New Crisis of American Hegemony* (S. 1-24); James Petras, A. Eugene Havens, *Peru: Economic Crises and Class Confrontation* (S. 25-41).

12 Walter Slotosch, *Der Beginn einer Talfahrt*, Konjunkturbericht der *Süddeutschen Zeitung* vom 12./13. 1. 1980, S. 33. – Als Kontrast hierzu vergleiche die ganz andersartigen Analysen von *Le Monde diplomatique*, Dezember 1979 und Januar 1980.

Zusätzliche Literaturangaben zur Akkumulation im Weltmaßstab

Samir Amin, *L'Accumulation à l'échelle mondiale*, Paris 1970

Samir Amin, *Le développement inégal*, Paris 1973

Perry Anderson, *Lineages of the Absolutist State*, London 1974

Jairus Banaji, *Modes of Production in a Materialist Conception of History*, in: *Capital & Class*, No. 3, Herbst 1977, S. 1-44

Guy Bois, *Crise du féodalisme*, Paris 1976

Guy Bois, *Against the Neo-Malthusian Orthodoxy*, in: *Past & Present*, No. 79, Mai 1978, S. 60-69

Fernand Braudel, *Civilisation matérielle, économie et capitalisme, XVe-XVIIIe siècle*, 3 Bände, Paris 1979

Robert Brenner, *Agrarian Class Structure and Economic Development in Pre-industrial Europe*, in: *Past & Present*, No. 70, Februar 1976, S. 30-75

John Foster, *Class Struggle and the Industrial Revolution*, London 1974

Andre Gunder Frank, *Mexican Agriculture 1521-1630*, Cambridge, Paris 1979
Andre Gunder Frank, *World Accumulation 1492-1789*, New York, London 1978
Andre Gunder Frank, *Dependent Accumulation and Underdevelopment*, London 1978
Harriet Friedmann, *World Market, State, and Family Farm: Social Bases of Household Production in the Era of Wage Labour*, in: *Comparative Studies in Society and History*, Vol. 20, No. 4, Oktober 1978, S. 545-586
Clifford Geertz, *Agricultural Involution*, Berkeley 1963
Gunnar Heinsohn, Rolf Knieper, Otto Steiger, *Menschenproduktion*, Frankfurt 1979
Johannes D. Hengstenberg, Margaret Fay, *Unequal Exchange*, Manuskript 1978/79
Christopher Hill, *Reformation to Industrial Revolution*, Harmondsworth [2]1969
Rodney Hilton (Hrsg.), *The Transition from Feudalism to Capitalism*, Neuausgabe London 1976
Eric J. Hobsbawm, *The Crisis of the Seventeenth Century* (1954), wiederabgedruckt in: Trevor Aston (Hrsg.), *Crisis in Europe, 1560-1660*, London 1969, S. 5-58
Eric J. Hobsbawm, *Industry and Empire*, Harmondsworth [2]1969
Eric J. Hobsbawm, *The Age of Revolution*, London 1962
Eric J. Hobsbawm, *The Age of Capital*, London 1975
Eric J. Hobsbawm, *The Crisis of Capitalism in Historical Perspective*, in: *Socialist Revolution*, No. 30 (= Vol. 6, No. 4), Oktober-Dezember 1976, S. 77-96
Eric J. Hobsbawm, *Capitalisme et agriculture: Les réformateurs écossais au XVIIIe siècle*, in: *Annales ESC*, Vol. 33, No. 3, Mai-Juni 1978, S. 580-601
Aldous Huxley, *Brave New World*, 1932, [2]1946
Peter Kriedte, Hans Medick, Jürgen Schlumbohm, *Industrialisierung vor der Industrialisierung*, Göttingen 1977
Ludolf Kuchenbuch, Bernd Michael (Hrsg.), *Feudalismus*, Frankfurt, Berlin, Wien 1977
Emile Le Bris, Pierre-Philippe Rey, Michael Samuel, *Capitalisme négrier*, Paris 1976
Ernest Mandel, *The Second Slump*, London 1978
Karl Marx, *Das Kapital. Erster Band*, 1867, [2]1873
Claude Meillassoux, *Femmes, greniers et capitaux*, Paris 1975
Manuel Moreno Fraginals, *El Ingenio*, 3 Bände, La Habana 1978
James O'Connor, *Accumulation Crisis*, Manuskript 1978
Orlando Patterson, *On Slavery and Slave Formations*, in: *New Left Review*, No. 117, September-Oktober 1979, S. 31-67
Carlo Poni, *Archéologie de la fabrique*, in: *Annales ESC*, Vol. 27, No. 6, November-Dezember 1972, S. 1475-1496
Carlo Poni, *All'origine del sistema di fabrica*, in: *Rivista Storica Italiana*, Vol. 88, 1976, S. 444-497
Utz-Peter Reich, Philipp Sonntag, Hans-Werner Holub, *Arbeit-Konsum-Rechnung*, Köln 1977
Pierre-Philippe Rey, *Le transfert de surtravail de la paysannerie vers le capitalisme*, in: *L'homme et la société*, Nos. 45-46, Juli-Dezember 1977, S. 39-49
Raphael Samuel, *Workshop of the World: Steam Power and Hand Technology in mid-Victorian Britain*, in: *History Workshop*, No. 3, 1977, S. 6–72
Jürgen Schlumbohm, *Arbeitsproduktivität, Produktionsprozesse und Produktionsverhältnisse*, Manuskript 1978
Judith Schwefringhaus, *Funktionen der Landwirtschaft im Rahmen der neuen Weltwirtschaftsordnung*, Saarbrücken 1978
Dieter Senghaas, *Weltwirtschaftsordnung und Entwicklungspolitik*, Frankfurt 1977
Dieter Senghaas (Hrsg.), *Kapitalistische Weltökonomie*, Frankfurt 1979

Eva Senghaas-Knobloch, *Reproduktion der Arbeitskraft in der Weltgesellschaft,* Frankfurt 1979

Immanuel Wallerstein, *The Modern World-System,* New York, London 1974

Immanuel Wallerstein, *The Capitalist World-Economy. Essays,* Cambridge, Paris 1979

Immanuel Wallerstein, *Y a-t-il une crise du XVIIe siècle?,* in: *Annales ESC,* Vol. 34, No. 1, Januar-Februar 1979, S. 126-144

Immanuel Wallerstein, *Development: Theories, Research Designs, and Empirical Measures,* Manuskript 1979

Immanuel Wallerstein, William G. Martin, Torry Dickinson, *Household Structures and Production Processes,* Manuskript 1979

Eric Williams, *From Columbus to Castro,* London 1970

Eric R. Wolf, *Peasants,* Englewood Cliffs, N. J., 1966

Arbeitsgruppe Bielefelder Entwicklungssoziologen (Hrsg.), *Subsistenzproduktion und Akkumulation,* Saarbrücken 1979.

Anhang: Industrielle Weltproduktion und Welthandel von 1948 bis 1978 (Marktwirtschaften)

Die Angaben zur industriellen Weltproduktion und zum Welthandel basieren weitgehend auf Daten aus einschlägigen Veröffentlichungen der Vereinten Nationen, die tabellarisch aufbereitet worden sind. Es werden nur solche Schlußfolgerungen aus den Tabellen ausdrücklich formuliert, die den Wendepunkt der kapitalistischen Weltwirtschaft Ende der sechziger/Anfang der siebziger Jahre dokumentieren. Es sei dem Leser überlassen, die Tabellen darüber hinaus auch nach anderen Gesichtspunkten auszuwerten.

Als Einheiten der Darstellung dienen Länder und Ländergruppen, schon weil sich auf sie die meisten verfügbaren Daten beziehen. Für die Analyse ist es häufig notwendig, die Kategorie der Länder durch andere Einheiten der Darstellung zu ergänzen, die der kapitalistischen Entwicklung in wichtigen Hinsichten angemessener sind (beispielsweise Unternehmen, Haushalte, Staat oder Produktions- und Reproduktionsweisen).[1]

Tabelle 1 zeigt die durchschnittlichen jährlichen Wachstumsraten von Inlandsprodukt, industrieller Produktion und Ausfuhr der traditionellen Industrieländer und der Entwicklungsländer in Fünf-Jahres-Perioden zwischen den Jahren 1948 und 1978, und zwar auf der Grundlage von »realen« Größen. Kurzfristige konjunkturelle Schwankungen sind durch Bildung geeigneter zeitlicher Mittelwerte nach Möglichkeit ausgeblendet, um stattdessen mittelfristige Entwicklungstrends deutlicher hervortreten zu lassen.

Die Angaben von Tabelle 1 lassen erkennen, daß die durchschnittlichen jährlichen »realen« *Wachstumsraten von Inlandsprodukt, industrieller Wertschöpfung und Ausfuhr der Industrieländer (und darüber hinaus der Marktwirtschaften insgesamt) ab Mitte der fünfziger bis Mitte der sechziger Jahre auf einen historisch vermutlich einzigartigen Höhepunkt gestiegen und von da an wieder ausgeprägt zurückgegangen* sind. *Qualitativ dasselbe Bild zeigen die Entwicklungsländer; nur ist hier der Wendepunkt der Wachstumsraten erst Anfang der siebziger Jahre erreicht und der Rückgang weniger ausgeprägt.*

Es ist schwierig, diesen »realen« Größen eine eindeutige ökonomisch verständliche Deutung etwa als Mengen zu geben – doppelt mißlich in Zeiten raschen Verfalls der Leitwährung US-Dollar und starker Preiserhöhungen des wichtigsten einzelnen Welthandelsgutes (Erdöl) (Probleme der Deflationierung). Daher sollen die Schlußfolgerungen aus Tabelle 1 auf die angeführten strukturellen Eigenschaften von Größen etwas problematischer inhaltlicher Bedeutung beschränkt bleiben. Dieser diachrone Vergleich »realer« Größen wird in weiteren Tabellen für eine Reihe von Stichjahren durch den synchronen Vergleich nominaler Größen vergleichsweise unproblematischer inhaltlicher Bedeutung ergänzt. Natürlich darf hier wie dort die zahlenmäßige Genauigkeit einzelner isolierter Angaben der Tabellen nicht überschätzt werden (Probleme der Datengewinnung). Deshalb werden lediglich die großen Entwicklungstrends, die sich aus den Tabellen sozusagen auf einen Blick ablesen lassen, für die weitere Argumentation herangezogen. Die Tatsache, daß diese globalen Trends, wie sich zeigen wird: praktisch ausnahmslos, in das Gesamtbild passen, zu dem sich auch viele andere Indizien zusammenfügen, ist der beste Beweis dafür, daß man nicht statistischen Illusionen aufgesessen ist.

Im einzelnen mögen folgende Schlußfolgerungen aus den Tabellen ausdrücklich formuliert werden:

1. Während des gesamten betrachteten Zeitraums liegen die Wachstumsraten der Ausfuhr der Industrieländer, insbesondere bei verarbeiteten Erzeugnissen, über den Wachstumsraten ihres Inlandsprodukts und ihrer industriellen Produktion. Dasselbe gilt seit Anfang der sechziger Jahre bezüglich der Produktion und Ausfuhr verarbeiteter Erzeugnisse der Entwicklungsländer (Tabelle 1). Dies legt die Vermutung nahe, daß die weltwirtschaftliche Verflechtung insbesondere im Bereich der verarbeitenden Industrie und insbesondere seit Beginn der sechziger Jahre deutlich zugenommen hat. Diese Vermutung wird durch die Entwicklung der Exportquoten (Ausfuhr in Prozent des Inlandsprodukts) im wesentlichen bestätigt (Tabellen 17 und 18). Einen ähnlich hohen Grad der weltwirtschaftlichen Verflechtung hat es vermutlich nur in den letzten Jahren vor dem Ersten Weltkrieg schon einmal gegeben.[2] *Der Anstieg der Exportquoten war in der Periode 1968 bis 1974 besonders ausgeprägt;* nach 1974 ist dieser Anstieg zum

Erliegen gekommen. Eine bestimmte Lesart hierfür besagt, daß das »Exportventil« seine Rolle als wichtiges stabilisierendes Element des Wirtschaftswachstums nicht nur einzelner »nationaler« Ökonomien, sondern auch der kapitalistischen Weltwirtschaft im ganzen fürs erste ausgeschöpft hat. Eine andere Lesart interpretiert den steilen Anstieg der Exportquoten in der Periode 1968 bis 1974 als den Ausdruck forcierter transnationaler Reorganisation der kapitalistischen Produktion in den Anfangsjahren der Depression.

2. Die Wachstumsraten des Inlandsprodukts und der industriellen Produktion sind seit Beginn der siebziger Jahre in den Entwicklungsländern deutlich höher als in den Industrieländern. Dementsprechend *beginnt der Anteil der Entwicklungsländer am Inlandsprodukt und an der industriellen Wertschöpfung der Marktwirtschaften seit Anfang der siebziger Jahre leicht zu steigen, nachdem er in den beiden vorangegangenen Jahrzehnten leicht gefallen war*[3] (Tabelle 3).

3. *Der Anteil der Entwicklungsländer an der Weltausfuhr, der seit 1948 stark gefallen war, beginnt seit Anfang der siebziger Jahre wieder zu steigen.* Dasselbe gilt auch für die Untergruppe der Entwicklungsländer ohne OPEC, wenn hier auch der Anstieg ihres Anteils an der Weltausfuhr nur schwach ausgeprägt ist. Entsprechend komplementäre Aussagen gelten für die Industrieländer (Tabelle 4).

4. *Der Anteil der Entwicklungsländer an der Weltausfuhr von Primärerzeugnissen ohne Brennstoffe, der seit Kriegsende bis Anfang der siebziger Jahre gefallen war, beginnt seitdem wieder leicht zu steigen,* während ihr Anteil an der Weltausfuhr von Brennstoffen nahezu ständig gestiegen ist (mit einem steilen Anstieg 1974 aufgrund der Preiserhöhungen der OPEC-Länder) (Tabelle 5).

5. Die Wachstumsraten der Ausfuhr verarbeiteter Erzeugnisse sind seit Mitte der sechziger Jahre in den Entwicklungsländern deutlich höher als in den Industrieländern. Dementsprechend hat sich der *Anteil der Entwicklungsländer an der Weltausfuhr von verarbeiteten Erzeugnissen nach einer langen Periode der Stagnation seit Ende der sechziger Jahre binnen eines Jahrzehnts von etwa 4 auf etwa 8 Prozent nahezu verdoppelt*[4] (Tabellen 6 und 8). Eine Aufgliederung der Ausfuhr nach Warengruppen zeigt, daß der Anteil der Entwicklungsländer an der Weltausfuhr bei nahezu allen größeren Warengruppen verarbeiteter Erzeugnisse etwa gegen Ende der sechziger Jahre langsam aber fast stetig[5] zu wachsen beginnt. Besonders augenfällig ist dieses Wachstum und/oder der inzwischen er-

reichte Anteil an der Weltausfuhr bei Textilien und Bekleidung.[6] Andere Warengruppen mit bemerkenswerten Steigerungsraten sind Büromaschinen und nachrichtentechnische Erzeugnisse (unter anderem elektronische Bauelemente) sowie Haushaltsgüter (unter anderem Konsumelektronik, photographische Ausrüstungen und Uhren) (Tabelle 8). Entgegen einer verbreiteten Meinung ist der Anteil von Textilien und Bekleidung an der Ausfuhr verarbeiteter Erzeugnisse aus Entwicklungsländern während der letzten zwanzig Jahre nicht gestiegen, sondern von etwa 40 Prozent (1955) auf etwa 30 Prozent Mitte der siebziger Jahre gesunken; entschieden gestiegen ist in diesem Zeitraum dagegen der Anteil von Erzeugnissen des Maschinenbaus und der Elektrotechnik (von etwa 10 auf etwa 30 Prozent). Insgesamt hat sich die Ausfuhr verarbeiteter Erzeugnisse aus Entwicklungsländern warenmäßig deutlich diversifiziert (Tabelle 12). Dabei sollte freilich nicht vergessen werden, daß es sich bei dieser Ausfuhr oft genug, wenn auch nicht immer, um verarbeitete Erzeugnisse handelt, die vorher in halbverarbeiteter Form eingeführt worden waren, um im Entwicklungsland einigen simplen Weiterverarbeitungsschritten (Nähen, Löten, Montieren, Testen, Verpacken etc.) unterzogen zu werden. Die Ausfuhr ist auf relativ wenige Entwicklungsländer konzentriert: In den siebziger Jahren entfielen etwa zwei Drittel der Ausfuhr verarbeiteter Erzeugnisse aus Entwicklungsländern auf lediglich sieben Länder, allein die Hälfte auf Südkorea, Taiwan und Hongkong (Tabelle 7).

6. In der Ausfuhr der Entwicklungsländer haben im betrachteten Zeitraum verarbeitete Erzeugnisse im Vergleich mit Primärerzeugnissen zahlenmäßig an Bedeutung gewonnen; hieran haben selbst die 1974 sprunghaft gestiegenen Ausfuhrerlöse für Erdöl nichts Prinzipielles geändert. Während im Jahr 1955 Primärerzeugnisse (ohne Brennstoffe, mit NE-Metallen) etwa 67 Prozent und verarbeitete Erzeugnisse etwa 8 Prozent der Ausfuhr der Entwicklungsländer ausmachten, lauteten die entsprechenden Werte im Jahr 1978 schätzungsweise etwa 25 Prozent bei Primärerzeugnissen und etwa 22 Prozent bei verarbeiteten Erzeugnissen. Unter Absehung von Brennstoffen heißt dies, daß die Entwicklungsländer, in den fünfziger Jahren nahezu reine Rohstoffexporteure, heute nahezu gleichrangig Exporteure verarbeiteter Erzeugnisse sind (Tabellen 10 und 11).

7. Die Regionalstruktur des Welthandels hat sich in ihren gröb-

sten Zügen während der vergangenen dreißig Jahre auf den ersten Blick wenig geändert. Nach wie vor gehen beispielsweise nahezu drei Viertel der Ausfuhr der Entwicklungsländer in Industrieländer; nach wie vor ist etwa die Hälfte des Welthandels Handel zwischen den Industrieländern und allein ein knappes Fünftel Handel zwischen den Mitgliedsländern der Europäischen Gemeinschaft. Bei genauerem Zusehen zeigt sich unter anderem, daß die *Ausfuhr aus Industrieländern in andere Industrieländer in Prozent der Weltausfuhr von 1948 (41 Prozent) bis Anfang der siebziger Jahre (1972: 56 Prozent) kontinuierlich gestiegen und von da an wieder gesunken ist (1978: 48 Prozent).* Teilweise spiegeln sich in dieser Entwicklung einerseits die gestiegenen Ausfuhrerlöse der OPEC-Länder für Erdöl und die komplementär gestiegenen Ausfuhren verarbeiteter Erzeugnisse in die OPEC-Länder, andererseits die gestiegenen Ausfuhren verarbeiteter Erzeugnisse aus sonstigen Entwicklungsländern (Tabellen 13 bis 16).

8. Die *Beschäftigtenzahl der verarbeitenden Industrie expandiert seit Anfang der fünfziger Jahre in den Entwicklungsländern schneller als in den Industrieländern; seit Ende der sechziger Jahre hat sich diese Diskrepanz noch sprunghaft erweitert.* Die durchschnittlichen jährlichen Wachstumsraten der Beschäftigung in der verarbeitenden Industrie liegen in den Entwicklungsländern während der vergangenen dreißig Jahre zwischen +4 und +6 Prozent, in den Industrieländern mit fallender Tendenz zwischen +3 und −2 Prozent. Insgesamt hat aber die Beschäftigtenzahl der verarbeitenden Industrie der Marktwirtschaften selbst während der Rezession von 1974/75 noch zugenommen (Tabelle 19).

Zusammenfassend kann gesagt werden, daß ein Wendepunkt der Entwicklung der kapitalistischen Weltwirtschaft Ende der sechziger/Anfang der siebziger Jahre (also jedenfalls vor der sog. Ölkrise) auch auf der Ebene einiger der umfassendsten weltwirtschaftlichen Aggregatgrößen unverkennbar ist. Die deutlichsten entsprechenden Belege sind oben hervorgehoben. Wesentlich für diese Einschätzung ist dabei nicht so sehr die leicht geänderte absolute Höhe einiger prozentualer Anteile, sondern die Umkehrung oder wesentliche Beschleunigung einiger Trends; zentral ist die Verdoppelung des Anteils der Entwicklungsländer an der Weltausfuhr verarbeiteter Erzeugnisse.

1 Da es hier um eine Analyse der kapitalistischen Weltwirtschaft geht, konzentrieren sich die Tabellen auf die Marktwirtschaften (Industrie- und Entwicklungsländer), unter weitgehender Ausklammerung der zentralen Planwirtschaften, für die in zahlreichen Fällen vergleichbare Angaben ohnehin nicht vorliegen. Das Vordringen marktwirtschaftlicher Elemente in den zentralen Planwirtschaften und die partielle Re-Integration der zentralen Planwirtschaften in die kapitalistisch bestimmte internationale Arbeitsteilung sind zwar von großer prinzipieller Bedeutung, fallen aber auf der Ebene der umfassendsten weltwirtschaftlichen Aggregatgrößen zahlenmäßig noch nicht erheblich ins Gewicht. – Die Angaben für die Industrie- beziehungsweise Entwicklungsländer überdecken große Unterschiede zwischen einzelnen Ländern der jeweiligen Ländergruppe. Bei einer Analyse der (ungleichen) Entwicklung des Kapitalismus müssen solche Unterschiede selbstverständlich gebührend berücksichtigt werden. Als erster vorbereitender Schritt in diese Richtung sind in zahlreichen Tabellen Angaben über einige weniger umfassende Ländergruppen und einzelne Länder aufgenommen worden.

2 Akzentuiert wird diese hohe weltwirtschaftliche Verflechtung noch dadurch, daß ein bedeutender und vermutlich wachsender Prozentsatz des Welthandels konkret Güterverkehr zwischen verschiedenen Betrieben eines und desselben Unternehmens in verschiedenen Ländern ist. Vergleiche UN, *Transnational Corporations in World Development: A Re-examination,* New York 1978, S. 43, sowie Tables 3, III-16, III-17.

3 Höhere Wachstumsraten sind vor allem in Entwicklungsländern teilweise lediglich Ausdruck beschleunigter Einbeziehung »traditioneller« Tätigkeiten in den Marktzusammenhang. Sie indizieren ein schnelleres Wachstum der Warenproduktion, nicht notwendig (oder wenigstens nicht im selben Ausmaß) der Produktion schlechthin.

4 Die hier zugrundegelegten Angaben der UN und des GATT bezeichnen freilich nur die untere Grenze des Anteils der Entwicklungsländer, da sie unter anderem die Ausfuhr aus Freien Produktionszonen nur unvollständig erfassen: »In Mexico, for instance, such unreported exports amounted in recent years to some one-and-a-half billion dollars, i.e., nearly 5 per cent of manufactured goods exported by all developing countries. Assessment of this trade is particularly difficult and no attempt was made to include it.« GATT, *Networks of World Trade by Areas and Commodity Classes 1955-1976,* Genf 1978, S. 6f. – Beispielsweise wird für 1977 Mexikos Ausfuhr mit insgesamt 4071 Millionen Dollar angegeben, darunter 3325 in die Länder der OECD, darunter 2740 in die USA, während allein die OECD eine Einfuhr aus Mexiko in Höhe von 5840 (darunter USA 4689) meldet. Für das Jahr 1976 meldet Mexiko insbesondere eine Ausfuhr verarbeiteter Erzeugnisse von insgesamt 1156 Millionen Dollar, allein die OECD dagegen eine Einfuhr verarbeiteter Erzeugnisse aus Mexiko in Höhe von 2303 (darunter USA 1944). UN, *Yearbook of International Trade Statistics 1977,* New York 1978; OECD, *Statistics of Foreign Trade, Series C,* Ausgaben 1976, 1977 (vergleiche auch unsere Tabelle 9)

5 Der Einschnitt der Zeitreihen im Rezessionsjahr 1975 beweist, daß die weltmarktorientierte Produktion in Entwicklungsländern nicht nur sehr fragmentiert, sondern überdies auch noch sehr instabil (konjunkturreagibel) ist.

6 Unter den größeren Warengruppen verarbeiteter Erzeugnisse fällt bei der erweiterten Warengruppe Bekleidung (SITC 61, 83-85) der Anteil der Einfuhr aus Entwicklungsländern an dem Inlandsverbrauch der Industrieländer (EG, USA,

Kanada, Japan) wertmäßig am stärksten ins Gewicht: Er betrug 1974/75 etwa 7,2 Prozent gegenüber 1968 etwa 1,9 Prozent; die entsprechenden Anteile lauten bezüglich der Einfuhr aus anderen Industrieländern 1974/75 etwa 2,6 Prozent gegenüber 1968 etwa 0,7 Prozent, bezüglich der Einfuhr aus zentralen Planwirtschaften 1974/75 etwa 1,1 Prozent gegenüber 1968 etwa 0,2 Prozent; insgesamt stieg so der Anteil der »externen« Einfuhren von 1968 etwa 2,9 auf 1974/75 etwa 11,0 Prozent, während der entsprechende Anteil der »externen« Ausfuhren von 1968 etwa 2,8 auf 1974/75 etwa 4,1 Prozent stieg (der Außenhandel zwischen den genannten Industrieländern ist dabei stets ausgeklammert). Siehe UNCTAD, *Handbook of International Trade and Development Statistics 1979*, New York 1979, Table 7.1. Der korrespondierende drastische Beschäftigungsrückgang in der Bekleidungsindustrie der genannten Industrieländer hat schrittweise verschärfte Einfuhrbeschränkungen ausgelöst, welche die steigende Bekleidungseinfuhr aus Entwicklungsländern im Jahr 1977 erstmals gebremst und ihre Herkunftsquellen teilweise umverteilt haben. – Für verarbeitete Erzeugnisse insgesamt betrug der Anteil der Entwicklungsländer an der Einfuhr der Industrieländer 1978 etwa 9 Prozent; damit stellte die Einfuhr aus Entwicklungsländern etwa 3 Prozent des Gesamtabsatzes verarbeiteter Erzeugnisse in Industrieländern. Siehe GATT, *International Trade 1978/79*, Genf 1979, S. 8.

Tabellen zur industriellen Weltproduktion und zum Welthandel von 1948 bis 1978 (Marktwirtschaften)

Vorbemerkung

Die Erläuterungen zu den Tabellen sind auf das Nötigste beschränkt. Nähere Einzelheiten sind den zitierten Quellen zu entnehmen.

Die Abgrenzung der Ländergruppen folgt in der Regel der Praxis der Vereinten Nationen:

Industrieländer = Europa ohne Osteuropa, Kanada, USA, Japan, Australien, Neuseeland, Israel, Südafrika
Zentrale Planwirtschaften = Osteuropa, China, Mongolei, Nordkorea, Vietnam
Entwicklungsländer = alle sonstigen Länder

ISIC = International Standard Industrial Classification of All Economic Activities, Rev. 2 (1968)
SITC = Standard International Trade Classification, Rev. 1 (1961)

Durchschnittliche jährliche Wachstumsraten des Bruttoinlandsprodukts, der industriellen Produktion und der Ausfuhr der Industrie- und Entwicklungsländer: 1948/1953, 1953/1958, 1958/1963, 1963/1968, 1968/1973, 1973/1978

in Prozent

	1948/1953	1953/1958	1958/1963	1963/1968	1968/1973	1973/1978
Industrieländer						
Bruttoinlandsprodukt pro Kopf der Bevölkerung	3,5[1]	2,5	3,3	*4,0*	3,0	2,0[5]
Bruttoinlandsprodukt	4,8[1]	3,6	4,5	*5,1*	3,9	2,9[5]
Bruttowertschöpfung der Industrie (ISIC 2–4)	6,8[2]	3,9	5,1	*6,0*	4,2	2,8[6]
Bruttowertschöpfung der verarbeitenden Industrie (ISIC 3)	7,0[2]	3,7	5,3	*6,3*	4,1	2,7[6]
Ausfuhr (SITC 0–9)	8,4[1,3]	6,4	6,8	*8,8*	8,8	5,7[6]
Ausfuhr verarbeiteter Erzeugnisse (SITC 5–8)[a]	9,6[1,3]	6,5	7,2	*10,1*	9,8	6,5[6]
Entwicklungsländer						
Bruttoinlandsprodukt pro Kopf der Bevölkerung	2,2[1]	2,3	2,3	2,9	*3,9*	3,3[5]
Bruttoinlandsprodukt	3,9[1]	4,8	4,7	5,3	*6,3*	5,6[5]
Bruttowertschöpfung der Industrie (ISIC 2–4)	6,5[2]	7,2	6,9	7,7	*8,0*	4,7[6]
Bruttowertschöpfung der verarbeitenden Industrie (ISIC 3)	5,5[2]	6,8	6,1	6,9	*8,1*	5,7[6]
Ausfuhr (SITC 0–9)	3,1[1,3]	4,4	*5,4*	5,2	5,0	4,5[6]
Ausfuhr verarbeiteter Erzeugnisse (SITC 5–8)[b]	0,5[4]	5,0	8,2	10,6	*13,1*	12,0[5,7]

Quelle: UN, *Yearbook of National Accounts Statistics,* versch. Jgg.; UN, *Yearbook of Industrial Statistics,* versch. Jgg.; UN, *Statistical Yearbook,* versch. Jgg.; UN *Yearbook of International Trade Statistics,* versch. Jgg.; UN, *Monthly Bulletin of Statistics,* versch. Jgg.; UNCTAD, *Handbook of International Trade and Development Statistics,* versch. Jgg.; eigene Berechnungen

Die Wachstumsraten sind auf der Grundlage der jährlichen Volumenindizes der betreffenden Größen berechnet (Basis 1958 = 100 für 1948/1953, 1963 = 100 für 1953/1958 und 1958/1963, 1970 = 100 für 1963/1968 und 1968/1973, 1975 = 100 für 1973/1978). Für das Jahr n ist statt des Volumenindex für das Jahr n das geometrische Mittel der Volumenindizes für die Jahre n-2, n-1, n, n+1, n+2 zugrundegelegt. Die Wachstumsraten sind aus diesen Mittelwerten mittels der Zinseszinsformel berechnet. (Beispielsweise sind in der Spalte für 1958/1963 die Wachstumsraten 1956-1960/1961-1965 angegeben.) Einige Indizes wurden durch Umbasierung ermittelt.

a 1948-1973: Ausfuhr von EG (6), UK, Schweden, Schweiz, Japan, USA, Kanada; in den Anfangsjahren auch Indien

b Ausfuhr in Marktwirtschaften

[1] 1948, 1950/1951-1955 [2] 1948-1950/1951-1955 [3] Basis 1953 = 100 [4] 1950/1951-1955 [5] 1971-1975/1976, 1977 [6] 1971-1975/1976-1978
[7] Basis 1970 = 100

Tabelle 2

Anteil ausgewählter Länder und Ländergruppen an Bevölkerung, Gross Output, Bruttoinlandsprodukt, Ausfuhr insgesamt und Ausfuhr verarbeiteter Erzeugnisse der Welt beziehungsweise der Marktwirtschaften: 1976

Welt = 100 bzw. Marktwirtschaften = 100

	Bevölkerung	Gross Output	Ausfuhr SITC 0–9	Ausfuhr SITC 5–8	Bevölkerung	Brutto-inl. pr.	Ausfuhr SITC 0–9	Ausfuhr SITC 5–8
Welt	100	100	100	100	.	.	.	.
Zentrale Planwirtschaften Asiens	22,7	5,2	0,8	0,6	.	.	.	.
Zentrale Planwirtschaften Europas	9,1	14,9	8,5	8,3	.	.	.	.
Marktwirtschaften	67,6	79,9	90,7	91,1	100	100	100	100
Industrieländer	18,9	64,9	64,9	83,1	27,9	81,3	71,6	91,1
Entwicklungsländer ohne OPEC	41,3	10,7	11,9	7,8	61,1	13,4	13,2	8,6
OPEC	7,4	4,2	13,8	0,2	11,0	5,3	15,2	0,3
Industrieländer								
USA	5,3	25,1	11,5	13,2	7,9	31,4	12,6	14,5
Japan	2,8	8,2	6,8	11,0	4,1	10,2	7,5	12,1
EG (Neun)	6,4	20,4	32,9	44,0	9,5	25,6	36,3	48,3
(darunter: BRD)	(1,5)	(6,6)	(10,3)	(15,5)	(2,3)	(8,2)	(11,4)	(17,0)
Sonstige	4,4	11,2	13,7	14,8	6,5	14,0	15,1	16,2
Entwicklungsländer ohne OPEC								
Brasilien	2,7	2,1	1,0	0,4	4,0	2,7	1,1	0,4
Indien	15,1	1,3	0,6	0,5	22,3	1,6	0,6	0,6
S. Korea + Taiwan + Hongkong + Singapur	1,4	0,9	3,1	4,2	2,1	1,1	3,5	4,6
Sonstige	22,1	6,4	7,2	2,7	32,7	8,0	8,0	3,0

Quelle: UNCTAD, *Handbook of International Trade and Development Statistics 1979*, New York 1979; UN, *Monthly Bulletin of Statistics*, 2/1979, 5/1979, 6/1979; UN, *Yearbook of International Trade Statistics 1977*, New York 1978; *Statistical Yearbook of the Republic of China 1977; Taiwan Statistical Data Book 1978;* eigene Berechnungen

Die Angaben für Gross Output der zentralen Planwirtschaften sind lediglich als äußerst rohe Schätzungen zu betrachten

Tabelle 3

Anteil ausgewählter Länder und Ländergruppen am Bruttoinlandsprodukt der Marktwirtschaften: 1948, 1953, 1958, 1963, 1968-1978

Bruttoinlandsprodukt der Marktwirtschaften = 100

	1948	1953	1958	1963	1968	1969	1970	1971	1972	1973	1974	1975	1976	1977	1978
Marktwirtschaften	100	100	100	100	100	100	100	100	100	100	100	100	100	100	100
Industrieländer	82,5	83,0	83,0	83,8	84,7	84,7	84,4	84,3	85,1	84,5	81,4	81,5	80,9	80,6	...
Entwicklungsländer ohne OPEC	{ 17,5	{ 17,0	14,1	13,8	12,9	12,8	13,1	12,9	12,3	12,4	13,9	13,6	19,1 }	19,4	...
OPEC			2,9	2,4	2,4	2,5	2,5	2,8	2,6	3,1	4,6	4,9			...
Industrieländer															
USA	46,7	46,8	46,5	42,6	41,8	41,0	39,8	38,3	37,3	33,8	31,6	30,6	31,2	30,7	...
Japan	1,9	2,7	3,3	4,9	7,0	7,4	8,0	8,3	9,3	10,6	10,2	10,1	10,4	...	...
EG (Neun)	24,3	24,0	22,3	25,3	24,3	24,6	25,2	25,7	26,6	27,4	26,0	27,2	25,7	25,8	...
(darunter: BRD)	(4,7)	(5,3)	(5,4)	(6,9)	(6,5)	(6,8)	(7,6)	(7,9)	(8,3)	(9,0)	(8,6)	(8,4)	(8,2)	(8,4)	(...)
Sonstige	9,6	9,5	10,9	11,0	11,6	11,7	11,3	12,1	11,9	12,7	13,6	13,6	13,6	...	...
Entwicklungsländer ohne OPEC															
Brasilien	0,8	0,9	1,1	1,8	1,4	1,4	1,9	1,8	1,9	2,0	2,4	2,5	2,7	2,7	...
Indien	3,9	3,4	3,2	3,0	2,1	2,1	2,2	2,1	2,0	1,9	1,9	1,7	1,6	...	...
S. Korea + Taiwan + Hongkong + Singapur	...	...	0,6	0,6	0,7	0,7	0,8	0,8	0,8	0,8	1,0	1,0	1,1	1,2	...
Sonstige	...	...	9,2	8,4	8,7	8,6	8,2	8,2	7,6	7,7	8,6	8,4	...	...	...

Quelle: UN, *The Growth of World Industry 1938-1961: International Analyses and Tables,* New York 1965; UN, *Yearbook of National Accounts Statistics, Volume II (III): International Tables,* Ausgaben 1969, 1972 ff.; *Statistical Yearbook of the Republic of China 1978;* eigene Berechnungen

Tabelle 4

Anteil ausgewählter Länder und Ländergruppen an der Weltausfuhr: 1948, 1953, 1958, 1963, 1968-1978

Weltausfuhr SITC 0–9 = 100

	1948	1953	1958	1963	1968	1969	1970	1971	1972	1973	1974	1975	1976	1977	1978
Welt	100	100	100	100	100	100	100	100	100	100	100	100	100	100	100
Industrieländer	64,0	64,9	65,8	67,4	70,4	71,1	71,8	71,9	71,8	70,9	64,7	66,1	64,9	64,8	67,1
Entwicklungsländer ohne OPEC	24,2	20,4	16,1	14,3	12,4	12,3	12,1	11,1	11,3	11,8	11,8	11,2	11,9	12,3	12,1
OPEC	5,4	5,1	6,8	6,1	5,8	5,5	5,6	6,6	6,5	7,3	15,0	13,0	13,8	13,4	11,3
Zentrale Planwirtschaften	6,4	9,6	11,3	12,2	11,4	11,0	10,6	10,4	10,4	10,0	8,5	9,7	9,3	9,6	9,5
Industrieländer															
USA	21,9	18,9	16,4	14,9	14,3	13,7	13,6	12,4	11,8	12,2	11,6	12,2	11,5	10,5	11,0
Japan	0,5	1,5	2,7	3,5	5,4	5,8	6,2	6,9	6,9	6,4	6,6	6,4	6,8	7,2	7,5
EG (Neun)	24,0	28,2	31,5	33,5	34,4	35,3	35,7	36,6	36,9	36,7	32,8	33,9	32,9	33,7	35,1
(darunter: BRD)	(1,4)	(5,7)	(8,5)	(9,5)	(10,4)	(10,6)	(10,9)	(11,1)	(11,1)	(11,8)	(10,6)	(10,3)	(10,3)	(10,5)	(10,9)
Sonstige	17,5	16,2	15,2	15,4	16,3	16,3	16,3	16,0	16,2	15,6	13,7	13,7	13,7	13,4	13,6
Entwicklungsländer ohne OPEC															
Brasilien	2,1	1,9	1,1	0,9	0,8	0,8	0,9	0,8	1,0	1,1	0,9	1,0	1,0	1,1	1,0
Indien	2,4	1,3	1,1	1,1	0,7	0,7	0,6	0,6	0,6	0,5	0,5	0,5	0,6	0,6	0,5
S. Korea + Taiwan + Hongkong + Singapur	2,0	1,8	1,6	1,6	1,8	2,0	2,0	2,2	2,5	2,9	2,6	2,5	3,1	3,3	3,6
Sonstige	17,7	15,4	12,3	10,7	9,1	8,8	8,6	7,5	7,2	7,3	7,8	7,2	7,2	7,3	7,0

Quelle: UN, *Yearbook of International Trade Statistics*, Ausgaben 1970/71, 1976, 1977; UN, *Monthly Bulletin of Statistics*, 5/1979, 6/1979; *Taiwan Statistical Data Book 1978*; eigene Berechnungen

Ohne Außenhandel zwischen den zentralen Planwirtschaften Asiens

Ohne Außenhandel zwischen der BRD und der DDR

Anteil ausgewählter Länder und Ländergruppen an der Weltausfuhr von Primärerzeugnissen und Brennstoffen: 1955, 1960, 1963, 1968-1978

Primärerzeugnisse (ohne Brennstoffe)

Weltausfuhr SITC 0, 1, 2, 4, 68 = 100

	1955	1960	1963	1968	1969	1970	1971	1972	1973	1974	1975	1976	1977	1978
Welt	100	100	100	100	100	100	100	100	100	100	100	100	100	100
Industrieländer	50,2	53,8	55,6	58,1	57,4	59,6	60,8	61,6	63,0	61,5	62,2	61,5	59,9	...
Entwicklungsländer ohne OPEC	{ 40,3	{ 35,5	{ 34,2	{ 31,5	30,1	28,3	26,6	26,5	25,5	27,3	26,3	27,3	28,7	...
OPEC					2,2	2,5	2,5	2,3	2,3	2,2	1,9	2,3	2,5	...
Zentrale Planwirtschaften	9,5	10,7	10,2	10,4	10,3	9,6	10,1	9,6	9,1	9,0	9,6	8,9	8,9	...
Industrieländer														
USA	10,5	14,0	13,6	12,8	11,9	12,9	12,0	12,1	15,1	15,0	15,3	14,5	13,3	...
Japan	0,8	0,9	1,0	1,2	1,4	1,4	1,5	1,4	1,2	1,6	1,2	1,2	1,2	...
EG (Neun)	16,0	15,9	20,2	21,3	22,1	22,5	23,9	25,8	24,5	24,1	25,4	24,7	25,5	...
(darunter : BRD)	(1,3)	(1,7)	(1,8)	(2,9)	(3,0)	(3,2)	(3,4)	(3,4)	(3,9)	(4,2)	(4,0)	(4,2)	(4,4)	(...)
Sonstige	22,9	23,0	20,8	22,8	22,0	22,8	23,4	22,3	22,2	20,8	20,3	21,1	19,9	...
Entwicklungsländer ohne OPEC														
Brasilien	3,5	2,5	2,5	2,4	2,7	2,7	2,6	3,0	3,1	3,0	3,2	3,5	3,7	...
Indien	...	1,5	1,6	1,2	1,0	1,1	1,0	1,0	0,9	0,9	1,2	1,2	...	...

Brennstoffe

Weltausfuhr SITC 3 = 100

	1955	1960	1963	1968	1969	1970	1971	1972	1973	1974	1975	1976	1977	1978
Welt	100	100	100	100	100	100	100	100	100	100	100	100	100	100
Industrieländer	31,7	26,5	26,4	23,7	24,3	26,7	24,4	24,4	22,8	15,4	17,3	16,1	16,4	...
Entwicklungsländer ohne OPEC	{ 58,3	{ 60,5	{ 60,4	{ 65,2	10,5	10,2	13,2	8,8	9,5	9,3	10,3	10,1	9,8	...
OPEC					54,2	52,6	56,3	57,5	58,8	69,5	63,7	65,2	64,5	...
Zentrale Planwirtschaften	10,8	12,9	13,2	11,1	11,1	10,4	9,7	9,3	9,0	5,8	8,7	8,7	9,3	...

Quelle: UN, *Yearbook of International Trade Statistics*, versch. Jgg.; UN, *Monthly Bulletin of Statistics*, 2/1960, 3/1964, 3/1969, 4/1974, 9/1974, 4/1975, 7/1975, 2/1976, 8/1976, 2/1977, 5/1977, 2/1978, 6/1978, 2/1979, 5/1979; UNCTAD, *Handbook of International Trade and Development Statistics*, Ausgaben 1972, 1976, 1979; *Statistical Yearbook of the Republic of China 1978; Taiwan Statistical Data Book 1978;* eigene Berechnungen
Ohne Außenhandel zwischen den zentralen Planwirtschaften Asiens
Ohne Außenhandel zwischen der BRD und der DDR

Tabelle 6

Anteil ausgewählter Länder und Ländergruppen an der Weltausfuhr von verarbeiteten Erzeugnissen: 1955, 1960, 1963, 1968-1978

Weltausfuhr SITC 5–8 ohne 68 = 100

	1955	1960	1963	1968	1969	1970	1971	1972	1973	1974	1975	1976	1977	1978
Welt	100	100	100	100	100	100	100	100	100	100	100	100	100	100
Industrieländer	85,2	83,7	82,6	84,6	85,0	84,9	85,7	84,4	83,9	84,8	84,3	83,7	83,4	...
Entwicklungsländer ohne OPEC	4,4	3,9	4,1	4,5	4,4	4,8	4,3	5,5	6,5	6,4	6,1	7,2	7,4	...
OPEC					0,2	0,2	0,2	0,2	0,2	0,3	0,3	0,3	0,2	...
Zentrale Planwirtschaften	10,4	12,4	13,3	11,0	10,4	10,1	9,8	9,9	9,5	8,5	9,3	8,9	9,0	...
Industrieländer														
USA	22,6	18,9	17,3	16,4	15,7	15,0	13,9	12,8	12,6	13,5	13,9	13,5	12,3	...
Japan	4,0	5,5	6,0	8,6	9,0	9,4	10,5	10,4	10,0	11,2	10,5	11,3	11,9	...
EG (Neun)	46,4	47,4	47,0	45,0	45,3	45,7	46,5	46,3	46,6	45,7	45,5	44,5	45,0	...
(darunter: BRD)	(11,9)	(14,9)	(15,4)	(15,4)	(15,5)	(15,7)	(16,0)	(15,7)	(17,0)	(16,8)	(15,6)	(15,7)	(15,8)	(...)
Sonstige	12,2	11,9	12,3	14,6	15,0	14,8	14,8	14,9	14,7	14,4	14,4	14,4	14,2	...
Entwicklungsländer ohne OPEC														
Brasilien	0,0	0,0	0,1	0,1	0,1	0,2	0,2	0,3	0,4	0,4	0,4	0,4	0,5	...
Indien	1,1	0,9	0,8	0,6	0,6	0,6	0,5	0,5	0,4	0,4	0,4	0,5	...	...
S. Korea + Taiwan + Hongkong + Singapur	...	...	1,4	1,8	2,2	2,4	2,7	3,1	3,7	3,6	3,3	4,3	4,5	...
Sonstige	...	...	...	...	1,5	1,6	0,9	1,6	2,0	2,0	2,0	2,0	...	...

Quelle und Anmerkungen: siehe Tabelle 5

Tabelle 7
Anteil ausgewählter Entwicklungsländer an der Ausfuhr verarbeiteter Erzeugnisse (ohne NE-Metalle) der Entwicklungsländer: 1955, 1960, 1963, 1968-1978

Ausfuhr SITC 5÷8 ohne 68 der Entwicklungsländer = 100

	1955	1960	1963	1968	1969	1970	1971	1972	1973	1974	1975	1976	1977	1978
Entwicklungsländer	100	100	100	100	100	100	100	100	100	100	100	100	100	100
Südkorea	0,2	0,2	1,1	5,3	6,3	6,7	9,1	9,3	11,8	12,2	12,8	16,2	17,1	...
Taiwan	...	...	3,8	8,0	9,8	11,9	17,1	16,7	16,3	15,3	13,3	16,7	16,0	...
Hongkong	17,9	21,9	20,4	21,0	26,6	24,4	27,8	22,1	20,3	17,5	17,3	18,9	18,0	...
Philippinen	0,5	0,7	1,0	0,9	0,7	0,8	0,8	0,6	1,0	0,8	0,8	1,0	...	...
Singapur	} 5,5	9,4	9,2	4,7	4,8	4,5	6,1	6,1	6,9	7,4	6,9	7,0	7,1	...
Malaysia		...	1,4	1,6	1,4	1,6	1,3	1,2	1,5	1,8	2,1	1,9	...	...
Thailand	0,2	0,2	0,3	0,4	0,5	0,4	0,7	0,9	1,1	1,1	1,0	1,2	1,1	...
Indien	25,7	23,7	19,8	14,0	13,2	11,0	11,4	9,0	6,8	6,5	6,1	6,7	...	...
Pakistan	...	...	3,2	5,8	5,1	4,5	3,9	2,7	2,6	1,9	1,8	1,6	1,4	...
Iran	...	...	1,0	1,2	1,1	1,0	1,4	1,3	0,9	0,8	0,6	0,6	...	...
Libanon	...	...	0,3	1,2	1,3	1,2	1,7	1,6	1,5	...	...	...	...	...
Ägypten	1,4	2,7	2,5	2,5	2,7	2,2	2,3	1,7	1,2	1,3	1,5	0,9	0,9	...
Mexiko	2,6	3,5	4,6	3,6	4,3	4,1	5,2	4,4	4,8	3,6	2,9	2,4	...	...
Kolumbien	0,4	0,3	0,5	0,9	0,8	0,6	0,9	1,2	1,3	1,3	0,9	0,9	...	...
Brasilien	1,1	1,1	1,2	2,4	3,0	3,9	4,7	5,1	5,3	6,2	6,8	5,6	6,1	...
Argentinien	...	...	2,3	2,7	2,9	2,6	2,8	2,7	3,2	3,1	2,2	2,3	...	...

Quelle: siehe Tabelle 5

Tabelle 8

Anteil der Entwicklungsländer an der Weltausfuhr ausgewählter Warengruppen: 1955, 1963, 1968-1978

Weltausfuhr der jeweiligen Warengruppe = 100

	1955	1963	1968	1969	1970	1971	1972	1973	1974	1975	1976	1977	1978
Alle Waren	25,5	20,6	18,4	18,2	17,9	18,0	18,0	19,2	26,5	24,0	25,6	25,7	23,4
Alle Waren ohne Brennstoffe	21,5	16,1	13,3	13,4	13,3	12,4	12,5	13,1	13,5	12,3	13,4	14,1	...
Primärerzeugnisse	43,8	39,9	39,7	39,8	38,7	39,5	39,3	39,4	51,8	49,2	51,2	51,4	47,9
Brennstoffe	57,5	60,3	65,3	65,3	63,1	65,9	66,6	68,5	78,3	73,7	75,0	73,8	...
Primärerzeugnisse ohne Brennstoffe	40,2	34,0	31,4	31,5	30,6	28,7	28,4	27,4	29,0	27,6	28,9	30,8	...
Nahrungsmittel	42,6	35,4	32,8	32,0	29,3	29,2	26,8	25,5	27,5	27,1	28,7	31,4	...
Getreide, Futtermittel, Ölsaaten, Fette	34,6	27,2	24,1	...	20,7	...	18,6	17,3	18,2	16,5	...	...	...
Tierische Erzeugnisse	10,3	12,6	11,1	...	12,2	...	13,5	11,3	8,6	6,2	...	...	...
Sonstige Nahrungsmittel ohne Fisch	69,0	61,0	59,2	...	54,9	...	49,9	50,5	54,4	56,0	...	...	...
Rohstoffe	40,1	33,2	29,8	31,0	24,4	27,7	21,8	22,2	22,7	20,7	21,9	22,4	...
Holz, Zellulose	12,6	14,7	16,6	...	14,2	...	13,3	16,6	13,6	12,9	...	...	...
Textilfasern	38,1	35,2	32,8	...	34,5	...	32,6	26,5	29,3	27,3	...	...	...
Erze, Mineralien	32,8	32,2	29,4	30,7	27,0	31,3	31,5	27,6	31,2	29,2	27,1	27,5	...
NE-Metalle	34,0	30,3	30,4	31,4	29,1	25,3	24,3	25,5	27,1	22,0	24,3	22,8	...
Verarbeitete Erzeugnisse	4,4	4,3	4,4	5,0	5,4	5,3	6,0	6,9	6,9	6,6	7,7	8,0	8,5
Eisen und Stahl	0,9	1,9	2,7	2,7	3,4	2,8	3,4	3,3	3,4	2,7	3,9	4,0	...
Chemische Erzeugnisse	5,1	4,0	3,9	...	4,1	...	4,7	4,9	5,8	5,8	5,5	5,4	...
Chemische Konsumgüter	3,4	6,7	6,3	...	6,0	...	5,8	6,4	6,3	6,3	...	...	...
Plastik-Erzeugnisse	–	–	1,4	...	1,5	...	1,6	1,5	1,9	1,9	...	...	...
Halbfertigwaren aus Holz; Papier	1,6	3,4	5,6	...	7,1	...	6,6	9,5	5,5	5,9	6,8	11,1	...
Andere Halbfertigwaren	11,2	11.2	9,4	...	11,2	...	12,2	12,9	11,8	11,1	13,0		...
Elektrotechnische und Maschinenbau-Erzeugnisse	0,9	1,1	1,3	...	1,8	...	2,4	3,1	3,6	3,4	3,9	4,3	...
Landwirtschaftliche und Industrie-Maschinen	0,8	0,6	0,8	...	0,9	...	1,1	1,3	1,7	1,6	1,5	1,6	...
Maschinenteile	0,8	0,8	0,7	...	1,2	...	1,4	1,8	1,8	1,6			...
Büromaschinen, Nachrichtentechnische Erzeugnisse	1,2	0,3	3,2	...	2,9	...	5,7	7,4	8,0	8,3	9,0	9,1	...
Straßenkraftfahrzeuge	0,3	0,4	0,3	0,3	0,5	0,3	0,7	0,9	1,2	1,2	1,2	1,1	...
Andere Transportmittel	0,3	0,6	0,6	...	1,2	...	1,4	1,5	2,1	2,4			...
Krafterzeugungsmaschinen	0,6	1,1	0,9	...	1,9	...	1,9	2,2	2,7	3,1	4,1	4,9	...
Sonstige Ausrüstungen, wiss. Instrumente	2,4	2,6	2,6	...	3,3	...	3,4	4,6	5,7	4,3			...
Haushaltsgüter	0,8	3,6	3,9	...	5,4	...	8,2	10,8	11,2	11,4	13,2	14,4	...
Textilien	14,0	15,6	16,0	16,9	16,2	18,5	16,9	18,8	18,7	18,1	20,4	18,1	...
Bekleidung	10,0	13,6	20,0		22,2		27,2	30,3	31,9	32,1	38,4	36,9	...
Andere Konsumgüter	10,3	9,1	8,5	...	13,1	...	10,7	13,1	13,0	13,0	15,1	15,4	...

Tabelle 8 (Fortsetzung)

Quelle: GATT, *Networks of World Trade by Areas and Commodity Classes, 1955-1976,* Genf 1978; GATT, *International Trade,* Ausgaben 1971, 1974/75, 1977/78, 1978/79; eigene Berechnungen

Die Ausfuhr der OPEC-Länder ist in einer Reihe von Jahren lediglich bei folgenden Warengruppen einbezogen: Alle Waren (1970, 1972ff), Alle Waren ohne Brennstoffe (dto), Primärerzeugnisse (1977f; 1970, 1972-1976 ohne OPEC-Ausfuhr von NE-Metallen), Primärerzeugnisse ohne Brennstoffe (dto), Brennstoffe (1970, 1972ff), Verarbeitete Erzeugnisse (1977f; 1970-1976 mit OPEC-Ausfuhr von NE-Metallen) Chemische Erzeugnisse (1970, 1972-1976), Textilien (dto)

SITC-Nummern der Warengruppen	
Alle Waren	0–9
Alle Waren ohne Brennstoffe	0–9, ohne 3
Primärerzeugnisse	0–4, 68
Brennstoffe	3
Primärerzeugnisse ohne Brennstoffe	0–4, 68, ohne 3
Nahrungsmittel	0, 1, 4, 22
Getreide, Futtermittel, Ölsaaten, Fette	04, 08, 22, 4
Tierische Erzeugnisse	00, 01, 02
Sonstige Nahrungsmittel ohne Fisch	05, 06, 07
Rohstoffe	2, ohne 22, 27, 28
Holz, Zellulose	24, 25
Textilfasern	26
Erze, Mineralien	27, 28
NE-Metalle	68

Verarbeitete Erzeugnisse	5–8, ohne 68
Eisen und Stahl	67
Chemische Erzeugnisse	5, 862, 863
Chemische Konsumgüter	54, 55, 862, 863
Plastik-Erzeugnisse	58
Halbfertigwaren aus Holz; Papier	631, 641
Andere Halbfertigwaren	61, 62, 63, 64, 66, ohne 631, 641, 665, 666
Elektrotechnische und Maschinenbau-Erzeugnisse	7, 69, 86, 891.1, ohne 862, 863
Landwirtschaftliche und Industrie-Maschinen	712, 715, 717, 718
Maschinenteile	719, ohne 719.4
Büromaschinen, Nachrichtentechnische Erzeugnisse	714, 724.9, 729.3
Straßenkraftfahrzeuge	732
Andere Transportmittel	731, 733, 734, 735
Krafterzeugungsmaschinen	711, 722
Sonstige Ausrüstungen, wiss. Instrumente	69, 723, 726, 729, 861, ohne 696, 697, 729.3, 861.4, 861.6
Haushaltsgüter	696, 697, 725, 864, 719.4, 724.1, 724.2, 861.4, 861.6, 891.1
Textilien	65
Bekleidung	84
Andere Konsumgüter	8, 665, 666, ohne 84, 86, 891.1

Tabelle 9

Anteil der Einfuhr aus Entwicklungsländern an der Einfuhr der OECD, ausgewählte Warengruppen: 1968-1978

OECD-Einfuhr der jeweiligen Warengruppe = 100

	1968	1969	1970	1971	1972	1973	1974	1975	1976	1977	1978
Alle Waren	21,3	20,5	19,9	20,1	19,5	20,5	28,3	27,0	28,2	28,7	...
Alle Waren ohne Brennstoffe	15,7	15,2	14,6	13,7	13,3	14,2	14,7	13,7	14,7	15,7	...
Primärerzeugnisse	40,8	40,7	39,8	41,0	39,9	39,5	50,9	49,9	51,5	52,7	...
Brennstoffe	66,9	67,6	65,3	67,7	68,4	67,6	76,3	73,6	74,8	74,6	...
Primärerzeugnisse ohne Brennstoffe	32,5	32,5	31,6	30,3	28,6	28,2	29,2	28,2	29,3	32,1	...
Verarbeitete Erzeugnisse	4,7	4,9	4,9	5,8	6,0	7,1	7,3	6,9	8,2	8,5	...

Quelle: OECD, *Statistics of Foreign Trade, Series B, Trade by Commodities: Country Summaries*, versch. Jgg.; eigene Berechnungen

Tabelle 10

Anteil ausgewählter Warengruppen an der Ausfuhr ausgewählter Ländergruppen: 1953, 1958, 1963, 1968, 1973, 1977

Ausfuhr SITC 0–9 der jeweiligen Ländergruppe = 100

Ländergruppe / Warengruppe (SITC)	Welt						Industrieländer						Entw.-Länder				EL ohne OPEC		OPEC		Zentr. Planwirtschaften					
	53	58	63	68	73	77	53	58	63	68	73	77	53	58	63	68	73	77	73	77	53+	58	63	68&	73&	77&
Alle Waren (0–9)	100	100	100	100	100	100	100	100	100	100	100	100	100	100	100	100	100	100	100	100	100	100	100	100	100	100
Primärerzeugnisse (0–4)	50	46	42	35	35	39	35	32	30	24	24	22	89	88	84	79	59	61	98	99	73	45	39	34	31	37
Verarb. Erzeugnisse (5–8)	49	52	56	63	64	60	63	66	68	74	74	76	11	11	15	21	41	39	2	1	26	54	60	59	60	56
Nahrungsmittel (0,1)	22	19	18	14	14	11	16	15	15	12	12	10	37	33	30	25	29	29	3	2	34	16	14	13	11	9
Rohstoffe (2,4)	18	16	14	11	10	8	13	12	11	9	9	7	29	25	24	19	22	16	6	2	27	17	13	12	10	9
Brennstoffe (3)	10	11	10	10	11	20	5	5	4	3	4	5	23	30	30	34	8	16	89	95	13	11	11	9	10	19
Chemische Erzeugnisse (5)	5	5	6	7	7	7	6	7	8	9	9	9	1	1	1	1	3	3	1	0	4	5	5	5	5	5
Maschinenbau-Erzeugnisse (7)	27	21	24	28	29	28	24	28	30	34	35	38	0	1	1	2	7	9	0	0	4	23	26	29	30	29
Sonstige verarb. Erzeugnisse (6,8)	18	26	27	28	28	25	33	31	30	32	31	29	9	10	13	18	31	28	1	1	18	26	29	26	25	22

Quelle: UN, *Monthly Bulletin of Statistics*, 2/1960, 3/1964, 3/1969, 9/1974, 5/1979; eigene Berechnungen

\+ Ohne Außenhandel zwischen den zentralen Planwirtschaften

& Nicht-klassifizierte Ausfuhren der Sowjetunion sind zu SITC 9 gerechnet.

Anteil ausgewählter Warengruppen an der Ausfuhr der Entwicklungsländer: 1955, 1963, 1968-1978

Ausfuhr SITC 0–9 der Entwicklungsländer = 100

	1955	1963	1968	1969	1970	1971	1972	1973	1974	1975	1976	1977	1978
Alle Waren	100	100	100	100	100	100	100	100	100	100	100	100	100
Alle Waren ohne Brennstoffe	75,2	70,2	65,5	67,2	67,6	61,6	62,5	60,6	40,6	41,3	41,9	44,4	...
Primärerzeugnisse	91,9	87,5	85,7	82,2	79,9	79,1	77,7	77,4	85,0	83,7	82,1	80,7	76,4
Brennstoffe	24,8	29,8	34,5	32,8	32,4	38,4	37,5	39,4	59,4	58,7	58,1	55,6	...
Primärerzeugnisse ohne Brennstoffe	67,1	57,8	51,1	49,3	47,5	40,6	40,2	38,0	25,6	25,0	24,0	25,1	...
Nahrungsmittel	36,6	33,4	28,2	26,1	23,8	23,2	21,6	20,0	13,4	14,9	14,0	15,4	...
Getreide, Futtermittel, Ölsaaten, Fette	8,8	8,6	6,7	...	5,4	...	4,5	2,6	3,6	3,4	...	...	...
Tierische Erzeugnisse	1,5	2,1	1,8	...	1,9	...	2,4	1,8	0,7	0,6	...	...	...
Sonstige Nahrungsmittel ohne Fisch	22,9	18,8	15,9	...	14,1	...	11,9	10,6	7,5	9,5	...	...	...
Rohstoffe	20,5	14,8	11,0	10,9	8,1	8,4	6,7	7,0	4,1	3,4	3,7	3,6	...
Holz, Zellulose	1,6	1,8	2,2	...	1,9	...	1,5	2,0	1,0	0,9	...	...	...
Textilfasern	8,5	6,8	4,4	...	3,8	...	3,4	2,9	1,7	1,3	...	...	...
Erze, Mineralien	4,8	5,1	5,2	5,4	5,0	4,8	4,6	3,7	3,0	3,0	2,4	2,2	...
NE-Metalle	5,2	4,5	6,6	7,0	6,4	4,2	3,9	4,0	3,1	1,9	2,1	1,9	...
Verarbeitete Erzeugnisse	7,7	10,9	14,2	16,6	18,5	18,3	20,7	21,8	14,3	15,7	17,1	18,0	21,9
Eisen und Stahl	0,2	0,4	0,7	0,7	1,0	0,8	0,9	0,9	0,7	0,6	0,7	0,7	...
Chemische Erzeugnisse	1,1	1,2	1,6	...	1,7	...	1,9	1,9	1,7	1,7	1,6	1,5	...
Chemische Konsumgüter	0,2	0,5	0,6	...	0,6	...	0,6	0,6	0,3	0,4	...	...	...
Plastik-Erzeugnisse	–	–	0,1	...	0,1	...	0,1	0,1	0,1	0,1	...	...	...
Halbfertigwaren aus Holz; Papier	0,1	0,3	0,6	...	0,8	...	0,7	0,9	0,4	0,4	0,4	2,0	...
Andere Halbfertigwaren	1,2	1,5	1,6	...	1,9	...	2,2	2,2	1,2	1,3	1,5		...
Elektrotechnische und Maschinenbau-Erzeugnisse	0,7	1,4	2,2	...	3,4	...	4,6	5,4	3,9	4,5	4,8	5,4	...
Landwirtschaftliche und Industrie-Maschinen	0,1	0,2	0,2	...	0,3	...	0,3	0,3	0,3	0,3	0,5	0,6	...
Maschinenteile	0,1	0,2	0,2	...	0,3	...	0,4	0,4	0,3	0,3			...
Büromaschinen, Nachrichtentechnische Erzeugnisse	0,0	0,0	0,4	...	0,5	...	1,0	1,2	0,8	0,9	1,0	1,0	...
Straßenkraftfahrzeuge	0,0	0,1	0,1	0,1	0,2	0,1	0,3	0,3	0,3	0,3	0,3	0,3	...
Andere Transportmittel	0,0	0,1	0,1	...	0,2	...	0,3	0,3	0,2	0,4	1,7	2,1	...
Krafterzeugungsmaschinen	0,0	0,1	0,1	...	0,3	...	0,3	0,3	0,3	0,4			...
Sonstige Ausrüstungen, wiss. Instrumente	0,3	0,5	0,6	...	0,8	...	0,8	1,0	0,8	0,8			...
Haushaltsgüter	0,0	0,3	0,5	...	0,7	...	1,2	1,5	1,0	1,1	1,3	1,5	...
Textilien	2,8	3,5	3,6	5,7	3,6	6,4	3,8	4,0	2,4	2,3	2,3	2,1	...
Bekleidung	0,3	0,9	2,0		2,5		3,6	3,5	2,2	2,6	3,1	3,0	...
Andere Konsumgüter	1,3	1,6	1,9	...	3,2	...	2,6	2,9	1,7	2,1	2,3	2,5	...

Quelle und Anmerkungen: siehe Tabelle 8

Tabelle 12

Anteil ausgewählter Warengruppen an der Ausfuhr verarbeiteter Erzeugnisse der Entwicklungsländer: 1955, 1963, 1968-1978

Ausfuhr SITC 5–8 ohne 68 der Entwicklungsländer = 100

	1955	1963	1968	1969	1970	1971	1972	1973	1974	1975	1976	1977	1978
Verarbeitete Erzeugnisse	100	100	100	100	100	100	100	100	100	100	100	100	100
Eisen und Stahl	2,2	4,0	5,0	4,5	5,6	4,3	4,4	3,9	5,0	3,8	3,6	3,7	...
Chemische Erzeugnisse	13,7	11,2	11,1	...	9,0	...	9,2	8,5	12,1	11,1	9,0	8,5	...
Chemische Konsumgüter	2,2	4,3	4,2	...	3,2	...	2,7	2,5	2,4	2,5	...	...	...
Plastik-Erzeugnisse	–	–	0,6	...	0,6	...	0,6	0,5	0,8	0,6	...	...	...
Halbfertigwaren aus Holz; Papier	1,6	2,9	4,2	...	4,1	...	3,2	4,0	2,4	2,2	2,3	11,2	...
Andere Halbfertigwaren	15,9	13,5	11,3	...	10,2	...	10,7	10,1	8,3	8,4	8,7		...
Elektrotechnische und Maschinenbau-Erzeugnisse	9,3	13,3	15,6	...	18,2	...	22,3	24,5	26,9	28,4	28,5	30,0	...
Landwirtschaftliche und Industrie-Maschinen	1,6	1,4	1,6	...	1,4	...	1,4	1,4	1,8	2,0	3,1	3,1	...
Maschinenteile	1,1	1,4	1,3	...	1,8	...	1,9	2,0	2,0	2,1			...
Büromaschinen, Nachrichtentechnische Erzeugnisse	0,5	0,3	2,9	...	2,6	...	4,6	5,3	5,3	6,0	5,9	5,6	...
Straßenkraftfahrzeuge	0,5	0,9	0,6	0,6	1,1	0,7	1,5	1,6	1,9	2,1	1,8	1,7	...
Andere Transportmittel	0,5	0,9	0,8	...	1,3	...	1,4	1,3	1,7	2,3			...
Krafterzeugungsmaschinen	0,5	1,2	1,0	...	1,6	...	1,6	1,5	1,8	2,3	9,9	11,5	...
Sonstige Ausrüstungen, wiss. Instrumente	3,8	4,3	4,0	...	4,4	...	4,0	4,6	5,9	4,9			...
Haushaltsgüter	0,5	2,9	3,4	...	4,0	...	6,0	6,8	6,6	6,7	7,5	8,1	...
Textilien	36,3	31,7	25,4	34,5	19,4	35,0	18,6	18,2	16,5	14,7	14,2	11,8	...
Bekleidung	4,4	8,6	14,2		13,3		17,2	15,9	15,0	16,4	18,2	16,7	...
Andere Konsumgüter	17,0	14,7	13,2	...	17,3	...	12,7	13,2	11,9	13,2	13,8	13,6	...

Quelle und Anmerkungen: siehe Tabelle 8

Tabelle 13

Regionalmatrix des Welthandels: Ausfuhr ausgewählter Ursprungsgebiete in ausgewählte Bestimmungsgebiete in Prozent der Gesamtausfuhr des jeweiligen Ursprungsgebietes: 1948, 1953, 1958, 1963, 1968, 1973, 1978

Gesamtausfuhr SITC 0–9 des jeweiligen Ursprungsgebietes = 100

Bestimmungsgebiet / Ursprungsgebiet	Welt	Industrieländer							Entw.-Länder			EL ohne OPEC				OPEC				Zentrale Planwirtschaften						
		48	53	58	63	68	73	78	48	53	58	63	68	73	78	63	68	73	78	48	53	58	63	68	73	78
Welt	100	64	61	63	66	69	71	67	29	24	25	18	16	15	16	3	3	4	7	6	9	11	12	11	10	9
Industrieländer	100	64	63	67	72	76	77	71	31	27	29	18	16	14	15	4	4	4	9	4	2	3	4	4	5	5
Entw.-Länder ohne OPEC	100	67	73	72	71	71	71	68	29	24	23	18	19	18	19	2	2	4	7	3	2	3	7	7	7	6
OPEC	100				76	80	77	76				22	16	19	21	1	1	1	1				1	1	2	2
Zentr. Planwirtschaften	100	41	15	18	20	24	27	27	12	5	10	14	14	13	13	1	2	2	4	44	78	71	65	61	57	56
Industrieländer																										
USA+	100	56	44	58	58	68	67	61	40	30	41	27	26	24	24	5	5	5	12	3	0	1	1	1	4	3
Japan	100	38	32	42	49	53	52	47	58	68	55	41	38	35	31	6	5	7	15	3	0	3	5	4	5	7
EG (Neun)&	100	61	66	67	77	79	82	77	36	31	29	15	12	9	10	4	4	4	9	3	2	3	4	5	4	4

Quelle: UN, *Yearbook of International Trade Statistics 1962*, New York 1964; UN, *Statistical Yearbook*, Ausgaben 1972, 1974, 1977; UN, *Monthly Bulletin of Statistics* 6/1979; eigene Berechnungen

Ohne Außenhandel zwischen den zentralen Planwirtschaften Asiens

Ohne Außenhandel zwischen der BRD und der DDR

\+ Special category exports der USA (Anteil an US-Ausfuhr: 1953 = 26%, 1963 = 9%) sind nicht in allen Jahren vollständig auf die einzelnen Bestimmungsgebiete aufgeteilt

& 1948, 1953, 1958: EG(Sechs) + UK

Tabelle 14

Regionalmatrix des Welthandels: Ausfuhr ausgewählter Ursprungsgebiete in ausgewählte Bestimmungsgebiete in Prozent der Weltausfuhr: 1948, 1953, 1958, 1963, 1969, 1973, 1978 (1977)

Ausfuhr insgesamt (SITC 0–9) — Weltausfuhr SITC 0–9 = 100

BG / UG	Welt							Industrieländer							Entw.-Länder				EL ohne OPEC			OPEC			Zentrale Planwirtschaften						
	48	53	58	63	69	73	78	48	53	58	63	69	73	78	48	53	58	63	69	73	78	69	73	78	48	53	58	63	69	73	78
Welt	100	100	100	100	100	100	100	64	61	62	67	70	71	67	29	24	25	21	17	15	16	3	4	7	6	9	11	12	10	10	9
IL	64	65	66	67	71	71	67	41	41	43	50	55	54	48	20	17	18	15	11	10	10	3	3	6	3	1	2	2	3	3	3
Elo	30	26	23	20	12	12	12	20	19	17	15	9	8	8	9	6	5	4	2	2	2	0	0	1	1	0	1	1	1	1	1
OPEC					6	7	11					5	6	9					1	1	2	0	0	0					0	0	0
ZPW	6	10	11	12	11	10	10	3	1	2	2	3	3	3	1	0	1	2	1	1	1	0	0	0	3	7	8	8	7	6	5

Ausfuhr von Primärerzeugnissen (SITC 0–4) — Weltausfuhr SITC 0–4 = 100

BG / UG	Welt							Industrieländer							Entw.-Länder				EL ohne OPEC			OPEC			Zentrale Planwirtschaften						
	48	53+	58	63	69	73	77	48	53+	58	63	69	73	77	48	53+	58	63	69	73	77	69	73	77	48	53+	58	63	69	73	77
Welt	100	100	100	100	100	100	100	..	77	71	72	75	74	72	..	19	18	16	14	14	15	2	2	3	..	2	10	11	9	9	8
IL	..	50	45	48	48	50	37	..	39	36	38	40	40	29	..	9	8	7	6	6	4	1	1	2	..	1	1	2	1	3	1
ELo	..	47	44	41	24	20	19	..	34	32	30	17	15	13	..	10	9	8	4	3	3	0	0	1	..	1	2	2	2	2	2
OPEC					16	20	34					13	16	26					3	4	7	0	0	0					0	0	1
ZPW	..	3	11	11	11	9	9	..	2	3	4	4	4	4	..	1	1	1	1	1	1	0	0	0	..	–	7	6	5	4	4

Ausfuhr von verarbeiteten Erzeugnissen (SITC 5–8) — Weltausfuhr SITC 5–8 = 100

BG / UG	Welt							Industrieländer							Entw.-Länder				EL ohne OPEC			OPEC			Zentrale Planwirtschaften						
	48	53+	58	63	69	73	77	48	53+	58	63	69	73	77	48	53+	58	63	69	73	77	69	73	77	48	53+	58	63	69	73	77
Welt	100	100	100	100	100	100	100	..	56	55	62	69	70	64	..	31	30	24	16	15	15	4	4	10	..	2	12	12	11	10	10
IL	..	93	83	81	83	83	83	..	52	50	57	63	63	57	..	28	27	20	14	12	13	3	4	9	..	2	3	3	3	4	4
ELo	..	6	5	6	6	7	8	..	4	3	4	4	5	5	..	2	2	2	1	2	1	0	0	1	..	0	0	0	0	0	0
OPEC					0	0	0					0	0	0					0	0	0	0	0	0					0	0	0
ZPW	..	1	12	13	10	9	9	..	1	1	1	2	2	2	..	0	1	2	1	1	2	0	0	0	..	–	9	10	7	6	6

Quelle: UN, *Yearbook of International Trade Statistics 1962*, New York 1964; UN, *Monthly Bulletin of Statistics*, 2/1960, 3/1964, 3/1969, 7/1975, 5/1979, 6/1979; eigene Berechnungen

Ohne Außenhandel zwischen den zentralen Planwirtschaften Asiens (+ und Europas)

Ohne Außenhandel zwischen der BRD und der DDR

Special category exports der USA (Anteil an der Weltausfuhr: 1953 = 5%, 1958 = 2%) sind nicht in allen Jahren vollständig auf die einzelnen Bestimmungsgebiete aufgeteilt

Tabelle 15

Regionalmatrix des Welthandels: Ausfuhr ausgewählter Ursprungsgebiete in ausgewählte Bestimmungsgebiete in Prozent der Weltausfuhr, 1976

Ausfuhr insgesamt (SITC 0–9) — Weltausfuhr SITC 0–9 = 100

Ursprungsgebiet \ Bestimmungsgebiet	Welt	IL	EL	ZPW	USA	Japan	EG (9)	Sonst. IL	OPEC	Sonst. EL
Welt	100	67	22	10	12	6	34	16	7	16
Industrieländer	65	46	15	3	7	2	25	13	6	9
Entwicklungsländer	26	18	6	1	5	3	7	3	1	5
Zentrale Planwirtschaften	9	3	1	5	0	0	1	1	0	1
Industrieländer										
USA	11	7	4	0	.	1	3	4	1	3
Japan	7	3	3	0	2	.	1	1	1	2
EG (Neun)	33	25	6	2	2	0	17	6	3	3
(darunter: BRD)	(10)	(8)	(2)	(1)	(1)	(0)	(5)	(3)	(1)	(1)
Sonstige Industrieländer	14	11	2	1	3	1	4	2	1	1
Entwicklungsländer										
OPEC	14	10	3	0	2	2	5	1	0	3
Sonstige Entwicklungsländer	12	8	3	1	3	1	3	1	1	2

Ausfuhr von Nahrungsmitteln und Rohstoffen (SITC 0–4) — Weltausfuhr SITC 0–4 = 100

Ursprungsgebiet \ Bestimmungsgebiet	Welt	IL	EL	ZPW	USA	Japan	EG (9)	Sonst. IL	OPEC	Sonst. EL
Welt	100	73	18	7	13	12	36	12	2	15
Industrieländer	38	30	5	2	4	4	18	5	1	4
Entwicklungsländer	53	39	11	2	9	8	16	5	1	10
Zentrale Planwirtschaften	9	4	1	3	0	1	2	1	0	1
Industrieländer										
USA	9	6	2	1	.	2	2	2	0	2
Japan	1	0	0	0	0	.	0	0	0	0
EG (Neun)	16	14	2	0	1	0	11	2	1	1
(darunter: BRD)	(3)	(2)	(0)	(0)	(0)	(0)	(2)	(1)	(0)	(0)
Sonstige Industrieländer	12	10	1	1	3	2	4	1	0	1
Entwicklungsländer										
OPEC	35	26	7	1	5	5	12	4	0	7
Sonstige Entwicklungsländer	19	13	4	2	4	2	5	2	1	3

Ausfuhr von verarbeiteten Erzeugnissen (SITC 5–8) — Weltausfuhr SITC 5–8 = 100

Ursprungsgebiet \ Bestimmungsgebiet	Welt	IL	EL	ZPW	USA	Japan	EG (9)	Sonst. IL	OPEC	Sonst. EL
Welt	100	64	25	11	11	2	32	19	9	15
Industrieländer	83	57	21	4	9	1	30	17	8	13
Entwicklungsländer	8	5	3	0	2	1	2	1	1	2
Zentrale Planwirtschaften	9	2	1	6	0	0	1	1	0	1
Industrieländer										
USA	13	8	5	0	.	1	3	5	2	3
Japan	11	5	5	1	3	.	1	1	2	3
EG (Neun)	44	33	9	2	3	0	21	9	4	5
(darunter: BRD)	(16)	(12)	(3)	(1)	(1)	(0)	(7)	(4)	(1)	(1)
Sonstige Industrieländer	15	11	2	1	4	0	5	3	1	2
Entwicklungsländer										
OPEC	0	0	0	0	0	0	0	0	0	0
Sonstige Entwicklungsländer	8	5	2	0	2	1	2	1	1	2

Quelle: UN, *Monthly Bulletin of Statistics*, 2/1978, 6/1978; OECD, *Statistics of Foreign Trade, Series B, Trade by Commodities: Country Summaries, 1976;* eigene Berechnungen
Ohne Außenhandel zwischen den zentralen Planwirtschaften Asiens
Ohne Außenhandel zwischen der BRD und der DDR

Tabelle 16
Anteil des Intra-Handels von Wirtschaftsgemeinschaften am Welthandel und an der Gesamtausfuhr der jeweiligen Wirtschaftsgemeinschaft: 1960, 1970-1977

in Prozent

	Anteil des Intra-Handels an:																	
	Weltausfuhr									jeweiliger Gesamtausfuhr								
	1960	1970	1971	1972	1973	1974	1975	1976	1977	1960	1970	1971	1972	1973	1974	1975	1976	1977
EG (Sechs)	8,0	13,9	14,4	14,9	.	.	.	.	.	34,6	48,9	49,3	49,5	.	.	.	.	.
EFTA[a]	2,3	3,0	3,1	3,1	.	.	.	.	.	15,7	21,8	22,1	23,2	.	.	.	.	.
EG (Neun)	.	.	.	.	19,4	16,7	16,7	17,1	17,1	.	.	.	.	52,3	50,4	49,4	51,8	50,6
Handel in verarbeiteten Erzeugnissen zwischen EG (Neun) und Rest-EFTA	.	.	.	.	6,1	5,3	5,2	5,1	5,3	.	.	.	.	14,0	13,4	12,9	13,2	13,3
Intra-Handel in verarbeiteten Erzeugnissen der Rest-EFTA	.	.	.	.	1,1	1,0	1,0	0,9	0,9	.	.	.	.	15,9	16,4	16,1	14,9	14,9
USA-Kanada (Präferenz)[b]	–	1,6	1,9	1,9	1,7	1,2	1,3	1,5	1,5	–	8,7	10,6	11,1	9,9	7,7	8,0		
COMECON	6,3	5,9	5,8	5,9	5,2	4,0	5,1	4,7	4,9	62,3	59,4	59,2	60,5	56,5	50,8	57,4	55,4	55,2
TOTAL	16,6	24,4	25,2	25,8	33,5	28,2	29,3	29,3	29,7	34,6	34,5	35,7	36,9	48,2	45,2	45,2	46,6	47,1

Quelle: UNCTAD, *Handbook of International Trade and Development Statistics 1979*, New York 1979
a Ohne die in Anhang D der Konvention von Stockholm aufgeführten Güter
b Handel im Rahmen des 1965 ausgehandelten United States-Canada Automotive Products Agreement

Tabelle 17

Exportquoten (Warenausfuhr in Prozent des Bruttoinlandsprodukts) ausgewählter Länder und Ländergruppen: 1948, 1953, 1958, 1963, 1968-1978

in Prozent

	1948	1953	1958	1963	1968	1969	1970	1971	1972	1973	1974	1975	1976	1977	1978
Marktwirtschaften	10	10	11	10	10	11	11	11	12	13	17	16	17	17	...
Industrieländer	9	9	10	9	10	10	11	11	11	13	15	14	15	15	15⁺
Entwicklungsländer	19	17	16	14	14	14	14	14	16	19	27	23	24	24	...
Entwicklungsländer ohne OPEC	...	...	14	12	11	12	12	11	12	14	16	14	...	...	...
OPEC	...	...	29	28	28	27	29	30	32	36	61	47	...	...	...
Industrieländer															
USA	5	5	4	4	4	4	4	4	4	5	7	7	7	6	7
Japan	3	7	10	8	9	10	10	10	10	9	12	11	12	12	10
EG (Neun)	11	14	17	15	16	17	18	18	18	20	24	22	23	24	23
(darunter: BRD)	(3)	(13)	(19)	(15)	(18)	(19)	(18)	(18)	(18)	(19)	(23)	(22)	(23)	(23)	(22)
Entwicklungsländer															
Brasilien	27	23	13	6	7	7	6	6	7	8	8	7	7	7	...
Indien	7	5	4	4	4	4	4	4	4	4	5	5	6	...	...
Südkorea	1	2	1	2	8	9	10	12	17	26	27	25	28	29	...
Taiwan	...	9	9	15	18	21	27	32	39	44	41	36	47	47	...
Hongkong	...	...	71	62	83	86	82	83	81	85	86	82	92	90	...
Singapur	...	...	155	125	87	93	82	78	75	88	113	95	112	126	...

Quelle: UN, *The Growth of World Industry, 1938-1961: International Analyses and Tables,* New York 1965; UN, *Yearbook of National Accounts Statistics, Volume II (III): International Tables,* Jgg. 1969, 1972ff.; UN, *Yearbook of International Trade Statistics 1977,* New York 1978; UN, *Statistical Yearbook 1978,* New York 1979; OECD, *Main Economic Indicators* 12/1979; OECD, *Statistics of Foreign Trade, Monthly Bulletin* 12/1979; *Statistical Yearbook of the Republic of China 1978;* eigene Berechnungen
+ OECD

Tabelle 18

Exportquoten verarbeiteter Erzeugnisse (Ausfuhr verarbeiteter Erzeugnisse in Prozent des Bruttoproduktionswerts der verarbeitenden Industrie) ausgewählter Länder und Ländergruppen: 1948, 1953, 1958, 1963, 1968-1978

in Prozent

	1948	1953	1958	1963	1968	1969	1970	1971	1972	1973	1974	1975	1976	1977	1978
Marktwirtschaften	...	15	20	19	...	...	26	...	...	...	...	36	...	...	...
Industrieländer	...	15	21	20	...	...	27	...	...	...	...	39	...	...	...
Entwicklungsländer	...	12	11	13	...	...	19	...	...	...	...	21	...	...	...
Industrieländer															
USA	...	...	...	9	10	11	12	12	11	14	19	21	19	18	...
Japan	...	19	23	21	25	25	26	29	28	24	33	37	38	...	...
EG (Neun)	...	...	38+	31+	...	...	42	...	...	...	...	54	...	...	...
(darunter: BRD)	(...)	(...)	(...)	(35)	(39)	(42)	(40)	(41)	(40)	(42)	(55)	(51)	(55)	(53)	(...)
Entwicklungsländer															
Brasilien	...	...	...	1	3	3	4	4	7	8	7	7	7	8	...
Indien	...	...	...	...	16	14	15	15	15	16	17	18	23	...	...
Südkorea	...	...	...	7	28	32	35	45	60	84	81	78	89	91	...
Taiwan	...	...	...	23	38	46	61	72	84	95	93	84	109	111	...
Hongkong	...	...	...	...	...	...	271	267	261	280	329	333	...	...	...
Singapur	...	...	...	...	130	101	114	124	135	161	181	166	199	216	...

Quelle: UN, *Yearbook of National Accounts Statistics,* versch. Jgg.; UN, *Yearbook of International Trade Statistics,* versch. Jgg.; UN, *Monthly Bulletin of Statistics,* versch. Jgg.; UN, *Statistical Yearbook,* versch. Jgg.; UNCTAD, *Handbook of International Trade and Development Statistics,* versch. Jgg.; *Statistical Yearbook of the Republic of China 1978;* eigene Berechnungen

+ EG (Sechs)

Tabelle 19

Durchschnittliche jährliche Wachstumsraten der Beschäftigung der verarbeitenden Industrie der Marktwirtschaften: 1948-1953, 1953-1958, 1958-1963, 1963-1968, 1968-1973, 1973-1977

in Prozent

	1948–1953	1953–1958	1958–1963	1963–1968	1968–1973	1973–1977
Marktwirtschaften	2,2	2,5	3,1	2,0	3,0	0,9+
Industrieländer	2,6	1,4	2,6	1,5	1,0	– 1,0
Entwicklungsländer	1,6	4,8	4,3	3,3	5,8	4,4+

Quelle: UN, *Statistical Yearbook,* Ausgaben 1968, 1970, 1978; eigene Berechnungen
+ 1973-1976

Ernest Feder
Neuere Tendenzen in der Agrarerzeugung unterentwickelter Länder*

Landwirtschaftliche Produktionen wandern aus

Die fundamentalste Veränderung, die sich in der Weltlandwirtschaft seit Mitte der sechziger Jahre vollzieht, ist die Verlagerung eines bedeutenden Teils vor allem der US-Landwirtschaft in unterentwickelte Länder. Dieser Prozeß hat weitreichende Auswirkungen. Unter Verlagerung verstehen wir folgendes: Kapital und Technologie – hauptsächlich aus den USA, jedoch auch aus Japan, Deutschland, England, Frankreich, der Schweiz oder arabischen Ländern – werden nicht zur Förderung der eigenen einheimischen Landwirtschaft investiert und genutzt, sondern in Agrarbetriebe, entsprechende Zuliefer- und Verarbeitungsbetriebe oder Dienstleistungen in der Dritten Welt (mitunter auch in alle drei gleichzeitig) transferiert. Das geschieht in Form einer ganzen Serie von »Produktsystemen«, wie die Agrarkonzernwirtschaft[1] sie gern nennt. Akteure dieser Verlagerung sind a) individuelle Investoren; b) Agrarkonzerne, die Agrarprodukte erzeugen, verarbeiten und vermarkten oder Produktionsmittel herstellen und absetzen; c) nationale und internationale »Entwicklungshilfe«-Organisationen, die den Agrarkonzernen in die Hände arbeiten. Zu den Produktsystemen gehören gewöhnliche Grundnahrungsmittel ebenso wie Luxusartikel und Vieh oder Tierprodukte bis hin zu den traditionellerweise ausländisch gesteuerten, heute jedoch enorm ausgeweiteten tropischen und subtropischen Produktionen. Schließlich ist der Transfer aller für das reibungslose Betreiben der Produktsysteme nötigen Zulieferungen erforderlich. Das Ergebnis sieht nicht selten so aus, daß unterentwickelte Agrarländer heute bloß noch Boden und Wasser, einige einheimische Finanzmittel sowie die gesamte Arbeitskraft stellen, während die Industrienationen alle übrigen Produktionsmittel liefern, selbstredend auf Kosten der Entwicklungsländer.

* Aus dem Englischen übersetzt von Ursula Richter.

Die mit Abstand umfangreichsten Kapital- und Technologie-Transfers kommen aus den USA. Die Vereinten Nationen haben allerdings vor kurzem aufgezeigt, daß auch Agrarkonzerne aus anderen Ländern weitverzweigte internationale Aktivitäten im Bereich landwirtschaftlicher Produkte aufweisen.[2] Wegen ihrer Bedeutung wollen wir uns aber im folgenden vor allem auf die amerikanische Agrarkonzernwirtschaft beziehen. Man muß sich ja darüber im klaren sein, daß die Art und Weise des kapitalistischen Vordringens in die Landwirtschaften der Dritten Welt trotz der unterschiedlichen »Nationalitäten« von Kapital und Technologie praktisch stets dieselbe ist. Die ausländisch dominierten Produktsysteme, häufig schlicht amerikanische Produktsystempakete, in die US-Industriekapital und -technologie investiert sind, sind immer exportorientiert, selbst dann, wenn die Produkte als Importsubstitute gelten, wie etwa Grundnahrungsmittel. Wir wollen damit sagen, daß in dem Maß, in welchem ausländische Unternehmer die Produktion, die Verarbeitung und den Vertrieb (einschließlich Ausfuhr) kontrollieren, die entsprechenden Produkte exportbestimmt oder zumindest potentiell exportfähig sind, ohne Rücksicht auf den einheimischen Bedarf. Die Entscheidung über ihre tatsächliche Bestimmung fällt je nach Rentabilität auf den verschiedenen Märkten in den Chefetagen der Agrarkonzerne. Kapital und Technologie können, nachdem sie in ein bestimmtes Produktsystem eingebaut sind, bei Änderungen der Preisstrukturen leicht auf andere Produktsysteme umgestellt werden (z. B. von einem Grundnahrungsmittel für den menschlichen Konsum auf Viehfutter, von einer Gemüsesorte auf eine andere), wohlgemerkt ohne an die Exportorientierung des Systems zu rühren. Die verschiedenen Systeme verschmelzen also zu einer ununterscheidbaren Masse von Transaktionen, worin das Produkt als solches, vom Standpunkt des Industriellen/Kaufmanns gesehen, seine Identität und seine Bedeutung verliert. Mit anderen Worten: Es wird immer unrealistischer, von der Existenz einzelner Produkt*märkte* zu sprechen, weil die horizontale und vertikale Integration der Riesenkonzerne sowohl auf lokaler als auch auf weltweiter Ebene vordringt.

Profitabilität ist aber keineswegs das einzige Kriterium für einen lokalen oder weltweiten Kapital- oder Technologietransfer durch das internationale Monopolkapital. Auch politische Faktoren spielen eine wichtige Rolle, da die Transaktionen als Druckmittel für eine Einflußnahme auf die lokale Wirtschaft dienen können. Ausländische Unternehmer und Entwicklungshilfeorganisationen sind der Meinung, daß es unter bestimmten Umständen erforderlich sei, wirtschaftlichen oder politischen Druck auf lokale Regierungen, Banken, Finanziers, Agrarproduzenten oder Industrielle auszuüben. Solche Umstände sind etwa der Wunsch, gewisse Ausrichtungen oder Umstellungen der Agrarproduktion, der Verarbeitungs- und Vertriebsstruktur oder der Agrarprogramme herbeizuführen; tatsächliche oder potentielle Konflikte im Agrarbereich zu verhüten oder beizulegen; ja sogar *allgemeine* ökonomische, finanzielle oder politische Prinzipien und Programme auf regionaler Ebene durchzusetzen. Da die Landwirtschaft in praktisch allen Entwicklungsländern einen bedeutenden Teil der Wirtschaft und eine wichtige Devisenquelle darstellt, können einheimische Willensbildungsprozesse entscheidend von außen gesteuert werden – und werden es auch oft – zum Beispiel durch die Kontrolle von Agrarprodukten auf Produktions-, Verarbeitungs- und Vertriebsebene, zum Vorteil oder zum Nachteil der einheimischen Wirtschaft. Das ist im wesentlichen gemeint, wenn wir von der *Verwendung von Nahrungsmitteln als Waffe* sprechen.[3]

Wenn US-Kapital und Technologie in die Dritte Welt verlagert werden und in Produkte, Verarbeitung und Vertrieb solcher Produkte fließen, die auch in den USA erzeugt werden, dann »konkurrieren« diese Produkte auf dem US- und auf dem Weltmarkt mit den in den USA von amerikanischen Landwirten erzeugten Produkten. Das ist nun offenbar ein Konkurrenzverhältnis eigener Art. Wenn US-Unternehmer Produktsysteme in den USA und gleichzeitig beispielsweise in Lateinamerika kontrollieren, besteht keinerlei Konkurrenz. Wenn aber nur eine amerikanische Unternehmergruppe sich so verhält, während andere ausschließlich in den USA operieren, findet ein Wettbewerb statt, allerdings nicht zwischen einheimischen (USA) und ausländischen Investoren, sondern zwischen den verschiedenen rivalisierenden amerikanischen Unternehmensgruppen, die zwar an unterschiedlichen Standorten operieren, aber aller Wahrscheinlichkeit nach auf denselben Märkten verkaufen. Die wahre Konkurrenz herrscht jedoch zwischen den Produzenten, also den Land- und Industriearbeitern. Da Erzeuger und Arbeiter in Lateinamerika zu wesentlich niedrigeren Gewinnen oder Löhnen arbeiten als ihre

Kollegen in den USA, bedrohen sie im Zusammenhang mit der Produktsystemverlagerung Löhne und Arbeitsplätze der amerikanischen Kollegen ganz entschieden.[4]

Die Verlagerung landwirtschaftlicher Produktsysteme entspricht fast genau der Industrieverlagerung aus den Industrie- in die Entwicklungsländer, in Länder mit niedrigen Produktionskosten also. Wir haben ein Muster vor uns, das für die jüngste Phase der kapitalistischen Expansion allgemein gilt und das treffend als die neue internationale Arbeitsteilung bezeichnet wurde. Es ist gekennzeichnet durch a) das Anzapfen schier unerschöpflicher billiger Arbeitskraftreserven in der Dritten Welt; b) die Fragmentierung der Produktionsprozesse; c) den Ausbau billiger Transport- und Kommunikationstechnologien; und d) die extreme Beweglichkeit von Kapital und Technologie.[5] Diese hohe Mobilität von Industriekapital und Technologie ist äußerst bezeichnend. Weltweit können innerhalb kürzester Zeit ganze Industrien und Agrarproduktionen von einem Standort zum anderen verlegt werden. Die Länge der Zeit hängt dabei vom Industrietyp und vom eingesetzten fixen Kapital ab. Derartige geographische Verlagerungen kommen zu den oben erwähnten Möglichkeiten hinzu, Kapital und Technologie von einem Produkt zum anderen zu transferieren. Die Parallele zwischen industriellen und landwirtschaftlichen Standortverlagerungen scheint nahezu vollständig, mit der Ausnahme, daß Agrarproduktion und -verarbeitung vielleicht nicht ebenso leicht und weitgehend fragmentiert werden kann wie die industrielle Produktion. Bei näherem Hinsehen zeigt sich allerdings, daß eine gewisse Fragmentierung für bestimmte Agrarerzeugnise immer existiert hat. Sie wurde in letzter Zeit bei einer Reihe wichtiger neuer Produkte oder Aktivitäten, d. h. Produktsystemen beträchtlich erweitert. Hier ein paar Beispiele: Es war in der Vergangenheit und ist auch heute noch üblich, Rohzucker in tropischen Ländern zu erzeugen und in Industrieländern zu raffinieren. Das gleiche gilt für bestimmte Pflanzenöle. Heute kann man Saatgut in Industrienationen oder sogar in Entwicklungsländern (z. B. Mexiko) produzieren und anschließend zur Aussaat und Kultivierung in ein (anderes) Entwicklungsland verschicken. Beispiele dafür sind Grassämereien oder die von der Ford-Rockefeller-CIMMYT-IRRI-Gruppe in Mexiko und auf den Philippinen erzeugten »ertragreichen Sorten« von Mais, Weizen, Hirse und Reis.[6] Oder: In den USA oder der Schweiz erzeugter Samen kann überall auf der Welt für die Rinderzucht verwendet werden. Junges Schlachtvieh kann man an einem Standort aufziehen, an einem anderen fettfüttern. Fleisch kann vorverarbeitet (entbeint) und für die Weiterverarbeitung zu Gehacktem (»Hamburger«-Fleisch) in die USA transportiert werden. Angesichts der niedrigen Transportkosten geht der Trend in der durch Agrarkonzerne dominierten Landwirtschaft entschieden in Richtung Fragmentierung der Produktionsprozesse.

Agrarkonzerne auf der Suche nach Superprofiten und Kontrolle

Die Verlagerung der US-Landwirtschaft gehorcht einer Reihe miteinander verknüpfter ökonomischer und politischer Imperative. Da in den nichtagrarischen Sektoren während der sechziger Jahre die weltweiten Investitionsmöglichkeiten zurückgingen, suchten amerikanische Unternehmer nach Alternativen und fanden sie in der bis dahin vernachlässigten Landwirtschaft der Dritten Welt. Konnte man erst Produktsysteme in vollem Umfang von der Produktion bis zum Vertrieb und Export kontrollieren, so waren beträchtliche Gewinne, ja Superprofite zu erzielen. Was die US-Unternehmer an solchen Auslandsvorhaben besonders reizte und eine nahezu hundertprozentige Garantie für hohe Gewinne bot, war die Tatsache, daß Produktions- und Verarbeitungsanlagen ebenso wie verbesserte Infra- und Suprastrukturen für diese Vorhaben durch enorme Investitions- und »technische Hilfe«-Projekte mit öffentlichen Geldern arbeitender Stellen (wie Weltbank, UNDP, Interamerikanische, Asiatische und Afrikanische Entwicklungsbanken) sowie »philanthropischer« Stiftungen (Rockefeller, Ford, Kellogg) finanziert werden konnten. All diese Stellen sind entweder durch die Agrarkonzernwirtschaft infiltriert oder arbeiten eng mit ihr zusammen, oder beides. Die finanziellen oder technischen Entwicklungshilfeprojekte bedeuten für die Agrarkonzernwirtschaft schlicht und einfach Schenkungen. Die Gewinne sind hier zwar möglicherweise nicht höher als im Bergbau oder in der Industrie, da sich Agrarerträge weniger zuverlässig prognostizieren, Preise und Lieferungen etwas schwieriger steuern lassen. Sie sind aber dennoch gleich hoch. Überseeinvestitionen durch Privatgesellschaften konnten oft binnen ein bis drei

Jahren wieder hereingeholt werden. Überdies haben die Agrarkonzerne in den USA und anderswo während der vergangenen 20 Jahre nicht nur große Kapitalreserven für Überseeinvestitionen angesammelt, sondern ebenso beträchtliche Erfahrungen bei der Kontrolle und Steuerung der einheimischen Produktion und Vermarktung sowie bei der Steuerung der Agrarerzeuger selbst, z. B. durch das Produktionsvertragssystem. In Übersee nutzen sie nun diese Reserven und Erfahrungen mit der arroganten Begründung und in der Überzeugung, daß nur sie allein zur »Entwicklung« rückständiger Landwirtschaften befähigt seien. Es ist eine Tatsache, daß die Modernisierung und Mechanisierung des Agrarbereichs in den Industrieländern zu einer starken Konzentration von Eigentum und Produktion oder Verarbeitung geführt haben. Darüber hinaus brachten sie die Auflösung »kleiner, unrentabler« Betriebe und einen allgemeinen Verlust an Arbeitsplätzen mit sich. Derartige Konsequenzen werden offenbar nie zur Sprache gebracht, wenn Agrarkonzerne sich bemühen, die Regierungen von Entwicklungsländern von den Vorzügen einer Modernisierung à la Agrarkonzernwirtschaft zu überzeugen. Das liegt aber nicht so sehr daran, daß die Agrarkonzerne ihren neuen Kunden etwas zu verheimlichen versuchen, sondern eher daran, daß sie diese Konsequenzen für eines jener Wunder halten, welche die Industrialisierung in den reichen Ländern bewirkt hat – ein Wunder, zu dem sie beigetragen haben und das sie hegen und pflegen.

Der ökonomische »Vorstoß« geht einher mit ebenso wichtigen oder noch wichtigeren politischen Zielen: Nämlich »Stabilität« in die potentiell konfliktreichen unterentwickelten Landwirtschaften zu bringen und alle Voraussetzungen für umfangreichere Agrarreformen zu untergraben, vor allem für sozialistische Reformen wie etwa die in Kuba. Öffentlich wird dies nie zugegeben, was aber auch kaum notwendig ist. Die ökonomische Kontrolle weiter Teile einer unterentwickelten Landwirtschaft zieht zwangsläufig ihre politische Beherrschung nach sich, da die ausländischen Investoren heute auf allen Ebenen die Rolle der traditionellen Grundbesitzer übernehmen. Der Erfolg dieser Strategie grenzt ans Unwahrscheinliche: Obwohl notwendiger denn je, ist das Thema Landreform in Lateinamerika, Afrika und Asien heute fast überall gestorben.

In diesem Zusammenhang ist bemerkenswert, wie Mentalität und Verhalten der alten Grundbesitzer selbst einer ausländischen

Übernahme der Landwirtschaft in der Dritten Welt den Weg geebnet haben. Ihr Desinteresse an der Landwirtschaft einerseits, ihre Unfähigkeit, in den eigenen Grundbesitz zu investieren und so für mehr Erträge, höhere Produktivität und mehr Arbeitsplätze zu sorgen, andererseits, gleichen einer förmlichen Einladung an ausländische Unternehmer, ihren Platz zu übernehmen und »die Sache zu deichseln«. So haben die einheimischen Grundbesitzer ihr Volk, die Bauern und Landarbeiter gleich doppelt verraten: Erst durch die Unfähigkeit, die Ressourcen angemessen zu verwerten, dann durch den Ausverkauf an Ausländer. Daß die Ausländer an diesen Völkern nun ihrerseits auf andere Weise noch viel nachdrücklicher Verrat üben, muß dem Sündenregister der Grundbesitzer noch hinzugefügt werden.

Allgemein extrem niedrige Kosten lassen Lateinamerika und andere Kontinente für Agrarprojekte in Übersee besonders reizvoll erscheinen. Sie stellen ohne Zweifel den wichtigsten ökonomischen Grund dar. Da sind einmal die äußerst niedrigen Löhne, die stets unter dem liegen, was zur Lebenserhaltung nötig ist; dann die langen Arbeitstage, einschließlich unbezahlter Überstunden und Feiertagsarbeit, für Land- und Industriearbeiter, extensiver Einsatz von Frauen- und Kinderarbeit zu noch niedrigeren Löhnen oder unbezahlt – alles unter völliger Mißachtung der nationalen Arbeitsgesetzgebung, und nur möglich wegen des durch Arbeitslosigkeit oder Unterbeschäftigung unerschöpflichen Arbeitskräftepotentials. Da sind ferner niedrige Bodenpreise oder Pachten; niedrige Baukosten; niedrige Transportkosten und schließlich die Gewißheit, daß man beträchtliche öffentliche Subventionen zu erwarten hat, oft in Form von Preis- und Vertriebskontrollen, Verbesserungen der Infrastruktur (meist durch Außenanleihen und »freie Hilfen« finanziert) und alle Möglichkeiten zur Repatriierung der erzielten (Super-)Profite. Für den Fall, daß bei den Investitionsvorhaben etwas schiefgeht, kann man überdies mit der Rückendeckung durch die Regierung der Industrienationen rechnen. Zu den enormen Subventionen, die die internationale Agrarkonzernwirtschaft aus »Entwicklungs«hilfeprojekten von Stellen wie der Weltbank einheimst, kommen also noch lokale Subventionen und Fördermittel hinzu. Ein anschauliches Beispiel dafür stammt von einem Autor, der die durch Agrarkonzerne vorangetriebene Expansion der Rinderzuchtindustrie in Honduras behandelt:

»Lokale Regierungen haben, um die Fleischausfuhren zu steigern, besonders günstige Bedingungen für die Einrichtung von Verpackungsanlagen und die Viehproduktion geschaffen: Freie Einfuhr der Anlagen, Steuerfreibeträge, die Möglichkeit, Profite zu repatriieren, Bau der nötigen infrastrukturellen Einrichtungen, Darlehen und sogar *die Vertreibung von Bauern und Eingeborenengruppen von ihrem Land, um den Boden zu äußerst vorteilhaften Preisen den großen (auslandsfinanzierten) Viehunternehmen zu überlassen*«[7],

was eine vornehme Umschreibung der schlichten Tatsache ist, daß der Boden den ausländischen Unternehmern gratis überlassen wurde. Es wäre jedoch falsch, nur die Kosten und nicht auch die institutionellen Anreize zu berücksichtigen. Ray Goldberg, in Harvard der Guru der amerikanischen internationalen Agrarkonzernwirtschaft, sagt im Zusammenhang mit dem Vordringen der US-Agrarkonzerne in das »Anbausegment« (d. h. in die Produktion) *in den USA* folgendes:

»[. . .] Größe und öffentliche Natur der Landwirtschaftskonzerne haben zu einigen erheblichen wirtschaftlichen Schwierigkeiten geführt. Zu den Problemen gehören die Unternehmensplanung und -kontrolle, ebenso eine *Verletzbarkeit durch gewerkschaftliche Aktivitäten* der Land- und Verpackungsarbeiter und schließlich eine Neigung zu *Vergeltungsmaßnahmen durch die unabhängigen Zwischenhändler,* die auf die Wahrung ihrer Stellung innerhalb des Produktsystems bedacht sind [. . .] Sowohl das Justizministerium als auch die Federal Trade Commission untersuchen derzeit die Aktivitäten großer Landwirtschaftsunternehmen im Hinblick auf mögliche Verletzungen des *Anti-Trust-Gesetzes.*« (Hervorhebungen von mir)[8]

Hier haben wir einen deutlichen Hinweis dafür, warum es die amerikanische Agrarkonzernwirtschaft nach Übersee zieht. In Lateinamerika, Afrika oder Asien braucht man weder Gewerkschaftsaktivitäten bei Landarbeitern oder in Verpackungsbetrieben noch unabhängige Zwischenhändler zu fürchten, ebensowenig Untersuchungen durch Regierungsstellen, denn diese finden entweder gar nicht statt oder bleiben wirkungslos. Es gibt noch weitere Faktoren: Zunehmende Überwachung des wahllosen Einsatzes von Chemikalien in den Industrienationen, wachsender öffentlicher Widerstand gegen Umweltverschmutzung, strengere Qualitätskontrollen der verkauften Waren. Es scheint allerdings heute so, als sei das nur eine vorläufige Entwicklung. Es heißt, die Industrienationen würden die Produktion von Feldfrüchten und Vieh nach Lateinamerika und in andere Länder der Dritten Welt verlagern, um den Völkern der Dritten Welt systematisch die Bürde der Umweltverschmutzung aufzuladen. Daran ist durchaus etwas Wahres, aber das Argument läßt die Problematik nicht im richtigen Licht erscheinen. Die *notorische Abneigung privater Unternehmer gegen jede wie auch immer geartete öffentliche Überwachung und Konkurrenz führt dazu, daß sie nach Standorten Ausschau halten, wo sie ungehindert ihren unternehmerischen Aktivitäten nachgehen können, nötigenfalls sogar unter völliger Mißachtung des öffentlichen Interesses.* Je gewaltiger die Monopolmacht der Unternehmen, desto größer ihre Rücksichtslosigkeit gegenüber dem öffentlichen Interesse (was nicht unbedingt bedeutet, daß sie keinen Wert auf ihr öffentliches Image legen). Ihr Zerstörungswerk in den Ländern der Dritten Welt muß natürlich zwangsläufig zu Rückwirkungen in den Industrieländern selbst führen, weil die Großkonzerne in ihrer unersättlichen Gier nach Profit und Macht auf Umwegen den sozialen Fortschritt in der entwickelten Welt behindern können. Das ist jedoch weniger dramatisch als die hastige Ausplünderung der physischen und menschlichen Ressourcen in der Landwirtschaft und mit ihr verbundener Sektoren der Dritten Welt und die damit einhergehende Verseuchung von Stadt und Land.

Agrarkonzernwirtschaft als »Partner« unterentwickelter Landwirtschaften?

Warum lassen es Regierungen in Lateinamerika, Afrika und Asien zu, daß Unternehmer aus den USA und anderen Ländern wesentliche Sektoren ihrer Agrarwirtschaft zu Bedingungen übernehmen, die für diese Regierungen höchst ungünstig, ja katastrophal sind und auf die wir noch im einzelnen eingehen werden? Wie kann es amerikanischen und anderen Unternehmern sowie ihren Organisationen gelingen, den Entwicklungsländern Abmachungen aufzuschwatzen oder aufzunötigen, die in krassem Widerspruch zu ihren scheinbaren Globalinteressen stehen? Wer sind die Nutznießer der Agrarkonzernwirtschaft in den unterentwickelten Ökonomien?

Wir haben bereits auf die Versäumnisse des »Latifundien«sektors hingewiesen, der, da er den Großteil der Produktionsmittel kontrolliert, letztlich die Leistung der gesamten Landwirtschaft bestimmt. Die Landwirtschaft hatte im ganzen gesehen stets eine

Doppelstruktur, im Grunde eine interne Arbeitsteilung: Die von den »Latifundien« und Plantagen erzeugten Feldfrüchte und Schlachttiere waren für den Export bestimmt, während die Kleinbauern für den einheimischen Markt produzierten. Selbst wo die »Latifundien« teilweise für den Inlandsmarkt produzierten, wie bei Zucker, Baumwolle oder Fleisch, war der dazugehörende industrielle Sektor meist von Kapital, Technologie und Märkten des Auslands abhängig, wenn er nicht sogar Eigentum ausländischer Firmen war. Unter den bestehenden Verhältnissen und angesichts der vorhandenen Inlands- und Auslandsnachfrage nach Produkten, die die Großgrundbesitzer erzeugten, erübrigte es sich für diese, ihre gesamten riesenhaften Bodenreserven voll zu nutzen. Der Boden konnte selbst für Feldfrüchte »extensiv« oder zum Teil gar nicht genutzt werden und dennoch dem Eigentümer ein beträchtliches Einkommen sichern. Private und öffentliche Investitionen in die Landwirtschaft waren denn auch chronisch unbedeutend. Es war dies, und ist es noch immer zu einem beträchtlichen Teil, ein weltweites Phänomen. Daher war der Großgrundbesitz zu dem Zeitpunkt, als aufgrund wachsender Bevölkerungszahlen die inländische Nachfrage nach Nahrungsmitteln, Fasern und landwirtschaftlichen Arbeitsplätzen drastisch stieg, strukturell unfähig und die Großgrundbesitzer nicht willens, sich auf eine Bodennutzung umzustellen, die den (nicht so gewinnbringenden) einheimischen Erfordernissen besser entsprach. Übrigens hatten die meisten Grundbesitzer als »absentee landlords« (die sich nicht auf ihren Gütern, oft nicht einmal im Inland aufhielten – *Anm. d. Übers.*) ohnehin nur ein schwaches Interesse an der Modernisierung der Methoden, da ihnen aus anderen Wirtschaftsunternehmen Einkünfte zuflossen. Der Übergang zu einer der neuen Nachfrage nach Arbeit und Brot besser gerecht werdenden Bodennutzung hätte unter den bestehenden Verhältnissen einen Bruch mit den landwirtschaftlichen und sonstigen Nachbarsektoren bedeutet, z. B. den Banken, Verarbeitern, Im- und Exporteuren – mit anderen Worten einen Bruch mit ausländischen Investoren und Händlern – und eine grundlegende, nahezu revolutionäre Veränderung der Agrarbetriebsführung und des Einsatzes der Arbeitskraft. Der Übergang hätte ferner intensiveren Anbau verlangt, folglich höhere Investitionen und stärkere staatliche Überwachung der widerstrebenden Gutsbesitzer, die es traditionsgemäß vorzogen, ihre Agrareinkünfte in nichtagrarischen Sektoren des Inlands und der Industrienationen zu reinvestieren und im übrigen ein Luxusleben zu führen. Schließlich wären für den Übergang auch verstärkte Investitionen seitens der Regierungen nötig gewesen, diese aber waren notorisch unfähig, außer für die dringendsten Bedürfnisse und für Militärausrüstungen ausreichende Steuergelder aufzubringen. Es herrschte obendrein nahezu Gewißheit darüber, daß eine derartige Umwandlung für die Großgrundbesitzer keinen wirtschaftlichen Reiz haben würde. Daher leuchtet es ein, daß man in der historischen Abhängigkeit des »Latifundien«sektors und seiner Nachbarindustrien und Dienstleistungen von den Industrienationen eine der wesentlichen historischen Ursachen für die folgenden Entwicklungen sieht. Diese Situation erklärt zum Teil, warum fast alle armen Länder geradezu chronisch von der Grundnahrungsmitteleinfuhr (oder von »Spenden«) für den einheimischen Verbrauch abhängig sind, um ausgesprochene Hungersnöte zu verhindern. Die schwache Leistung unterentwickelter Landwirtschaften verhalf den ausländischen Investoren zu einem recht vernünftig klingenden Argument. Würde man den Grundbesitzsektor »modernisieren« und seine Produktivität steigern, so ließen sich die Nahrungsmitteleinfuhren vermeiden, die Produktion aller möglichen exportbestimmten Feldfrüchte fördern und damit Deviseneinnahmen steigern. Da wie durch Zufall der Vormarsch der Agrarkonzernwirtschaft in die Landwirtschaften der Dritten Welt mit einer enorm angestiegenen Auslandsverschuldung zusammenfiel, konnte man dieses Argument nicht einfach unter den Tisch fegen. Vom Standpunkt der Industrieländer aus waren die Erzeugung der Grundnahrungsmittel an Ort und Stelle und die Kontrolle über ihre Verteilung ohnehin dem Transport dorthin vorzuziehen. Die Agrarkonzernwirtschaft hatte nun sogar Gelegenheit, als der große Wohltäter der notleidenden Massen und der auf Erweiterung ihrer Devisenbestände bedachten Regierungen aufzutreten. Kaum gesagt, schon getan – obwohl es beträchtliche Anstrengungen erforderte, die traditionsverhafteten Grundbesitzer von den Vorteilen modernen Ackerbaus zu überzeugen. (Später, als alle Voraussetzungen für eine Modernisierung bereits geschaffen waren, übernahm die Agrarkonzernwirtschaft die Modernisierung viel unmittelbarer durch Bodenkäufe und Investitionen in Verarbeitungs- und Vertriebseinrichtungen.) Um den Gutsbesitzern und Regierungen die Modernisierung ökonomisch schmackhaft zu machen, ließ man sich die Überredung enorme Summen kosten, und besonders lokalen Regierungen flossen ungeheure direkte und indirekte ausländische und einheimische Subventionen zu, wie sie oben schon dargestellt wurden.[9]

Die enormen Hilfsmittel, die man am Anfang in den »Latifundien«sektor geschüttet hatte, haben ihren Zweck in begrenztem Ausmaß erfüllt, obwohl betont werden muß, daß die Grundbesitzer nach vollzogener Mechanisierung und Modernisierung mehr denn je von Kapital und Technologie des Auslands und ebenfalls von den instabilen Absatzmärkten abhängig geworden sind.

Ein weiterer wesentlicher Faktor bei den Überredungsversuchen war das Versprechen der ausländischen Kapitalisten, es werde sich an der Agrarstruktur und besonders an der Arbeitssituation in der Landwirtschaft nichts ändern, was den Großgrundbesitzern zum Nachteil geraten könnte, daß die Modernisierung vielmehr die Probleme des Einsatzes der Arbeitskraft wenigstens teilweise vereinfachen würde.

Oberflächlich betrachtet scheint es, jedenfalls wenn man die Apostel der internationalen Agrarkonzernwirtschaft hört, als ob ausländische Unternehmer und Organisationen sich in armen Ländern nur deshalb betätigen, um deren Landwirtschaften zu »entwickeln« und als *gleichberechtigte Partner* lokaler Regierungen, Erzeuger, Verarbeiter oder Kaufleute aufzutreten. In Wirklichkeit kann von Gleichberechtigung keine Rede sein. Vielmehr bereichern sich nur eine Handvoll einheimischer Gutsbesitzer, Geschäftsleute, Industrieller und politisch einflußreicher Bürokraten als die »ortsansässigen Partner« der Agrarkonzerne an den einseitigen Abmachungen. Gleichzeitig üben diese »Partner« auf ihre Regierungen Druck aus, damit solche Transaktionen gefördert werden. Die ortsansässigen Partner profitieren (oder hoffen zumindest, zu profitieren) beträchtlich vom eindringenden Großkapital und vom Technologietransfer in seinen verschiedenen Erscheinungsformen, auf die hier nicht näher eingegangen zu werden braucht. Sie haben die Funktion, die ausländischen Investoren bei der reibungslosen Abwicklung von Vorhaben zu unterstützen, deren Management freilich ausschließlich in den Händen der Investoren liegt, so daß es sich eben nur in der Sprache der Agrarkonzernwirtschaft wirklich um »Partner« handelt. Als Gegenleistung für die ökonomische Vorzugsbehandlung haben die ortsansässigen Partner die Aufgabe, ja geradezu die Verpflichtung, auf einheimischer Ebene den Status und die Interessen der ausländischen Unternehmer und Technologietransferenten zu schützen und zu fördern. Das heißt dann konkret: Verhütung eines Lohn- und sonstigen Kostenanstiegs; Unterbindung gewerkschaftlicher Aktivitäten; Maßnahmen zur Verbesserung des einheimischen Investitionsklimas; Lobby- und Interessengruppenbildung auf Regierungs- und Verwaltungsebene; Imagepflege; Gewährleistung der Repatriierung von (Super-)Profiten. Natürlich sind sie auf diesen Gebieten keine unbeschriebenen Blätter, doch sie können heute mit der Rückendeckung durch die ungeheuren Finanzmittel der Agrarkonzerne und ihrer vielen Verbündeten rechnen und daher um so wirksamer operieren. Die einheimischen Partner, seit langem mit ausländischen Unternehmern im Bunde, erleichtern den Agrarkonzernen den Zugang, mehr aber auch nicht.

Im folgenden möchte ich zwei Beispiele dafür geben, in welche ökonomische und politische Zwangsjacke das internationale Monopolkapital unterentwickelte Länder sperrt. Beide Beispiele veranschaulichen die Mechanismen, nach denen ihre Abhängigkeit vom Monopolkapital nicht nur aufgebaut, sondern systematisch erhalten wird.

Die vollständige Unterwerfung der Landwirtschaften der Dritten Welt durch die Industrienationen illustriert nichts plastischer als das Monopol, das die entwickelten Länder in der Agrarforschung beanspruchen, während sie eine unabhängige einheimische Forschungsarbeit in Lateinamerika und anderen Entwicklungsgebieten systematisch ersticken. Das bedeutet im wesentlichen, daß Ausrichtung, Art und Umfang der Agrar-»Entwicklung« heute praktisch allein durch die Industrienationen und die durch sie manipulierten Organisationen bestimmt werden. Gleichzeitig ist man allerdings auf eine systematische Mystifizierung dieser Problematik bedacht. Lester Brown, Oberapostel der Auslands-Agrarkonzernwirtschaft der USA, meint in seiner primitiven Schrift *Seeds of Change:*

»Der Hauptteil der Weltkapazität an agrarwissenschaftlichem Fachtalent befindet sich in den Vereinigten Staaten. Amerikanische Agrarkonzerne und Forschungseinrichtungen sind mit Abstand die aktivsten und ideenreichsten. Der zukünftige Kurs der landwirtschaftlichen Revolution wird deshalb wesentlich von der Fähigkeit und Bereitschaft der Amerikaner abhängen, zu ihr beizutragen.«[10]

Solch übertriebene Behauptungen werfen ein höchst irreführendes Licht auf den gesamten Problembereich. Ein Großteil der Agrarforschung *in den USA* konzentriert sich heute auf die Produktion von Feldfrüchten und Vieh durch die großen amerikanischen Agrarkonzerne in Lateinamerika und anderen Entwicklungsgebieten unter tropischen und subtropischen Bedingungen für den Inlandsverbrauch und den Export. Die Forschungen werden nicht durch die Erzeugerländer angestellt. Wo nicht in den USA selbst, werden diese Forschungen in Entwicklungsländern durch Institute durchgeführt, die von der US-Regierung oder Stiftungen gefördert werden. Ein Beispiel ist die Rockefeller-Ford-CIMMYT-Gruppe in Mexiko. Von einer »Fähigkeit und Bereitschaft« der USA, zur Forschung beizutragen, kann also wohl kaum die Rede sein, eher von einer systematischen Monopolisierung aller Forschungsvorhaben durch die USA. Mehr noch: Kürzlich haben – vermutlich auf Anregung der USA – das Entwicklungsprogramm der Vereinten Nationen (UNDP), die allgegenwärtige Weltbank und die Ernährungs- und Landwirtschaftsorganisation (FAO) eine »Konsultativgruppe zur Internationalen Agrarforschung« (Consultative Group on International Agricultural Research – CGIAR) ins Leben gerufen, in welche eine Reihe vermögender Organisationen einschließlich der Rockefeller-, Ford- und Kellogg-Stiftungen und sämtliche Industrieländer Beiträge zahlen. (Einen Großteil der Mittel zahlen die Vereinigten Staaten über USAID). Die CGIAR überwacht inzwischen elf »internationale« Forschungszentren, deren Standorte sich über die Dritte Welt strategisch verteilen. Durch ihre finanziellen Zuschüsse bestimmt die CGIAR, welche Forschungsprojekte in den elf Zentren durchgeführt werden: Eine lückenlose Garantie dafür, daß die Arbeiten der Forschungszentren der internationalen Agrarkonzernwirtschaft zugute kommen. Die Agrarkonzerne erhalten auf diese Weise Forschungsergebnisse über solche Produkte, an denen sie besonders interessiert sind. Dieser Mechanismus zwingt die Entwicklungsländer, sich in den USA oder den weitgehend US-geförderten Zentren um Forschungsergebnisse zu bemühen, zu denen der Zugang nur durch diese Zentren oder über amerikanische Universitätsinstitute führt.[11] Es liegt auf der Hand, daß diese Forschungen an sich schon den Verkauf von Produktionsmitteln aus den USA und anderen Industrieländern an einheimische oder ausländische Erzeuger und Verarbeiter in der Dritten Welt fördern, Verkäufe, die durch die internationalen Agrarkonzerne abgewickelt werden, ebenso wie weltweit die Kontrolle der Produktion und des Vertriebs der Erzeugnisse selbst. Der Prozeß hat insgesamt etwas Absurdes, wenn man bedenkt, daß sich die Produktion von Feldfrüchten und Vieh an die Umweltbedingungen von Regionen, ja Mikroregionen anpassen muß, in denen sie stattfinden soll. Es wären viele Anpassungsuntersuchungen erforderlich, die jedoch nicht geschehen, damit der Rückfluß der Profite nicht unnötig durch langwierige Experimente behindert wird, ohne Rücksicht auf lokale Auswirkungen, versteht sich.

Profit vor Entwicklung – dieses Prinzip veranschaulichte ein Bürokrat der Weltbank auf einem internationalen Seminar über tropische Rinderproduktion, als er sagte:

»Sowohl für die extensiven als auch für die intensiven (Rinder-) Produktionssysteme brauchen wir mehr Forschung. Aber nur wenige der hier in diesem Seminar Anwesenden gehen wohl davon aus, daß unzureichendes Fachwissen ein Hinderungsgrund für kurzfristige Investitionen sein könne. Demgegenüber dürfte die Mehrheit der Fleischerzeuger der Meinung sein, die größte unmittelbare Hürde [. . .] bestehe im Fehlen einer klaren und dauerhaften Regierungspolitik zur Stützung der für die (Fleisch-)Produktionssteigerung nötigen langfristigen Investitionen.«[12]

Der Zynismus einer solchen Argumentation wird durch die Tatsache verstärkt, daß die Forschung über tropische Rinderproduktion noch in den Kinderschuhen steckt. Es ist doch wohl klar, daß Produktion ohne adäquate Forschungsgrundlagen zu einer enormen Vergeudung von Ressourcen führt, aber weder die Weltbank noch das internationale Monopolkapital kann das stören, denn es wird ja auf Kosten der Entwicklungsländer vergeudet, und von ihrem Standpunkt aus läßt sich die Sache damit rechtfertigen, daß der Produktionsmittelabsatz und die Erträge angeheizt werden sowie die Kontrolle von Produktion und Vertrieb in Übersee gewährleistet ist. All das im Namen der landwirtschaftlichen Entwicklung unterentwickelter Länder!

Nicht viel besser sind die Argumente von Professor T. Schultz von der Universität Chicago, einem Mann mit lebenslanger Erfahrung im Mißverstehen der Probleme unterentwickelter Landwirtschaften. Es gelingt ihm, die Problematik vollständig zu verschleiern, wenn er schreibt:

»Bei weitem der umfangreichste Teil aller öffentlich geförderten Agrarforschung findet in nationalen Institutionen statt: die Ausgaben für die internationalen Zentren entsprechen ca. 5% der gesamten nationalen Ausgaben.«[13]

Diese Bemerkung ist absolut irreführend. Nicht nur schließt sie die staatliche Forschung in den Industrieländern wie z. B. den USA mit ihren wohlausgerüsteten Forschungszentren mit ein, so daß die Angabe von 5% ein unsinnig schiefes Bild ergibt, sondern es bleibt auch unerwähnt, daß die Problematik des Forschungsimperialismus schließlich nicht bloß eine Frage der Geldmittel ist, sondern vor allem eine der politischen und ökonomischen Macht und Organisation.

Unser Argument geht letzten Endes dahin, daß die Prioritäten im Agrarbereich eindeutig durch die Industrienationen gesetzt werden, und zwar über ein ausgeklügeltes Netz von Institutionen im Dienste der Agrarkonzernwirtschaft. Die Forschungseinrichtungen in den USA und die internationalen CGIAR-Zentren sind integrale Bestandteile dieses Systems. Daher die totale Vernachlässigung echter Entwicklungsprioritäten in unterentwickelten Ländern, wie es etwa die Erzeugung von Grundnahrungsmitteln für einheimische Bevölkerungen wäre.

Die Industrienationen bedienen sich eines weiteren direkten Instruments zur Verwirklichung ihrer »Entwicklungs«-Strategien, nämlich der Kreditmittel, die von sogenannten »Entwicklungshilfe«-Organisationen wie der Weltbank in arme Länder geleitet werden, um Produkte zu fördern, an denen die Agrarkonzerne höchst interessiert sind. Diese Mittel werden für »Entwicklungsanleiheprojekte« vergeben, durch welche der Agrarkonzernwirtschaft tausendfach genützt wird. Unter Umständen wird sie auch eher indirekt gefördert, wenn nämlich solche Anleihen für Verbesserungen der Infra- und Suprastruktur der Landwirtschaft eingesetzt werden, doch derartige Verbesserungen zielen genau gesehen immer nur auf bestimmte Erzeugnisse. Ein Beispiel wäre eine Anleihe für ein Bewässerungsprojekt, das dann dem Ausbau der (sagen wir) Baumwollproduktion nützt. Anleihen können auch den Entwicklungsländern direkt zur Finanzierung von Produktion und Verteilung eines bestimmten Produkts gewährt werden. In diese Kategorie gehören Anleiheprojekte, deren Gelder für Landwirtschaft- und Viehzuchtkredite auf lokaler Ebene direkt an Erzeuger und Züchter bestimmt sind.

Hat ein Entwicklungsland eine Anleihe von einem multilateralen oder bilateralen Kreditinstitut (z. B. Weltbank) angenommen, oder hat es ein technisches Hilfsprogramm (z. B. durch die FAO) akzeptiert, so ist es in der Anwendung der finanziellen oder technischen Hilfsmittel an die in der Vereinbarung festgelegten Bedingungen gebunden. Die multilateralen oder bilateralen Hilfsorganisationen überwachen von nun an durch regelmäßige Inspektionen in dem Entwicklungsland die Durchführung des Projekts. Sie sind befugt, die Hilfsmittel einzubehalten oder zurückzuziehen, falls das Projekt nicht vereinbarungsgemäß durchgeführt wird. Das heißt mit anderen Worten: *Die multilateralen oder bilateralen Entwicklungsorganisationen sind in der Lage, die Nutzung der örtlichen Produktionsmittel durch ihr »Entwicklungshilfe«-Projekt zu steuern.*

Ein aufschlußreiches Beispiel dafür, wie örtliche Ressourcen im Einklang mit den Interessen des Agrarkonzern-Monopolkapitals einem bestimmten Produktionssektor zugeführt werden, bieten die Anleihen, welche die Weltbank und die Interamerikanische Entwicklungsbank (IDB) in Lateinamerika für die Produktionssteigerung von Schlachtvieh und Rindfleisch vergeben haben, und zwar in der zweiten Hälfte der sechziger Jahre, d. h. zu einem Zeitpunkt, als sowohl Vieh- und Fleischpreise in den USA als auch die Vieh- und Fleischeinfuhren der USA (besonders bei »Billighackfleisch« für »Hamburger« und »Frankfurter«) in die Höhe gingen.[14] Während der Jahre 1971-1977 unterstützten die beiden Banken den lateinamerikanischen Rinderzuchtsektor mit rund 1,1 Milliarden US $, wovon allein Mexiko etwa 572 Millionen in Anleiheprojekten erhielt, die ausdrücklich für diesen Sektor bestimmt waren. Wenn man die obligatorischen »lokalen Mittel« (counterpart funds), die Entwicklungsländer für Projekte selbst aufbringen müssen, hinzufügt, kommt man auf die eindrucksvolle *Gesamt-»Investition« öffentlicher Auslands- und Inlandsgelder von 2,318 Milliarden US $, die in einem Zeitraum von sieben Jahren für ein einziges Produkt auf Betreiben lediglich zweier Kreditgeber eingesetzt wurden.* Kein anderes Agrarprodukt wurde durch Entwicklungshilfeorganisationen je mit einer auch nur annähernd vergleichbaren Summe gefördert.[15]

Würden wir erstens die »Hilfe« anderer Entwicklungsorganisationen (z. B. UNDP, FAO, USAID) und zweitens private Kapitalinvestitionen hinzurechnen, würden wir vermutlich allein in

Lateinamerika für den Zeitraum 1971-1977 auf die noch gewaltigere Summe von zehn bis fünfzehn Milliarden US $ kommen, und wenn wir Brasilien einbezögen, wäre die Summe noch um einiges höher.[16]

Die »lifestock loan projects« für Mexiko illustrieren anschaulich die Mechanismen, nach denen die Weltbank landwirtschaftliche und sonstige Ressourcen im Interesse der Agrarkonzernwirtschaft auf den Rinderzuchtsektor zu lenken weiß. Die Gelder der Bank sind zum großen Teil für Kredite an Viehzüchter in Mexiko bestimmt. Das System funktioniert folgendermaßen: Aufgrund allgemeiner Richtlinien, die die Weltbank festlegt, fließen die Gelder in die Zentralbank (Banco de Mexico), in diesem speziellen Fall in einen der Zentralbank angegliederten Trustfonds (Fondo de Garantia y Fomento para la Agricultura, Ganaderia y Avicultura, FIRA). Dieser Trustfonds hat die Funktion einer Refinanzierungsbank: Wenn eine Privatbank einem Viehzüchter Kredit gibt, kann sie diesen bei FIRA rediskontieren. FIRA benutzt hierzu seinerseits die Kredite der Weltbank und die einheimischen »zusätzlichen Mittel«. Der dem FIRA zur Verfügung stehende Gesamtbetrag (Weltbank plus zusätzliche Mittel) legt also den für das Banksystem innerhalb einer gegebenen Zeit rediskontierbaren Gesamtbetrag fest. Der vom FIRA auf diese Weise verwendbare Gesamtbetrag ist selbstverständlich während der vergangenen zehn Jahre beträchtlich gestiegen, da sowohl die Weltbank als auch die IDB mit dem FIRA ständig neue Vereinbarungen trafen, um ihn mit weiteren Geldern für Viehzuchtkredite zu versehen. Die Vereinbarungen sehen vor, daß ein gewisser Teil der Mittel in die Viehwirtschaft zu gehen hat. 1973 z. B. waren fast 70% für Viehzucht auf Farmebene vorgesehen, und es ist zu vermuten, daß die Kredite für Feldfrüchte (d. h. die übrigen 30%) teilweise für die Versorgung der Rinderbestände mit Futtermitteln verwendet wurden, so daß tatsächlich mehr als 70% der FIRA-Gelder in den Viehzuchtsektor flossen.

Doch während die Rediskontierungen nach oben durch Weltbank und zusätzliche Mittel begrenzt sind, kann der Gesamtkredit für die Rinderzucht diese Grenze weit übersteigen, da die Banken das Geld, das sie vom FIRA erhalten (d. h. rediskontierte Kredite an Erzeuger) für weitere Kredite an Viehzüchter verwenden können.[17]

Der Umfang der Agrarkonzernwirtschaft am Beispiel Lateinamerikas

Für unsere Diskussion wäre es angebracht, das Volumen des Kapital- und Technologietransfers aus den USA etwas gründlicher zu untersuchen, um zumindest mit ein paar summarischen Daten den wahrhaft gigantischen Übernahmeprozeß unterentwickelter Landwirtschaften durch die amerikanische Agrarkonzernwirtschaft zu belegen. Trotz einiger verstreuter statistischer Angaben, die unsere Behauptungen stützen, ist das jedoch unmöglich. Die Schwierigkeit besteht darin, daß diese Verlagerungen auf verschiedenen Ebenen stattfinden: auf dem Erzeugersektor selbst; in der Verarbeitung, d. h. in agrarbezogenen Industrien; in Vertrieb und Ausfuhr, und in den mit allen diesen zusammenhängenden Dienstleistungssektoren. Normalerweise sind statistische Angaben für Auslandsinvestitionen im Agrarland nicht zu bekommen, und für die übrigen Sektoren gibt es höchstens verstreute Belege. Ein weiteres Problem sind die »Strohmänner«, die man überall und in allen Sektoren einsetzt, um den wahren Umfang des Ausländereigentums zu verschleiern. Selbst die gründlichste Untersuchung könnte nur ein sehr unvollständiges Bild vom wahren Volumen dieser Verlagerungen geben.

Wir möchten dieses Problem im Licht der lateinamerikanischen Erfahrungen untersuchen.

Auf der Erzeugerebene konzentriert man den Kapital- und Technologietransfer auf das beste Land in Lateinamerika. Kriterien sind: Bodenqualität, Klima, Zugang zu Bewässerungsanlagen, Transporteinrichtungen und allgemein günstige Lage. Ferner zielen die Investitionen auf die Großgrundbesitze, was meist dasselbe bedeutet. Auf der industriellen Ebene gibt man dem Erwerb bereits vorhandener Anlagen den Vorzug, sofern nicht völlig neue erforderlich sind. Auf der Dienstleistungsebene sind gewöhnlich neue Einrichtungen nötig.

Bedenkt man, daß mit Kapital- (und eingeschränkt auch Technologie-) Transfers aus dem Ausland stets und für sämtliche durch multilaterale Organisationen oder Privatunternehmer finanzierte Vorhaben ein mindestens gleichhoher Betrag an einheimischen »zusätzlichen Mitteln« einhergeht; bedenkt man ferner, daß Auslandsunternehmungen insgesamt einen vergleichsweise hohen Betrag an Anlage- und Betriebskapital erfordern, so folgt daraus, daß die von Auslandsinvestoren bevorzugten landwirtschaftlichen Produktsysteme einheimische Ressourcen (und zwar die besten) in großem Ausmaß verschlingen, gemessen an den Gesamtressourcen der einheimischen Landwirtschaft. Man könnte sagen, daß sich die Räder der Landwirtschaft allein um die agrarkonzernbeherrschten Produktsysteme drehen, während die übrige Landwirtschaft verwaist. Mit anderen Worten: Für den kleinbäuerlichen Sektor bleiben ganz einfach keine Ressourcen übrig.

Ist die Auslandskapital-Lawine erst einmal ins Rollen gekommen, werden mit Sicherheit immer mehr »moderne«, »dynamische« Produktsysteme durch Ausländer kontrolliert. Nach einiger Zeit sind dann die besten, wichtigsten Produktsysteme des Landes unter Auslandskontrolle. Das bedeutet, *daß ein hoher Prozentsatz der gesamten Agrarproduktion und Dienstleistungen* – vom Erzeugerbetrieb über einheimische Supermärkte bis zu Ausfuhreinrichtungen – hauptsächlich von einigen wenigen Großerzeugern, großen Verarbeitungs- und Handelsunternehmen, unter Nutzung einer vergleichsweise großen Fläche Agrarland mit den besten Böden des Landes, *der wirksamen Kontrolle durch die einheimische Ökonomie und Bevölkerung entzogen ist.* Der Expansionsprozeß ist für eine gesicherte, anhaltende und zunehmende Repatriierung der Profite durch einzelne Investoren und die ausländischen Unternehmer insgesamt notwendig. Doch die Beherrschung der besten Produktsysteme wirkt sich auch auf Funktion und Leistung der übrigen Landwirtschaft aus. Die traditionellen, altmodischen Großgrundbesitzer, die den Weg der Modernisierung nicht gehen wollen, werden einige, wenn nicht alle ökonomische und politische Macht verlieren, die ihnen in der Vergangenheit ermöglichte, den Löwenanteil der landwirtschaftlichen Produktionsmittel für sich in Anspruch zu nehmen. Sobald sie merken, daß Grundbesitz nicht mehr Einkünfte und Prestige bedeutet, werden einige doch willens oder gezwungen sein, an die Modernisierer zu verkaufen – eine sonderbare Variante der historischen Neuverteilung, die uns allerdings wesentlich sympathischer wäre, wenn die Kleinbauern dabei die Nutznießer wären. Man muß hier die Tatsache hervorheben, daß die effektive Kontrolle durch ausländische Agrarkonzerne die einheimischen Regierungen in eine Zwangsjacke preßt und sie außerstande setzt, eigene Pläne/Programme und Projekte für die Entwicklung der Landwirtschaft zu entwerfen. Ohne Übertreibung: Von nun an werden Agrarmaßnahmen in Lateinamerika von den Chefetagen der amerikanischen Agrarkonzerne aus bestimmt. Veränderungen in der Landwirtschaft sind nur insofern Bestandteil der Planung der Agrarkonzernwirtschaft, als sie den Großgrundbesitz stärken und den kleinbäuerlichen Sektor schwächen. Obwohl dies in einigen Ländern offener zutage tritt als in anderen, finden derartige »revolutionäre« Veränderungen heute überall statt.

Über das Ausmaß ausländischer Investitionen, vor allem aus den USA, im Agrarland selbst braucht nicht gerätselt zu werden, außer was exakte Zahlen betrifft. Bis vor einigen Jahren waren Bodenkäufe durch ausländische Unternehmer eher bescheiden, und manche großen Nahrungsmittelkonzerne wie United Fruit sollen ihre Grundstücksanteile sogar verkauft und andere effektive und rentable Kontrollmethoden für Produktion und Vertrieb entwickelt haben, da Landreformen drohten. Inzwischen ist es umgekehrt. Die Bodenflächen, die von oder für amerikanische Investoren gekauft werden, darf man getrost als riesenhaft bezeichnen. Allein in Brasilien wurden, wie es in einer unveröffentlichten Parlamentarischen Untersuchung aus Brasilien heißt, zwischen 1964 und 1968 über 32 Millionen Hektar, das sind mehr als 10% allen Agrarlandes, von US-Investoren erworben. Ohne jede Frage wurden inzwischen weitere Käufe getätigt. In anderen Ländern sind Berichte von Verkäufen großer Güter an der Tagesordnung, wobei das Land allerdings oftmals nicht nur für landwirtschaftliche Zwecke erworben wird, sondern um sich Rechte auf vermutete Bodenschätze (Mineralien und Öl) zu sichern. Auch Pacht und Konzessionen sichern praktisch dieselbe langfristige Kontrolle über Land und Leute und sind zweifellos quantitativ noch beträchtlicher. Wenn es um Konzessionen geht, ist dieses Land nicht primär für die Landwirtschaft bestimmt. Die Konzessionen ermöglichen den Auslandsfirmen aber die Kontrolle über den Zugang zu den entsprechenden Grundstücken, und so können sie effektiv über die Nutzung des Bodens wachen und bestimmen, wer darauf leben soll. Auch durch die sog. Hilfe der bilateralen und multilateralen Entwicklungsorganisationen entsteht Auslandskontrolle, wie oben an den Beispielen von Kredit und Forschung gezeigt. Schließlich kontrolliert die Agrarkonzernwirtschaft den Boden, seine Nutzung sowie Produktion und Vertrieb sogar, ohne das Land zu kaufen oder zu pachten, nämlich durch die Produktionsverträge oder den Kauf von ganzen Ernten auf dem Halm. Die Führer und Apostel der Agrarkonzernwirtschaft stellen derartige Abmachungen gern als eine Form der Zusammenarbeit oder Koordination zwischen Erzeuger und Agrarkonzern hin. Aber unter den Bedingungen, unter denen sie tatsächlich laufen, gleichen solche Arrangements eher denen zwischen Sklaven und Sklavenhaltern. Es handelt sich in Wirklichkeit um eine wirksame neue Variante der vertikalen Integration. Das Volumen der Investitionen in agrarbezogene Industrie und Dienstleistungen ist schwierig – sowohl insgesamt als auch die jährlichen Änderungen – zu bestimmen, da vorhandene Statistiken nicht detailliert genug sind. Investiert wird in Verarbeitungs-, Sammel- und Verpackungseinrichtungen (Schlachthöfe, Konservenfabriken, Gefrieranlagen, Kühl- und Lagerhäuser), Fabriken oder Montageanlagen für Produktionsmittel (für Maschinen und Ausrüstungen, Düngemittel, Chemikalien, Futtermittel, Saatgut usw.) und eine ganze Skala angeschlossener Dienstleistungen (Anwaltskanzleien, Unternehmensberatung, Öffentlichkeitsarbeit und Werbung, Verkaufsbüros), die insgesamt jährlich erhebliche Kosten verursachen dürften. Diese Kosten schließen Anlage- und Betriebskapital ein, wobei das Betriebskapital praktisch nie ausgewiesen wird. Oft besteht es aus Krediten amerikanischer Privatbanken. Quantitativ müssen diese Gelder die Anlagekapitalinvestitionen um ein Beträchtliches übersteigen. Beide haben dieselbe Funktion: Eigentum an oder Kontrolle (oder beides) über Agrarkonzernbetriebe in Übersee zu sichern und zu erhalten. Das gilt ebenso für den Technologietransfer. Die jährlichen Kapitalinvestitionen plus dem Wert des Technologietransfers auf sämtlichen Ebenen müssen daher eine ansehnliche Summe ausmachen.

Ein hervorragender Indikator für den Umfang dieser Transfers sind die Darlehen der in Lateinamerika tätigen internationalen Kreditinstitute, der Weltbank und der IDB, da sie praktisch alle im Interesse der multinationalen Agrarkonzernwirtschaft arbeiten. 1973-1975 beispielsweise hat Lateinamerika allein von der Weltbank für Landwirtschaft und Agrarindustrie 683 Millionen US $ erhalten, davon Mexiko allein etwa 484 Millionen, das sind fast 71%, obwohl die Darlehen auf 13 Länder verteilt wurden. Die IDB hatte zwischen 1961 und 1976 Darlehen von insgesamt 2,4 Milliarden US $ für die Landwirtschaft (»direkte Erzeugung«) vergeben, das waren 24% ihres gesamten Kreditvolumens; 1976 genehmigte sie Darlehen von insgesamt 428 Millionen US $, das waren 28% aller Darlehen. Nach meinen Berechnungen auf der Grundlage einer Land-für-Land-Auflistung für 1976 hat die Weltbank für direkt oder indirekt dem Produktionssektor zugehörende Projekte Kredite in Höhe von 574 Millionen US $ gewährt (nicht berücksichtigt sind hierin allgemeine Projekte wie Durchführbarkeitsanalysen, Planungen, Exportförderung sowie ländliche Bewässerungs-, Elektrifizierungs-, Gesundheitsfürsorge-, Straßen- und Wohnungsbauprojekte, die teilweise oder ganz der Agrarentwicklung dienen). Auch die Verteilung der Kredite durch die Weltbank ist ungleich, da sechs Länder (Argentinien, Brasilien, Kolumbien, Honduras, Mexiko und Peru) allein etwa 432 Millionen US $ erhielten, worunter Argentinien mit 111 Millionen US $ an der Spitze steht.

Daher wird man die jährlichen Kapital- und Technologietransfers während der vergangenen zehn bis zwölf Jahre auf ein bis zwei Milliarden Dollar schätzen dürfen. Die niedrigere Zahl gilt etwa für die ersten fünf bis sechs Jahre, die höhere für die späteren Jahre. Hierin enthalten sind die privaten und öffentlichen Investitionen sowie sämtliche Verkäufe von Technologie (im weitesten Sinn).[18] Dabei handelt es sich womöglich sogar um eine vorsichtige Schätzung. Wenn diese Investitionen – vorsichtig gerechnet – 30% Gewinn abwerfen, hat man ein vages Bild vom Ausmaß der Plünderung der Agrarressourcen Lateinamerikas durch die Agrarkonzernwirtschaft. Schließlich muß man noch die zahlreichen langfristig amortisierbaren Investitionen hinzurechnen, z. B. Plantagen in Auslandsbesitz, deren Erträge reine Profite sind.

Die langfristige ökonomische Perspektive

Geht man davon aus, daß der Prozeß, den ich beschrieben habe, sich sogar noch beschleunigt fortsetzt, was realistisch ist, so ergeben sich äußerst weitreichende Konsequenzen.

Die erste Frage muß lauten: Wird die Konzentration von Eigentum und Produktion in den Bereichen des Anbaus, der Verarbeitung und der Dienstleistungen, wird eine fast vollständige Mechanisierung der Produktionsprozesse, wird eine Entvölkerung ländlicher Gebiete, welche mit der Produktivitätssteigerung von Boden, Mensch und Vieh einhergehen und für die durch Agrarkonzerne beherrschte Landwirtschaftsstruktur in den USA bezeichnend sind, zusammen mit amerikanischer Finanzierung und Technologie in die Dritte Welt verlagert? Unsere Antwort ist ein *fast vorbehaltloses* Ja. Es gibt keinen Grund anzunehmen, daß der Prozeß zunehmender Monopolisierung in den unterentwickelten, abhängigen Landwirtschaften nicht genauso verläuft wie in den Industrieländern. Es gibt sogar etliche Gründe, warum er dort noch schneller verlaufen wird. In vielen Gebieten trifft die amerikanische Agrarkonzernwirtschaft eine bereits bestehende außerordentlich hohe Konzentration an, die schon vor dem Auftritt der amerikanischen Konzerne ständig zugenommen hat. Die amerikanische Agrarkonzernwirtschaft stärkt nur auf drastische Weise die Tendenz zu stärkerer Monopolisierung des Bodens, einmal durch systematische Bevorzugung der amerikanischen Investoren gegenüber den bäuerlichen Kleinbetrieben, zum anderen durch den skrupellosen, unkontrollierten Einsatz arbeitskräftesparender Techniken, drittens durch die immensen Mittel der amerikanischen Unternehmen, die ihnen, nachdem sie erst investiert sind, erlauben, in noch größerem Umfang als die traditionsgebundenen oder modernisierenden Grundbesitzer den Boden zu monopolisieren oder den Landhunger einheimischer Großgrundbesitzer zu stillen, wodurch sie systematisch die Existenzgrundlage der Kleinbauern untergraben.

Für die agrarbezogenen Industrien und Dienstleistungen gilt dasselbe. Beide Tendenzen – zunehmende Monopolisierung im Anbaubereich sowie im Industrie- und Dienstleistungsbereich – stärken einander. Das Dilemma wird zudem verschärft durch den ständigen Zwang, immer kompliziertere technische Mittel einzusetzen, darunter arbeitssparende Maschinen und Geräte und moderne Verwaltungsmethoden für landwirtschaftliche und industrielle Betriebe, die alle auf die Bedürfnisse riesiger, modernisierender Besitztümer zugeschnitten sind. Die Notwendigkeit, derartige Ausrüstungen unter modernisierten Bedingungen voll einzusetzen, muß zu einer Expansion der einzelnen modernisierten landwirtschaftlichen und nicht-landwirtschaftlichen Betriebe in einheimischem oder ausländischem Eigentum führen, genau wie zuvor in den Industrieländern. *Unter den Bedingungen, unter denen sie heute stattfinden, bewirken Technologietransfers die Verlagerung der sozio-ökonomischen Struktur (Produktionsverhältnisse) ihres Herkunftslandes.* Den technokratischen Wahnsinn dieser Suche nach

Automation in der Landwirtschaft illustriert der Versuch, elektronische Geräte in die indische Landwirtschaft, eine der am meisten verarmten der Welt, einzuführen. Im Bericht eines Symposiums über Agroelektronische Instrumente lesen wir folgendes:

»Die zunehmende Betonung der Mechanisierung der Agrarproduktion zum Zweck der Steigerung der Produktivität erfordert eine technische Instrumentierung. Elektronische Ausrüstungen sind ein wirksames Werkzeug für eine unmittelbare Verbesserung vieler Verrichtungen. Es gibt viele Bereiche, in denen man elektronische Ausrüstungen einführen kann.«

Der Bericht zählt anschließend eine Reihe von Aktivitäten auf Erzeugungs- und Verarbeitungsebene auf, die leicht mit Hilfe elektronischer Technik automatisiert werden könnten. Dies ist keineswegs ein vereinzelter Fall von Wahnsinn, sondern ein Anzeichen dafür, daß das ganze System verrückt geworden ist.

Was heißt das alles, wenn wir es aus der Sicht der Kleinbauern und ländlichen oder industriellen Lohnarbeiter betrachten? Zwei Beispiele scheinen bezeichnend: In der Bundesrepublik Deutschland, wo eine Agrarkonzernwirtschaft amerikanischen Stils erst am Anfang steht, schrumpfte die Zahl der Arbeitskräfte in der Landwirtschaft zwischen 1950 und 1972/73 um rund zwei Drittel, die Zahl der Lohnarbeiter als Ergebnis der Automation um über fünf Sechstel. Die Zahl der Agrarbetriebe von 0,5 bis 2 Hektar ging um etwa die Hälfte zurück von rund 2 Millionen auf etwa 1,1 Millionen Betriebe, die Zahl der Betriebe über 2 Hektar von 1,3 auf 0,9 Millionen, 1974 weiter auf 0,8 Millionen. Die Auflösung der Kleinbetriebe hält an. In den 22 Jahren sind, in absoluten Zahlen ausgedrückt, mehr als 3,5 Millionen Menschen aus der Landwirtschaft ausgeschieden. Während des gleichen Zeitraums belief sich die Abwanderung in den USA vom Land in die Städte auf etwa 13,5 Millionen Menschen. Die Verdrängung der Kleinerzeuger und Lohnarbeiter hat seit 1960 deutlich zugenommen. In Mexiko, wo Kapital und Technologie amerikanischer Agrarkonzerne üppig wuchern, ging das Landarbeiterpotential zwischen 1960 und 1970 um 17% zurück, die Zahl der »ejidatarios« (Kleinerzeuger) schrumpfte jedoch um 47%. Der mathematisch begabte Leser kann leicht abschätzen, in wieviel Jahrzehnten Mexikos wichtigster bäuerlicher Sektor, die »ejidatarios«, von der landwirtschaftlichen Bildfläche verschwinden, falls die gegenwärtigen Tendenzen sich fortsetzen dürfen.

So sehen also die Warnzeichen aus. Ich behaupte, daß die Verdrängung der Kleinbauern und landwirtschaftlichen Lohnarbeiter – notwendiges Ergebnis der Modernisierung amerikanischen Stils – durch die Agrarverlagerung enorm beschleunigt wird. Es wäre zwar absurd, davon auszugehen, daß jene vielen Millionen Bauern und Arbeiter innerhalb einiger Jahre aus dem Agrarsektor verschwinden, aber es muß durchaus angenommen werden, daß die meisten Arbeitsplätze auf dem Lande heute in Gefahr sind und in Lateinamerika in zwei bis drei Jahrzehnten verschwinden werden. Bei der bereits vorhandenen großen Arbeitslosigkeit in allen lateinamerikanischen Ökonomien wird das Heer der neuen Arbeitslosen keine oder nur unzureichende Arbeitsmöglichkeiten in agrarbezogenen Industrie- und Dienstleistungsbetrieben finden. In anderen Erdteilen dauert der Prozeß vielleicht etwas länger, je nach Ausmaß des Kapital- und Technologietransfers aus den Industrienationen.

Warum muß unsere Antwort dennoch mit Vorbehalt gegeben werden? Die Agrarkonzernwirtschaft geht in arme Länder, um Superprofite zu machen. Superprofite sind da möglich, wo Kosten superniedrig sind und bleiben. Unter anderem sind Kosten dann niedrig, wenn man die Agrarressourcen gnadenlos ausschöpft, ohne sich verpflichtet zu fühlen, sie so effektiv zu nutzen, daß sie erhalten bleiben. Ausländische Unternehmer beuten die Ressourcen in der südlichen Halbkugel wirklich gnadenlos aus. Sie werden nicht verpflichtet, Entwässerungsanlagen zur Verhütung einer Versalzung bewässerter Gebiete einzurichten oder funktionsfähig zu halten, ebensowenig wie zur Einrichtung von Bewässerungsanlagen, mit denen einer Wasservergeudung begegnet werden kann, oder zur Aufforstung entwaldeter Gebiete. Die Modernisierung der Landwirtschaften der Dritten Welt ist völlig einseitig: moderne Technik wird *selektiv* zur Sicherung von Superprofiten eingesetzt, während die technischen Mittel zur Erhaltung der Kapitalbasis der Überseebetriebe nicht, wie in den Industrieländern, angewandt werden, weil dadurch die Betriebskosten steigen würden. Die ausländischen Unternehmer gehen also genau wie die traditionellen Großgrundbesitzer vor, nur daß ihr technisches Niveau wesentlich höher ist, die resultierende Zerstörung daher tiefer greift. Solange noch ausbeutbare Land-, Wasser- und Waldreserven ausreichend vorhanden sind, kann man das Zerstörungswerk fortsetzen. Ist ein bestimmtes Gebiet erschöpft, zieht man einfach und ohne hohe Kosten in ein anderes um, das noch intakt ist, wo sich derselbe Prozeß wiederholt. So können die Agrarerträge in der Dritten Welt zunächst ansteigen, jedoch eindeutig und zunehmend auf Kosten künftiger Erträge. Auf diese Weise bleiben unter Garantie die armen Nationen bei der Nahrungsmittelversorgung immer von den nahrungsmittelexportierenden Industrienationen abhängig.

Die Kontrolle der ausländischen Agrarkonzernwirtschaft über Produktion, Verteilung und Verwendung der Erträge enthält heute Elemente der Instabilität, die trotz der steigenden Anfangserträge – oder gerade deswegen – sprungartig zunehmen werden. Verteilung und Verwendung werden durch die Preise auf dem Inlands-, dem US- und dem Weltmarkt festgelegt. Ausländische Nahrungsmittelkonzerne wählen die rentabelsten Absatzmärkte, der Inlandsmarkt bleibt möglicherweise ohne ausreichendes Angebot an Grundnahrungsmitteln, und man ist später gezwungen, teurere einzuführen; ebenso kann der Inlandsmarkt auch auf einem nicht nutzbaren Angebot an Produkten sitzen, für die die Kaufkraft des einheimischen Marktes nicht ausreicht, wie etwa im Fall einer Krise auf dem US- oder Weltmarkt (was kürzlich für Vieh und Fleisch zu beobachten war). All das führt zu enormen Vergeudungen. Wenn die Produkte noch nicht erzeugt sind, wirken sich die wechselnden relativen Preise auf die Bodennutzung aus und führen zu ständigen Umstellungen von weniger rentablen auf rentablere Produkte, zum Beispiel von einem Grundnahrungsmittel auf ein anderes, von Grundnahrungsmittel auf Viehfutter, von Grundnahrungsmittel auf Luxusgüter, und umgekehrt. Solche Umstellungen haben gefährlichere Langzeitauswirkungen auf die einheimische Nahrungsmittelversorgung und Ernährungslage als die kurzfristige Suche nach den rentabelsten Absatzmärkten für bereits produzierte Waren. Wir müssen bedenken, daß die Übernahme aller wichtigen Nahrungsmittel- und Faser-Produktsysteme durch die Agrarkonzernwirtschaft die oben erwähnte Doppelstruktur der Produktion mit ihrer relativ stabilen Nahrungsmittelversorgung für den Inlandsbedarf zerstört, so daß die Ernährungssituation immer problematischer, ja geradezu chaotisch wird, da das Bedürfnis der Agrarkonzerne, ihre Superprofite zu repatriieren, den Vorrang vor einer Befriedigung einheimischer Bedürfnisse hat. Wenn heute Entwicklungsländer bei immer umfangreicheren ausländischen Kapital- und

Technologietransfers mehr Grundnahrungsmittel einführen, so müssen wir die Ursache dieser Entwicklung bei den weltweiten Aktivitäten der multinationalen Agrarkonzerne suchen sowie bei den internationalen Entwicklungshilfeorganisationen, die sie unterstützen.

Da heute praktisch alle Entwicklungsländer in der Tat größere Mengen an Grundnahrungsmitteln einführen, können wir nicht mehr allein die Unfähigkeit und Kurzsichtigkeit der traditionellen Großgrundbesitzer dafür verantwortlich machen. Wir müssen nach anderen Gründen suchen. Wie ich die Sache sehe, liegen sie darin, daß die Agrarkonzerne in der Lage sind, weltweit das Nahrungsmittel- und Faserangebot zu manipulieren und mit ihm zu spekulieren, wobei sie die Nachfrage aus den reichen Ländern und durch die wohlhabenden Verbraucher in aller Welt vorrangig decken. Die Agrarkonzerne sind deswegen dazu in der Lage, weil sie nach und nach mit ziemlicher Geschwindigkeit Produktion, Verarbeitung und Vertrieb des Großteils der Agrarerträge unterentwickelter Länder übernommen und die damit zusammenhängende Vernachlässigung des kleinbäuerlichen Sektors herbeigeführt haben.

Die zunehmende Abhängigkeit und Verflechtung der Landwirtschaften der Dritten Welt von und mit dem Weltmarkt muß zu größeren und rascheren Preis- und Einkommensschwankungen auf allen Inlandsmärkten führen, wie Ökonomen sehr wohl wissen. Während der letzten zehn Jahre haben Preisfluktuationen auf dem Weltmarkt für Nahrungsmittel und Fasern drastisch zugenommen. Einige amerikanische Autoren wie Lester Brown machen dafür die sowjetische Regierung verantwortlich, überhaupt Regierungen, die sich in Preis- und Angebotsgestaltung einmischen. In einem kürzlich erschienenen Pamphlet schreibt Brown:

»Die Entscheidung der Sowjets, Ernteausfälle durch massive Einfuhren auszugleichen und nicht durch die hergebrachte Methode, nämlich die Verbraucher den Gürtel enger schnallen zu lassen, ist der größte destabilisierende Faktor in der heutigen Welternährungswirtschaft, ein für Verbraucher allerorten enorm teurer Faktor dazu. Die Instabilität beruht nicht so sehr auf dem Umfang der sowjetischen Getreideeinfuhren, als vielmehr auf ihrer unvorhersehbaren, heimlichtuerischen Art.«[19]

Aus verschiedenen Gründen ist diese These absurd. Sie rückt die kapitalistische Ordnung in ein schlechtes Licht, wenn sie unterstellt, der kleine Schwanz (Sowjetunion) könne mit dem großen Hund (USA) wedeln, da die USA praktisch den gesamten Weizenmarkt kontrollieren. Zahlreiche Warenmärkte sind chaotisch, obwohl weder die Sowjets noch die Chinesen an ihnen in irgendeiner Form beteiligt oder interessiert sind. Aber Brown ist nicht der Mann, der, wie er eigentlich sollte, die amerikanischen Nahrungsmittelkonzerne bloßstellt, denn er gehört zu den eifrigsten Befürwortern der multinationalen Agrarkonzernwirtschaft. Tatsächlich können die Nahrungsmittelkonzerne die ökonomische Belastung durch instabile Märkte und Ernährungskrisen ja auch erfolgreich auf die »Eingeborenen« abwälzen, und der Großteil der Kosten, die durch eine ungünstige Marktlage entstehen, wird von den Kleinerzeugern immer dann aufgefangen, wenn sie ihren Teil zu den Erträgen beisteuern.

Die Länder der Dritten Welt stehen diesem ökonomischen Chaos und den vorhandenen und zu erwartenden drastischen Veränderungen auf allen Ebenen vollkommen hilflos gegenüber.

Die politische Perspektive

Die vorhersehbare Entvölkerung des Landes hat mit Sicherheit weitreichende politische Folgen. Landwirtschaften in der Dritten Welt können durchaus ohne Kleinbauern und mit einer ganz geringen Zahl von Lohnarbeitern funktionieren, da die Zahl der arbeitsintensiven Produktsysteme angesichts steigender Automation zurückgeht. Daher wird die Landbevölkerung bald kein bedeutender politischer Faktor in ihrer Gesellschaft mehr sein. Die Modernisierung à la Agrarkonzernwirtschaft ist eine Strategie der Gegenagrarreform, um den Landerwerb durch Kleinbauern zu verhindern. Sie zielt jedoch viel weiter. Der Exodus des Landproletariats macht alle künftigen Organisationen, Bewegungen oder Proteste der Bauern und Landarbeiter unmöglich, weil einfach nicht mehr genug Leute da sind. »Bauernkriege«, wie Eric Wolf sie beschreibt, wird es dann nicht mehr geben. Auf diese Weise werden Klassenkonflikte ausschließlich in die Städte verlagert, deren Elendsviertel man vermutlich politisch und militärisch relativ leicht in Schach halten kann. Es scheint heute, als führe das Vordringen des Kapitalismus in die unterentwickelten Landwirtschaften zu einer derartigen Anhäufung praktisch unlösbarer Probleme, daß auch die Industrieunternehmer sie wohl ebensowenig unter Kontrolle bringen dürften wie der Zauberlehrling die Wasserfluten, die er heraufbeschwor. Schon jetzt zeichnen sich überall enorme Widersprüche ab: Mehr Agrarprodukte – mehr Hunger; mehr Modernisierung und Technologie – mehr Arbeitslosigkeit und Armut; mehr Landflucht – mehr städtische Elendsviertel. Ein Ende ist nicht abzusehen. Bisher waren die einzigen Reaktionen auf dieses Dilemma Pläne für eine »Hilfe an die Landarmen«, bei denen nichts als die wuchernde Vermehrung der Armut herauskommen kann; ferner Geburtenkontroll- und Sterilisationsprojekte, die nicht das geringste am Problem der Armut ändern; sowie andere Maßnahmen, die einige Erscheinungsformen, nicht aber die Wurzeln des Problems angehen. Die einzige echte Alternative, die den Armen wirklich nützen würde, wäre eine radikale Änderung der Entwicklungsstrategie durch die Unternehmer der Industrieländer, die ja immer schon eine Begabung dafür hatten, gegebene ökonomische, soziale und politische Widersprüche, die ihr System hervorbringt, zum eigenen Vorteil auszunutzen. Ein solcher Alternativplan müßte ein großangelegtes Programm zur Neuverteilung der Einkommen und des Wohlstands einschließen und arbeitsintensive Landwirtschaft und Agrarindustrie fördern. Es gibt aber keinen solchen Plan. Was statt dessen vorliegt, ist ein so sanftes, harmloses und verlogenes Programm, daß man sich zu Recht fragt, ob das kapitalistische System diesmal in der Lage sein wird, Herr über die oben erwähnten Widersprüche zu werden. Ich beziehe mich auf die gemeinsamen Vorschläge der Weltbank und des Institute of Development Studies, in Sussex, unter dem Titel *Redistribution with Growth* (»Neuverteilung mit Wachstum«).[20] Das Buch wurde mancherorts und von den Autoren selbst als eine revolutionäre, »ausgefallene« neue Entwicklungsstrategie gepriesen. Seine Bedeutung liegt darin, daß es neuen Programmen wie dem 1973 begonnenen Armenhilfeprogramm der Weltbank die theoretische Fundierung zu geben sucht. Einige kurze Kommentare dazu sollen die Zukunft der Landbevölkerung ins richtige Verhältnis rücken. Im Mittelpunkt steht das Argument, daß eine gedämpfte Einkommensneuverteilung kein Hindernis für ein Wachstum (des Bruttosozialprodukts) zu sein braucht. Nun ist allerdings eine Einkommensneuverteilung ohne eine Neuverteilung des Besitzes nicht möglich. Diese aber sagt den Autoren nicht zu. Sie behaupten, daß es

»wegen politischen Widerstands gegen die Maßnahmen einer Neuverteilung des Besitzes in den meisten Ländern unwahrscheinlich scheint, daß dieser Ansatz in größerem Umfang durchgeführt wird.«[21]

Das trifft vielleicht auf kapitalistische, sicher aber nicht auf sozialistische Länder zu, denn dort wurde der »politische Widerstand« gebrochen. Die Autoren untersuchen zwei Ansätze zu einer Vermögensneuverteilung: Die »statische« Neuverteilung eines bestehenden Vermögensfundus, und den »dynamischen« Ansatz, der eine Änderung der Vermögensakkumulation über die Zeit vorsieht. Die »statische« Neuverteilung bezeichnen die Autoren als »den unmittelbarsten und radikalsten Ansatz«[22] und fragen gleich darauf:

»Wie weit [sind] solche Maßnahmen geeignet, falls sie überhaupt politisch machbar sind, Einkommensneuverteilungen wirksam durchzuführen?«[23]

Mit anderen Worten: Das kapitalistische System schätzt keinen derart »radikalen« Ansatz. Wie steht es nun mit dem dynamischen Ansatz der Neuverteilung der Zuwächse?

»[. . .] unter Befürwortung des allgemeinen Prinzips einer Neuverteilung der aus dem Wachstum resultierenden Gewinne kommt man [d. h. die Autoren] zu einem grundsätzlichen politischen Urteil, das Thema [sic!] dieses Buches ist. Es lautet, daß ein Eingriff, welcher die Verteilung des *Kapital- und Einkommenszuwachses* insgesamt ändert, auf weniger Ablehnung seitens der Reichen stoßen wird als Veränderungen, die ihr bereits bestehendes Vermögen und Einkommen beschneiden.«[24]

Unglücklicherweise hat dieser Vorschlag einen schwerwiegenden Fehler: Er ist nicht durchführbar. Wenn Neuland unter Produktion genommen wird, kann vielleicht ein kleiner Teil auf viele Kleinbauern verteilt werden, während der Rest an die wenigen Großgrundbesitzer geht. (Tatsächlich ist die Vorstellung der Autoren von einer Landverteilung an die Bauern derart verschwommen, daß sie von einer Landreform weit entfernt ist; dieses unterstreicht mein Argument, daß man den Vermögensneuverteilungsplan der Autoren überhaupt vergessen kann.) Aber die Abgabe eines wenn auch noch so kleinen Teils einer neuen Verarbeitungsanlage, einer Überlandstraße, eines Bewässerungsstaudamms? Wenn die Neuverteilung des Wohlstands nach einer Strategie à la »Neuverteilung mit Wachstum« durchgeführt wird, stellt sich die ernste Frage, wie eine Einkommensneuverteilung aussehen soll.

Betrachten wir dieses Thema aus der Sicht der Autoren. Endziel der neuen Strategie ist, wie schon gesagt, Wachstum mit einer gemäßigten Einkommensneuverteilung. Hier zwei bezeichnende Zitate:

»Unsere Diagnose der Armut in Entwicklungsländern und der Unzulänglichkeit herkömmlicher Maßnahmen für einen sozialen Fortschritt veranlaßt uns, eine *fundamentale Neuausrichtung der Entwicklungsstrategie* vorzuschlagen.«[25]

Was verstehen die Autoren unter einer »fundamentalen Neuausrichtung«?

»Eine Strategie, die die jährliche Umverteilung von etwa 2% des Bruttosozialprodukts von den Reichen auf die Armen *über ein bis zwei* Jahrzehnte hinweg vorsieht, dürfte von den Reichen kaum bereitwillig akzeptiert werden.«[26]

Die Perspektive der Autoren ist also von Anfang an höchst bescheiden. Eine jährliche Umverteilung von 2% des Bruttosozialprodukts kann bedeuten: 2% des Gesamtprodukts oder auch 2% des Zuwachses, wobei grundsätzlich von einem alljährlichen Anwachsen des Bruttosozialprodukts ausgegangen wird. Wie wir bereits wissen, geben die Autoren der zweiten Alternative den Vorzug. Nehmen wir das vereinfachte Beispiel unserer Tabelle (s.u.), dann wäre eine Umschichtung von 2% des gesamten Bruttosozialprodukts eine punktuelle Neuverteilung, die den Anteil der Armen ein für allemal von 20 auf 22% anheben würde. Geht

Jährlicher Transfer von 2% des Bruttosozialprodukts – Typ Weltbank (in Millionen oder Prozent)

	Methode I					Methode II			
Zeitraum	Bruttosozial-produkt	Anteil der Armen		Anteil der Reichen		Anteil der Armen		Anteil der Reichen	
		$	%	$	%	$	%	$	%
I	100	20	20.0	80	80.0	20	20.0	80	80.0
II	200	44	22.0	156	78.0	42	21.0	158	79.0
III	300	66	22.0	234	78.0	64	21.3	246	78.7
IV	400	88	22.0	312	78.0	86	21.5	314	78.5
V	500	110	22.0	390	78.0	108	21.6	392	78.4

Anmerkung: Methode I: Jährlicher Transfer von 2% des Gesamtbruttosozialprodukts; Methode II: Jährlicher Transfer von 2% des Bruttosozialproduktzuwachses.

man vom Zuwachs des Bruttosozialprodukts aus, würde die Umschichtung zu einem allmählichen Anwachsen des Anteils der Armen führen, jedoch in immer kleineren Raten, die das langsamere prozentuelle Wachstum des Bruttosozialprodukts reflektieren (ein jährliches Wachstum von 100 Millionen Dollar). Selbst wenn in diesem Beispiel der Plan »über ein oder zwei Jahrzehnte hinweg« liefe, wäre der Gesamteffekt ziemlich mager. Es wäre gleichgültig, ob man Methode I oder Methode II wählt. Praktisch handelt es sich nämlich überhaupt nicht um eine Neuverteilung. Also ziehen die Autoren Methode II als simplen politischen Blickfang vor, denn sie nährt die Illusion von einem über die Zeit wachsenden Anteil der Armen am Sozialprodukt. Würde das Bruttosozialprodukt normaler, etwa um 5 bis 10% anwachsen, wäre der Effekt natürlich proportional noch unscheinbarer. Nach Verteilung des Zuwachsanteils an die unzähligen Armen würden es diese gar nicht so recht merken, daß sie nun als wohlhabender zu gelten haben, selbst wenn man davon absieht, daß die Armen sich rascher vermehren als die Reichen. Im Grunde brauchen wir uns kaum um ein Beispiel zu bemühen. Das Buch *Redistribution with Growth* gibt ein 40-Jahres-Modell zur Einkommensneuverteilung[27], dessen Wirksamkeit nicht nur dadurch geschmälert wird, daß die heute lebenden Armen in 40 Jahren tot sind, sondern auch, weil es noch magerere Ergebnisse zeigt als unser eigenes Beispiel: Nach 40 Jahren beträgt der Anteil der Armen am Bruttosozialprodukt genausoviel wie im Jahre Null. Der bescheidene 2%-Plan ist also nichts als eine statistische Spielerei, und die Autoren geben ja auch offen zu, daß es eine echte Umverteilung nicht geben kann, wenn sie sagen, daß die Reichen sie »kaum bereitwillig annehmen« würden – ein vornehmer Ausdruck dafür, daß sie sich mit Händen und Füßen dagegen wehren werden. Weshalb sollten sie sich wohl auch nicht wehren, selbst gegen einen derart ultrabescheidenen Plan mit seinem ultrabescheidenen Ziel, der keinerlei nennenswerte Vermögensumverteilung einschließt, so daß er nicht einmal wirksam werden kann? Schließlich gilt gestern wie heute all ihr Streben der Entwicklung von Mechanismen, mit deren Hilfe sie einen ständig wachsenden Teil des gesellschaftlichen Einkommens und Reichtums sich selbst zuführen können. Eine weitere Schwäche des Plans liegt darin, daß er von einem *steigenden* Bruttosozialprodukt ausgeht. Weder Gott noch der leibhaftige Teufel könnte die Reichen je dazu bringen, während einer Rezession einen Teil ihres Einkommens herzugeben. Oder wollen die Autoren vielleicht vorschlagen, daß zu Zeiten eines rezessiven Bruttosozialprodukts die Armen ihrerseits die Reichen zum Satz von 2% des Rückgangs entschädigen?

Ich bin auf diesen alles andere als revolutionären neuen Entwicklungsplan näher eingegangen, weil er zeigt, daß die neuen Veränderungstendenzen in der Landwirtschaft wie: rasche Konzentration von Grundbesitz und Produktion; Konzentration auf den agrarbezogenen Industrie- und Dienstleistungssektoren; Landentvölkerung; wachsendes Chaos in der örtlichen Nahrungsmittelversorgung; Preis- und Einkommenssituation; wachsende Abhängigkeit der Dritten Welt von den USA und anderen Industrienationen: alles das Konsequenzen des kapitalistischen Vordringens durch riesige Kapital- und Technologietransfers der internationalen Agrarkonzerne und ihrer mächtigen Partner sind – daß diese Trends zu einem ständig wachsenden sozialen, ökonomischen und politischen Ungleichgewicht führen müssen, wenn man ihnen gestattet, sich fortzusetzen. Es liegt auf der Hand, daß eine Mentalität der »Neuverteilung mit Wachstum« und die entsprechenden Pläne dazu beitragen, diese Ungleichgewichte noch zu verschärfen. Sie sind das einzige, was »aufgeschlossene« Unternehmer bislang anzubieten hatten, andere führende Finanziers und Industrielle bezeichnen sie als zu »ausgefallen« und setzen ihnen aktiven Widerstand entgegen. Stellen wir einmal die (politisch naive) Frage, ob das kapitalistische System in der Lage ist, einen wirklich wirksamen Plan anzubieten; kein Programm, das den Landarmen »hilft«, sondern eines, das die Armut beseitigt, Arbeit und Brot schafft und sonstige Grundbedürfnisse befriedigt, den Reichen einiges nimmt und es den Armen gibt; oder ob das System vielleicht selbst nicht mehr weiß, wie dem Chaos beizukommen ist, dann muß der erste Teil der Frage mit Nein, der zweite mit Ja beantwortet werden, was schließlich und letzten Endes eine optimistische Sichtweise ist, wenn man den immensen individuellen und gesellschaftlichen Preis nicht rechnet, der für diesen Veränderungsprozeß gezahlt werden muß.

1 »Agribusiness«; die hier verwendete Übersetzung stammt von Günther Seib; vgl. Susan George: *Wie die anderen sterben,* Berlin 1978 (*Anm. d. Übers.).*

2 UN-Centre on Transnational Corporations, *Issues relating to food industry transnational corporations in less developed countries,* Anhang, New York 1977 (vorläufiger Entwurf).

3 Vgl. meine Arbeit: *Strawberry Imperialism*, London (America Latina, 71 Fleet Street, London EC 4) 1978. Deutsch: Ernest Feder, *Erdbeer-Imperialismus,* Frankfurt a. M. 1980. In einer Meldung, die in den *Nachrichten für Außenhandel* (24. 11. 1978) erschien, heißt es, daß der Entwurf zu einem neuen sudanesischen Auslandsinvestitions-Gesetz dem Sudanesisch-Amerikanischen Wirtschaftsrat zur Begutachtung und zu weiteren Vorschlägen vorgelegt worden sei – ein aufschlußreiches Beispiel für die Abhängigkeit, die den Entwicklungsländern durch das Agrarkonzern-Monopolkapital aufgezwungen wird.

4 Die Auswirkungen der Verlagerung landwirtschaftlicher Produktion auf die Industrienationen ist meines Wissens noch nicht erschöpfend untersucht worden. Sie muß meiner Meinung nach die Verhandlungsstärke der Agrarkonzernwirtschaft im Inland (z. B. USA) gegenüber einheimischen Agrarproduzenten heben, da die Konzerne auf Kosten der Erzeuger auslandsproduzierte Erzeugnisse gegen einheimische »ausspielen« können. Man beschleunigt dadurch den Prozeß der Produktions- und Eigentumskonzentration auf der Ebene der landwirtschaftlichen Betriebe, der in allen Industrienationen im Geschwindtempo vordringt. Andererseits werden auf diese Weise einheimische Produktionspotentiale für eine spätere Nutzung »aufgespart«, was bedeutet, daß das Produktionspotential im Inland drastisch ansteigt und eine ständige Bedrohung für Erzeuger in der Dritten Welt darstellt. Mit anderen Worten: Gewinner sind die Konzerne, Verlierer die Erzeuger des In- und Auslandes.

5 Vgl. Folker Fröbel, Jürgen Heinrichs, Otto Kreye, *Die neue internationale Arbeitsteilung,* Reinbek bei Hamburg 1977, S. 30.

6 Dieser Prozeß des Technologietransfers ist für Entwicklungsländer äußerst riskant, da die Anlagen sich meist nur für die Bedingungen eignen, unter denen sie entwickelt wurden. In der Tat werden solche schlecht angepaßten Anlagen jedoch verkauft, ganz gleich, ob sie für den neuen Standort taugen oder nicht, denn die Agrarkonzernwirtschaft mag die neueren Forschungsergebnisse nicht abwarten, da ihr Profite weit mehr am Herzen liegen als das Wohl der Erzeuger in Entwicklungsländern. Für ein aufschlußreiches Beispiel vgl. Ernest Feder, *Lean Cows – Fat Ranchers. The international ramifications of Mexico's Beef Cattle Industry,* London (America Latina) 1978.

7 David Slutzky, *La agroindustria de la carne en Honduras,* Tegucigalpa 1977. Zitiert in: Ernest Feder, *Lean Cows – Fat Ranchers,* S. 50 f. Wie es scheint, sind die Verpackungsanlagen in Honduras weitgehend ausländisches Eigentum.

8 Ray A. Goldberg, *Agribusiness Management for Developing Countries – Latin America,* New York 1974. Sein Argument reizt stellenweise zum Lachen, da die unabhängigen Zwischenhändler normalerweise unbedeutend sind und die Riesen ihre kleinen Konkurrenten vertreiben, nicht umgekehrt.

9 In vielen Fällen müssen allerdings die lokalen Regierungen Auslandssubventionen wie z. B. im Falle von Weltbankprojekten zurückzahlen.

10 Lester Brown, *Seeds of Change,* London 1970, S. 72.

11 Weitere Details siehe Ernest Feder, *Lean Cows – Fat Ranchers,* S. 105 ff.

12 A. Schumacher, *La politica gubernamental y el productor latinoamericano de carne de*

res, in: CIAT, *Proceedings of the Seminar on Potential to Increase Beef Production in Tropical America.* Cali 1974. S. 237 f. (Der Titel dieser Veröffentlichung ist englisch, der Inhalt spanisch).

13 T. Schultz, *The economic conditions for agricultural modernization,* in: FIRA (Mexico), *Memoria del Seminario Internacional de Ganadería Tropical,* Acapulco 1976 (Volume on General Lifestock Development in the Tropics), S. 83.

14 Im Gegensatz zu den meisten anderen lateinamerikanischen Ländern expandierte Brasiliens Rinderzuchtsektor aufgrund privater Kapitalinvestitionen und gewaltiger brasilianischer Staatssubventionen in Form von Steuernachlässen. Die Weltbank und IDB steigen aber wohl nächstens doch ein und entwickeln die Infrastruktur für den Rindersektor. In allerjüngster Zeit zieht es die Industrienationen und besonders die USA nach Afrika als einer Vorratskammer noch billigeren Fleisches. Wahrhaft gigantische Summen werden derzeit etwa im Sudan investiert. Sie stammen teils aus Saudiarabien, teils aus den USA und von der Weltbank. Laut *African Confidential* vom 2. 12. 77 »gibt der amerikanische Viehzuchtgigant Tenneco (eine Ölgesellschaft) an, an einem Ein-Milliarden-Projekt zur Entwicklung von 310 000 Hektar zu arbeiten.« Das Arabische Amt für Agrarinvestitionen und Entwicklung (AAAID) teilt mit, daß es »ein Investitionsprogramm mit der gewaltigen Summe von £ 1,4 Milliarden durchführt«. Es ist anzunehmen, daß ein großer, wenn nicht der größte Teil dieser Gelder für die Modernisierung des Rinderzuchtsektors im nomadischen Sudan bestimmt ist.

15 Nicht alle Mittel für sogenannte »Viehzuchtprojekte« (lifestock projects) wurden für Schlachtvieh verwandt, aber die meisten. Andererseits schließen die im Text angegebenen Schätzwerte Anleihen für andere Projekte ein, die zwar keine Viehprojekte sind, aber eine »Viehzuchtkomponente« haben. Diese wurden zurückhaltend geschätzt, so daß eine Gesamtsumme von US $ 2,3 Milliarden eine vorsichtige Schätzung darstellt.

16 Die Schätzung von 10-15 Milliarden beruht auf der Annahme, daß die Privatinvestitionen sich auf das Doppelte oder Dreifache der durch die Entwicklungsorganisationen bereitgestellten Beträge belaufen. Aus Gründen, die in Fußnote 14 erläutert werden, ist Brasilien ein Sonderfall und geht in diese Schätzungen nicht ein.

17 Hauptziel der Weltbank war es, mexikanischen Privatbanken Anreize zur Gewährung von mehr Krediten auf dem Viehzuchtsektor zu geben. (Dasselbe Ziel wird natürlich auch in anderen Entwicklungsländern verfolgt). Die Vermutung drängt sich auf, daß das private Bankgewerbe nicht hinreichend an einer Steigerung der land- und viehwirtschaftlichen Kreditaktivitäten interessiert ist, um auf dem Rinderzuchtsektor eine »gesunde« Expansion zu gewährleisten, die die Interessen der Fleischkonzerne befriedigt. Der Plan der Weltbank-IDB-FIRA ist nun für das private Bankgewerbe extrem reizvoll und rentabel, da, dank FIRA, Kredite an Erzeuger und Viehzüchter fast hundertprozentig risikolos geworden sind und die Banken wegen des größeren Kreditvolumens viel umfangreichere Gewinne erwirtschaften können. Ein Teil dieser Gewinne geht an Investoren der amerikanischen Banken, die in Mexiko arbeiten.
Ein weiteres Ziel der Weltbank waren mehr Kredite an landwirtschaftliche Kleinbetriebe. Das stand im Einklang mit der neuen, auf McNamaras Anregungen beruhenden Strategie (Nairobi 1973) einer »Hilfe für die arme Landbevölkerung«. Es erwies sich aber als Schwindel, da die Weltbank nicht verhindert, vermutlich nicht verhindern *will*, daß ihre Mittel vor allem an die reichen Viehzüchter gehen oder daß die den Reichen zufließenden (jetzt erweiterten) Kreditgelder, um diese nicht zu verstimmen, erheblich den Betrag übersteigen, der an die Armen geht. Zwischen 1965 und 1975

stiegen im Durchschnitt die über FIRA rediskontierten Kredite an sog. »mittelgroße Erzeuger« (was nach mexikanischem Sprachgebrauch reiche kommerzielle Viehzüchter einschließt) etwa um das Dreieinhalbfache, während die durchschnittlichen Kredite an »Erzeuger mit niedrigem Einkommen« drastisch zurückgingen. Mehr noch: Eine Analyse für 1976 der über FIRA rediskontierten Kredite in einer typischen Viehzüchtergemeinde im tropischen Mexiko zeigt, daß die Gesamtsumme der Kredite an private Viehzüchter etwa 20 Millionen Pesos betrug, an ansässige Kleinerzeuger 11 Millionen Pesos; es könnte also der oberflächliche Eindruck entstehen, daß die Kleinerzeuger ein Drittel der Gelder bekamen. Das stimmt aber nicht, denn die Kreditgelder werden den Kleinerzeugern nicht in voller Höhe ausgezahlt, sondern über eine Reihe von Jahren hinweg zugeteilt. In diesem Fall kamen die Kleinerzeuger am Ende in den Genuß von lediglich 10-15% der gesamten über FIRA rediskontierten Kredite. Es ist möglich, wenn nicht gar wahrscheinlich, daß die durch Rediskontierungen bei FIRA erhaltenen Gelder für weitere Kredite an die reichen Züchter verwendet wurden. Was die 20 Millionen Pesos betrifft, welche privaten Züchtern geliehen und über FIRA rediskontiert wurden, so gingen 80 bis 90% davon an eine kleine Clique der reichsten Züchter der Gemeinde, und auch hier ist zu vermuten, daß die rediskontierten Gelder denselben Weg gingen. Details vgl. Ernest Feder, *Lean Cows – Fat Ranchers*, S. 153 ff.

18 Diese Schätzung berücksichtigt natürlich nicht die »zusätzlichen Mittel« einheimischer Herkunft.

19 Lester Brown, *The Politics and Responsibility of the North American Breadbasket,* Washington DC, 1975.

20 H. Chenery u. a., *Redistribution with Growth,* Oxford 1974.

21 Ebda., S. 49.

22 Ebda.

23 Ebda.

24 Ebda., S. 56.

25 Ebda., S. XVII.

26 Ebda., S. 52 (Hervorhebungen von mir).

27 Ebda., S. 219 ff.

Barbara Stuckey und Margaret Fay

Produktion, Reproduktion und Zerstörung billiger Arbeitskraft: Ländliche Subsistenz, Migration und Urbanisierung*

»Nicholas Forsyte hatte seine rechteckigen Augenbrauen in die Höhe gezogen und lächelte. An diesem Tag war es ihm gelungen, einen Plan zur Reife zu bringen, der den Einsatz von Eingeborenen aus Nordindien in den Goldbergwerken auf Ceylon vorsah. Ein Lieblingsplan, der schließlich trotz großer Schwierigkeiten durchgegangen war – er war zu Recht erfreut. Es würde den Ertrag seiner Bergwerke verdoppeln, und, wie er so oft heftig argumentierte, zeigten alle Erfahrungen doch, daß der Mensch sterben mußte; und ob ein Mann nun als bejammernswerter Greis in seiner Heimat oder vorzeitig irgendwo in der Fremde tief unten in einem feuchten Bergwerk starb, hatte doch sicherlich wenig Bedeutung, wenn er durch diesen Wechsel in seiner Lebensweise dem Britischen Weltreich nützlich war.«

John Galsworthy, *Die Forsyte Saga I: Der reiche Mann*

1. Einleitung

Im folgenden geht es um etwas im Grunde genommen Triviales: um das Verhältnis zwischen der internationalen ›Aufteilung der Arbeit‹ und der Aufteilung der in einem System internationaler Arbeitsteilung hergestellten Produkte. Insbesondere geht es dabei um zwei Fragen, nämlich erstens darum, wie sich der unleugbare Vorteil, der sich aus jeder Art von Arbeitsteilung ergibt, auf die

* Wir danken Samir Amin, Johannes D. Hengstenberg, Armin Krauter, Herman Muegge, Jürgen Riedel, Erika Stubbe, Sally Stuckey, Thomas Vietorisz und Felix Wehrle für ihre Mithilfe bei der Erstellung dieses Manuskriptes. Die Übertragung aus dem Englischen besorgte Johannes D. Hengstenberg.

vom Prozeß einer Internationalisierung kapitalistischer Produktion Betroffenen verteilt, und zweitens, wie in der Struktur der internationalen Arbeitsteilung bereits eine spezifische Verteilung der arbeitsteilig hergestellten Produkte präjudiziert ist. Wir werden uns diesem Problem nähern, indem wir unterschiedliche Wege aufzeigen, auf denen die Integration aufeinanderfolgender Generationen der Weltbevölkerung in das System weltmarktorientierter Warenproduktion stattfand. Dabei werden wir uns von zwei zentralen Fragen leiten lassen, nämlich

– erstens, auf welche Art und Weise für unterschiedliche Völker der Dritten Welt die Integration in ein System weltmarktorientierter Warenproduktion ihren Anfang nahm;

– zweitens, auf welcher Grundlage in den verschiedenen Regionen der Welt jene Produktion für ein System weltmarktorientierter Warenproduktion fortgesetzt werden konnte.

Ausgangspunkt unserer Überlegungen war eine ausführliche Auseinandersetzung mit methodischen und theoretischen Problemen traditioneller Wirtschaftsgeschichte.[1] Dies führte uns zu dem Versuch, die von Soziologen und Anthropologen vielbetrachteten Phänomene der ländlichen Subsistenzwirtschaft, der Migration und der Urbanisierung der Dritten Welt mit der Entwicklung des Weltmarkts und der internationalen Arbeitsteilung in Zusammenhang zu bringen. Hierbei stellt sich die Geschichte der Völker der Dritten Welt als die Geschichte eines scheinbar unerschöpflichen Reservoirs billiger Arbeitskraft dar, als die Geschichte der Einbeziehung dieser Arbeitskraft in das weltwirtschaftliche System. Eine solche Interpretation der weltweiten Entwicklung kapitalistischer Warenproduktion wirft die Frage auf, weshalb die Kosten der Arbeit in den Ländern der Dritten Welt für das Kapital so niedrig sein und weshalb jene Kosten bis heute derartig niedrig gehalten werden konnten. Die im folgenden entwickelte Antwort verweist auf die Reproduktion jener unmittelbaren Produzenten selber, auf die vielfältigen Versuche der Arbeiter der Dritten Welt und deren Familien, den Zugriff durch das System kapitalistischer Warenproduktion physisch zu überleben. Die weltweite Reproduktion billiger Arbeitskraft bildet also den roten Faden unserer Überlegungen.

2. Zerstörung der Reproduktionsgrundlage und interkontinentale Migration

Die Geschichte der Eingliederung der Völker der Dritten Welt in die weltmarktorientierte Produktion und der Widerstand gegen diese Eingliederung (die Geschichte der vielfältigen Widerstandsformen wird in diesem Aufsatz nicht berücksichtigt) nahmen ihren Anfang mit den Entdeckungsreisen am Ende des 16. Jahrhunderts. Eines der beherrschenden Motive jener europäischen Entdeckungsreisen war die Suche nach Gold. Dies wurde nicht nur von Wirtschaftshistorikern so verschiedener politischer Couleur wie Adam Smith[2] und Friedrich Engels[3] klar erkannt, sondern auch von jenen Personen, die diese Reisen anführten oder finanzierten. In Lateinamerika kamen die Europäer als Besitzer von Pferden und Schießpulver an, sie waren also mit Mitteln ausgerüstet, die in Lateinamerika nicht vorhanden waren und gegen die es keinerlei Abwehr gab. Somit war es ein leichtes, von der einheimischen Bevölkerung die Herausgabe aller goldenen Gegenstände zu erlangen und die Menschen zur Arbeit in den Minen zu zwingen.[4] Die hierdurch ausgelöste Vergrößerung des europäischen Goldumlaufs hatte, unter anderem, zwei Folgen: erstens führte sie zu einem dramatischen Verfall der europäischen Währungen, was den wirtschaftlichen Ruin und die Proletarisierung weiter Kreise der europäischen Bevölkerung – insbesondere der Kleingewerbetreibenden – nach sich zog.[5] Zweitens bewirkte sie eine enorme Ausweitung und Entfaltung des Handels, eines Handels, der ursprünglich auf den innereuropäischen Raum und den Warenverkehr zwischen Europa und den unabhängigen Handelszentren des Orients beschränkt war.[6]

2.1. Lateinamerika

Der Gegensatz zwischen den Bedingungen, die Kolumbus bei seiner ›Entdeckung‹ Amerikas im Jahre 1492 vorgefunden, und den Bedingungen, welche diese ›Entdeckung‹ anschließend in den betroffenen Gebieten Amerikas geschaffen hatte, ist folgendermaßen zusammengefaßt worden:

»Kolumbus entdeckte Amerika – und mit ihm das Gold – auf den in der Karibischen See gelegenen Antilleninseln im Jahr 1492. Er und die Spanier, die ihm folgten, besetzten in den folgenden Jahren immer mehr

Inseln, um mehr Gold und mehr Arbeitskräfte zu dessen Förderung zu finden. Das Volk der Arawak, das die Inseln bewohnte, stammte vom südamerikanischen Festland und hatte seine wesentlichen Nahrungsmittel, nämlich bittere Palmlilien, Yam-Wurzeln und Kartoffeln, von dort mitgebracht. Ihre landwirtschaftliche Technologie war mehr als ausreichend, um die gesamte Inselbevölkerung zu ernähren, deren Umfang nach älteren Schätzungen etwa 100 000 und nach neueren Schätzungen bis zu drei Millionen betrug. Ganz gleich, wie groß der Umfang der Bevölkerung letztendlich war, jedermann war wohlgenährt, lebte in ausreichenden Wohnverhältnissen und konnte auf eine Vielfalt handwerklicher und kunsthandwerklicher Erzeugnisse zurückgreifen. Bereits zu der Zeit um 1515 bis 1520 waren die Inseln verlassen, und ein halbes Jahrhundert nach der Ankunft der Spanier war die einheimische Bevölkerung so gut wie ausgelöscht.«[7]

»Die Bevölkerung Espanolas, deren Umfang für die Zeit der Ankunft der Spanier in den neunziger Jahren des 15. Jahrhunderts auf 100 000 geschätzt wird, ging auf 60 000 Einwohner im Jahre 1508 und auf 30 000 im Jahre 1554 zurück, bis um das Jahr 1580 nicht mehr als 500 Einwohner übrig geblieben waren. Die Einwohner Kubas erlitten ein ähnliches Schicksal.«[8]

Als im Jahre 1548 in den mexikanischen Bergen Silber entdeckt wurde, in einer Gegend, in der es keinerlei einheimische Siedler gab, wurde eine große Zahl Indios dorthin umgesiedelt, um in den Minen zu arbeiten. Diese Maßnahmen der Spanier, mit denen sie sich einen Vorrat an geeigneten Arbeitskräften zur Gewinnung des Silbers verschafften, trugen zu der im folgenden Zitat geschilderten Situation bei:

»Die Folgen für die Indios mexikanischer, peruanischer und anderer Abstammung waren verheerend. Innerhalb kaum mehr als eines Jahrhunderts nahm die indianische Bevölkerung um 90% ab, ja, in Mexiko, Peru und einigen anderen Gegenden sogar um 95%. [...] So nahm etwa in Mexiko die Bevölkerung von 25 Millionen in der Zeit vor der Eroberung (oder von 11 Millionen gemäß einer früheren Schätzung von Cook und Simpson) auf weniger als eineinhalb Millionen ab.«[9]

Auf diese Weise wurde Lateinamerika während jener frühesten Phase europäischer Kolonisation erfolgreich in das von Europa beherrschte marktwirtschaftliche System integriert. Die Ressourcen Lateinamerikas dienten nicht mehr der Befriedigung der Bedürfnisse der einheimischen Bevölkerung und der Fortsetzung der einheimischen kulturellen Tradition, sondern der Expansion des europäischen Handels und der europäischen Wirtschaft. Die von den Kolonialmächten gegenüber ihren Kolonien betriebene Politik hatte einen maximalen Zufluß von Waren zum Ziel, die von Lateinamerika aus den Weltmarkt erreichten, von Waren, bei deren Aneignung und Akkumulation die kolonialen Mächte konkurrierten.

»Nachdem die Zeit der Beutezüge vorbei war, mußten Mittel und Wege gefunden werden, um die einheimische Bevölkerung der im Entstehen begriffenen örtlichen Gemeinschaft als Arbeitskräfte einzuverleiben. Zur gleichen Zeit verteilte man untereinander die Rechte zur Nutzung einheimischer Arbeitskraft, um mit ihrer Hilfe dem Boden alles, was er hergab, durch Pflügen, Sammeln oder den Betrieb von Bergwerken zu entreißen. Auf diese Weise nahm die koloniale Gesellschaft Gestalt an, sobald die institutionellen Mittel gefunden wurden, um die Arbeitskraft in den Dienst der Eroberer zu stellen.«[10]

Allerdings gelang es den Kolonialmächten auf lange Sicht nicht, mit der ihrer traditionellen Subsistenzmittel beraubten Bevölkerung Lateinamerikas die gewünschten Warenmengen zu produzieren. Als die Dezimierung der einheimischen Arbeitskräfte durch Krankheiten, durch Krieg, durch die Zerstörung ihrer einheimischen Wirtschaft und die verheerenden Arbeitsbedingungen die Produktion von Waren für den Weltmarkt einzuschränken, ja zu unterbrechen drohte, widmeten die europäischen Mächte ihre Aufmerksamkeit nicht der Bewahrung und Reproduktion dieser im Versiegen begriffenen Quelle von Arbeitskräften, sondern vielmehr deren Ersatz. Als es nicht mehr ausreichend einheimische Bewohner gab, die den von einer wachsenden Anzahl europäischer Unternehmen gestellten Anforderungen entsprachen, begannen die Spanier, im Verein mit den Portugiesen, Franzosen, Engländern und Holländern, Arbeitskräfte von einem anderen Kontinent zu importieren – aus Afrika.[11] Die noch nicht kolonisierten Gegenden Afrikas boten ihnen eine weitere scheinbar unerschöpfliche – und daher in gleicher Weise verschwendbare – Quelle von Arbeitskraft.

2.2 *Afrika*

Während des 17., 18. und 19. Jahrhunderts wurden Millionen von Afrikanern gefangen und auf die andere Seite des Atlantiks verschleppt, um dort als Sklavenarbeiter zu dienen, wo die indianische Bevölkerung nicht ausreichte oder bereits im Dienst der

Produktion für den Weltmarkt geopfert worden war. Der Sklavenhandel bedeutete für die weitere Entwicklung der einheimischen afrikanischen Wirtschaft und Kultur das Ende. Die Hauptstädte der Königreiche der südlichen Sahara, die als Zentren des Handwerks und des Transsaharahandels prosperiert hatten, deren Karawanenhandel aber schon durch die Konkurrenz der europäischen Atlantik-Schiffahrt geschwächt worden war, verfielen dem vollständigen Ruin.[12] Während der Beutezüge der Sklavenhändler gingen in den Verließen der Sklavenschiffe Hunderttausende von Afrikanern unter unmenschlichen Bedingungen zugrunde. Denen, die Amerika erreichten, erging es kaum besser: Die Verhältnisse, unter denen die importierte Sklavenarbeitskraft eingesetzt wurde, waren kaum leichter als jene, die zur Vernichtung der Ureinwohner Amerikas geführt hatten:

»Im Anschluß an die Dezimierung der Indiobevölkerung auf den Karibischen Inseln war Sklavenarbeit die wesentliche Art der Arbeit, und die Bedingungen unterscheiden sich nicht von den Bedingungen der Sklavenarbeit an anderen Orten. Der Umfang dieser Sklaven-Arbeiterschaft ist in seinem vollen Ausmaß nicht bekannt. So wurden beispielsweise allein auf die britischen Antillen zwischen 1630 und 1768 über zwei Millionen afrikanische Sklaven importiert. Die spanischen Inselbesitzungen hatten eine konstante Sklaven-Arbeiterschaft von 2,4 Millionen. Auf Barbados und Bermuda konnte ein Sklavenbesitzer nicht wegen der Tötung eines Sklaven belangt werden (auch nicht mit einer Geldstrafe). Sklaven wurden in der Regel durch Auspeitschen, Kastration oder durch das Abschneiden von Nase und Ohren bestraft. Weibliche Sklaven wurden sexuell ausgebeutet.«[13]

Für die Afrikaner brachte die Sklaverei Zerstörung und Ausbeutung, für die Kaufleute, die Sklaven transportierten, für die Sklavenhalter, die sie zur Arbeit einsetzten, und für jene, welche die billigen Produkte der Sklavenarbeit am Weltmarkt kauften, materiellen Gewinn und ökonomischen Vorteil. In erster Linie war der Sklaventransport selber Quelle ungeheuren Profits. Einige der heute angesehensten Finanz- und Handelshäuser Europas und Amerikas verdanken ihre Entstehung und ihren Aufschwung den Profiten aus dem Sklavenhandel:

»Williams[14] vermittelt einen klaren Eindruck der vielfältigen Vorteile, die England aus dem Handel mit Sklaven und aus deren Ausbeutung zog, und nennt gleichzeitig die Namen verschiedener Persönlichkeiten und kapitalistischer Unternehmen, welche die Nutznießer hiervon waren. Geradezu beispielhaft sind die Herren David und Alexander Barclay, die sich vom Jahre 1756 an im Sklavenhandel engagierten und die später den Profit hieraus zur Gründung der Barclay's Bank verwendeten. Einen ähnlichen Aufstieg erlebten Lloyds, die anfänglich ein kleines Londoner Kaffeehaus betrieben, um dann zu einer der Welt größten Bank- und Versicherungshäuser zu werden, nachdem sie ihren Profit aus dem Sklavenhandel und der Sklaverei gescheffelt hatten.«[15]

Cameron beschreibt, wie der Profit zustande kam:

»An der Goldküste Afrikas konnte man einen Neger oder eine Negerin für 100 Gallonen Rum (die damals 50 $ kosteten) kaufen und sie in den Kolonien für 100 bis 250 $ verkaufen. Der Kapitän eines Sklavenschiffes berichtet, daß auf einer durchschnittlichen Fahrt seine Ausgaben 39 000 $ betrugen, sein Profit dagegen 41 000 $ (also mehr als 100%), und dies trotz der Tatsache, daß 8% bis 10% der Sklaven während der Reise starben. Ein Großteil des Reichtums von Boston, Newport – wo es 22 Schnapsbrennereien gab – und von anderen Städten Neuenglands stammt aus dem Rum- und Sklavenhandel.«[16]

Hinzu kam, daß die Sklavenarbeit jener unfreiwilligen Emigranten in die Dritte Welt die Länder Europas mit einem reichen und ständigen Angebot an billigen Nahrungsmitteln, an Tabak und an Rohstoffen versorgte. Jene Produkte, die von den Kolonien über den Atlantik zu den jeweiligen Mutterländern verschifft wurden, wurden häufig in andere europäische Länder reexportiert, um die internationalen Handelsbeziehungen der nordeuropäischen Länder anzukurbeln und zu konsolidieren.

»Natürlich entsprach der Nutzen nicht immer dem Aufwand, mit dem sich ein europäisches Land im Atlantikhandel engagierte. Die enormen Profite der portugiesischen Übersee-Unternehmen verließen rasch die portugiesische Ökonomie und wanderten in die Hände der entwickelteren kapitalistischen Nationen Westeuropas, die Portugal mit Kapital, Schiffen und Handelswaren versorgten. Deutschland gehörte ebenso zu jener Kategorie wie England, Holland und Frankreich.

Der Afrikahandel trug erheblich zur Stärkung der internationalen Beziehungen innerhalb der westeuropäischen Ökonomie bei, wenn man bedenkt, daß das amerikanische Warenangebot das Resultat afrikanischer Arbeit war. So wurden zum Beispiel brasilianische Farbhölzer von Portugal in den Mittelmeerraum, die Nordsee und ins Baltikum reexportiert und gelangten so im 17. Jahrhundert in die kontinentale Textilindustrie.

Zucker von den karibischen Inseln wurde von England und Frankreich in einem solchen Ausmaß in andere Gegenden Europas reexportiert, daß in der ersten Hälfte des 18. Jahrhunderts Hamburg zum größten Zucker-

Raffinier-Zentrum Europas wurde. Deutschland lieferte Industrieprodukte nach Skandinavien, Holland, England, Frankreich und Portugal, die zum Wiederverkauf in Afrika bestimmt waren. [. . .] Die Finanziers und Kaufleute in Genua waren die Mächte, die hinter den Märkten in Lissabon und Sevilla standen, während holländische Bankiers eine ähnliche Rolle in Skandinavien und England spielten.«[17]

Schließlich trugen die Profite aus dem Sklavenhandel und dem Handel mit den von Sklavenarbeit erzeugten Produkten sowohl direkt als auch indirekt zur Finanzierung der industriellen Revolution bei.

»Im Jahre 1840 hielt Professor H. Merivale in Oxford eine Reihe von Vorlesungen über ›Kolonisierung und Kolonien‹. Im Laufe dieser Vorlesungen stellte er zwei wichtige Fragen und gab hierauf zwei ebenso wichtige Antworten: was führte zum Aufstieg Liverpools und Manchesters von zwei Provinzstädten zu zwei gewaltigen Handelszentren? Was ist gegenwärtig die Basis von deren reger industrieller Aktivität und von deren rapide steigendem Wohlstand? [. . .] Ihren gegenwärtigen Reichtum schulden sie in Wirklichkeit der Mühsal und dem Leiden der Negersklaven, ganz als ob deren Hände die Docks ausgegraben und ihre Dampfmaschinen fabriziert hätten.‹«[18]

»Dann gab es James Watt, der seinen ewigen Dank den westindischen Sklavenhaltern ausdrückte, die seine berühmte Dampfmaschine direkt finanziert hatten, und die ihr den Weg vom Reißbrett in die Fabrik bahnten.«[19]

Die gewaltsam über den Atlantik verschleppten afrikanischen Arbeiter traten an die Stelle der dezimierten einheimischen Arbeiterschaft Nord- und Südamerikas und produzierten nun Waren für den sich ausdehnenden Weltmarkt.

Solange der Sklavenhandel den Ersatz der dahinschwindenden einheimischen Arbeitskräfte ermöglichte, waren die natürlichen Ressourcen der amerikanischen Kolonien eine Quelle von Reichtum und Profit für die kolonialen Unternehmungen, und zwar ungeachtet der Tatsache, daß die Lebens- und Arbeitsbedingungen eine Reproduktion der unmittelbaren Produzenten ausschlossen. Gleichzeitig machte der Zusammenbruch der traditionellen afrikanischen Gesellschaftssysteme, der zum erheblichen Teil durch die Verschleppung der Bevölkerung weiter Landesteile verursacht worden war, den afrikanischen Kontinent zu einem wehrlosen Opfer zukünftiger kolonisatorischer Beutezüge europäischer Mächte, die ihre Suche nach noch größeren Quellen von Reichtum gegen Ende des 19. Jahrhunderts fortsetzten.

Die Versklavung war nur eine von vielen Formen der Zwangsarbeit, deren Anwendung sich nicht auf den afrikanischen Kontinent beschränkte. So wurde zum Beispiel in Indonesien bereits im 16. Jahrhundert das Volk der Banda zur Herstellung von Gewürzen für die United East India Company gezwungen. Dies ging einher mit der totalen Zerstörung der einheimischen Landwirtschaft und Fischerei. Ähnlich erging es den Einwohnern Javas: Dort wurde das einheimische System von Tributpflichten einfach so verändert, daß ein Teil des den eingeborenen Führern zustehenden Tributs – Reis und Pfeffer – in der Form exportierbarer Waren den Kolonialherren zukam. Im 17. und 18. Jahrhundert wurde dieses System auf die Lieferung von Holz, Indigo und Kaffee ausgedehnt.[20]

Der von den Engländern im 18. Jahrhundert eroberte Subkontinent Indien erlebte unter der Herrschaft der East India Company nicht nur die Zerstörung einheimischer landwirtschaftlicher Produktion, sondern auch eine gewaltsame Deindustrialisierung – ein Schicksal, das die Engländer in späteren Jahren auch Ägypten auferlegten.[21] Diese Gesellschaft, die im Zuge einer rücksichtslosen Kampagne die natürlichen Ressourcen und die einheimische Arbeitskraft ausgebeutet hatte, betrieb ebenfalls eine systematische Zerstörung der einheimischen Textilherstellung:

»Die städtische Ökonomie war um nichts weniger betroffen. Prosperierende Regionen, Städte und Handelsplätze wurden verlassen, und nur die Ruinen einer blühenden Vergangenheit geben Zeugnis über die von der Company, deren Angestellten, deren Armee und deren Gefolgsleuten verbreitete Zerstörung. In Nordindien verdienen von jenen Orten, an welchen die Company von Anfang an einen starken Einfluß ausübte, die Städte Dacca, Murshidabad und Surat besonders Beachtung. Im Jahre 1757 fand Clive, daß die Stadt Murshidabad in ihrer Prosperität London wenigstens gleichkam, wenn nicht gar übertraf. Dagegen berichtete Sir Charles Trevelyan im Jahre 1840:

›Die spezielle Art seidiger Baumwolle, die zuvor in Bengalen angebaut wurde, und aus der ehemals der feine Dakka-Musselin hergestellt wurde, ist kaum noch zu sehen; die Bevölkerung der Stadt Dacca ist von ehemals 150 000 auf 30 000 bis 40 000 zurückgegangen, und der Urwald wie die Malaria ergreifen zusehends von der Stadt Besitz [. . .] Dacca, das einst das Manchester Indiens war, ist von einer ehemals blühenden Stadt zu einer äußerst ärmlichen Kleinstadt herabgesunken; das Ausmaß des Elends ist tatsächlich erheblich.‹

Wie Charles Trevelyan, berichtet Montgomery Martin im selben Jahr vor derselben Untersuchungskommission des Unterhauses, die sich mit den Angelegenheiten der East India Company zu befassen hatte:

›Der Niedergang und die Zerstörung von Surat, Dacca und Murshidabad und von anderen Orten, an denen einheimische Handwerksproduktion betrieben wurde, ist eine schmerzliche Tatsache [. . .] Ich bin nicht der Ansicht, daß es sich hier um die gerechte Ausbreitung von Handel und Wandel gehandelt hat; ich denke, es war die Macht des Stärkeren über den Schwächeren.‹

Sir Henry Cotton bemerkt im Jahre 1890:

›Im Jahre 1787 betrug der Export von Dacca-Musselin nach England 30 lakh (drei Millionen Rupien); im Jahre 1817 hatte er völlig aufgehört. [. . .] Familien, die zuvor im Überfluß lebten, wurden gezwungen, die Stadt zu verlassen, um sich auf den Dörfern einen Lebensunterhalt zu verschaffen. Einen solchen Verfall hat es nicht nur in Dacca gegeben, sondern überall.‹«[22]

Die gewaltsame Erschließung Chinas für europäische Profitinteressen hatte, den Angaben eines englischen Zeitgenossen zufolge, verheerendere Folgen als der Sklavenhandel:

»Dies ist der Grund, weshalb der Sklavenhandel im Vergleich zum Opiumhandel weit weniger grausam war: Wir zerstörten nicht die Körper der Afrikaner, denn es war unser unmittelbares Interesse, sie am Leben zu halten; wir verfälschten nicht ihre Natur, korrumpierten nicht ihr Gedächtnis und zerstörten nicht ihre Seelen. Dagegen mordet der Händler den Körper, nachdem er die moralische Existenz des armen Sünders korrumpiert, erniedrigt und vernichtet hat, der jede Stunde dem nimmersatten Moloch neue Opfer zuführt, vor dessen Altar der englische Mord und der chinesische Selbstmord miteinander um immer neue Opfergaben wetteifern.«[23]

Dieses Zitat erschien in einem Artikel über den Opiumhandel, der in der *New York Daily Tribune* am 21. September 1858 veröffentlicht wurde. Einige Tage später erschien ein weiterer Artikel, der ausführlicher beschrieb, wie die East India Company im Verein mit der britischen Regierung den Opiumanbau in Bengalen erzwang und die Opiumverarbeitung und den Verkauf an Opiumschmuggler monopolisierte. Die folgenden Zahlen veranschaulichen die finanzielle Bedeutung, die der Opiumhandel für die britische Regierung hatte:

»Gehegt von der East India Company, vergebens bekämpft von der Zentralregierung in Peking, nahm der Opiumhandel immer größeres

Ausmaß an, bis er im Jahre 1816 2 500 000 $ absorbierte. [...] Im Jahr 1820 war die Zahl der nach China geschmuggelten Kisten auf 5147 gestiegen; im Jahr 1821 auf 7000 und im Jahr 1824 auf 12 639.... Der Opiumhandel nahm in der Zeit zwischen 1824 und 1834 von 12 639 auf 21 785 Kisten pro Jahr zu. Im Jahr 1837 gelang es, 39 000 Opiumlieferungen mit einem Gesamtwert von 25 000 000 $ nach China zu schmuggeln ... trotz des verzweifelten Widerstands der kaiserlichen Regierung ... Der Import wurde im Jahr 1856 auf 35 000 000 $ geschätzt, während im selben Jahr die britisch-indische Regierung einen Erlös von 25 000 000 $ aus dem Opium-Monopol einstrich, was genau einem Sechstel der gesamten Staatseinnahmen entsprach.«[24]

3. Die Herstellung billiger Rohstoffe für die europäische und die nordamerikanische Industrie im 19. und 20. Jahrhundert

Die weitere Unterordnung der Länder der Dritten Welt unter das System der kapitalistischen Warenproduktion im Dienste der Industrialisierung Europas nahm in den einzelnen Erdteilen vielfältige Formen an. In jenen Gegenden Amerikas, in denen Afrikaner angesiedelt und als Arbeitskräfte eingesetzt wurden, folgte der Abschaffung der Sklaverei die Einführung des landwirtschaftlichen Pachtsystems. Die Produktion orientierte sich weiterhin an den Erfordernissen des Weltmarktes. Im Gegensatz hierzu waren die sozialen Verhältnisse in der landwirtschaftlichen Produktion der indianischen Regionen (das System der encomienda) eng mit einem System der Subsistenzproduktion verknüpft, das nur am Rande mit der kommerziellen Produktion für den Export zu tun hatte.[25] In anderen Gegenden überwogen Siedlungen europäischer Farmer und Viehzüchter – wie etwa auf den *haciendas* in Mexiko, den Farmen Chiles und den *ranches* Argentiniens. Gleichzeitig mit der Änderung der ländlichen Produktionsweise vollzog sich ein Wandel der Produkte, die für den Weltmarkt produziert wurden.

»Die erstaunliche weltweite Expansion des Kapitalismus im dritten Viertel des [19.] Jahrhunderts [...] führte zu einem erheblich größeren Ausmaß an direkter Intervention von seiten der ›entwickelten‹ Mächte, als Lateinamerika es seit dem Verschwinden der Spanier und Portugiesen gewohnt war. Das hiervon am meisten betroffene Land war Mexiko, das als Ergebnis der amerikanischen Aggression des Jahres 1847 große Teile seines Staatsgebietes an die Vereinigten Staaten verlor. Europa entdeckte Waren, deren Import aus jener weiten, unterentwickelten Region sich lohnte – Guano aus Peru, Tabak aus Kuba und aus verschiedenen anderen Gegenden, Baumwolle aus Brasilien (besonders während des amerikanischen Bürgerkrieges), Kaffee nach 1840 in erster Linie aus Brasilien, Nitrate aus Peru, usw. [. . .] Einige dieser Waren erlebten nur einen zeitweiligen Boom, und ihr Niedergang erfolgte ebenso rasch wie ihr Aufstieg: Die Zeit des Guano hatte in Peru im Jahr 1848 kaum begonnen, als sie bereits in den siebziger Jahren wieder zu Ende ging. Erst nach 1870 entwickelte Lateinamerika jenes relativ konstante Muster von Exportwaren, das bis auf den heutigen Tag fortbesteht.«[26]

Während jener Periode engagierten sich nicht nur die traditionellen Kolonialmächte in Lateinamerika, sondern auch Länder wie die Schweiz und Österreich:

»Die Firma ›Bally‹ [. . .] unternahm bereits in den siebziger Jahren des 19. Jahrhunderts den ersten Schritt zur Gründung verschiedener überseeischer Niederlassungen, und zwar als erstes in Südamerika [. . .]. Es ging um einen Standortwechsel, der einen besseren Zugang zu den Rohmaterialien ermöglichte, so die Gerberei La Federal in Argentinien.«[27]

In Afrika folgte der endgültigen Abschaffung des Sklavenhandels in den achtziger Jahren des vorigen Jahrhunderts die offizielle Kolonialisierung und Aufteilung des Kontinents.[28] Obwohl die besten und fruchtbarsten Ländereien (insbesondere im Osten und Süden Afrikas) von den europäischen Siedlern in Besitz genommen worden waren, stand den Einwohnern Afrikas weiterhin genügend Land zur Verfügung, auf dem sie die Güter ihres eigenen Bedarfs produzieren konnten. Der Grund dafür, daß sie sich auf diese Weise der Integration in das marktwirtschaftliche System internationaler Arbeitsteilung zunächst entziehen konnten, war schlicht der, daß die afrikanische Bevölkerung durch den Sklavenhandel dezimiert worden war. Somit interessierte die Afrikaner in keiner Weise das äußerst geringe Entgelt, das die kolonialen Siedler und deren Verwalter an sie zu zahlen bereit waren. Folglich mußten die europäischen Kolonialmächte Maßnahmen ergreifen, um eine Teilnahme der Afrikaner an der Belieferung von Europas Industrie mit den nötigen Rohstoffen zu erzwingen. Die Maßnahmen, die hierbei in Afrika angewandt wurden – so z. B. die Zwangsarbeit, die weitere Expropriation des Bodens, die Einführung von Steuern –, sind komplex und vielfältig und weisen in einigen Fällen Ähnlichkeit mit den in Südostasien verwendeten Methoden zur Beschaffung von Rohstoffen auf.

3.1 Zwangsarbeit

»In Kolonien, die hauptsächlich als Märkte für europäische Waren von Wert sind, liegen die bevölkerungsreichsten Bezirke im allgemeinen entlang von Flußläufen. Die Erschließung solcher Regionen verursacht kaum irgendwelche Ausgaben. [...] Die Dinge liegen jedoch anders, wenn von westlichen Unternehmen Produkte hergestellt werden, deren Entstehung an weniger dicht besiedelte Regionen gebunden ist. So erfordern Plantagen große Partien unbewohnten Bodens, und Minerallagerstätten werden meist in unwegsamen Gebirgsregionen gefunden. [...] Wenn unter solchen Bedingungen die Ressourcen ›unterentwickelter‹ Regionen für die übrige Welt nutzbar gemacht werden sollen, mußte das Kommunikationssystem verbessert werden. Das Eindringen westlicher Unternehmen in die Länder der Dritten Welt hat deshalb die Schaffung neuer Verkehrs- und Transportmittel erforderlich gemacht. So wurden etwa in Afrika während der Anfänge der europäischen Okkupation eine große Anzahl von Menschen als Lastenträger zu Dienstleistungen gezwungen, was unter den gegebenen Bedingungen zu erheblichen Leiden und einer enormen Zahl von Todesfällen unter der afrikanischen Bevölkerung geführt hat. [...] Es ist allgemein bekannt, daß der Straßenbau und die Errichtung von Eisenbahnlinien – zumindest in jener Zeit – in erheblichem Ausmaß zur Einführung von Zwangsarbeit führte. Die weitverbreitete Benutzung von zwangsverpflichteten Arbeitern beim Bau von Eisenbahnlinien hat in der Vergangenheit in Afrika zu vielen Zwischenfällen geführt, die das geringe Ansehen der Verwaltung verständlich machen. Und gerade in neuerer Zeit war die Zahl der Todesfälle bei solchen Arbeiten ›über alle Maßen hoch‹.«[29]

Bei der Herstellung von landwirtschaftlichen Produkten für den Export war die Situation für die einheimischen Arbeitskräfte nicht wesentlich besser. Das folgende Beispiel für die Qualen, die den Arbeitern von den Lever-Brothers, den Vorläufern des heute unter dem Namen Unilever bekannten multinationalen Konzerns, zugefügt wurden, stammt aus dem belgischen Kongo, dem heutigen Zaire.

»Am 14. April 1911 wurde eine Übereinkunft zwischen der Lever Brothers Company aus Port-Sunlight in England und der Kolonialverwaltung getroffen, die zur Entstehung der Ölmühlen von Belgisch-Kongo führte (SHCB). Für die Dauer von zehn Jahren war es dieser Gesellschaft gestattet, bis zu 750 000 Hektar des mit Ölpalmen bewachsenen staatlichen

Bodens zu nutzen. Dabei hatte sie die Möglichkeit, fünf Kreise mit jeweils 60 km-Radius auszuwählen und zu pachten. [. . .] Die Fläche, um die es dabei ging, betrug etwa ein Viertel der Fläche Belgiens. [. . .] Die Rekrutierung der erforderlichen Arbeitskräfte für die Palmpflanzungen und die Ölmühlen der Gesellschaft führten zum Verfall und zur Zerstörung der präkolonialen Gemeinschaften. Die Ursachen hierfür waren die überlange Abwesenheit der Bevölkerung von ihren Heimatorten, die vielen Todesfälle, verursacht durch die weiten Wege, die zurückzulegen waren, durch die harte Arbeit, den Hunger und die ungenügende Unterbringung, die fehlende Rücksichtnahme gegenüber örtlichen Traditionen und den Verfall der Heimatregionen. In Kwilu veranlaßte die Ausbeutung der reichen südlichen Regionen innerhalb der dünnbesiedelten Zonen von Kikwit die Gesellschaft zur Einstellung von Erntearbeitern unterschiedlichster Herkunft, so von Mbunda, Pende, Kwese, ja sogar von Arbeitern aus Angola. Angesichts der Weigerung der Bevölkerung, für die Gesellschaft zu arbeiten, unterstützte die Kolonialverwaltung die Gesellschaft bei der Steigerung der Lebensmittelproduktion. Dies geschah sowohl durch die zwangsweise Kultivierung als auch durch gewaltsame Rekrutierung von Bauern.
Die enge Zusammenarbeit zwischen der Kolonialverwaltung und der Gesellschaft auf dem Gebiet der Rekrutierung (Vertrag, Erpressung und Korruption) führte dazu, daß die Arbeiter Belastungen ausgesetzt waren, die erheblich schlimmer waren als die eines freien Lohnarbeiters und kaum weniger schlimm als die eines Sklaven.«[30]

Ähnliche Praktiken – Maximierung des Profits bei völligem Desinteresse an der Reproduktion der Arbeitskraft – herrschten auch in Asien.

So wurde Anfang des 19. Jahrhunderts in West-Java die Dorfbevölkerung gewaltsam zum Anbau von zusätzlichem Kaffee veranlaßt: »Die Dorfbevölkerung mußte 40% der Ernte ohne Bezahlung an den holländischen Staat abliefern. Die verbliebenen 60% mußten an den holländischen Staat verkauft werden.«[31] Nach dem Interim britischer Herrschaft in den frühen Jahren des 19. Jahrhunderts dehnte der holländische Staat den zwangsweisen Anbau von Exportprodukten auf das gesamte javanesische Inselgebiet aus. Im Gegensatz zu früher

»wurde jedoch der Anbau von Handelsgütern wie Kaffee, Tee und Indigo nicht durch Naturalsteuern erzwungen, [. . .] sondern durch direkten Zwang zu deren Herstellung. [. . .] Es war eine Art von Steuer in der Form von Arbeitskraft. Offiziell mußten 20% des dörflichen Anbaugebietes für diesen erzwungenen Anbau benutzt werden; in der Praxis war es jedoch oft mehr als die Hälfte der Fläche. Im Jahre 1846 waren fünf

Millionen Menschen (40% der Bevölkerung Javas) in diesem Zwangssystem beschäftigt.«[32]

In den Tabakpflanzungen des dünnbesiedelten Sumatra (heute ein Teil Indonesiens) wurden importierte javanische Arbeiter beschäftigt.[33] Das Problem, die Arbeiter gegen ihren Willen zur Arbeit zu zwingen, wird durch die folgende Annonce[34] in einem Lokalblatt veranschaulicht:

ENTLAUFEN.

1 Javane, Namens »Kasan«

MIT

1 Frau und 2 kleinen Kindern.

Alter 35 Jahre. - Höhe 161 cM.
Kennzeichen linkes Auge blind.

Um Benachrichtigung ersuchen

A. SIEMSSEN & Co.

Post: Tebing-Tinggi-Deli.

(Deli-Courant 1899)

3.2 *Die Expropriation des Bodens*

Die Zwangsarbeit ging mit der Expropriation entweder des gesamten oder eines Teils des landwirtschaftlich genutzten Bodens Hand in Hand. Dadurch, daß die einheimische Bevölkerung des gesamten oder eines Teils ihrer eigenen Subsistenzgrundlage – ihrer landwirtschaftlichen Anbaufläche – beraubt wurde, zwangen die Europäer die Bauern, sich das Recht, jenen Boden, der wenige Jahre zuvor noch ihr Besitz war, zu bewirtschaften, zu

›verdienen‹. Die einheimischen Bauern konnten sich dieses Recht ›verdienen‹, indem sie entweder halfen, das Land, welches jetzt den Europäern gehörte, zu bebauen, oder dadurch, daß sie einen bestimmten prozentualen Anteil ihrer eigenen Ernte den neuen Eigentümern ablieferten. Im Prinzip unterschieden sich solche Methoden zur Rekrutierung von Arbeitskräften für die Produktion von Waren kaum von den direkten Formen des Raubs und der Erpressung, welche die frühen kolonisatorischen Unternehmungen in Amerika begleitet hatten. In der Praxis gab es jedoch Unterschiede. Im 19. Jahrhundert sah es so aus, als hätten einige Kolonisatoren begriffen, daß es in ihrem eigenen Interesse lag, die Unterbrechung der einheimischen Produktion zu beschränken. Auf diese Weise konnten sie einen Bevölkerungsrückgang verhindern, der die kolonisierten Länder der Arbeitskraft beraubt hätte. So wurde es in vielen Teilen Asiens und Afrikas der Mehrheit der Bauern gestattet, wenigstens einen Teil ihres Bodens zu behalten, auf dem sie weiterhin ihre eigenen Subsistenzbedürfnisse befriedigen konnten. Nur in einigen wenigen Gebieten wurden Bauern und Nomaden für immer von ihren Ländereien vertrieben und gezwungen, in den Hafenstädten, den Bergwerken oder auf den Plantagen als ständige Lohnarbeiter einen Lebensunterhalt zu suchen.

3.3 Die Einführung von Steuern

Eine weitere Maßnahme zur Rekrutierung von Arbeitskräften für die Produktion von Rohstoffen bestand in der Einführung von Steuern. Das Eintreiben von Steuern wurde offiziell mit der Begründung gerechtfertigt, daß Kolonialvölker zu den Kosten für den Unterhalt ihrer Kolonialverwaltungen beitragen sollten, die ihnen so viele »Vorteile« gewährten. In Wirklichkeit erfüllte die Steuer denselben Zweck wie das System der Zwangsarbeit, das zwei Jahrhunderte zuvor in Südamerika geherrscht hatte: Sie garantierte »ein regelmäßiges Angebot an Arbeitskräften aus den Eingeborenensiedlungen für Bergwerke, Plantagen und für die Arbeitsprogramme der Kolonialverwaltung.«[35] Die Steuer wurde gewöhnlich entweder nach der Anzahl erwachsener Mitglieder eines Stammes oder Dorfes festgelegt (Kopfsteuer) oder entsprechend der Anzahl von Wohnungen (Hüttensteuer).[36] In Afrika war das Oberhaupt einer jeden Sippe persönlich für die Zahlung der Steuer verantwortlich. Die Auferlegung einer solchen Steuer hatte zur Folge, daß die Menschen nun Geld benötigten, mit dem sie die neu eingeführten Steuern bezahlen konnten. Es gab zwei Möglichkeiten für die einheimische Bevölkerung, in den Besitz dieses Geldes zu gelangen: 1. Sie konnten sich als Lohnarbeiter in den Bergwerken oder auf den Ländereien, die sich die Kolonisatoren angeeignet hatten, verdingen, oder 2. sie konnten auf den Feldern, die in ihrem Besitz verblieben waren, Früchte für den Verkauf anbauen. Beide Lösungen des Problems, Geld zur Tilgung der Steuerschuld zu beschaffen, waren weit verbreitet, und beide erwiesen sich vom administrativen und vom ideologischen Standpunkt aus den verschiedenen Formen der Zwangsarbeit überlegen. Das Steuersystem löste das Problem der Teilnahme der kolonisierten Völker an der Bereitstellung von billiger Arbeitskraft und billigen Produkten für den Weltmarkt, indem es die gesellschaftlichen Verhältnisse in Schuldverhältnisse verwandelte und den Beitrag der betroffenen Länder als einen normalen Bestandteil des internationalen Handels erscheinen ließ.

Bauernfamilien, die noch ausreichend fruchtbares Land besaßen, waren entweder in der Lage, die von ihnen kultivierte Bodenfläche zu erweitern oder intensiver zu bewirtschaften, was in beiden Fällen längere Arbeitszeit bedeutete, während sich in Gegenden, in denen dies nicht möglich war, die Versorgung mit Lebensmitteln verschlechterte.[37] Die Preise, welche die Bauern für ihre Produkte, die in die Länder Europas und Nordamerikas exportiert wurden, erzielten, wurden in der Regel von kolonialen Marktaufsichtsbehörden fixiert. Da die Bauern ihre eigenen Subsistenzbedürfnisse ohnedies selber befriedigten, waren die Preise, die den Bauern bezahlt wurden, gerade hoch genug, um die Zahlung der Steuerschuld zu ermöglichen. Kaum jemals reichten die Erlöse zum Kauf von Vorleistungen für die landwirtschaftliche Produktion, die eventuell die Produktivität der kleinbäuerlichen Arbeit erhöht hätte. Noch seltener ermöglichten die Preise der landwirtschaftlichen Produkte die Entstehung einer einheimischen Klasse kapitalistischer Bauern; die Ashanti Kakao-Farmer in Ghana gehören zu den wenigen, aber vielbeachteten Ausnahmen.[38] Neben der Herstellung landwirtschaftlicher Produkte für die marktmäßige Verwertung[39] bot sich den Bauernfamilien eine weitere Möglichkeit, die ihnen auferlegte Steuerschuld zu begleichen: Sie konnten sich als Lohnarbeiter auf Plantagen, in

Bergwerken, im Transport- oder Baugewerbe verdingen oder sich eine Beschäftigung im öffentlichen Dienst suchen.[40] Da der Zweck dieser Lohnarbeit nicht die Ernährung der Arbeiter und ihrer Familien war, sondern vielmehr die Beschaffung der nötigen Zahlungsmittel, mit denen man die Steuerschuld begleichen konnte, blieben die Arbeiter weiterhin von der landwirtschaftlichen Produktion ihrer Familien, die der Befriedigung ihrer Subsistenzbedürfnisse diente, abhängig. Frauen, Kinder und Alte blieben in den Dörfern, wo sie den Boden bearbeiteten (und möglicherweise Feldfrüchte für den Markt anbauten) und die für die ganze Familie erforderlichen Gerätschaften, Kleidungsstücke und Haushaltsgegenstände herstellten.[41] Auf diese Weise wurde für die Bewohner Afrikas und Asiens, die zu Lohnarbeitern geworden waren, die ständige Wanderschaft Teil ihres Lebens.[42] Die großräumige Herstellung von so unterschiedlichen Produkten wie Baumwolle, Sisal, Palmöl, Seide, Tee, Kaffee, Kakao usw. erfordert lediglich die Dienste von Saisonarbeitern. Die in den Bergwerken oder in den Städten Arbeitenden blieben oft ohne Unterbrechung mehrere Jahre fort und besuchten nur unregelmäßig ihre Heimatdörfer.

Diese Entwicklung wurde in einer aus neuerer Zeit stammenden Analyse der französischen Kolonialpolitik in Vietnam wie folgt beschrieben:

»Zur Zeit der Kolonialherrschaft bestanden die Kosten der Reproduktion der Arbeitskraft aus zwei verschiedenen Komponenten. Die Erhaltung der Arbeitskraft geschah ausschließlich am Ort der Produktion, wo die einheimischen Arbeiter einen historisch determinierten minimalen Subsistenzlohn erhielten. Dieser Subsistenzlohn wurde von dem jeweiligen Arbeitgeber festgesetzt. In der Regel bestanden die Zahlungsmittel aus einer Kombination von Geld und Naturalien (Gemeinschaftsunterbringung, karge tägliche Lebensmittelrationen und gelegentliche medizinische Pflege kleinerer Verletzungen). Dagegen geschah die *Erneuerung* der Arbeitskraft durch die Rekrutierung von Wanderarbeitern, mit denen die freien Plätze ausgefüllt wurden, die durch das Ausscheiden von Arbeitern oder die Expansion der Produktion entstanden waren. [...] Ein wesentlicher Teil der Kosten, welche die Erneuerung der Arbeitskraft erforderte, wurde den dörflichen Subsistenzgemeinschaften aufgebürdet.

Das System der Wanderarbeit bedeutete, daß die periodische Rückkehr der Wanderarbeiter in ihre Heimatdörfer eine Reduzierung des Preises der Arbeitskraft für die europäischen Plantagen, Bergwerke, Fabriken ermöglichte. [...]

Die Erneuerung der Arbeitskraft wurde ermöglicht durch die Fürsorge, welche von der Familie in den geographisch getrennt liegenden Dörfern für die Kinder, Alten und Kranken erbracht wurde, und zwar zusätzlich zu anderen grundlegenden sozialen Diensten, mit welchen die Arbeiter während jener Zeit versorgt wurden, während derer sie arbeitslos waren. So erfüllte die Stärkung der dörflichen Arbeitskraftreserven in Tonkin und Annam eine spezielle, lebenswichtige Funktion, deren Erfüllung vom kolonialen Staatsapparat und den europäischen Unternehmen verweigert wurde: die Funktion der Sozialversicherung.«[43]

Die zeitlich begrenzte Wanderarbeit bot den für den Weltmarkt produzierenden kolonialen Unternehmen deutliche Vorteile gegenüber der permanenten Lohnarbeit. Wanderarbeit versorgt den Unternehmer mit einem kontinuierlichen Vorrat an Arbeitskräften, ohne daß er politisch oder finanziell für die Reproduktion dieses Vorrats verantwortlich wäre. Bei der Lohnarbeit in Bergwerken, auf Plantagen oder beim Bau- und Transportwesen waren Krankheit, Unfall, Arbeitslosigkeit ebensowenig vorgesehen wie eine Altersversorgung der Arbeiter oder der Arbeiterfamilien. Alle diese ›sozialen Dienstleistungen‹ wurden von der ländlichen Subsistenzökonomie des Dorfes besorgt. Somit erlaubten es die Existenz der ländlichen Subsistenzwirtschaft und die Entwicklung komplexer Wanderungsstrukturen den in der Dritten Welt agierenden kapitalistischen Unternehmen, sich der Bezahlung der Reproduktionskosten der Arbeitskraft zu entziehen.

Im nächsten Abschnitt werden wir prüfen, was mit jenem ländlichen Subsistenzsektor, der den Weltmarkt viele Jahrzehnte lang mit billigen landwirtschaftlichen Produkten und mit billiger Arbeitskraft versorgt hat, heute geschieht.

4. Agribusiness und Grüne Revolution: Die Zerstörung der traditionellen Reproduktionsgrundlage billiger Lohnarbeit und die Intensivierung der Land-Stadt-Wanderung

Die im vorangegangenen Abschnitt skizzierten Entwicklungen – die Trennung der landwirtschaftlichen Produzenten von ihrem Boden und die Produktion von Nahrungsmitteln und Rohstoffen für den Weltmarkt – wurden durch den Umstand, daß die ehemaligen Kolonien ihre formelle Souveränität erhielten, kaum beeinflußt. Vielmehr wurden sie in dem Maße verstärkt, wie sich das moderne ›Agribusiness‹ der landwirtschaftlichen Produktion in den Ländern der Dritten Welt bemächtigte.[44]

Die hochindustrialisierte Form landwirtschaftlicher Produktion in den Händen multinationaler Konzerne bedient sich der jeweils neuesten Forschungsergebnisse auf dem Gebiet der Pflanzen- und Tierzucht, der chemischen Düngung und Schädlingsbekämpfung sowie der Mechanisierung des landwirtschaftlichen Produktionsprozesses. Die ständig wachsende Betriebsgröße und der hohe Mechanisierungsgrad der industrialisierten Landwirtschaft haben zur Folge, daß eine immer geringere Zahl von Arbeitern benötigt wird, um eine immer größer werdende Anbaufläche zu bewirtschaften. Für die Bevölkerung der betroffenen Länder bedeutet dies, daß während der letzten 10 bis 20 Jahre Millionen von Menschen von ihrem ländlichen Besitztum vertrieben wurden. Die Konstellation von Kräften, die hinter dieser neueren Entwicklung landwirtschaftlicher Produktion steht, wurde in Ernest Feders Beitrag zu diesem Band treffend dokumentiert. Die Besonderheit dieser Art von landwirtschaftlicher Produktion liegt in ihrem Zweck: Sie dient nicht der Ernährung – also der Subsistenz und Reproduktion – der einheimischen Bevölkerung, sondern der Versorgung des Weltmarktes mit marktgängigen Erzeugnissen. Dies wird durch Berichte der Wirtschaftspresse belegt, so etwa durch die Beschreibung der Expansion der Castle and Cook Food Company (USA) in der Dritten Welt:

»Das Unternehmen dehnt sein geographisches Betätigungsfeld aus, um seine Produktion zu steigern und um während des gesamten Jahres über ein stetiges Angebot an frischen Ernteerzeugnissen zu verfügen. Seine Botaniker haben bereits eine Ananas-Sorte entwickelt, die im tropischen Klima von Honduras gedeiht. An anderer Stelle in Mittelamerika testet die Gesellschaft hybride Sorten von Kirschtomaten, Gurken und Zucchini, die möglicherweise zusammen mit den Bananen, die die Gesellschaft herstellt, an die Ostküste der USA und im Winter nach Europa verschifft werden sollen, wenn dort Frischgemüse knapp ist«.[45]

Im März des Jahres 1978 hat jene Gesellschaft – die Ananas und Bananen unter dem Markenzeichen ›Dole‹ vertreibt – eine andere US-amerikanische Lebensmittelgesellschaft erworben, die Bud Antle Corporation, die durch ihre engagierte und ausdauernde Opposition gegen Cesar Chavez, der versuchte, für die kalifornischen Landarbeiter das Recht auf gewerkschaftliche Organisation durchzusetzen, von sich reden machte. Der folgende Bericht veranschaulicht das vollständige Desinteresse der Bud Antle Corporation an den Auswirkungen der Aktivitäten des Agribusiness auf die einheimische Bevölkerung in Afrika:

»Dieser Konzern nutzt die besten landwirtschaftlichen Anbauflächen Senegals zur Herstellung von Gemüse, Melonen und tropischen Gewürzen für den europäischen Markt, obwohl sich diese Flächen ebenso für den Anbau von Getreide und Gemüsesorten eignen würden, die dringend für die Versorgung des Landes benötigt werden. Zu Beginn der Siebziger Jahre ging die Ausdehnung des Exports mit der Verbreitung des Hungers Hand in Hand.«[46]

Im Awash-Tal in Äthiopien – einem Tal, das etwa 6% der Gesamtfläche dieses Landes einnimmt –, liegen die Dinge ähnlich:

»Seit 1962 hat die Awash Valley Authority [. . .] bereits eine Fläche von 50 000 Hektar kultiviert, von der drei Fünftel für den Baumwollanbau und ein Fünftel für den Anbau von Zuckerrohr genutzt werden, [. . .] über die Hälfte der Anbaufläche wird von ausländischen Gesellschaften kontrolliert, [. . .] die Zahl der Beschäftigten wurde infolge von Mechanisierungsmaßnahmen auf einige wenige schlecht bezahlte Tagelöhner reduziert [. . .] diese Entwicklung wurde durch die Vertreibung der von der Viehzucht lebenden Afar- und Galla-Stämme ermöglicht. [. . .] Die Vertreibung der Herden und Menschen in die verbliebenen relativ gut nutzbaren Regionen führte dort zu einer rapiden Versteppung, zu Nahrungsmangel und Unterernährung der Viehbestände, mit der Konsequenz, daß Tiere und Menschen jenes Landesteils unter der großen äthiopischen Hungersnot des Jahres 1973 besonders zu leiden hatten. Es ist anzunehmen, daß die Zahl der Mitglieder des Afar-Stammes – des größten im Awash-Tal ansässigen Stammes – um 25 bis 30% reduziert wurde«.[47]

In welchem Ausmaß die Mitglieder der jeweiligen Regierungen mit den betreffenden multinationalen Konzernen Hand in Hand arbeiten, wenn es gilt, die für den Export bestimmte Produktion auszuweiten, zeigt der folgende Bericht über die Ereignisse auf den Philippinen:

»Zu Beginn der siebziger Jahre war Del Montes Position zunehmend bedroht durch das Erstarken nationalistischer Elemente in der philippinischen Bourgeoisie. In dieser Situation fand Del Monte einen außerordentlich wichtigen Verbündeten in Präsident Marcos. Als Vorsitzender des philippinischen Senats machte sich Marcos in den frühen sechziger Jahren einen Namen als getreuer Verteidiger des US-amerikanischen Agribusiness, indem er nationalistische Anstrengungen zur Verhinderung der Ausdehnung des Ananasanbaus in Mindano blockierte. [. . .] Marcos'

Bodenreformprogramm, das scheinbar das Los hunderttausender verelendeter Naturalpächter bessern sollte, fand ausschließlich Anwendung auf jene Anbauflächen, die voll und ganz der Produktion von Reis und Korn dienten. Auf diese Weise waren zwei Drittel der landwirtschaftlich genutzten Anbaufläche der Philippinen, die von multinationalen Unternehmen wie Del Monte zur Herstellung landwirtschaftlicher Exportprodukte genutzt werden, von der Bodenreform ausgenommen. [. . .] Die von Del Monte während der letzten Jahre in Mindano betriebene Expansion hat einen Prozeß beschleunigt, der für die Durchdringung der Dritten Welt durch Unternehmen des Agribusiness typisch ist – unabhängige Kleinbauern werden von ihren Anwesen verdrängt und häufig in Lohnarbeiter verwandelt, während das Bodeneigentum in immer größeren Einheiten konzentriert wird. [. . .] Ortsansässige Bauern, die sich weigerten, ihre Felder aufzugeben, mußten zusehen, wie ihr Land eingezäunt wurde und wie Beschäftigte der Del Monte Corporation, die von bewaffneten Wachen beschützt wurden, Vieh auf die von ihnen bestellten Äcker trieben.«[48]

Aber auch jene Bauern, denen bislang die Vertreibung von ihrem Land durch koloniale Enteignungsmaßnahmen oder durch die in neuerer Zeit erfolgende Invasion des Agribusiness erspart blieb, sind bedroht. Denn mit ihren Ernteerträgen können sie gegenüber der Konkurrenz der Agrarkonzerne nicht bestehen, die hochmechanisierte Formen landwirtschaftlicher Produktion verwenden. So muß die senegalesische Bauernfamilie, die ohne künstliche Bewässerung, ohne Traktor, ja nur mit einer Hacke, Erdnüsse anbaut, mit den hochmechanisierten und effizienten Unternehmen in Louisiana in den USA konkurrieren. Hierbei ist der senegalesische Erdnußfarmer in zweifacher Hinsicht benachteiligt: Zum einen ist sein Erdnußanbau weit weniger effizient, er benötigt also weit mehr Arbeitszeit, um eine gegebene Menge an Erdnüssen herzustellen, als seine Konkurrenten am Weltmarkt; zum anderen erhält er nicht einmal den ohnehin geringen Weltmarktpreis für seine Produkte, da er im Gegensatz zu den modernen Großbetrieben Louisianas nicht den Weltmarkt direkt, sondern über eine Kette von Zwischenhändlern beliefert, die sich über die Vermarktungskosten hinaus durch Abschläge und Provisionen einen erheblichen Teil der von dem senegalesischen Bauern geleisteten Arbeit aneignen. Dies verstärkt die Abhängigkeit der Kleinbauern in den Ländern der Dritten Welt von Händlern, Transportunternehmern und Großgrundbesitzern, die von ihrer Marktmacht und ihrem Einfluß über ein zunehmend zentralisiertes Kreditsystem schrankenlos Gebrauch machen.

Die sogenannte »Grüne Revolution« wird oft als Gegenpol zu den Trends gesehen, die sich als Resultat des wachsenden Agribusiness herausbilden. Hierbei bezieht sich der Begriff der »Grünen Revolution« auf die Entwicklung hybrider Getreidesorten, die in der Dritten Welt angebaut werden konnten und dort teilweise eine enorme Steigerung der Erträge an Nahrungsmitteln bewirkten, wobei es sich im wesentlichen um Weizen, Mais und Reis handelt. Ein Programm zur Förderung von Forschung und Entwicklung wurde zu Beginn der vierziger Jahre mit Mitteln der Rockefeller-Foundation initiiert und führte schließlich zur Gründung des International Wheat and Maize Improvement Center in Mexiko. Im Jahre 1962 wurde auf den Philippinen mit der Unterstützung der Rockefeller-Foundation wie der Ford-Foundation das internationale Reis-Institut gegründet. In diesen Forschungsinstituten gelang es, Pflanzensorten zu züchten, die eine deutliche Erhöhung der jährlichen Hektarerträge an Getreide und Reis ermöglichten. Doch stellten sich diese Ertragssteigerungen nur unter bestimmten Bedingungen ein, nämlich mit dem Kauf neuer hybrider Samen, regelmäßiger Bewässerung und der Verwendung teurer und hochwertiger Vorleistungen wie etwa von Pestiziden und Kunstdünger.[49] Solche Vorleistungen erforderten natürlich einen höheren Kapitaleinsatz, als ihn sich der durchschnittliche Bauer in der Dritten Welt leisten konnte, ja, der größte Teil der Bauern hatte nicht einmal die Mittel, um das neue hybride Saatgut überhaupt zu kaufen. Obwohl in einigen Ländern Kreditsysteme ins Leben gerufen wurden, die den kleineren Produzenten die Teilnahme an dem Programm ermöglichen sollten, waren die Hauptnutznießer des Programms selbst wie des Kreditsystems die großen landwirtschaftlichen Betriebe und die Firmen, welche die benötigten Vorleistungen herstellten und verkauften.[50]

Der technologische Erfolg der »Grünen Revolution« ging folglich mit einem Scheitern ihrer erklärten Absicht einher, die Mehrheit der Bevölkerung der Dritten Welt vor dem Hungertod zu bewahren. Dies wird auf anschauliche Weise durch einen Bericht aus dem Thanjavur-Distrikt in Südost-Indien belegt:

»Für den größten Teil der Kleinbauern, Pächter und Landarbeiter [. . .] waren die Auswirkungen ungünstig. Obwohl die Reisproduktion in den Jahren seit 1951 um das Fünffache des Bevölkerungswachstums gestiegen ist, [. . .] wurden die Pachtbauern von etwa der Hälfte des Landes, das sie 1951 bewirtschafteten, vertrieben. [. . .] Die Landarbeiter, die im Jahre

1951 etwa 40% aller landwirtschaftlichen Arbeitskräfte ausmachten, stellen nun mehr als 60% und in einigen der dichter besiedelten Dörfer an der Küste sogar 75%, [. . .] Angesichts des Überangebots an Arbeitskräften haben gesetzlich geregelte Tageslohnsätze wenig Bedeutung, denn gegenwärtig arbeitet die Mehrzahl der Landarbeiter lediglich zwischen 90 und 140 Tage im Jahr, während sie im Jahr 1951 für gewöhnlich zwischen 120 und 180 Tage arbeitete. [. . .] Das Ergebnis ist eine Verschlechterung der Reallöhne und des Lebensmittelangebots für die meisten landwirtschaftlichen Arbeiter. Eine 1970 durchgeführte Untersuchung fand heraus, daß [. . .] 35% der Bevölkerung unter Bedingungen leben, die um mehr als die Hälfte unter dem von den Vereinten Nationen als zumutbar angesehenen Subsistenzniveau liegen.«[51]

Somit haben Agribusiness und Grüne Revolution die Nachkriegsentwicklung der Dritten Welt auf grundlegende Weise geprägt: Beide führten im Endeffekt dazu, daß landwirtschaftliche Anbaufläche, die zuvor als Grundlage für die Produktion von Nahrungsmitteln für die örtliche Bevölkerung gedient hatte, in ein Mittel für die an den Bedürfnissen des Weltmarktes orientierte Agrarproduktion verwandelt wurde. Dabei gingen die den Kleinbauern zur Ernährung ihrer Familien noch verfügbaren Anbauflächen sowohl der Bonität als auch der Quantität nach zurück.

Was geschieht mit den landwirtschaftlichen Produzenten und ihren Familien, wenn der Boden, auf dem sie über Generationen hinweg ihren Lebensunterhalt erwirtschaftet haben, ihnen zum Zweck der Agrarproduktion für den Weltmarkt weggenommen wird, und wenn die Organisation jener hochindustrialisierten Warenproduktion für den Weltmarkt die Dienste der ehemaligen Eigentümer nicht mehr erfordert? Vor die Wahl gestellt, entweder ihre Dörfer zu verlassen oder zu verhungern, wandern sie ab.[52] Die auf diese Weise erzwungenen Wanderungsbewegungen haben in der akademischen Literatur weit mehr Aufmerksamkeit auf sich gezogen als die ihnen zugrunde liegenden Ursachen, also die Trennung der Kleinbauern von ihrem Grundbesitz oder das Steuersystem, das diese Trennung hervorgerufen hat. So pflegt man sich in der Literatur auf die ›Komplexität‹ der Wanderungsbewegung zu konzentrieren oder auf die Suche nach psychologischen Erklärungen für deren Struktur, anstatt die ökonomischen Zusammenhänge zu prüfen, die diese Wanderungen erzwungen haben. Eine neuere Untersuchung über die ›komplexe Struktur‹ jener Wanderungsbewegungen wartet mit folgender Definition der Migration auf:

»Heute tragen auf der ganzen Welt Wanderungsbewegungen zur ökonomischen und gesellschaftlichen Entwicklung bei, indem sie den Menschen befähigen, die ›Tyrannei‹ des Raumes zu überwinden. [. . .] Wanderungsbewegungen schaffen ein Gleichgewicht, das dazu dient, a) das Verhältnis zwischen der Zahl der Menschen und ihrer physischen Umgebung zu verbessern, b) die Disparität zwischen Gesellschaften oder Regionen, die sich auf verschiedenen Entwicklungsstufen befinden, zu reduzieren, c) den Anstoß zu einer Zunahme der globalen Produktivität der Faktorausstattung einer Region oder eines Landes zu geben, einer Zunahme, die der Vermehrung des Gesamtoutputs analog ist, die aus einem verstärkten Handel zwischen zwei Regionen resultiert, die sich grundlegend in ihrer Faktorstruktur voneinander unterscheiden. Während der unter a) aufgeführte Gleichgewichtsprozeß gegen Ende des neunzehnten Jahrhunderts dominierte, haben seit jener Zeit die beiden verbliebenen Arten von Gleichgewichtsprozessen überwogen.
In allgemeinster Form definiert ist die Wanderungsbewegung in dem hier verwendeten Sinn eine freiwillige Bewegung im soziokulturellen Raum.«[53]

Angesichts der tatsächlichen Begleitumstände und Ursachen globaler Migration liegt der Zynismus einer solchen akademischen Auseinandersetzung mit den Wanderungsbewegungen in der Dritten Welt auf der Hand: Es findet sich in der neueren Geschichte der Dritten Welt kaum ein Beleg dafür, daß jene Wanderungsbewegungen für die Betroffenen zu einer »Verbesserung des Verhältnisses zu ihrer physischen Umgebung« führen, sei dies nun die Verschleppung von afrikanischen Sklaven in die Neue Welt, die Vertreibung der einheimischen Bevölkerung durch koloniale Siedler oder die durch das Steuersystem erzwungene Wanderung. Im Gegensatz zu dem Zynismus universitärer Theorie vermitteln die folgenden Zeitungsberichte einen realistischen Eindruck von den materiellen Bedingungen, unter denen Bauern der Dritten Welt gezwungen sind, ihr Land zu verlassen, und zwar ohne die Gewähr, daß ihre Lebensbedingungen dort, wo sie sich schließlich niederlassen, besser sind:

»Drückende Not in den Dörfern.

Die allgegenwärtige Armut in Kalkutta, die diese Stadt zu einem weltweiten Demonstrationsobjekt gemacht hat, ist ein Reflex der Zustände auf dem Land ringsum, wo die Masse der landlosen Dorfbewohner ständig am Rande des Hungers dahinlebt und Tagelöhner durchschnittlich während zweier Monate im Jahr mit einem – minimalen – Verdienst rechnen können. Die sogenannte »Grüne Revolution« in der indischen Landwirtschaft, die seit Mitte der sechziger Jahre Ernten von früher unbekanntem Ausmaß ermöglichte, hat den mittleren und größeren Bauern geholfen, die in der Lage waren, von den neu zur Verfügung stehenden Hilfsmitteln – Bewässerung, neue Getreidesorten und Dünger – Gebrauch zu machen. Für kleinere Betriebe dagegen wurde vor allem die mit dem Aufschwung verbundene Inflation spürbar, die manchen bisher Selbständigen unter der Last der Schulden zur Aufgabe zwang und die Zahl der landlosen Dorfbewohner nicht verringerte, sondern vermehrte.«[54]

»Die Wanderungsströme ergießen sich aus dem von der Krise heimgesuchten Nordosten, deren Opfer zum Teil zu Fuß 1000 oder mehr Meilen zurücklegen, weil sie ein besseres Leben suchen als das, welches sie hinter sich gelassen haben. Sie fliehen aus den Weiten des Nordostens, aus Brasiliens ›zweitem Staat‹, wo immer noch ein Drittel der 110 Millionen Einwohner jenes Landes leben, und der vielen den Eindruck vermittelt, er sei von dem ökonomisch und politisch dominanten Süden ›kolonialisiert‹ worden – ganz so, wie die Bewohner der Südstaaten (in der Vor-Carter-Ära) ihre Position gegenüber der politischen und ökonomischen Vorherrschaft des Nordens einschätzten.«[55]

Diese Berichte enthalten nichts, was zu der Annahme berechtigte, die Wanderungsbewegungen seien Ausdruck einer freiwilligen Entscheidung. Die akademische Interpretation, welche die Wanderungsbewegungen innerhalb der Dritten Welt im Dienst einer Reduktion der »Disparität zwischen Teilen der Gesellschaft«[56] oder in ihnen die Ursache für eine »Zunahme der globalen Produktivität der Faktorausstattung einer Region oder eines Landes«[57] sieht, spricht den Tatsachen Hohn.

Die Zunahme der Arbeitslosigkeit in den ländlichen Gebieten und die Abwanderung der Arbeitslosen in die Städte wird nicht nur als positiver Beitrag zu einem Gleichgewichtsprozeß, sondern auch als Zeichen einer ›Übervölkerung‹ interpretiert. In diesen Kontext werden der massive Exodus aus den ländlichen Regionen und die ihm folgende Überfüllung der Städte der Dritten Welt oft als Ergebnis unzureichender oder unwirksamer Maßnahmen zur Geburtenkontrolle aufgefaßt. Dagegen verweist die Betrachtung der historischen Entwicklung auf eine gänzlich andere Schlußfolgerung: Die Länder der Dritten Welt sind deswegen ›übervölkert‹, weil sich aus den hier dargelegten Gründen die Lücke zwischen dem Bevölkerungsumfang und den Mitteln zur Reproduktion dieser Bevölkerung vergrößert, wobei diese Lücke nicht so sehr auf einen absoluten Mangel an ländlichen Ressourcen zurückzuführen ist, sondern auf die Verringerung der dieser Bevölkerung zur Verfügung stehenden landwirtschaftlichen Anbaufläche.[58]

»Die Struktur des Bodeneigentums hat weit mehr mit dem Problem der Hungerbekämpfung zu tun als die jeweilige Zahl der Gesamtbevölkerung. Daran wird deutlich, daß ein prima facie vermuteter Zusammenhang zwischen der Bevölkerungsdichte (bezogen auf die landwirtschaftlich nutzbare Fläche) und der Nahrungsmittelversorgung kaum empirisch nachweisbar ist: Es gibt Unterernährung in Bolivien mit 5 Einwohnern je Quadratkilometer und in Indien mit 172 Einwohnern je Quadratkilometer, nicht jedoch in den Niederlanden, wo auf derselben Fläche 326 Menschen leben.[59]

Ein Bericht im *Guardian* belegt dieses Argument gegen die Überbevölkerungsthese mit weiteren Zahlen:

»Seit Ende des Zweiten Weltkriegs ist die Welt-Nahrungsmittelproduktion schneller gewachsen als die Weltbevölkerung, und zwar hat die Nahrungsmittelproduktion zwischen 1945 – dem ersten Nachkriegsjahr – und 1975 um 155% zugenommen, während die Bevölkerung nur um 67% gewachsen ist. [. . .] Das wirkliche Problem ist gegenwärtig sowohl in Europa als auch in Lateinamerika oder Asien ein politisches und ein soziales, und zwar insofern, als der Handel mit Nahrungsmitteln in wachsendem Ausmaß von multinationalen Gesellschaften des Agribusiness beherrscht wird, von Unternehmen, die fast drei Viertel der landwirtschaftlichen Anbaufläche der gesamten Welt kontrollieren.«[60]

Ebensowenig fundiert wie die These der ›Übervölkerung‹ ist die Behauptung, die Bewohner der ländlichen Regionen wanderten deswegen in die Städte der Dritten Welt ab, weil sie dort gute Lebensbedingungen erwarten könnten. Dem steht entgegen, daß während der letzten drei Jahrzehnte die städtische Bevölkerung der Dritten Welt zwar explosionsartig gewachsen ist, daß sich aber gleichzeitig die Lebenssituation der Menschen in den Städten drastisch verschlechtert hat.

Verschiedene Untersuchungen befassen sich mit der Frage, ob das natürliche Bevölkerungswachstum innerhalb der Städte der Dritten Welt oder ob die Land-Stadt-Wanderung für die rapide Zunahme der städtischen Bevölkerung verantwortlich sind. Paul Bairoch kommt auf der Grundlage seiner empirischen Untersuchungen zu dem Schluß, daß

»die Suche nach Ursachen für die Aufblähung der Städte auf eine Analyse des Exodus aus den ländlichen Regionen beschränkt werden (kann), denn das natürliche Bevölkerungswachstum innerhalb der Städte spielt zwar eine erhebliche Rolle, doch sind die Auswirkungen der Wanderungsbewegungen von noch weit größerer Bedeutung. So können wir unterstellen, daß in den Jahren zwischen 1950 und 1970 die Abwanderung aus den ländlichen Regionen der nichtsozialistischen Entwicklungsländer zu 45 bis 55% für die Zunahme der städtischen Bevölkerung verantwortlich war. Der Einfluß der Wanderungsbewegungen auf die Arbeitsbevölkerung war noch erheblich größer, denn 55 bis 65% der Zunahme an städtischen Arbeitskräften geht auf diese Ursache zurück.«[61]

Die folgenden Zahlen geben das Ausmaß des städtischen Wachstums in diesem Jahrhundert wieder:

Verstädterungsniveaus nichtsozialistischer Entwicklungsländer (Die Bevölkerung in Städten mit 20 000 und mehr Einwohnern: Prozentualer Anteil an der Gesamtbevölkerung)

Jahr	Afrika	Amerika	Asien	Total
1920	4,8	14,4	5,6	6,7
1930	5,9	16,8	6,6	7,8
1940	7,2	19,3	8,6	9,7
1950	9,7	25,1	11,6	12,9
1960	13,4	32,8	14,5	16,7
1970 +	16,0	37,8	17,1	19,7
1980 +	20,0	43,1	20,6	24,2
2000 +	28,3	53,6	28,1	32,6

+ = Schätzung

Quelle: Ermittelt aus *Growth of the World's Urban and Rural Population, 1920-2000* (UN, 1969)[62]

Die Auswirkungen des rapiden Wachstums der Städte auf die Lebensbedingungen in den Slums, Shantytowns und Ghettos in der Dritten Welt erreichen den Leser westlicher Zeitungen gelegentlich in der Form von Schlagzeilen: »Mexikos Problem: Die wuchernde Megalopolis?«[63] (Seit jener Zeit ist Mexiko City zur größten Stadt der Erde aufgestiegen. Innerhalb der Stadtgrenzen wohnt eine Bevölkerung von 11 953 000 Menschen.[64]) »Ausmerzung von Slum-Siedlungen in Indien: Drastisches Vorgehen der Behörden.«[65] »Salvador: Wo das Chaos groteske Formen annimmt: Eine tropische Dreigroschenoper: Die verfallene brasilianische Stadt hat Menschen und Industrie in einem Ausmaß angezogen, das sie nicht verkraften kann.«[66] »Alarmierendes Bevölkerungswachstum: Städtische Slums werden zu Grabstätten afrikanischer Hoffnungen.«[67] »Lagos: Pestbeule an Afrikas Küste: Reichtum, in dem das Elend wächst.«[68]

Hinter diesem Phänomen der »wuchernden Megalopolis« steht die Zerstörung der Lebensgrundlage ländlicher Gebiete – die Trennung der einheimischen Produzenten von ihren traditionellen Reproduktionsmitteln und die Abwanderung aus den ländlichen Regionen. Im Gegensatz zu früheren Wanderungsbewegungen, als es stets möglich war, in Zeiten der Arbeitslosigkeit nach Hause aufs Land zurückzukehren, besteht gegenwärtig kaum die Möglichkeit, die Stadt wieder zu verlassen. Denn da das Land, das die Abwanderer hinter sich zurückgelassen haben, ihnen nicht mehr gehört, ist eine Rückkehr dorthin kaum noch möglich. Dies bedeutet auf der einen Seite, daß sich die Städte mit einem gewaltigen Potential unbeschäftigter Arbeiter füllen, andererseits, daß die landwirtschaftliche Subsistenzgrundlage, die bisher die Lohnarbeiter der Dritten Welt hervorbrachte und alimentierte, zerstört wurde und weiterhin vernichtet wird.

5. Reproduktion billiger industrieller Lohnarbeit?

5.1 Das Wachstum städtischer Arbeitslosigkeit und der Aufstieg der weltmarktorientierten Industrieproduktion

In den westlichen Industriestaaten führte die Trennung der Kleinbauern von ihrem Boden sowie die Mechanisierung der Landwirtschaft zur Emigration großer Bevölkerungsteile (zwischen 1820 und 1920 sind etwa 55 000 000 Europäer aus Europa ausgewandert)[69] und zur Entstehung einer städtischen Arbeiterschaft, die ihren Lebensunterhalt als Lohnarbeiter verdiente. Im Gegensatz zum ländlichen Exodus des 18., 19. und 20. Jahrhunderts in Europa führt die gegenwärtige Wanderung in die Städte der Dritten Welt zu ständig wachsenden Massen von Arbeitslosen.[70]

»[...] als die Industrielle Revolution Europa und Nordamerika erfaßte, kamen zunächst die Industrie und erst an zweiter Stelle die Städte. Im Europa des 19. Jahrhunderts war der Anteil der Bevölkerung, die in Städten mit mehr als 20 000 Einwohnern lebte, stets geringer als der Anteil der industriell Beschäftigten an der Gesamtzahl der Beschäftigten. Nun hat sich diese Relation in der Dritten Welt auf schreckliche Weise umgekehrt: Massenarbeitslosigkeit wird zum allgemeinen Los solcher Länder wie Kolumbien und Indonesien, Senegal und die Philippinen«.[71]

Kay hat die verfügbaren Arbeitslosenstatistiken für die fünfziger und sechziger Jahre in folgender Weise zusammengefaßt:

Offizielle Arbeitslosenzahlen in ausgewählten Ländern Afrikas und Asiens 1953-1967 (in Tausend)[72]

Afrika	1953	1958	1967
Kamerun	0.2	1.3	1.6
Tschad	–	0,1	0,2
Ghana	6.0	9.0	17.0
Madagaskar	–	0.6	0.7
Marokko	–	35.0	24.0
Nigeria	–	5.0	20.0
Sierra Leone	1.6	2.6	9.0
Overvolta	–	0.2	0.4
Zambia	–	3.0	12.0
Asien			
Ceylon	55.0	115.0	250.0
Cypern	2.7	2.5	2.9
Indien	480.0	1050.0	2710.0
Irak	–	1.2	3.7
Malaysia	–	20.0	105.0
Pakistan	9.5	140.0	180.0
Philippinen	–	760.0	960.0
Süd-Korea	–	350.0	590.0

Im Jahr 1976 veranschlagte die Internationale Arbeitsorganisation (ILO) die Zahl der registrierten Arbeitslosen in der Welt auf insgesamt 75 Millionen Menschen, was jedoch mit größter Wahrscheinlichkeit eine zu geringe Schätzung ist. Bairoch weist darauf hin, daß bereits im Jahr 1970 »die eigentliche Gesamtarbeitslosigkeit, d. h., die Arbeitslosigkeit im engeren Sinne des Wortes, zusammen mit der Unterbeschäftigung, verstanden als unfreiwillige Inaktivität, wahrscheinlich etwa 20–30% aller Arbeitskräfte betragen hat, das sind zwischen 130 und 200 Millionen Menschen in den nichtsozialistischen Ländern der Dritten Welt. Hinzu kommt, daß in der Zeit zwischen 1970 und 1985 die arbeitsfähige Bevölkerung wahrscheinlich abermals um 270 bis 290 Millionen zunimmt«.[73] Ein aus neuerer Zeit stammender Bericht über Peru besagt sogar, daß 49% der Arbeitskräfte entweder un- oder unterbeschäftigt sind.[74] Ein Grund dafür, daß Schätzungen von Arbeitslosenziffern eher zu niedrig angesetzt werden, besteht darin, daß es im Interesse der Regierungen liegt, die für die Erfassung des Datenmaterials verantwortlich sind, die Zahlen so zu manipulieren, daß die politische Verantwortlichkeit für die Arbeitslosigkeit minimiert wird.[75] So wurden zum Beispiel in einer 1961 in Indien durchgeführten Volkszählung alle jene Arbeiter der Region Bombay als Beschäftigte eingestuft, die während wenigstens eines Tages innerhalb der letzten 15 Tage vor der Volkszählung einer bezahlten Tätigkeit nachgingen. Dies führte zu einer bemerkenswert niedrigen Arbeitslosenziffer von lediglich 5%.[76] Während also die Verwendung solcher statistischen Kriterien mehr oder weniger genügen mag, um die Verhältnisse in den westlichen Industriestaaten zu erfassen, führen dieselben Verfahren zu irreführenden Resultaten, wenn sie zur Analyse von Regionen der Welt eingesetzt werden, in denen eine regelmäßige Beschäftigung eher zu den Ausnahmen gehört.

Die Entstehung von Massenarbeitslosigkeit in den Städten der Dritten Welt trug dazu bei, daß während der frühen sechziger Jahre jene Regionen als Standorte industrieller Produktion erheblich an Attraktivität gewannen. So kam es seit jener Zeit zu einer massiven Verlagerung industrieller Fertigungsprozesse aus den traditionellen Zentren industrieller Produktion in die Städte der Dritten Welt mit ihrem riesigen Reservoir arbeitsloser Einwohner. Begünstigt wurde dieser Prozeß durch die stürmische Entwicklung im Bereich der Transport- und Kommunikationstechnologien, die es ermöglichte, komplexe industrielle Produktionsprozesse in eine Reihe relativ einfacher Teilprozesse zu zerlegen, die auch von ungelernten Arbeitskräften an jedem beliebigen Ort der Erde erledigt werden können.[77]

Auf diese Weise erschloß sich die Industrie ein Arbeitskräftepotential, das nur $^1/_{10}$ bis $^1/_{20}$ der Lohnkosten verursacht, die bei der Produktion derselben Waren mit denselben Maschinen in den traditionellen Zentren Westeuropas, Nordamerikas und Japans entstehen. In diesem Zusammenhang stellt sich die Frage, ob solche niedrigen Löhne überhaupt eine physische Reproduktion der Arbeiter erlauben.[78]

5.2 Die ökonomische Struktur der Städte der Dritten Welt: der formelle und der informelle Sektor

Praktisch jeder Beitrag zur Literatur über die ökonomische Situation der Städte in der Dritten Welt, der in den letzten beiden Jahrzehnten erschienen ist, basiert auf der begrifflichen Unterscheidung zwischen dem formellen und dem informellen Sektor.[79] Der formelle Sektor wird definiert als der hochproduktive, moderne Sektor, als der Sektor mit hohem Einkommen, als der organisierte Sektor usw., der informelle Sektor als der zurückgebliebene, desorganisierte Sektor, als der einheimische Sektor, als Subsistenzsektor, als Bazar-Ökonomie, als Niedrigeinkommen-Sektor, als der Sektor mit geringerer Produktivität usw. Vom formellen Sektor sagt man, er bestehe aus den Angestellten, den Eigentümern von Industrie- und Dienstleistungsunternehmen, den Großhändlern, Rechtsanwälten, Ärzten, Lehrern und Lohnarbeitern der modernen Industrie, und er sei exportorientiert, wie im Fall der extraktiven Industrie oder der Weltmarktfabriken. Dagegen sieht man als Ziel der informellen Produktion in erster Linie die Befriedigung des örtlichen Bedarfs, zu der unterschiedliche Aktivitäten wie die kleinindustrielle Produktion, das Handwerk und der Kleinhandel beitragen.

Einer weit verbreiteten Meinung zufolge geht die ›Unterentwicklung‹ der Länder der Dritten Welt auf deren unzureichende Integration in das marktwirtschaftliche System zurück. Eine ähnliche Fehleinschätzung besteht bezüglich des informellen Sektors, als der die ›unterentwickelte‹ Ökonomie der Städte der Dritten Welt beschrieben wird. Auch dessen Existenz wird von einer Reihe von Wissenschaftlern als Ausdruck dafür angesehen, daß eine Integration jenes Teils städtischer Ökonomie in das marktwirtschaftliche System entweder gar nicht oder in unzureichendem Ausmaß erfolgt ist.[80] Dies gilt selbst für all jene Theoretiker, die erkannt haben, daß der informelle Sektor lebenswichtige Dienstleistungen hervorbringt, die von dem formellen Sektor ›vernachlässigt‹ werden. Allerdings ist während der letzten zwei oder drei Jahre von einer wachsenden Zahl von Autoren dieser begriffliche Rahmen zur Analyse der Stadtstrukturen der Dritten Welt in Frage gestellt worden. Meist wird in diesen Kritiken gezeigt, daß die Begriffe »formeller« und »informeller« Sektor selber die Einsicht in die Beziehungen beider Sektoren zueinander verhindern.[81] So wurde zum Beispiel in einer Untersuchung über die Lebensgeschichte einzelner Arbeiter in den Städten der Dritten Welt gezeigt, daß eine Trennung der Bevölkerung in einen ›formellen‹ und einen ›informellen‹ Sektor so gut wie ausgeschlossen ist, und zwar auch dann, wenn es auf der Grundlage der jeweiligen Aktivitäten möglich erscheint, eine ziemlich klare Trennungslinie zu ziehen. Der Grund hierfür liegt in der erheblichen Fluktuation zwischen dem ›formellen‹ und dem ›informellen‹ Sektor, das heißt, in dem Umstand, daß nur wenige Arbeiter ihr gesamtes Erwerbsleben im ›formellen Sektor‹ verbringen.[82] Für jene hohe Fluktuation sind im wesentlichen zwei verschiedene Gründe maßgeblich, nämlich erstens die fehlende individuelle Arbeitsplatzsicherheit (kein Kündigungsschutz, Entlassung im Krankheitsfall) und zweitens der Umstand, daß vor allem solche Industrien in die Städte der Dritten Welt abwandern, die in ihrer Produktion starke zyklische Schwankungen aufweisen, sei es, daß jene Industrien generell besonders anfällig gegenüber konjunkturellen Schwankungen sind, oder sei es, daß sich Entlassungen und Betriebsstillegungen in der Dritten Welt politisch leichter durchsetzen lassen als in den industrialisierten Heimatländern jener Unternehmen und somit die Länder der Dritten Welt im Krisenzyklus eine Art ›Pufferfunktion‹ ausüben können.

So zeigen biographische Untersuchungen trotz der begrenzten Aussagekraft, die sie infolge mangelnder Repräsentativität haben, daß die Beschäftigung im ›formellen‹ Sektor häufig unterbrochen, unregelmäßig und kurzfristig ist[83]; sie bietet dem Stadtbewohner der Dritten Welt selten so etwas wie eine ›Existenz‹. Somit gibt es für den Lohnarbeiter der Dritten Welt kaum einen Unterschied zwischen der jüngeren Vergangenheit und der Gegenwart: Bestand vormals das Leben des Lohnarbeiters in der Dritten Welt in einer ständigen Wanderung zwischen dem traditionellen Subsistenzsektor auf dem Lande und der lohnabhängigen Beschäftigung in der Stadt, so besteht es gegenwärtig in einer ständigen Wanderung innerhalb der städtischen Region, diesmal zwischen dem »formellen« und dem »informellen« Sektor. Dies weist darauf hin, daß der städtische informelle Sektor lebenswichtige Voraussetzung des sich im formellen Sektor vollziehenden Verwertungsprozesses ist, und daß die ökonomische Struktur der Städte der Dritten Welt mit ihrem wachsenden informellen Sektor die historische Interdependenz zwischen dem modernen und dem traditionellen Sektor reproduziert. Die existenznotwendige Basis, welche die Arbeiter der Dritten Welt bislang in ihren im traditionellen Subsistenzsektor beschäftigten Familien fanden, und ohne deren Arbeit die Lohnarbeiter nicht reproduziert werden konnten, verlagert sich zunehmend in die Städte. Was als das Wachstum des städtischen informellen Sektors beschrieben wurde, ist also in Wirklichkeit die Verdrängung von Teilen des ländlichen Subsistenzsektors in die Städte. Die ständige Abhängigkeit der unter- oder der unbezahlten Lohnarbeiter, einschließlich derer, die in den Weltmarktfabriken beschäftigt sind, von der ebenfalls schlecht bezahlten Arbeit derer, die ihre Arbeit außerhalb des formellen Lohnarbeiterverhältnisses verrichten, wird in der folgenden Betrachtung deutlich:

»Lohnarbeiter im privaten oder staatlichen Bereich peripherer Länder führen ein Leben, das auf Schritt und Tritt von ihrer Beziehung zum informellen Sektor geprägt ist. Obwohl jene Arbeiter gleichzeitig Konsumenten der im formellen Sektor hergestellten Waren sind, wird ein wesentlicher Anteil ihrer Bedürfnisse durch informelle Quellen befriedigt. Dies gilt in besonderem Ausmaß für den Dienstleistungsbereich, aber auch für Waren wie Lebensmittel oder für die Reparatur von Haushaltsgeräten und Einrichtungsgegenständen. Der geringe Preis dieser Güter und Dienste ermöglicht es dem Arbeiter, seine Grundbedürfnisse zu befriedigen und sogar innerhalb der durch sein karges Gehalt gesetzten Grenzen Ersparnisse zu bilden. [. . .] Bei erstem Hinsehen scheint diese symbiotische Beziehung für die Abhängigkeit informeller Aktivitäten vom Geldlohnsystem zu sprechen. In Wirklichkeit trifft jedoch eher das Gegenteil zu, denn der konsumtive ›Ertrag‹ der Geldlöhne wird um ein Vielfaches durch informelle Quellen überstiegen. [. . .] Der »geringe Preis der Arbeit« für formelle kapitalistische Unternehmen ist somit zum Teil die Folge der »geringen Lebenshaltungskosten«, deren niedriges Niveau seinerseits auf den alltäglichen Transaktionen mit dem informellen Sektor basiert.«[84]

Wenn der städtische Subsistenzsektor nicht existierte und wenn die von ihm geleisteten Dienste zur Reproduktion der im formellen Sektor beschäftigten Arbeitskräfte vom formellen Sektor selber übernommen würden, dann würde der Lohn, der gegenwärtig den Arbeitern im formellen Sektor gezahlt wird, nicht mehr für den Unterhalt – und schon gar nicht für die Reproduktion – der im formellen Sektor beschäftigten Arbeiter ausreichen. Gleichzeitig bilden deren Geldausgaben einen wesentlichen Anteil an den Geldeinkommen des gesamten informellen städtischen Sektors. Jene Geldeinkommen gestatten den Zukauf der wenigen Waren, die der informelle Sektor nicht selber herstellen kann: Grundnahrungsmittel, Brennstoff, einige Textilienarten und billige Schuhe, medizinische Versorgung und schulische Ausbildung. Doch beschränken sich diese Zukäufe auf das existenznotwendige Minimum. Trotz des erheblichen Ausmaßes an Armut und Verelendung hat sich ein bestimmtes Überlebensmuster entwickelt, ein Muster, das nicht nur den Unterhalt des formellen Sektors, sondern auch die tägliche Reproduktion der Arbeiter des formellen Sektors ermöglicht. Der Einfallsreichtum der Stadtbewohner bei der Verwandlung jedes Gegenstandes in irgend etwas, das auf irgendeine Weise grundlegende Überlebensbedürfnisse befriedigt, kann tagtäglich in den wuchernden Siedlungen und Slums der Städte der Dritten Welt beobachtet werden.[85] Dieses hohe Maß an Geschicklichkeit und Erfindungsreichtum wird nur noch von der Ausdauer und Standhaftigkeit übertroffen, die angesichts der fortschreitenden Verschlechterung der Lebensbedingungen aufgebracht werden. Eine Vielzahl von Menschen hat sich auf ein Subsistenzniveau eingestellt, das vorangegangene Generationen der Bewohner der Dritten Welt und die heutigen Bewohner westlicher Industriestaaten als menschenunwürdig ansehen würden.

Wir haben das in neuerer Zeit in der Dritten Welt aufgetretene Phänomen eines rapiden Wachstums der städtischen Bevölkerung betrachtet, eines Bevölkerungswachstums, mit dem die Zunahme der Beschäftigungsmöglichkeiten in keiner Weise Schritt hält. Wir haben den städtischen informellen Sektor, dessen Wachstum das des formellen Sektors übersteigt, als die Entstehungsform einer neuen ökonomischen Struktur charakterisiert, die einen Teil der Reproduktionskosten der Lohnarbeiterschaft zu absorbieren vermag. Wir haben die These aufgestellt, daß die Bevölkerung des traditionellen ländlichen Subsistenzsektors, der bislang als Grundlage für die Bereitstellung und den Unterhalt der von den kapitalistischen Unternehmen der Dritten Welt benötigten Arbeitskräfte diente, zunehmend in die Städte verlagert wird. Dort setzen dieselben Menschen weiterhin ihren Erfindungsreichtum und ihre Arbeit dafür ein, dieselben Funktionen zugunsten der

Lohnarbeiterschaft in den überfüllten Großstädten zu erfüllen, die sie zuvor auf dem Land erfüllt haben.[86]

Das Ausmaß, in welchem der städtische Subsistenzsektor die Wanderungsbewegung zwischen der Stadt und dem ländlichen Subsistenzsektor als Mittel zur Externalisierung der Reproduktionskosten billiger Arbeitskraft ersetzt hat, ist von Land zu Land und von Kontinent zu Kontinent verschieden. Eine vergleichende Untersuchung der Struktur der Wanderungsbewegungen in Afrika, Asien und Lateinamerika kommt zu dem Ergebnis, daß für viele Menschen in Lateinamerika und in verschiedenen Teilen Asiens der Aufenthalt in den Städten zum Dauerzustand geworden ist. Gleichzeitig ist in Indien, der südlichen Sahara und auf den pazifischen Inseln die Trennung von der Familie über große Distanzen hinweg zu einer alltäglichen Erscheinung geworden, was auf den Fortbestand der Wanderarbeit hinweist.[87] Eine Studie, die auf einer Erhebung unter den Bewohnern ländlicher Regionen und innerstädtischer Siedlungen von acht brasilianischen Städten aufbaut, stellt fest, daß nur 6% der Bevölkerung den Wunsch oder die Absicht haben, an ihren Geburtsort zurückzukehren.[88] Dagegen weist eine Studie über die Arbeiter des formellen Sektors in Nairobi darauf hin, daß »dem städtischen Männer-Überschuß in Nairobi ein ständiger Frauen-Überschuß in den ländlichen Regionen entspricht«, und daß »die Volkszählung im Jahr 1969 ergeben hat, daß die Vorstände von mehr als einem Viertel aller ländlichen Haushalte Frauen waren«. Die Studie kommt zu folgendem Ergebnis: »In Nairobi gehört es immer noch zu den Ausnahmen, zusammen mit der eigenen Frau zu leben. [. . .] Durch einen Zuzug der Familie vom Lande würde das gesamte Familieneinkommen erheblich gemindert.«[89] An der Elfenbeinküste und in geringerem Ausmaß auch in Ghana stellen zeitweilige Zuwanderer aus Obervolta einen erheblichen Anteil an der Lohnarbeiterschaft des formellen Sektors dar.

Die Beantwortung der Frage, ob die zeitweilige Wanderung auch weiterhin einen Teil des Lebens der Lohnarbeiter der Dritten Welt ausmachen wird, hängt davon ab, in welchem Grade der traditionelle Subsistenzsektor fortbesteht. Dies hängt wiederum, wie Ernest Feder[90] gezeigt hat, davon ab, in welchem Ausmaß es den Unternehmen des Agribusiness gelingt, sich den Boden anzueignen und für den Weltmarkt zu nutzen. Obwohl international große Besorgnis über das rapide Wachstum und die sich verschlechternden hygienischen Bedingungen in den Städten der Dritten Welt herrscht[91], sind bislang keine wirksamen Maßnahmen ergriffen worden, um die primäre Ursache zu bekämpfen, nämlich die Ausbreitung der Aktivitäten kapitalistischer Unternehmen in ländlichen Regionen. Im Gegenteil, die Regierungen der Dritten Welt ermutigen Unternehmen der westlichen Industriestaaten zur Errichtung industriell betriebener landwirtschaftlicher Betriebe in ihren Ländern, und zwar wegen der Einkommen und Gewinne, die hieraus den Eliten der Dritten Welt zufließen. Der Konkurrenzdruck, den der Weltmarkt sowohl auf die Unternehmen des Agribusiness zur Errichtung von Niederlassungen in den Ländern der Dritten Welt als auch auf die Regierungen der Dritten Welt selber ausübt, macht es unwahrscheinlich, daß sich dieser Trend umkehrt. Und solange der Trend anhält, werden sich der Niedergang des traditionellen Subsistenzsektors und die Abwanderung in die Städte fortsetzen.

Ein makabres Beispiel für eine entwicklungspolitische Alternative wird in der Republik Südafrika deutlich. Dort hat es der systematische, durch die Regierung organisierte Zu- und Abfluß einheimischer Arbeiter von den Reservaten – den Bantustans – zu den Arbeitsstätten in den Städten Südafrikas möglich gemacht, daß die Subsidien der ländlichen Subsistenzproduktion für die städtischen Lohnarbeiter und folglich für deren Dienstherren nicht angetastet werden. Dieser Beitrag zu den Reproduktionskosten der Arbeitskraft, der von den Reservaten getragen wird, bedeutet, daß in Südafrika operierende Unternehmen zu weit geringeren Kosten produzieren können als ihre Konkurrenz in den Industriestaaten der nördlichen Hemisphäre, und daß sie gleichzeitig die ökonomischen Vorteile eines hochentwickelten Landes nutzen können.

»Damit auf diese Weise das Ergebnis der landwirtschaftlichen Produktion Afrikas für die kapitalistische Produktion indirekt verfügbar wird, müssen zwei notwendige Bedingungen erfüllt sein – die Subsistenzmittel müssen tatsächlich von der nicht-kapitalistischen Ökonomie hergestellt werden, und gleichzeitig müssen diese Mittel für den Wanderarbeiter und seine Familie in den Reservaten verfügbar sein.

Damit das Produkt der Reservate für den Wanderarbeiter verfügbar ist (und ebenso die ›sozialen Dienste‹), müssen die gegenseitigen familiären Pflichten – wenn auch in veränderter Form – *konserviert* werden. Das Interesse des kapitalistischen Sektors an der Bewahrung der Verhältnisse innerhalb der afrikanischen Familiengemeinschaften ist evident, denn wenn das Netz gegenseitiger Verpflichtungen zwischen dem Wanderarbeiter und seiner Familie zerstört würde, wären weder die landwirtschaftliche Produktion noch die ›sozialen Dienste‹ der afrikanischen Gesellschaft für den Arbeiter verfügbar.«[92]

Schlußbemerkung

Es konnte gezeigt werden, wie die Bewohner der Dritten Welt durch vielfältige Formen der Zwangsarbeit unter das System kapitalistischer Warenproduktion subsumiert und wie diese Formen durch die Einführung des Lohnarbeitsverhältnisses abgelöst wurden. Dabei ist deutlich geworden, daß sich im Zuge der Verwandlung von Zwangsarbeit in Lohnarbeit das materielle Versorgungsniveau der Arbeiter der Dritten Welt in keiner Weise verbesserte. Eine Änderung zeichnete sich lediglich insofern ab, als in neuerer Zeit die Leistungen des traditionellen ländlichen Subsistenzsektors durch vergleichbare Leistungen des neuentstandenen städtischen Subsistenzsektors teilweise übernommen wurden. Treibende Kraft dieser Substitution ist die massive Expansion von Agrarkonzernen, welche die ländlichen Subsistenzproduzenten ihres Produktionsmittels, des landwirtschaftlich genutzten Bodens, berauben. Damit stellt sich die Frage, ob langfristig ein städtischer Subsistenzsektor ohne die Alimentierung durch die ländliche Subsistenzproduktion existieren kann, und ob die Reproduktionsleistungen, die gegenwärtig zunehmend vom städtischen Subsistenzsektor erbracht werden, als mittelbare Folge des Raubbaus industrieller Agrarproduktion zum Erliegen kommen. Sollte dies der Fall sein, so hätte es weitreichende Folgen für die gegenwärtigen Verwertungsstrategien der in der Dritten Welt agierenden Unternehmen. Denn diese verlagern gerade deswegen Teile ihrer Produktion in jene Regionen der Erde, weil sie dort als Folge der Vorleistungen des städtischen und des ländlichen Subsistenzsektors extrem niedrige Löhne zahlen können. Falls jenes System von Vorleistungen infolge der ungezügelten Eigendynamik kapitalistischer Expansion zusammenbricht, versiegt gleichzeitig eine wesentliche Quelle billiger Arbeitskraft. Damit würde der hier beschriebenen parasitären Form der Weltmarktproduktion die Grundlage entzogen, es sei denn, es kommt rechtzeitig zu einer Substitution der bisherigen Reproduktionsleistungen des Subsistenzsektors durch kapitalistische Formen der Reproduktion der Ware Arbeitskraft.

Anmerkungen

1 Vgl. hierzu etwa: Adam Smith, *Der Wohlstand der Nationen: Eine Untersuchung seiner Natur und seiner Ursachen.* München 1974; Samir Amin, *Zur Theorie von Akkumulation und Entwicklung in der gegenwärtigen Weltgesellschaft,* in: Dieter Senghaas (Hrsg.). *Peripherer Kapitalismus: Analysen über Abhängigkeit und Unterentwicklung,* Frankfurt 1974; André Gunder Frank, *The Development of Underdevelopment,* in: Charles Wilber (Hrsg.), *The Political Economy of Development and Underdevelopment,* New York 1973, S. 94-104; Folker Fröbel, Jürgen Heinrichs, Otto Kreye, *Die Neue Internationale Arbeitsteilung,* Hamburg 1977; Marx-Engels, *Werke,* Bände 23, 25 Berlin 1977; Immanuel Wallerstein, *A Worldsystem Perspective on the Social Sciences,* in: *British Journal of Sociology,* No. 3, Vol. 27 (1976), S. 343-352; Paul Baran, *Politische Ökonomie des wirtschaftlichen Wachstums,* Neuwied 1966; André Gunder Frank, *World Accumulation: 1492-1789,* New York 1973; Immanuel Wallerstein, *The Modern World System: Capitalist Agriculture and the Origins of the European World Economy in the 16th Century,* New York 1974; Samir Amin, *Die Ungleiche Entwicklung,* Hamburg 1975; Claude Meillassoux, *Die wilden Früchte der Frau,* Frankfurt 1976; Harry Magdoff, *Imperialism: From the Colonial Age to the Present,* New York 1978.

2 Adam Smith, *Der Wohlstand der Nationen,* S. 470-473.

3 Friedrich Engels, *Der deutsche Bauernkrieg,* in: Marx-Engels, *Werke,* Band 7, Berlin 1973, S. 327-413.

4 Vgl. Alfred Antowiak, *El Dorado: Die Suche nach dem Goldland.* München 1978; André Gunder Frank, *Kapitalismus und Unterentwicklung in Lateinamerika,* Frankfurt 1968; Wolfgang Lindig, Mark Münzel, *Die Indianer: Kulturen und Geschichte der Indianer Nord-, Mittel- und Südamerikas,* München 1976.

5 Frank, *World Accumulation . . .,* S. 36-64.

6 Vgl. Fernand Braudel, *Capitalism and Material Life: 1400-1800,* Fontana/Collins 1973; Robert Brenner, *The Origins of Capitalist Development: A critique of neo-Smithian Marxism,* in: *New Left Review,* No. 104 (1977), S. 25-92; Eric Hobsbawm, *The Crisis of the 17th Century,* in: Trevor Aston (Hrsg.), *Crisis in Europe 1560-1660,* London 1969; Peter Kriedte, Hans Medick und Jürgen Schlumbohm, *Industrialisierung vor der Industrialisierung,* Göttingen 1977; Paul Sweezy (Hrsg.), *The Transition from Feudalism to Capitalism,* New York 1963.

7 Frank, *World Accumulation,* S. 41-42.

8 Andrew Pearse, *The Latin-American Peasant,* London 1975, S. 14-15.

9 Frank, *World Accumulation,* S. 43.

10 Pearse, *The Latin-American Peasant,* S. 4

11 Basil Davidson, *The African Slave Trade: Pre-colonial history 1450-1850,* Boston 1961; Eric Williams, *Capitalism and Slavery,* New York 1966.

12 Vgl. E. W. Bovill, *The Golden Trade of the Moors.* Oxford 1970; Lester Brooks, *Great Civilizations of Ancient Africa,* New York 1971; Basil Davidson, *The Africans: An entry into cultural history,* London 1968.

13 Kenneth Neill Cameron, *Humanity and Society: a world history,* Bloomington 1973, S. 398.

14 In: Williams, *Capitalism and Slavery.*

15 Walter Rodney, *How Europe Underdeveloped Africa,* Dar es Salaam 1972, S. 398.

16 Cameron, *Humanity and Society,* S. 398.

17 Rodney, *How Europe Underdeveloped Africa,* S. 96-97.

18 Leo Huberman, *Man's Worldly Goods: the story of the Wealth of Nations,* New York 1968, S. 167.

19 Rodney, *How Europe Underdeveloped Africa,* S. 96.

20 Ton Dietz, *Dutch State Monopolistic Imperialism with regard to Indonesia: a historical and contemporary case study,* Amsterdam (Mimeo) 1977.

21 Moustafa Fahmy, *La Revolution de L'industrie en Egypt et ses consequences sociales au XIX*^{e}*. siécle (1800-1850),* London 1954.

22 Ramkrishna Mukherjee, *Rise and Fall of the East India Company,* New York 1974, S. 337-338.

23 Martin Montgomery in: Karl Marx und Friedrich Engels, *On Colonialism: Articles from the New York Tribune and other Writings,* New York 1972, S. 217-218.

24 K. Marx, *On Colonialism,* S. 217-218.

25 Pearce, *Latin-American Peasant,* S. 7.

26 Eric Hobsbawm, *The Age of Capital 1848-1875,* London 1975.

27 Vgl. W. Bickel, *Die Volkswirtschaft der Schweiz,* Aarau 1973.

28 C. Coquery-Vidrovitch und H. Moniot, *L'Afrique noire: de 1800 a nos jours,* Paris 1974; Michael Crowder, *Colonial West-Africa: collected essays,* London 1978.

29 J. S. Furnivall, *Colonial Policy and Practice: a comparative study of Burma and Netherlands India,* Cambridge 1948, S. 320-321.

30 Kabunda, M.K.K. Kabala, *Multinational corporations and the installation of externally-oriented economic structures in contemporary Africa: the example of the Unilever-Zaire group,* in: Carl Widstrand (Hrsg.), *Multinational Firms in Africa,* Uppsala 1975, S. 310-311.

31 T. Dietz, *Dutch State Monopolistic Imperialism,* S. 2.

32 Ibid., S. 3.

33 Paul Hesp, *Tobacco Plantations in Sumatra,* Amsterdam 1979 (unveröffentlichtes Manuskript).

34 J. van den Brand, *De millionen vit Deli,* Amsterdam 1902, S. 40.

35 Pearce, *Latin-American Peasant,* S. 21.

36 Armin Krauter, *Die Entwicklung des non-formalen Bildungswesens in einem Land der Dritten Welt: Das Beispiel Kenya,* München 1979 (unveröff. Manuskript).

37 Vgl. Frank Bremer, *Endogene Voraussetzungen peripherer Entwicklungsprozesse an der Elfenbeinküste,* Karlsruhe 1977; Claude Faure, *Les paysans dans la production capitaliste,* Paris 1962; Kurt Habermeier, *Bäuerliche Gemeinschaften, kapitalistische Exportwirtschaft und Wanderarbeit in Westafrika,* Karlsruhe 1977.

38 Polly Hill, *Studies in Rural Capitalism in West Africa,* Cambridge 1970; Brigitte Lachartre, *La soumission d'une economie africaine traditionelle au capitalisme international: la culture du cacao en Gold Coast,* Paris 1975.

39 Ebenda.

40 Krauter, *Die Entwicklung des non-formalen Bildungswesens.*

41 Vgl. Mina Caulfield, *Imperialism, the Family, and Cultures of Resistance,* in: *Socialist Revolution,* No. 20 (1974), S. 67-85; Dorothea Metzger, *Reproduction and production: Unpaid and Underpaid Female Labour Force in the World Economy,* Starnberg 1976 (unveröff. Manuskript); Barbara Rogers, *African women in agriculture,* in: *Africa,* No. 78 (1978), S. 70-71; Ousmane Sembene, *God's Bits of Wood.* New York 1970.

42 J. Friedman, J., E. McGlynn, B. Stuckey und C. Wu, *Urbanization et Dévelop-*

pement National: une étude comparative, in: *Tiers-Monde* XII, No. 45 (1971), S. 13-44.

43 Martin Murray, *Colonial Capitalism and Wage-paid Labor,* Binghamton 1977 (Mimeo). Kapitel 7, S. 6-7. Vgl. Thomas Wildgruber, *Der Traditionsbezug in der vietnamesischen Revolution,* Hamburg 1979.

44 Vgl. Samir Amin (Hrsg.), *L'agriculture africaine et le capitalisme,* Paris 1975; Feder, Ernest, *Gewalt und Ausbeutung: Lateinamerikas Landwirtschaft,* Hamburg 1973; ders., *Agrarstruktur und Unterentwicklung in Lateinamerika,* Frankfurt 1973; ders., *Strawberry Imperialism,* Den Haag 1976, deutsch: *Erdbeer-Imperialismus,* Frankfurt a. M. 1980; Susan George, *Wie die Andern sterben: die wahren Ursachen des Welthungers,* Berlin 1977; Erich Jacoby, Charlotte Jacoby, *Man and Land,* New York 1971.

45 *Business Week,* 24. April 1978, S. 92.

46 *Mother Jones,* August 1977, S. 29.

47 Lars Bondestam, *Vallée d'Awash,* in: Amin (Hrsg.), *L'agriculture africaine,* S. 319-348.

48 Patricia Flynn, Roger Burbach, *Del Monte: Bitter Fruits,* in: *NACLA Latin America and Empire Report,* Vol. 10 (1976), No. 7, S. 19-20.

49 Gleichzeitig wurde die Bodensubstanz zunehmend durch chemische Hilfsmittel vergiftet, die erforderlich sind, um die Produktion der empfindlichen hybriden Getreidesorten aufrechtzuerhalten. Darüber hinaus hat sich eine Verschlechterung der ohnehin gefährdeten genetischen Basis der wichtigsten Grundnahrungsmittelpflanzen der Erde vollzogen. Siehe Garrison Wilkes, *The World's Crop Plant Germplasm: an endangered resource,* in: *Bulletin of Atomic Scientists,* February 1977, S. 8-16.

50 Cynthia Hewitt de Alcantara, *Die Geschichte der Grünen Revolution: die Erfahrung in Mexiko,* in: Ernest Feder (Hrsg.), *Gewalt und Ausbeutung,* Hamburg 1976.

51 Kathleen Gough, *The Green Revolution in South India and North Vietnam,* in: *Monthly Review,* Vol. 29 (1978), No. 8, S. 12-13.

52 Samir Amin, *Modern Migrations in Western Africa.* Oxford 1974; D. Lou Amselle (Hrsg.), *Les migrations africaines: reseaux et processus migratoires,* Paris 1976; George Beier, A. Churchill, M. Cohen, B. Renaud, *The Task Ahead for the Cities of the Developing Countries* (Staff Working Paper No. 209), Washington 1975; Pamela Briggs, *Some Economic Interpretations of case studies of urban migration in developing countries,* Washington 1973; Alan A. Brown, Egon Neuberger (Hrsg.), *International Migration: A Comparative Perspective,* New York 1977; Jean-Paul de Gaudemar, *Mobilité du travail et accumulation du capital,* Paris 1976; William A. Hance, *Population, Migration and Urbanization.* New York 1970; Santa Cruz Study Group, *Capital Accumulation, Class Struggle, and Worker Migration,* Santa Cruz 1977 (unveröff. Manuskript); Michael Todaro, *International Migration in Developing Countries: a review of theory, evidence, methodology and research priorities,* Geneva 1976.

53 Joseph Spengler and George C. Myers, *Migration and Socioeconomic Development: Today and Yesterday,* in: Alan A. Brown, Egon Neuberger (Hrsg.), *Internal Migration,* S. 11-13.

54 *Neue Zürcher Zeitung,* 10. Mai 1978.

55 *New York Herald Tribune,* 29. Juli 1977.

56 Spengler/Myers, *Migration,* S. 12.

57 Ibid.

58 Jospeh Collins, Frances Moore Lappé, *Still Hungry after all these years: the non-so-grand opening of the global supermarket,* in: *Mother Jones,* Vol. 2 (1977), No. 7; F. Lappé, J. Collins, *Food First: Beyond the Myth of Scarcity,* Boston 1977.

59 Susan George, *Wie die Anderen sterben.*

60 *The Guardian,* 14. Januar 1977.

61 Paul Bairoch, *The Economic Development of the Third World since 1900*, London 1975, S. 151.

62 Zitiert nach Paul Bairoch, *The Economic Development of the Third World since 1900*, S. 151.

63 *Financial Times*, 28. 4. 1976.

64 *Neue Zürcher Zeitung*, 24.-25. 3. 1978.

65 *Neue Zürcher Zeitung*, 19. 3. 1976.

66 *Süddeutsche Zeitung*, 2.-3. . 1977.

67 *New York Herald Tribune*, 28.-29. 5. 1977.

68 *Süddeutsche Zeitung*, 28. 2. 1979.

69 H. Magdoff, *Imperialism*, S. 32.

70 Barbara Stuckey, *The Spatial Distribution of the Industrial Reserve Army*, Starnberg 1977 (Mimeo); Mabugane, Ben & A. Mariotti, *Urban Ethnology in Africa – some theoretical issues*, in: *Ninth International Congress of Anthropological and Ethnological Sciences*, Chicago 1973.

71 *New York Herald Tribune*, 6. April 1976.

72 Geoffrey Kay, *Development and Underdevelopment*, London 197 .

73 Paul Bairoch, *The Economic Development of the Third World since 1900*, S. 171.

74 *Süddeutsche Zeitung*, 30. Mai 1978.

75 Dieser Vorwurf trifft nicht nur die Regierungen der Entwicklungsländer. Zu den entsprechenden Mängeln europäischer Arbeitslosenstatistiken vergleiche den Beitrag von Jürgen Heinrichs in diesem Band.

76 Heather Joshi, *Surplus Labour and the City: A study of Bombay*, Delhi 1976, S. 27.

77 Harry Braverman, *Die Arbeit im modernen Industrieprozeß*, Frankfurt 1977; Folker Fröbel, Jürgen Heinrichs, Otto Kreye, *Die Neue Internationale Arbeitsteilung*, Reinbek 1977; Anne-Marie Münster, *Qualifikationsänderungen bei der Rationalisierung und Verlagerung von Produktionen, untersucht am Beispiel der Elektronik*, Diss., Dortmund 1980 (im Erscheinen); Leon Uris, *Trinity*, München 1977.

78 Vgl. A. H. Amsden, *International Firms and Labour in Kenya: 1945-1970*, London 1971; Giovanni Arrighi, John S. Saul, *Essays on the Political Economy of Africa*, New York 1973; Richard Sandbrock, Robin Coher (Hrsg.), *The Development of an African Working Class: Studies in class formation and action*, London 1975; Richard Sklar, *Corporate Power in an African State: The political impact of multinational mining companies in Zambia*, Berkeley 1975; Moema Viezzer (Hrsg.), *Let me Speak! Testimony of Domitila de Chungara: a woman of the Bolivian mines*, New York 1979; Peter Waterman, *Workers in the Third World*, in: *Monthly Review* Vol. 29 (1977), No. 4, S. 50-64; Patricia Wilson, *From Mode of Production to Spatial Formation: the regional consequences of dependent industrialization in Peru*, Ithaca 1975.

79 Ray Bromley, *The Urban Informal Sector: Critical Perspective*, in: *World Development*, Vol. 9 (1978), No. 9-10, S. 1031-1198; John Friedmann, Flora Sullivan, *The Absorption of Labor in the Urban Economy: the case of the developing countries*, in: *Economic Development and Cultural Change*. Vol. 22 (1974), No. 3, S. 385-413.

80 Ebenda.

81 Vgl. Dieter Bottenberg, *Lohnarbeit und urbane Sozialbeziehungen (Ghana)*, Bremen 1977; Anibal Quijano-Obregon, *The Marginal Role of the Economy and the Marginalized Labor Force*, in: *Economy and Society*, Vol. 3 (1974), No. 4, S. 393-428. Vgl. aber auch A. Berry, P. H. Sabot, *Labor Market Performance in Development*, Vol. 9 (1978), No. 11-12, S. 1199-1242; Stuart Sinclair, *Urbanisation and Labour Markets in Developing Countries*, London 1978.

82 Nico Vink, *Urban Marginality*, Amsterdam 1977.

83 Vgl. Giovanni Arrighi, John S. Saul, *Essays on the Political Economy of Africa,* New York 1973.

84 Alejandro Portes, *The Informal Sector and the World Economy: Notes on the Structure of Subsidized Labour,* Duke University 1978, S. 10-11.

85 Jacques Bugnicourt, Diverse Beiträge in: *ENDA Journal,* Dakar.

86 Vgl. Samuel Bowles, Herbert Gintis, *The Marxian theory of value and heterogeneous labour: a critique and reformulation,* in: *Cambridge Journal of Economics,* vol. 1 (1977), no. 2, S. 175-192; Johannes Hengstenberg, *Überlegungen zum Thema: Wert der Ware Arbeitskraft,* München 1978 (unveröff. Manuskript); Stephen Hymer, *International Politics and International Economics: a radical approach,* in: *Monthly Review,* No. 10, Vol. 29 (1978), S. 15-35; Stuckey, *The Spatial Distribution of the Industrial Reserve Army;* Gespräch mit Ton Dietz in Amsterdam.

87 Josef Gugler, *Patterns of Rural-urban Migration in the Third World,* Uppsala 1978.

88 Josef Gugler, a.a.O., S. 6

89 Walter Elkan, *Is a Proletariat Emerging in Nairobi?* In: *Economic Development and Cultural Change,* No. 4, Vol. 24 (1976), S. 698-699.

90 Vgl. seinen Beitrag in diesem Band.

91 Vergleiche die Aussagen von Habitat, UNO-Konferenz, Vancouver, 1976.

92 Harold Wolpe, *Capitalism and Cheap Labour Power: From Segregation to Apartheid,* in: *Economy and Society,* No. 1 (November 1972), S. 435-436.

Jürgen Heinrichs
Entwicklung der Arbeitslosigkeit und Arbeitsmarktpolitik in den Industrieländern

»Every businessman I know is trying to run his business with the least number of people. It's understandable. And yet I don't know of a place in the world where finding meaningful employment for the people isn't perhaps the number-one problem. Now these two things are absolutely inconsistent.« (Stellungnahme eines Managers, zitiert in: Business International *Europe in the 1980s.* Genf 1979, S. 68)

»Europe's unemployment has been swollen as an onslaught of lowcost Third World competition has slowed recovery from the 1973-74 oil crisis. More than 6 million workers, or 5.6% of the EC's work force, were without jobs at the end of 1978 – not counting those who are maintained in jobs by government subsidy schemes. EC economists expect unemployment to hold steady this year as economies grow, but see jobless rates rising again in 1980.« (*Europe: A frantic rush to prop up employment*, in: *Business Week*, 26. Februar 1979)

I. Die Fragestellung: Produktionsverlagerung und Arbeitslosigkeit

In Untersuchungen zur internationalen Arbeitsteilung[1] haben wir die Herausbildung eines Weltmarktes für Produktionsstandorte der verarbeitenden Industrie mit großer und andauernder Arbeitslosigkeit in traditionellen Industrieländern bei zugleich unverändert großer Arbeitslosigkeit in unterentwickelten Ländern in einen Erklärungszusammenhang gebracht. Da diese Prozesse und Tatbestände zugleich sowohl Voraussetzungen als auch Folgen der Entwicklung der kapitalistischen Weltökonomie sind, wäre es falsch, zwischen ihnen einlinige Verursachungszusammenhänge zu konstruieren. Darüber hinaus ist es aus Mangel an

Daten und an brauchbaren Methoden zur Datengewinnung nicht ohne weiteres möglich, den qualitativ einsichtig zu machenden Zusammenhang mit der gewünschten Genauigkeit quantitativ zu belegen.

Die Frage, ob Auslandsinvestitionen und damit verbundene Produktionsverlagerungen einen »Export von Arbeitsplätzen« bewirken, wird nicht nur in der Forschung behandelt; sie ist auch von unmittelbarem politischen Interesse. Als ein Beispiel sei eine auf die Bundesrepublik Deutschland bezogene Studie herangezogen, die von Mitarbeitern des Instituts für Weltwirtschaft an der Universität Kiel vorgelegt[2] und von der Tagespresse aufgegriffen und kommentiert[3] wurde. Die Autoren dieser Studie stellen als ihr Ergebnis fest: »Zusammenfassend läßt sich sagen, daß die in der These, Auslandsinvestitionen würden deutsche Arbeitsplätze vernichten, zum Ausdruck kommenden Befürchtungen aus gesamtwirtschaftlicher Sicht unbegründet sind.«[4]

Wie kommen die Autoren zu dieser Einschätzung? Zunächst werden von ihnen einige Hilfsargumente bemüht. Die Auslandsinvestitionen seien im Vergleich zu den inländischen gering und praktisch vernachlässigbar. Die von ihnen angeführten Zahlen weisen aber zumindest schon aus, daß der Anteil über die letzten Jahre stetig ansteigt: Bei den akkumulierten Werten haben die »Direktinvestitionen im Ausland« Ende 1969 1,5% der »heimischen Kapitalbildung« ausgemacht, Ende 1977 waren es bereits 3,1%. (Diese Zahlen beruhen allerdings auf einer nur sehr unvollständigen Erfassung der Auslandsinvestitionen. Die Investitionen im Ausland sind in der Regel erheblich höher, als sie die Statistik ausweist, die hier zugrundegelegt wurde. Im allgemeinen sind weder Kapitalaufnahmen im Ausland noch reinvestierte Gewinne berücksichtigt. Auch können die im Ausland getätigten Investitionen in aller Regel als »Neuinvestitionen« gelten, weshalb sie nicht undifferenziert mit den Investitionen im Inland verglichen werden können.)

Die Autoren versuchen weiterhin, Investitionen aus dem Ausland in der Bundesrepublik Deutschland mit Investitionen aus der Bundesrepublik Deutschland im Ausland zu verrechnen. Hierzu unterziehen sie die vorliegenden Zahlen über die Auslandsinvestitionen im Inland einer Revision, und sie erreichen dabei mit einer relativ komplizierten Methode etwas höhere Angaben, ohne daß sie allerdings versuchen, auch die Investitionen im Ausland neu zu berechnen, wozu mindestens ebensoviel Anlaß bestünde. Es bleibt auch unklar, was diese Gegenüberstellung zur Beantwortung der Frage beitragen soll, ob Arbeitsplätze exportiert werden. Der relative Rückgang der Investitionen aus dem Ausland in der Bundesrepublik Deutschland in den letzten Jahren und der starke Anstieg von Investitionen aus der Bundesrepublik im Ausland werden nämlich zutreffenderweise auf dieselben Ursachen zurückgeführt. Die Produktionskostenstruktur hat sich am Standort Bundesrepublik Deutschland gegenüber anderen Standorten für die Unternehmen verschlechtert. »Seit Ende der 60er Jahre sind einige Standortvorteile der Bundesrepublik einem Erosionsprozeß unterworfen.«[5] Der bereits ab etwa 1970 feststellbare Strukturwandel geht auf Änderungen in der internationalen Arbeitsteilung zurück. Während wegen der »Importkonkurrenz aus weniger entwickelten Ländern« eine Reihe von Branchen »zumindest relativ schrumpfen«, bleibt die Suche nach »Wachstumsbranchen« ohne viel Erfolg: »Weitaus schwieriger ist demgegenüber die Identifikation von Branchen, die das künftige wirtschaftliche Wachstum tragen könnten und in denen infolgedessen jetzt getätigte Investitionen günstige Ertragserwartungen begründen.«[6] Da die Schwierigkeit, solche Branchen im Inland zu finden, wohl kaum der Unfähigkeit der Unternehmer zugeschrieben werden soll, liegt die Annahme nahe, daß es solche Branchen im Inland kaum oder gar nicht gibt. »Angesichts dieser Entwicklungen in den für die Investoren relevanten Rahmenbedingungen besteht Grund für die Vermutung, daß infolge von Auslandsinvestitionen Inlandsinvestitionen unterbleiben könnten.«[7] Dies soll jedoch dank der »komplementären Zusammenhänge« wunderbarerweise nicht zu einem Verlust von Arbeitsplätzen führen. Um hierüber einen Nachweis versuchen zu können, wird zwischen »absatzorientierten« und »kostenorientierten Auslandsinvestitionen« unterschieden. Daß Absatzorientierung etwas mit Kostenorientierung zu tun haben könnte und umgekehrt, daß sich beides zusammen schließlich an den Möglichkeiten der Kapitalverwertung orientiert, wird nur nebenbei in einer Fußnote zugestanden: »Die hier unterschiedenen Motive werden in der Regel gemeinsam, nur mit je unterschiedlichem Gewicht auftreten. Langfristig gesehen sind beide Motive Ausdrucksformen des grundlegenden unternehmerischen Gewinnziels.«[8] Trotz dieser Einsicht wird die Unterscheidung der »Motive« beibehalten, denn sie trägt die Beweislast. Absatzorientierte Auslandsinvestitionen sollen »in der Regel das weitaus größere Gewicht«[9] haben. Sie aber seien mit erheblichen Lieferungen von Vorprodukten, Ausrüstungsgütern und Produktionsanlagen aus der Bundesrepublik Deutschland verbunden, welche ihrerseits nach Meinung der Autoren für die Erhaltung von Arbeitsplätzen oder gar die Schaffung zusätzlicher Arbeitsplätze sorgen. Der Beweis: »In fast allen Branchen sind Direktinvestitionen und Warenexporte positiv korreliert.«[10]

Dadurch jedoch ist nichts bewiesen, denn dieser Befund kann auch (und sogar mit besseren Argumenten) genau entgegengesetzt interpretiert werden. Unternehmen und Branchen, die viel im Ausland produzieren, können dort zu niedrigeren Produktionskosten Bauteile herstellen und Teilproduktionen durchführen oder durchführen lassen, die ihre Endprodukte verbilligen und sie dadurch auf dem Weltmarkt besonders konkurrenzfähig machen[11], was zu einer positiven Korrelation von Auslandsinvestitionen und Warenexporten führen kann. Weitgehende Zerlegbarkeit der Produktionsprozesse und eine weltweite Organisation der Produktion, die Teilprodukte und -prozesse auf verschiedene Standorte verteilt, erhöhen die Konkurrenzfähigkeit auf dem Weltmarkt. Sie zwingen dazu, den jeweils kostengünstigsten Standort zu wählen, was heute für viele Produktionen nicht mehr die Bundesrepublik Deutschland mit ihren hohen Produktionskosten sein kann.[12]

Demnach erhält die von den Autoren angebotene Erklärung einen Grad von Beliebigkeit, der ihre Schlußfolgerungen ebenso beliebig werden läßt. Die ganze »Motivforschung«, auf der die Argumentation beruht, muß als Ersatz herhalten für eine umfassende wissenschaftliche Analyse der Gründe für Auslandsinvestitionen, ihrer Voraussetzungen und Folgen. Auch eine Erhebung des Ifo-Instituts für Wirtschaftsforschung in München wirft beides durcheinander, wenn angegeben wird, daß nach »Gründen« für ein Auslandsengagement gefragt wurde, jedoch dann »Motive« genannt werden. Bei dieser Erhebung liegt die »Absatzsicherung durch größere Marktnähe« mit über 70% als Grund/Motiv für eine Auslandsinvestition an der Spitze, jedoch nennen auch fast 60% »Lohn- und Lohnnebenkosten«.[13] Schon an den Doppelnennungen kann man erkennen, daß die Hervorhebung der »Marktmotive« eher eine propagandistische Funktion hat. Weshalb sollte man auch für die Auslandsinvestitionen nicht Marktmotive angeben, wenn es als nicht besonders fein oder politisch klug gilt, allzu deutlich zur »runaway industry« zu zählen?

Solche Untersuchungen sind über die aufgezeigten Unzulänglichkeiten und Widersprüche hinaus auch deswegen fraglich, weil ein unrealistisch eingeschränkter Begriff von Produktionsverlagerung zugrundegelegt wird. Um die Verlagerungsprozesse, die bei der derzeitigen weltweiten Reorganisation der Produktion der verarbeitenden Industrie stattfinden, einigermaßen zutreffend erfassen zu können, reicht die Kategorie »Auslandsinvestitionen«, wie sie der quantitativen Erfassung in der Form der offiziellen Statistik von Kapitalanlagen im Ausland zugrundeliegt, nicht aus. Verlagerung von Teilen der Produktion durch Einzelunternehmen in eigene Betriebe an neuen Standorten (neuerstellte oder aufgekaufte, mit 100%iger oder geringerer Beteiligung) stellt nur einen Teil der gesamten Produktionsverlagerungen dar. Zwar wird auch durch diese Verlagerungen Umfang und Struktur der Nachfrage nach Arbeitskraft an neuen und alten Produktionsstandorten geändert. Es ist aber kaum möglich, geschweige denn sinnvoll, die Beschäftigungseffekte dieses Ausschnitts isoliert erfassen und betrachten zu wollen.

Eine Verlagerung von Produktionen kann auch dann stattfinden, wenn keine formale Kapitalbeteiligung an dem Produktionsbetrieb, in den die Produktion verlagert wird, eingegangen wird. Diese Möglichkeit, Fertigungskapazitäten an neuen Standorten zu nutzen, ohne diese über Kapitalbeteiligung zu kontrollieren, wird von Unternehmen in erheblichem und wachsendem Umfang wahrgenommen. Für solche Produktionskooperationen gibt es eine Reihe von Formen und Instrumenten, darunter Lizenz-, Know-how- und Managementverträge, Lohnfertigung, Lieferabkommen. Fertigungen für kapitalistische Unternehmen in Fabriken in osteuropäischen Ländern sind überwiegend auf diese Weise organisiert; aber auch in einer Reihe von unterentwickelten kapitalistischen Ländern werden Produktionen von ausländischen Unternehmen kontrolliert, ohne daß diese eine formale Kapitalbeteiligung an den produzierenden Unternehmen halten. Die Beispiele hierfür sind zahlreich, und sie lassen die besonderen Verwertungsvorteile, die mit dieser Art der Produktionsverlagerung verbunden sind, klar erkennen: Mit großer Flexibilität und sehr rasch kann auf Nachfrageschwankungen reagiert und ohne größeren Aufwand die Produktion ausgedehnt oder eingeschränkt und der Produktionsort gewechselt werden.[14]

Die Durchsetzung der neuen internationalen Arbeitsteilung und die mit ihr verbundenen Verlagerungsprozesse manifestieren sich aber nicht nur im Investitionsverhalten von Einzelunternehmen. Sie zeigt sich auch in der Wirtschaftspolitik vieler Staaten und internationaler Institutionen. Von ihnen werden Randbedingungen geschaffen und gesichert, die eine tiefgreifende Änderung der Strukturen der Weltindustrieproduktion fördern. Auf diese Weise wandern wichtige Segmente der verarbeitenden Industrie an neue Standorte, Standorte niedrigerer Produktionskosten. Die Fertigung dort wird nur zum Teil durch ausländische Unternehmen derselben Branchen direkt durchgeführt. Es treten auch neue Anbieter auf dem Weltmarkt auf, die traditionelle Anbieter ganz oder teilweise verdrängen können.

Alle diese Prozesse zusammengenommen repräsentieren erst den vollen Umfang der derzeit weltweit stattfindenden Strukturveränderungen der verarbeitenden Industrie. In dem Maße, in dem Verlagerungen industrieller Fertigungen durch die Tendenz zu einer neuen internationalen Arbeitsteilung ermöglicht und erzwungen werden, in dem Maße sind die damit verbundenen Beschäftigungseffekte in eben dieser neuen internationalen Arbeitsteilung begründet.

Im Gegensatz zu den weiter oben zitierten Einschätzungen deutscher Autoren stellen einige ausländische Autoren einen eindeutigen Zusammenhang zwischen der weltweiten Umstrukturierung der Produktion und der Arbeitslosigkeit im Inland her.[15] In einer Analyse der wirtschaftlichen Entwicklung in Europa heißt es bezüglich der Bundesrepublik Deutschland: »If it turned out that successful adaption to a new international division of labor does not coincide with a successful employment policy, the question of what costs should be acceptable, and who should bear them, would come back to the forefront of the domestic debate.«[16] Vorderhand ist es wohl unbestreitbar, daß es zumindest die offen und versteckt Arbeitslosen sind, welche die Kosten einer »erfolglosen Beschäftigungspolitik« zu tragen haben.

II. Zur Entwicklung der Arbeitslosigkeit in traditionellen Industrieländern

Wenn die Analyse der Arbeitslosigkeit sich hier im wesentlichen auf die traditionellen Industrieländer beschränkt, so muß vorab auf die ungleich größere Arbeitslosigkeit und Unterbeschäftigung in unterentwickelten Ländern hingewiesen werden. Der starke Anstieg der Arbeitslosigkeit in den traditionellen Industrieländern seit Ende der 60er Jahre ist jedoch ein wichtiger Indikator für die Durchsetzung der neuen internationalen Arbeitsteilung; daß sich währenddessen in unterentwickelten Ländern nicht ein inverser Effekt durchsetzt, also die Zahl der Arbeitslosen zurückgeht, liegt vor allem an der immensen Größe und der raschen Zunahme der industriellen Reservearmee in diesen Ländern. Darüber hinaus trägt die statthabende lokal desintegrierte Teilindustrialisierung, die auf der Vergeudung von menschlichen und materiellen Ressourcen beruht, zur Verschärfung der Arbeitslosigkeit bei, wie wir an anderer Stelle zeigen konnten.[17]

Starke Zunahme der Arbeitslosigkeit in den traditionellen kapitalistischen Industrieländern ist für die letzte Dekade ein Faktum, das bereits eindeutig durch die offiziellen Angaben über registrierte Arbeitslosigkeit belegt ist. Ihr Zusammenhang mit der Herausbildung eines Weltmarktes für Standorte industrieller Produktion läßt sich aus diesen Angaben jedoch nicht mit derselben Eindeutigkeit ablesen. Nach einem starken Anstieg weisen die amtlichen Zahlen in den letzten Jahren (etwa ab 1975) (für die Gruppe der OECD-Länder zusammen und für eine Reihe von wichtigen Ländern innerhalb der OECD) eine Stagnation der Arbeitslosigkeit auf hohem Niveau aus. Demgegenüber schreitet der Prozeß der Verlagerung industrieller Produktion an neue Standorte weiter fort. Hier tritt ein zu erwartendes, historisch nicht unbekanntes Phänomen auf: Bei andauernder hoher Arbeitslosigkeit fallen immer mehr Arbeitslose aus der Registrierung heraus und gehen in verschiedene Formen der »Stillen Reserve« über. Frank Niess stellt in seiner »Geschichte der Arbeitslosigkeit« fest: »All diese Arbeitslosen treten, obwohl sie durchaus Arbeit haben wollen, aus der sichtbaren ›industriellen Reservearmee‹ in die ›Stille Reserve‹ zurück. Je länger die Massenarbeitslosigkeit anhält, desto mehr wächst diese Reserve an und umso ungenauer spiegelt die Zahl der registrierten Arbeitlosen das tatsächliche Ausmaß der Arbeitslosigkeit wider.«[18]

Es ist daher erforderlich, nach einem kurzen Überblick über die amtlich als solche in den OECD-Ländern erfaßte Arbeitslosigkeit die versteckte Arbeitslosigkeit und Unterbeschäftigung, wenigstens exemplarisch, zu untersuchen. Nur auf dieser Basis läßt sich die Änderung der Beschäftigungssituation in traditionellen Industrieländern während der Zeit der Durchsetzung einer weltweiten Neuorganisation einigermaßen zutreffend beurteilen.

Von einem historischen Prozeß kann man oft nur mit einiger Willkür behaupten, er habe zu einem bestimmten Zeitpunkt eingesetzt. Dies vorausgesetzt, läßt sich doch in überzeugender Breite empirisch zeigen, daß sich die ersten Auswirkungen der Herausbildung einer neuen internationalen Arbeitsteilung Ende der 60er Jahre feststellen lassen. Damit stimmt überein, daß die ersten Freien Produktionszonen in der zweiten Hälfte der 60er Jahre den Betrieb aufgenommen haben.[19] Produktionsverlagerungen setzen bei den einzelnen Ländern und Industriezweigen verschieden früh ein, so daß mit Auswirkungen von einigem Gewicht auf die Beschäftigungssituation insgesamt erst ab dem Beginn der 70er Jahre gerechnet werden kann. Solche Auswirkungen lassen sich statistisch deutlich belegen, trotz der Überlagerungen durch konjunkturelle Schwankungen, wenn man die Zahlen von 1970 bis 1978 heranzieht.

Die amtliche Berichterstattung verzeichnet in der Regel nur die Zahl der offiziell registrierten Arbeitslosen. Tabelle 1 gibt die Jahresdurchschnittszahlen für 20 OECD-Länder für die Jahre 1970 bis 1978 wieder. Trotz von Land zu Land verschiedener Erfassungsmethoden (die sich sogar bei einzelnen Ländern von einem Jahr aufs andere ändern können, so zum Beispiel in Italien 1976 auf 1977)[20] ist insgesamt die Entwicklungstendenz doch klar erkennbar: einem Anstieg der registrierten Arbeitslosigkeit in der ersten Hälfte der 70er Jahre, der von 1974 auf 1975 besonders ausgeprägt ist, folgt eine Stagnation auf hohem Niveau. Jedoch charakterisieren diese Zahlen nicht die wirkliche Beschäftigungslage, sondern sie sind eher Ausdruck davon, wie weit es jeweils bereits gelungen ist, vorhandene Unterbeschäftigung und Arbeitslosigkeit nicht in Form von registrierten Arbeitslosenzahlen erscheinen zu lassen.

Tabelle 1

Zahl der registrierten Arbeitslosen 1970-1978: OECD-Länder[×]

in Tausend

Jahr[xx] / Land	1970	1971	1972	1973	1974	1975	1976	1977	1978
Kanada	495	552	562	520	521	697	736	862	911
USA	4089	4993	4840	4304	5076	7830	7238	6856	6047
Japan	593	639	726	664	740	1000	1080	1100	1240
Australien	56	74	104	87	122	269	282	345	402
Neuseeland	2	3	6	2	1	4	5	7	22
Österreich	60	53	50	41	41	55	55	51	59
Belgien	71	71	87	92	105	177	229	264	282
Dänemark	24	30	30	20	50	124	126	164	190
Finnland	41	49	57	52	40	51	91	137	169
Frankreich	262	337	380	394	498	840	933	1073	1167
BR Deutschland	148	189	247	282	583	1074	1060	1030	993
Griechenland	49	30	24	21	27	35	28	28	31
Irland	65	63	72	67	72	104	113	111	102
Italien[xxx]	616	613	701	669	560	654	732	1545	1571
Niederlande	46	62	108	110	135	195	211	204	206
Norwegen	13	12	15	13	11	20	20	16	20
Spanien	146	190	191	150	150	257	376	540	817
Schweden	59	101	107	98	80	67	66	75	94
Türkei[xxxx]	44	45	44	46	81	117	141	143	166
Großbritannien	602	776	855	611	600	929	1270	1378	1876
Insgesamt	7481	8882	9206	8243	9493	14499	14792	15929	15865

× ohne Island, Luxemburg, Portugal, Schweiz
× × Jahresdurchschnitte
× × × Wechsel der Erfassungsmethode: 1976–1977
× × × × nur ein geringer Teil der Arbeitslosigkeit registriert
Quelle: OECD, *Main economic indicators,* Oktober 1974 – Oktober 1979.

Die registrierte Arbeitslosigkeit, die (mehr oder weniger) versteckte Arbeitslosigkeit und Unterbeschäftigung, die Erwerbstätigkeit, die (potentiellen und effektiven) Erwerbsquoten sowie die Komponenten ihrer Änderung, die Arbeitsmigration, diese Faktoren insgesamt geben erst ein einigermaßen zutreffendes Bild von der sich ändernden Beschäftigungslage. In den folgenden Abschnitten sollen einige der wichtigsten Zusammenhänge exemplarisch dargestellt werden. Die versteckte Arbeitslosigkeit und Unterbeschäftigung in traditionellen Industrieländern (ebenso wie in anderen Ländern) in absoluten Größen zu erfassen, ist praktisch unmöglich. Jedoch lassen sich zur relativen Änderung über die letzten Jahre einige Angaben machen. Nimmt man die Lage in der *Bundesrepublik Deutschland* als ein *Beispiel*, so ist in ihr die amtlich erfaßte »Stille Reserve« von Null im Jahre 1970 auf rund 670 000 im Jahre 1978 angestiegen, macht also jetzt etwa zwei Drittel der registrierten Arbeitslosigkeit aus. Dabei handelt es sich ebenso um nichtbeschäftigte Erwerbspersonen:

»Die ›Stille Reserve‹ wird definiert als der Teil des Erwerbspotentials, der weder erwerbstätig noch bei den Arbeitsämtern arbeitslos gemeldet ist und aller Erfahrung nach bei besserer Arbeitsmarktsituation um eine Arbeit nachsuchen würde. [. . .] Die ›Stille Reserve‹ ist also eine Art unfreiwillige, konjunkturbedingte Erwerbslosigkeit neben der offenen registrierten Arbeitslosigkeit.«[21]

In der Bundesrepublik Deutschland sind die offiziellen Zahlen der Arbeitslosen, allen Konjunkturschwankungen zum Trotz, von 1970 bis 1977 jedes Jahr angestiegen, wenn man die amtlich erfaßte »Stille Reserve« mitberücksichtigt; der Anstieg erfolgte von 149 000 auf 1 639 000, während 1978 mit 1 635 000 diese Zahl praktisch unverändert geblieben ist.[22]

Allerdings enthalten die veröffentlichten amtlichen Zahlen der »Stillen Reserve« nur einen Teil der nicht registrierten »unfreiwilligen Erwerbslosigkeit«. Schon wegen ihrer quantitativen Bedeutung muß daneben besonders die *exportierte Arbeitslosigkeit* hervorgehoben werden. Die Zahl der beschäftigten ausländischen Arbeitnehmer ist seit 1973, dem Jahr mit der höchsten Ausländerbeschäftigung in der Bundesrepublik, bis 1978 um 654 000 zurückgegangen. Die Zahl der registrierten ausländischen Arbeitslosen ist in diesen Jahren um 77 000 gestiegen und die »Stille Reserve« verzeichnet jetzt 168 000 Ausländer; folglich ist per Saldo[23] eine Arbeitslosigkeit von mindestens 409 000 exportiert worden, vermutlich aber sogar einiges über 450 000, da die »Stille Reserve« nicht nur aus zuvor Erwerbstätigen besteht.[24] Sogar der »Sachverständigenrat« kommentiert den Export von Arbeitslosigkeit in folgender Weise: »Man kann dies jedoch auch als eine Rückverlagerung von Beschäftigungsproblemen in Länder sehen, die unter noch größerer Unterbeschäftigung leiden als die Bundesrepublik.«[25]

1. Zwischenergebnis: Registrierte Arbeitslosigkeit, amtlich erfaßte »Stille Reserve« und exportierte Arbeitslosigkeit belaufen sich 1978 auf rund 2 100 000 und haben damit seit 1970 um fast 2 Millionen zugenommen.

Diese Zahlen reichen aber keineswegs aus, die im Jahr 1978 bestehende und in den Jahren 1970-1978 entstandene Minderbeschäftigung voll zu erfassen. Die folgenden Angaben sind auch dann für unsere Fragestellungen relevant, wenn sie wegen sachlicher und methodischer Probleme nicht so ohne weiteres in eine amtliche Statistik zur Erfassung von Arbeitslosigkeit aufgenommen werden können. Die hier benutzten Zahlen sind als Näherungswerte zu verstehen, die meistens auf Schätzungen beruhen. Es wird versucht, Durchschnittsangaben zu benutzen und Verrechnungen vorzunehmen, um Doppelzählungen zu vermeiden.

Zur »Stillen Reserve« zählen 169 000 *Ausländer* (1977); demgegenüber errechnet das Deutsche Institut für Wirtschaftsforschung eine »Stille Reserve« von 300 000 Ausländern: eine Differenz von 131 000.[26]

Bei den Deutschen machen die *Jugendlichen* unter 20 Jahren in der amtlichen »Stillen Reserve« etwa 55 000 aus.[27] Am Soziologischen Forschungsinstitut Göttingen wurde auf der Basis der (korrigierten) Erwerbslosenzahlen des Mikrozensus des Statistischen Bundesamtes sowie der Erwerbsquoten- und Schülerquotenentwicklung für Mai 1976 eine Jugendarbeitslosigkeit von 168 000 ermittelt, von denen 85 000 als arbeitslos amtlich registriert waren.[28] Die Differenz ergibt 28 000 Jugendliche, die weder als arbeitslos registriert noch in der »Stillen Reserve« erfaßt sind.[29]

In der »Stillen Reserve« sind »*Ältere*« mit etwa 55 000 berücksichtigt.[30] Damit sind aber offenbar nur Personen erfaßt, die nach einer Arbeitslosigkeit von einem Jahr oder mehr Rente beziehen können, wenn sie 59 Jahre oder älter sind. Die weiterreichenden Arbeitsmarkteffekte der »flexiblen Altersgrenze« hat das Deutsche Institut für Wirtschaftsforschung, Berlin errechnet.

»Die Möglichkeit, vorzeitig Altersruhegeld zu beziehen, hat den Arbeitsmarkt in den Jahren 1976 und 1977 erheblich entlastet [. . .] Es läßt sich errechnen, daß 1976 insgesamt etwa 190 000 Arbeitsplätze mehr beansprucht worden wären, wenn die Männer, die 1975 und 1976 das flexible Altersruhegeld in Anspruch genommen haben, mit dem Rentenbeginn bis zur Vollendung des 65. Lebensjahres gewartet hätten . . . Der Nettoeffekt der Einführung des flexiblen Altersruhegelds ist jedoch noch immer mit 160 000 Personen zu veranschlagen.«[31]

Ziehen wir, um mögliche Doppelzählungen zu vermeiden, die 55 000 aus der amtlichen »Stillen Reserve« ab, so bleiben 105 000 Personen.[32]

Die Zahl der beschäftigten *Heimarbeiter* hat von 1970 bis 1977 um 71 300 abgenommen.[33] Die Unternehmen, die Heimarbeit vergeben, sehen sich zunehmend gezwungen, »solche Arbeiten in Lohnfertigung in kostengünstigeren Ländern durchführen zu lassen.«[34] Schätzt man, daß ein Drittel dieser bisherigen Heimarbeiter weder anderweitig beschäftigt ist noch als arbeitslos registriert oder in der »Stillen Reserve« berücksichtigt ist, so sind in unsere Berechnungen 24 000 Personen aufzunehmen.

In den letzten Jahren, die durch beständige hohe Arbeitslosigkeit gekennzeichnet sind, hat die Zahl der *Nichtseßhaften* (Obdachlosen) um etwa die Hälfte zugenommen und ist auf etwa 120 000 gestiegen.[35] Schon der zeitliche Zusammenhang weist darauf hin, daß es sich hier in vielen Fällen um Personen handelt, die unter den herrschenden Bedingungen keine Chance haben, einen Arbeitsplatz zu finden. Die versteckte Arbeitslosigkeit in der Gruppe der Nichtseßhaften, die auch nicht in der »Stillen Reserve« erfaßt ist, läßt sich vorsichtig auf 60 000 schätzen.[36]

2. Zwischenergebnis: Rechnet man zum 1. Zwischenergebnis Gruppen von Arbeitslosen hinzu, die versteckte Arbeitslosigkeit repräsentieren, da sie weder zu den registrierten Arbeitslosen zählen noch in der »Stillen Reserve« erfaßt sind, so ergibt sich die Zahl der 1978 Arbeitslosen (unter Einschluß der exportierten Arbeitslosigkeit): 2 450 000.

Aber auch damit ist noch nicht der volle Umfang von Arbeitslosigkeit und Unterbeschäftigung erfaßt. Es werden eine Reihe von Maßnahmen ergriffen, die zum Ziel oder zum Ergebnis haben, Unterbeschäftigung nicht in der Form von Arbeitslosigkeit in Erscheinung treten zu lassen, deren Effekte in dieser Berechnung jedoch berücksichtigt werden müssen.

An erster Stelle sollen hier »arbeitsmarktpolitische Maßnahmen« genannt werden: (subventionierte) Kurzarbeit, Arbeitsbeschaffungsmaßnahmen (ABM), Vollzeitmaßnahmen zur beruflichen Fortbildung und Umschulung. Die Zahl der *Kurzarbeiter* betrug durchschnittlich 191 000 im Jahr 1978. Durch Kurzarbeit konnte »eine Entlastungswirkung in der Größenordnung von mehr als 30 000 Arbeitslosen erreicht werden.«[37] Bei den *Arbeitsbeschaffungsmaßnahmen* stieg »die Entlastungswirkung von ABM auf die Zahl der Arbeitslosen um mehr als ein Viertel von 61 000 Personen im Jahr 1977 auf 77 000 Personen im Jahr 1978.«[38] Über den Arbeitsmarkteffekt der Teilnahme von 77 000 Personen an *Vollzeitmaßnahmen zur beruflichen Bildung* heißt es: »Ohne die Förderung beruflicher Bildungsmaßnahmen durch die BA hätte 1978 mit einer um 57 000 Personen höheren Arbeitslosigkeit gerechnet werden müssen.«[39] Diese staatlichen Maßnahmen zusammengenommen vermindern also vorübergehend die Zahl der Arbeitslosen, und zwar 1978 um schätzungsweise 164 000.

Darüber hinaus macht der Staat (Bund und Länder) große Aufwendungen, um die Zahl der zur Verfügung stehenden Arbeitsplätze zu erhöhen. Investitionszulagen im Rahmen eines »Programms stabilitätsgerechter Aufschwung« oder der »Verbesserung der regionalen Wirtschaftsstruktur« gehören ebenso dazu wie die Förderung der Entwicklung »neuer Technologien«. Die Arbeitsmarkteffekte sollen etliche Hunderttausend betragen[40], werden aber hier nicht einbezogen, da auf der einen Seite das Ausmaß ihrer Wirkungen zweifelhaft ist[41], auf der anderen Seite eine alternative Verwendung der Mittel auch Beschäftigungseffekte haben könnte.[42] Dennoch sind die Maßnahmen und Programme für unsere Fragestellung insofern relevant, als sie die Notwendigkeit belegen, durch staatliche Eingriffe (= Förderung der Kapitalverwertung in diesem Land) die Nachfrage nach Arbeitskraft zu erhöhen. Dieser Punkt wird weiter unten wieder aufgenommen.

Ergebnis: Der Umfang der 1978 bestehenden Arbeitslosigkeit und Unterbeschäftigung hat (seit 1970) die Größenordnung von mindestens 2 614 000 Personen erreicht, gegenüber einer registrierten Arbeitslosigkeit von 993 000 Personen.[43]

Bei einer so großen Differenz hat man sich zu fragen, ob in das erreichte Ergebnis nicht unrealistische Annahmen eingegangen sind. Wo sind denn, so muß man sich fragen, die fast zwei Millionen, die nicht als Arbeitslose registriert sind? Wie gezeigt wurde, gelten größere Gruppen zur Zeit als erwerbstätig (ABM-Personen, Kurzarbeiter), andere gehören zur Zeit nicht oder nicht mehr zum Erwerbspersonenpotential (vorgezogene Rentenzahlung, Maßnahmen zur Fortbildung und Umschulung, Nichtseßhafte) oder werden nicht im Inland erfaßt (exportierte Arbeitslosigkeit). Die folgenden Angaben mögen zeigen, daß die ermittelte versteckte Arbeitslosigkeit und Unterbeschäftigung der Größenordnung nach durchaus plausibel ist.

Seit 1974 liegt die Zahl für den Zugang an Arbeitslosen erheblich über der Zahl der Arbeitsvermittlungen. Im Jahr 1978 stehen einem Zugang von 3 081 000 Arbeitslosen 2 138 000 Arbeitsvermittlungen gegenüber.[44] Da die Zahl der registrierten Arbeitslosen gegenüber den Vorjahren nicht zugenommen hat, sind in erheblichem Umfang Arbeitslose aus der Registrierung ausgeschieden, ohne daß ihnen eine Arbeit vermittelt wurde; nur ein Teil von ihnen hat auf andere Weise eine Arbeit gefunden.

Ein statistischer Ausdruck der Entwicklung der Beschäftigungslage ist das stetige Sinken der Erwerbsquote, denn Änderungen der demographischen Struktur spielen nur eine geringe Rolle. Die *potentiellen Erwerbsquoten* von Deutschen in der BRD sind von 56,58% im Jahr 1969 auf 53,04% im Jahr 1978 gesunken, also um 3,54 Prozentpunkte.[45] Da das Erwerbspotential neben den Erwerbstätigen und den registrierten Arbeitslosen auch die amtlich erfaßte »Stille Reserve« enthält, repräsentiert ein Teil des Rückgangs der Erwerbsquoten darüber hinausgehende versteckte Arbeitslosigkeit. Export von Arbeitslosigkeit etwa oder Kurzarbeit bleiben von diesen Kategorien jedoch unerfaßt.

Auch bei einer Reihe von anderen Industrieländern lassen sich erhebliche Unterschiede zwischen der Zahl der registrierten Arbeitslosen und dem wahren Umfang von Arbeitslosigkeit und Unterbeschäftigung nachweisen. Für die *USA* liegen einige Schätzungen vor. So beziffert selbst der Commissioner of Labor Statistics die nicht registrierte Arbeitslosigkeit der »discouraged workers« auf etwa eine Million.[46] Eine andere Berechnung[47] zählt (für 1975) ein Äquivalent von 2 186 330 von Vollzeitarbeitslosen zu den registrierten 6 437 000 Vollzeitarbeitslosen hinzu, um die unfreiwillige Arbeitslosigkeit von Teilzeitbeschäftigten zu berücksichtigen. Zusammen mit den »discouraged workers« macht nach dieser Berechnung dann für 1975 die »true unemployment rate« 11,2% aus[48], gegenüber einer offiziellen Rate von 8,5%: »In other words, the official rate tends to be at least one third too low.« Diese Zahlen berücksichtgen jedoch folgende Gruppen nicht: junge Leute, die wegen der Arbeitsmarktlage länger auf der Schule oder in der Armee bleiben; Personen, die aus Arbeitsmarktgründen vorzeitig Rente beziehen; den Teil der Hausfrauen, der bei einem entsprechenden Angebot Lohnarbeit aufnehmen würde. Darüber hinaus läßt sich ein Absinken der Erwerbsquote der 25- bis 54-jährigen Männer feststellen; wäre die Erwerbsquote Anfang der 70er Jahre dieselbe wie Ende der 50er Jahre, wäre 1972/73 die Zahl der erwerbsfähigen Männer und möglicherweise auch der Arbeitslosen um 710 000 höher. Obwohl also nur ein Teil der versteckten Arbeitslosigkeit und Unterbeschäftigung durch Schätzungen erfaßt ist, ergeben sich hierfür schon Zahlen in der Größenordnung von einigen Millionen Personen.[49]

Für *Japan* kann man auf der Basis der vorliegenden Erhebungen und Untersuchungen die Differenz zwischen registrierter Arbeitslosigkeit und wahrer Arbeitslosigkeit und Unterbeschäftigung ziemlich genau erfassen.[50] Die offiziellen Arbeitslosenzahlen geben die Arbeitslosigkeit im Falle Japans im internationalen Vergleich besonders unvollständig wieder. Während diese Zahlen für 1974 bei 730 000 und für 1976 bei 1 080 000[51] liegen, verzeichnet der in Abständen von drei Jahren erhobene Employment Status Survey (ESS) für 1974 3 276 000 Arbeitslose (= nichterwerbstätige Personen, die eine entgeltliche Beschäftigung wünschen und aktiv danach suchen). Darüber hinaus gibt es ein latentes Arbeitskräftepotential (Personen, die eine Erwerbstätigkeit wünschen, aber nicht aktiv suchen) von 5 710 000 (1974). Ein »Kern des latenten Arbeitskräftepotentials« läßt sich auf 2 092 000 (1974) schätzen. Ebenfalls nach Erhebungen im Rahmen des ESS gibt es (1974) 2 279 000 unterbeschäftigte Erwerbstätige, die zusätzliche Arbeit wünschen. Den 730 000 offiziellen Arbeitslosen stehen demnach zusätzlich 7 647 000 Arbeitslose und Unterbeschäftigte im Jahr 1974 gegenüber.[52]

Ob ein Arbeitsloser in *Italien* als Arbeitsloser registriert ist oder nicht, scheint hauptsächlich eine Frage des Alters zu sein. Von den registrierten 1,5 Millionen Arbeitslosen (1977)[53] sind 73% Jugendliche.[54] Für die Älteren, besonders in weniger entwickelten und in ländlichen Gebieten, ist die Invalidenrente eine Alternative zur Arbeitslosenunterstützung und damit auch zur registrierten Arbeitslosigkeit. »Den 4,9 Millionen Beziehern von Altersrenten stehen inzwischen schon 5,3 Millionen Invalidenrentner gegenüber. [. . .] Eine Untersuchung des kommunistischen Studienzentrums Cespe bestätigte unlängst, daß in den Agrarregionen Süditaliens die Invalidenrente oft an die Stelle der Arbeitslosenunterstützung tritt.«[55]

Die Entwicklung der Beschäftigungslage in der *Schweiz* wird seit Jahren schon deutlich von den Auswirkungen von Produktionsverlagerungen beeinflußt. Dieser Zusammenhang wird auch deutlich erkannt: »Die Arbeitnehmer verfolgen mit Besorgnis die Zunahme von Kurzarbeit, Entlassungen und Betriebsschließungen, die von einer wachsenden Tendenz zu Produktionsverlagerungen ins Ausland, nicht zuletzt in Niedriglohnländer begleitet ist.«[56] Die sichtbaren Auswirkungen auf die Beschäftigungslage in der Schweiz werden unter anderem besonders durch Abbau der Ausländerbeschäftigung, also durch Export von Arbeitslosigkeit verringert. Allein vom 31. August 1973 bis zum 31. August 1976 nahm die Zahl der erwerbstätigen Ausländer (aller Kategorien) von 897 000 auf 669 000 ab, sank also um 228 000, das sind 25,4%.[57] Die Bedeutung dieser Zahl wird deutlich, wenn man sie mit der registrierten Arbeitslosigkeit vergleicht, die für den Durchschnitt des Jahres 1976 mit 20 700 Personen angegeben wird.[58]

Die Mittel und Methoden, einen erheblichen Teil der tatsächlich vorhandenen Arbeitslosigkeit und Unterbeschäftigung zu verstecken, sind von Land zu Land unterschiedlich. Dennoch sind die Gemeinsamkeiten nicht zu übersehen. Es geht immer darum, das Ausmaß der ausgewiesenen und folglich in der Öffentlichkeit – auch von den Gewerkschaften – diskutierten Arbeitslosigkeit so niedrig zu halten, daß sie noch als – wenigstens mittelfristig – überwindbar erscheint. Ein großer Teil der Arbeitsfähigen wird vorläufig und bis auf weiteres vom Arbeitsmarkt abgedrängt und weitgehend daran gehindert, sich als politische Kraft zu organisieren und mit den organisierten Arbeitern (und offiziellen Arbeitslosen) zu solidarisieren, ohne jedoch aus der industriellen Reservearmee völlig entlassen zu werden. Die Bezeichnung »Stille Reserve« ist vorzüglich geeignet, diese Funktion für den Verwertungsprozeß zu kennzeichnen.[59] Auf diese Aufteilung der industriellen Reservearmee hat Braverman hingewiesen:

»Thus there is clearly a large mass of nonworking people who constitute a reserve army of labor, only a portion of which is counted. Those who rise to the surface in active search of jobs are counted as unemployed. Those who sink below, to the bottom, and are forced on to the welfare rolls, are accounted paupers and counted in that way.«[60]

Um noch einmal auf die Bundesrepublik Deutschland zurückzukommen: Da viele Unbeschäftigte nicht als Arbeitslose erfaßt werden, ist die amtlich registrierte Arbeitslosigkeit seit mehreren Jahren nicht mehr gewachsen. In Wirklichkeit nahm Arbeitslosigkeit und Unterbeschäftigung jedoch weiter zu. Die »Stille Reserve« wächst, der Umfang exportierter Arbeitslosigkeit nimmt ebenfalls zu. Einige Merkmale der offiziell Arbeitslosen weisen darauf hin, daß auch weiterhin ihre Zahl durch Abgänge von nicht wieder Beschäftigten entlastet werden wird. So nimmt der Anteil der längerfristig Arbeitslosen[61] und derer »mit gesundheitlichen Einschränkungen« rasch zu. Da Arbeitslosengeld nur zeitlich begrenzt und Arbeitslosenhilfe nur bei nach strengen Maßstäben gemessener Bedürftigkeit gezahlt werden, scheiden aus beiden Gruppen Menschen als registrierte Arbeitslose aus, die zum Teil vorgezogene Rente beziehen, zumal sie überproportional älteren Altersgruppen angehören.

Die bisherigen Ausführungen haben wohl verdeutlichen können, daß die amtlich verzeichneten Arbeitslosenzahlen in hohem Maße unzureichend sind, ein zutreffendes Bild zu vermitteln. Die in diesen Zahlen nicht erfaßte Arbeitslosigkeit und Unterbeschäftigung werden jedoch nur gelegentlich, unvollkommen und nach recht unterschiedlichen Gesichtspunkten ermittelt. Das erschwert sowohl den Ländervergleich als auch den Versuch, brauchbare Zeitreihen zu bilden. Die Entwicklung der Arbeitslosigkeit in der Periode des Wirksamwerdens der Tendenz zu einer neuen internationalen Arbeitsteilung kann also nicht vollständig nachgezeichnet werden.[62] Jedoch sind die angeführten Zahlen dazu geeignet, sich von der Größenordnung, die die Arbeitslosigkeit und Unterbeschäftigung inzwischen erreicht hat, und von ihrer Entwicklung etwa ab 1970 ein Bild zu machen.

III. Staatliche Subventionen zur Verringerung der Arbeitslosigkeit

Staatliche Hilfszahlungen für die Erhaltung bestehender und die Einrichtung neuer Arbeitsplätze haben in den 70er Jahren erheblich an Bedeutung gewonnen. Sie stehen in einem engen Zusammenhang mit den Auswirkungen der neuen internationalen Arbeitsteilung auf die Beschäftigungslage in den traditionellen Industrieländern.

»As Europe's crisis-stricken industries restructure, governments are facing intense pressure to take emergency steps to cope with unemployment.[. . .] European Community governments – and some companies – are dramatically stepping up efforts to keep jobs alive and to prop up salvagable operations. Such efforts will be a major priority through the 1980s.«[63]

Unter den gegebenen Umständen ist zu fragen, ob solche durch die Arbeitslosigkeit legitimierte Transferzahlungen an das Kapital geeignet sind, Arbeitslosigkeit zu vermindern. Die dem Staat zur Umverteilung zur Verfügung stehenden Mittel werden zur zeitweisen Besserung der Verwertungsbedingungen in einzelnen Bereichen herangezogen, also den Aufgaben des sozialen Ausgleichs entzogen, ohne vermutlich per saldo die Arbeitsmarktsituation längerfristig beeinflussen zu können. Zur Begründung dieser Maßnahme wird regelmäßig auf die Notwendigkeit der Erhaltung oder Besserung der Konkurrenzfähigkeit der jeweiligen inländischen Standorte gegenüber ausländischen verwiesen. Auf dem Weltmarkt für Produktionsstandorte muß versucht werden, mit Hilfe von Subventionen den jeweils »eigenen« Standort durch Kostenvorteile für produzierende Unternehmen gegenüber konkurrierenden Standorten auszuzeichnen. Damit tritt für die konkurrierenden Standorte der Zwang auf, vergleichbare Vorteile zu bieten. So ist es zu erklären, daß inzwischen in fast allen Industrieländern Maßnahmen zur Schaffung und Erhaltung von Arbeitsplätzen ergriffen wurden[64], wodurch der erklärte Zweck dieser Maßnahmen, nämlich den »eigenen« Standort gegenüber anderen für die Produktion kostengünstiger zu machen, immer wieder aufgehoben und damit tendenziell unerreichbar wird.[65] Das führt dazu, daß diese Subventionen gezahlt werden, ohne daß dadurch dauerhaft Arbeitsplätze erhalten oder geschaffen werden.

Zur Schaffung oder Erhaltung von Arbeitsplätzen werden den Unternehmen staatliche Subventionen in recht unterschiedlichen Formen gezahlt. Für die *Bundesrepublik Deutschland* ist eine Reihe von Instrumenten hierfür weiter oben schon genannt worden. Kurzarbeitergeld, Arbeitsbeschaffungsmaßnahmen, Konjunkturprogramme und strukturpolitische Maßnahmen gehören dazu, neben nicht rückzahlbaren Zahlungen gibt es Subventionen in Form von Krediten, Zinszuschüssen, Bürgschaften und Steuernachlässen. Selbst Tarifnachlässe bei Öffentlichen Dienstleistungen sowie Subventionen zur Technologieentwicklung werden mit der Errichtung oder Erhaltung von Arbeitsplätzen begründet. Diese Vielfalt von Subventionsformen[66] erschwert es, ihren Umfang und ihre Bedeutung für die Kapitalverwertung abzuschätzen. Ihren Einfluß auf die Beschäftigungslage kann man nur unter Berücksichtigung möglicher alternativer Verwendungen der öffentlichen Mittel (etwa im Bereich der öffentlichen Dienstleistungen[67]) beurteilen. Er ist vermutlich insgesamt gleich Null, oder er ist sogar negativ, wenn und insoweit diese Subventionen direkt oder indirekt[68] arbeitsplatzvernichtende Rationalisierungsinvestitionen fördern.

In der Europäischen Gemeinschaft sind die Pläne der Regierung *Großbritanniens*, ihre Beschäftigungsprogramme (wie z. B. Temporary Employment Subsidy – TES) zu verlängern und zu erweitern, Anfang 1978 zunächst auf Widerstand gestoßen, um schließlich in kaum veränderter Form doch genehmigt zu werden. Da inzwischen praktisch alle EG-Länder ähnliche Programme haben, mußte der Widerstand aufgegeben werden.[69] Großbritannien muß allein im Rahmen von TES 365,8 Millionen Pfund in einem Jahr aufbringen, um 389 000 Arbeitsplätze zu subventionieren. Obwohl schon seit einigen Jahren in solche Programme Hunderte von Millionen Pfund gesteckt werden, ist die Zahl selbst der registrierten Arbeitslosen nicht gesunken.

Während es nicht neu ist, daß der Staat Subventionen an Unternehmen zahlt, ist heute bemerkenswert, in welchem Maße die Schaffung und Erhaltung von Arbeitsplätzen und sogar die direkte Übernahme von Lohnkosten das Subventionsverhalten des Staates bestimmen.

»Seit der Rezession von 1974/75 mit sprunghaft ansteigender Arbeitslosigkeit werden Lohnsubventionen von vielen westlichen Industrieländern in zunehmendem Maße als Mittel der aktiven Arbeitsmarktpolitik eingesetzt.«[70]

Darüber hinaus ist auch für die Beeinflussung der Wirtschaftsstruktur durch Subventionen die Schaffung und Erhaltung von Arbeitsplätzen das leitende Kriterium. So heißt es von der Einführung eines neuen Programmes in der Bundesrepublik Deutschland:

»301 000 neue Arbeitsplätze sollen bis 1981 im Rahmen der Gemeinschaftsaufgabe ›Verbesserung der regionalen Wirtschaftsstruktur‹ geschaffen und 173 000 gefährdete Arbeitsplätze gesichert werden.[. . .] Pro Jahr werden deshalb private Investitionen in Höhe von 11,1 Mrd. DM und kommunale Investitionen zur Verbesserung der wirtschaftsnahen Infrastruktur in Höhe von 500 Mill. DM gefördert werden.«[71]

Auf diese Weise werden also die Schaffung und Erhaltung von Produktionskapazitäten im Inland gefördert. Gleichzeitig wird beispielsweise das Entwicklungsländer-Steuerungsgesetz novelliert, wodurch die Errichtung von konkurrenzfähigen Fertigungen in unterentwickelten Ländern durch bundesdeutsche Unternehmen unterstützt wird. Diese Situation erscheint als paradox, ist jedoch unter den herrschenden Bedingungen der Kapitalverwertung folgerichtig. Die Verlagerung von Teilen der Produktion an neue Standorte ist notwendig geworden, folglich liegt ihre – mannigfache – Förderung im Interesse der Erhaltung der internationalen Konkurrenzfähigkeit der Unternehmen. Zugleich werden Maßnahmen notwendig, die Folgen dieses Prozesses zu kontrollieren und in Grenzen zu halten. Zu diesen Maßnahmen gehören auch Lohnkostensubventionen, die den ›eigenen‹ Produktionsstandort relativ konkurrenzfähig erhalten.

IV. Die weitere Durchsetzung der neuen internationalen Arbeitsteilung läßt eine weitere Zunahme der Arbeitslosigkeit erwarten

Der Prozeß der weltweiten Reorganisation der kapitalistischen Industrieproduktion ist sicher keineswegs abgeschlossen. Entsprechend sind weiterhin Auswirkungen auf die Beschäftigungssituation zu erwarten, die sowohl ein ökonomisches als auch ein politisches Konfliktpotential darstellen. Business International stellt in einem Bericht *Europe in the 1980s* fest:

»European multinationals, particularly those that are stabilizing or shrinking their workforce in Europe while expanding elsewhere in the world, will face growing pressure to explain and justify their international strategies in the face of public opposition to ›export of jobs‹.«[72]

In den traditionellen Industrieländern ist seit etwa 1970 die Zahl der Arbeitskräfte in der verarbeitenden Industrie stark zurückgegangen, während die Zahl der Arbeiter an neuen Standorten als Folge von Produktionsverlagerungen zugenommen hat. Die Zahl der Arbeitskräfte in Weltmarktfabriken an neuen Standorten ist gestiegen, zum Teil aber auf Kosten der Beschäftigung in schon bestehenden handwerklichen und (klein-) industriellen Bereichen. Die Zunahme der Beschäftigung »billiger« Arbeitskraft kann nicht so interpretiert werden, als sei es als solches ein Ziel der Unternehmen, viele »billige« Arbeiter zu beschäftigen. Die Produktion wird gemäß der jeweiligen Produktionskostenstruktur und der entsprechenden Kalkulationsergebnisse (andere Gesichtspunkte einmal vernachlässigt) so auf verschiedene Standorte aufgeteilt, daß die Produktionskosten insgesamt minimiert werden. Selbstverständlich bedeutet das unter anderem, daß an jedem

Standort die Zahl der Arbeiter, die für die Produktion, welche unter Berücksichtigung der Kostenstruktur weltweit und am jeweiligen Standort diesem Standort zufällt, erforderlich ist, so niedrig wie möglich gehalten wird.[73] Die Arbeitsproduktivität – was zu einem guten Teil Intensität der Arbeit bedeutet – ist an jedem Standort so groß wie möglich, und sie wird beständig zu steigern versucht.

Arbeitssparende Rationalisierungen in der verarbeitenden Industrie und die von ihnen verursachten Änderungen der Beschäftigung sind nicht neu. Neu hingegen ist ihre Kombination mit weltweiten Verlagerungsprozessen. Diese Kombination neuer Verfahren der Produktionstechnik mit einer Neuorganisation der Produktionsstandorte erlaubt heute dem Unternehmen, die Produktionskosten zu minimieren. Diese Kombination führt aber zugleich zu einem Rückgang der Nachfrage nach industriellen Massenkonsumgütern. Denn auf der einen Seite führen Dequalifikationen oder Verlust des Arbeitsplatzes zu erheblichen Verringerungen der Einkommen[74]; auf der anderen Seite wird – nicht zuletzt wegen der sehr niedrigen Löhne – an neue Standorte verlagert, deren Arbeiter so bezahlt werden, daß sie Industriegüter nicht nachfragen können. Die Konkurrenz der Standorte, und damit der Arbeiter an diesen Standorten, hält das Lohnniveau an neuen Standorten niedrig und bedroht wirkungsvoll die Löhne an traditionellen Standorten. Damit sind insgesamt sowohl der Ausweitung der Produktion derselben Waren als auch der zusätzlichen Produktion neuer Waren enge Grenzen gesetzt, und der Arbeitsplatzverlust durch Rationalisierung kann nicht ausgeglichen werden.

Daher rufen Einschätzungen wie die folgende von der EG-Kommission für die nächsten Jahre (bis 1985) vorgelegte keinen Widerspruch hervor:

»In der Landwirtschaft und im produzierenden Gewerbe der Europäischen Gemeinschaft werden durch Produktivitätssteigerung und Rationalisierungseffekte jährlich je nach Konjunkturlage 500 000 bis 700 000 Arbeitskräfte freigesetzt. Demnach sind durch Veränderung der Bevölkerungsstruktur und Veränderung der Wirtschaft Jahr für Jahr mehr als eine Million Menschen in den neun Partnerstaaten zusätzlich auf Arbeitssuche.«[75]

Es ist auffallend, mit welcher Selbstverständlichkeit solche Vorhersagen aufgestellt und öffentlich gehandelt werden, die zumindest von einem Fortbestehen hoher Arbeitslosenzahlen, meist aber sogar von einem erheblichen Anstieg in den nächsten Jahren ausgehen.[76] Dieses ist als ein Faktum auch dann bedeutungsvoll, wenn man der Methodik und folglich auch den Ergebnissen solcher Prognostik nicht zustimmen kann. Bereits in den letzten Jahren hat sich gezeigt, daß ein »reales Wirtschaftswachstum« (wie es sich etwa als eine Zunahme des Sozialprodukts oder der industriellen Produktion in den Statistiken niederschlägt) durchaus mit einem Anstieg der – realen – Arbeitslosigkeit einhergehen kann; dieses könnte sich durchaus in den nächsten Jahren fortsetzen. Als eine der Ursachen ist die fortschreitende Rationalisierung der Produktion deutlich erkennbar, und sie spielt demnach in der öffentlichen Diskussion auch eine wichtige Rolle. Der Zusammenhang jedoch zwischen Rationalisierung und Produktionsverlagerung, der durch die Bedingungen der neuen internationalen Arbeitsteilung gestiftet wird, steht ebensowenig im Vordergrund der öffentlichen Diskussion wie der direkte Verlust von Arbeitsplätzen durch die Verlagerung von Teilen der Produktion an neue Standorte. Wie wenig allerdings »wissenschaftliche« Bemühungen überzeugen können, diesen Zusammenhang einfach hinwegargumentieren zu wollen, konnte zu Beginn dieses Beitrags gezeigt werden.

Anmerkungen

1 Folker Fröbel, Jürgen Heinrichs, Otto Kreye, *Die neue internationale Arbeitsteilung*, Reinbek 1977.

2 Jürgen B. Donges, Paulgeorg Juhl, *Deutsche Direktinvestitionen im Ausland: Export von Arbeitsplätzen?* (Arbeitspapier Nr. 81) Kiel 1978. In gekürzter und überarbeiteter Fassung unter demselben Titel abgedruckt in: *Konjunkturpolitik*, Heft 4/1979, S. 203-224.

3 So die *Frankfurter Allgemeine Zeitung, Blick durch die Wirtschaft* am 22. 2. 1979 mit der Überschrift: ›*Arbeitsplätze werden nicht vernichtet*‹ *Kieler Studie: Im Ausland investieren schadet nicht, sondern schützt*. Ähnlich die *Frankfurter Allgemeine Zeitung* am 24. 2. 1979: »Die Vorstellung, deutsche Auslandsinvestitionen würden Arbeitsplätze in der Bundesrepublik ›vernichten‹, ist so nicht haltbar. Mit ihr aufgeräumt wird in einer Studie aus dem Kieler Institut für Weltwirtschaft.«

4 Donges, Juhl, *Deutsche Direktinvestitionen*, S. 28. Auch die Deutsche Bundesbank beruft sich in ihrer Einschätzung auf diese Veröffentlichung: »Eine Studie aus dem Institut für Weltwirtschaft, Kiel, kommt zu dem Ergebnis, daß Befürchtungen, Auslandsinvestitionen würden deutsche Arbeitsplätze vernichten, unbegründet sind.« (*Monatsberichte der Deutschen Bundesbank*, April 1979, S. 34).

5 Donges, Juhl, *Deutsche Direktinvestitionen*, S. 9.

6 Ebd., S. 11.

7 Ebd., S. 12.

8 Ebd., S. 16, Anm. 2.

9 Ebd., S. 17.

10 Ebd., S. 19.

11 In diesem Zusammenhang heißt es beispielsweise in einer Analyse der europäischen wirtschaftlichen Entwicklung mit Bezug auf die Exporte aus der Bundesrepublik: »German firms owe a part of their export successes to their capacity to reduce total product costs by importing numerous components from cheap-labor countries.« Albert Bressand, *The New European Economies*, in: *Daedalus*, Vol. 108, No. 1, Winter 1979, S. 51-73.

12 Aus Mangel an Daten kann hier ein direkter Zusammenhang zwischen Zulieferungen aus dem Ausland und Warenexporten nicht nachgewiesen werden. Jedoch liegen aus einer Reihe von Branchen mit steigenden Exporten Mitteilungen vor, wonach aus Kostengründen der Umfang der Zulieferungen aus dem Ausland erweitert und die eigene Fertigungstiefe verringert wird. Zu diesen Branchen gehören große Teile des Maschinenbaus, der Anlagenbau, der Elektromaschinen- und -apparatebau und die Uhrenindustrie. Von der Fernmeldeindustrie, welche auch steigende Exporte aufweist, heißt es beispielsweise: »Allerdings hat die Elektronik zur Folge, daß die Fertigungstiefe ständig weiter sinkt, daß immer mehr Wertschöpfung von außerhalb der eigenen Werke [im Inland] in Form von zugelieferten Bauteilen und Bauelementen kommt.« – *Frankfurter Allgemeine Zeitung*, 21. August 1979.

13 *Warum investiert die Industrie im Ausland?* In: *Ifo-Schnelldienst* 6/79 vom 23. 2. 79, S. 1-4. »Von den Betrieben, die bis 1981 Investitionen im Ausland planen, werden voraussichtlich etwa 5% (Meldungen mit Beschäftigten gewichtet) ihre heimischen Produktionskapazitäten reduzieren.« In der Regel sehen die Investitionsplanungen vor, daß die inländischen Produktionskapazitäten stagnieren (bei rückläufigen Beschäftigungszahlen als Folge von Rationalisierungsmaßnahmen), während die Produktionskapazitäten im Ausland erweitert werden.

14 Zur Veranschaulichung der verschiedenen Verlagerungsformen seien einige wenige Beispiele angeführt: »Die Olympia Werke AG, Wilhelmshaven, wird, AP zufolge, die Fertigung von Elektronenrechnern in Braunschweig Ende März 1979 einstellen, das Werk schließen, und die 1200 Mitarbeiter entlassen. [...] Anstelle der Eigenproduktion wird das Unternehmen künftig annähernd 500 000 Rechner aus japanischer Produktion kaufen und vertreiben.« (*Süddeutsche Zeitung*, 22. Juni 1978.) – Die Wortmann KG läßt Schuhe nach eigenen Modellen in vierzig ausländischen Unternehmen herstellen und macht damit einen Jahresumsatz von etwa 70 Mio DM. (*Business Europe*, 24. Februar 1978.) – Die Korbwarenherstellung für den Markt der BRD findet fast ausschließlich im Ausland statt. Die deutschen Fabrikanten und Importeure »lassen im Ausland nach ihren Entwürfen produzieren«. Ein Unternehmen beschäftigt auf diese Weise 1000 Arbeitskräfte im Ausland; vor zehn Jahren hat es noch 150 Arbeitskräfte im Inland beschäftigt. (*Frankfurter Allgemeine Zeitung*, 1. März 1978.) – Die Herstellung von Fernsehgeräten für den Markt der USA verlagert sich immer stärker auf japanische Unternehmen. Wegen der Importrestriktionen bauen diese eigene Produktionen in den USA auf, die gegenüber US-amerikanischen Herstellern wegen der Zulieferungen aus japanischen oder japanisch kontrollierten Werken in »Niedriglohnländern« konkurrenzfähig sind. Solche Fabriken befinden sich in Mexiko, Brasilien, Costa Rica, Singapur, Malaysia, Thailand, Philippinen. (Vgl. *BfA/NfA*, 22. November 1979). – Verlagerungen in der Kraft-

fahrzeugindustrie der BRD zeigen sich nicht nur darin, daß Volkswagenwerk und Daimler-Benz Fahrzeuge sowie Getriebe und Motoren von Mexiko und Brasilien in die BRD und die USA importieren. Sondern sie verdeutlichen sich auch darin, daß die Inlandsproduktion fast stagniert, während die Produktion im Ausland kräftig zunimmt. Die »Kraftwagenproduktion deutscher Hersteller« nahm in der Bundesrepublik von 1970: 3,8 Mio bis 1978: 4,2 Mio leicht zu, verdoppelte sich aber fast im Ausland, nämlich von 1970: 0,6 Mio auf 1978: 1,1 Mio (Nach: *Auto 78/79. Jahresbericht des Verbandes der Automobilindustrie*, S. 78).

15 Das hat natürlich nicht so sehr mit der Nationalität der Autoren, sondern eher mit ihrer Arbeitsweise zu tun. So kommt H.-G. Wermuth in einer empirisch angelegten Branchenuntersuchung zu dem Ergebnis, daß durch Produktionsverlagerung allein der Volkswagenwerk AG und der Daimler-Benz AG in der Bundesrepublik im Jahr 1974 10 406 und im Jahr 1975 11 201 Arbeitsplätze verloren gingen. »Die Zahlen sind so zu interpretieren, daß im jeweils betrachteten Jahr die Anzahl von Arbeitskräften in Deutschland zusätzlich hätte beschäftigt werden können, wenn die Fertigung in Deutschland verblieben wäre, und zwar unabhängig von der tatsächlichen Entwicklung der Beschäftigtenzahlen in Deutschland. [. . .] Bei näherer Betrachtung der Ergebnisse zeigt sich, daß EP-Aktivitäten und resultierende Arbeitsplatzverluste direkt proportional dem Auslandsengagement – gemessen am Umfang von Auslandsfertigung und Auslandsbeschäftigung – der jeweiligen Firma sind. [. . .] Wenn sich die Untersuchung der Beziehungen zwischen EP-Aktivitäten und Arbeitsplatzverlusten hier auch auf die Automobilhersteller und damit auf die letzten Stufen eines komplexen Fertigungsprozesses beschränkt, so kann man doch davon ausgehen, daß der gleiche Effekt auch bei anderen Firmen und Industrien auftritt.« (EP steht für »Export-Plattformen«) (Horst-Günter Wermuth, *Multinationale Unternehmen und die Entwicklung von Export-Plattformen*, in: *Jahrbuch für Nationalökonomie und Statistik*, Bd. 194/5, 1979, S. 463–464.)

16 Albert Bressand, *The New European Economies*, in: *Daedalus*, Vol. 108, No. 1, Winter 1979, S. 51-73. Vergleiche auch das eingangs wiedergegebene Zitat aus *Business Week* vom 26. Februar 1979. – Worum es bei dieser Debatte geht, läßt sich unschwer aus der Zusammenfassung der Ergebnisse einer Untersuchung ablesen, die im Bereich der britischen Gewerkschaften durchgeführt wurde: »A *Labour Research* survey of the top 50 privately owned British manufacturing companies shows that they now produce over a third of their output overseas. Overseas production is growing with what appear to be damaging effects for both exports and employment.« (*UK Multinationals*, in: *Labour Research*, Januar 1980, S. 2.)

17 Folker Fröbel, Jürgen Heinrichs, Otto Kreye, *Die neue internationale Arbeitsteilung*, Reinbek 1977, besonders Teil III, Kapitel 3 und 4.

18 Frank Niess, *Geschichte der Arbeitslosigkeit*, Köln 1979, S. 90. – Niess nennt in diesem Zusammenhang mehrere Gruppen: »Viele Lohnabhängige, die gerne arbeiten würden, sich aber resigniert vom Arbeitsmarkt abwenden, verschwinden sang- und klanglos aus der Statistik. Manche, weil sie nach langer vergeblicher Arbeitssuche keinen Sinn mehr darin sehen, sich beim Arbeitsamt zu melden. Andere, weil ein Anspruch auf Arbeitslosengeld erst gar nicht besteht oder erloschen ist oder weil sie nicht arm genug sind, um Arbeitslosenhilfe zu bekommen. Verheiratete Frauen kehren dann ins Haus zurück. Schüler drücken aus Angst vor der immer schlimmeren Konkurrenz auf dem Arbeitsmarkt die Schulbank länger als unbedingt nötig. Oder sie wollen sich durch das Berufsgrundschuljahr zusätzliche Qualifikationen erwerben. Auf der anderen Seite bewegt der Mangel an Arbeitsplätzen manche Arbeitslosen dazu, sich für einige Zeit in das Bildungssystem zurückversetzen zu

lassen. Wer sich aber umschulen oder weiterbilden läßt, verschwindet auch aus der Arbeitslosenstatistik. Das gilt ebenso für die ausländischen Arbeitnehmer, die in ihre Heimat zurückkehren, weil ihnen die Arbeitserlaubnis entzogen wurde oder weil sie keine Chancen mehr für ihre Wiederbeschäftigung sehen. Und schließlich fallen aus der Arbeitslosenstatistik auch die nichtbedürftigen Selbständigen und die Arbeitnehmer heraus, die vorzeitig Rente beziehen.«

19 Vergleiche Fröbel/Heinrichs/Kreye, *Die neue internationale Arbeitsteilung*, S. 499 ff., und Tabelle III-7.

20 Über die Erfassungsmethoden geben die als Quelle benutzten OECD-Statistiken Auskunft.

21 Autorengemeinschaft, *Der Arbeitsmarkt in der Bundesrepublik Deutschland 1978 (insgesamt und regional)*, in: *Mitteilungen aus der Arbeitsmarkt- und Berufsforschung* 1/78, S. 50-74. – Wir erlauben uns, auch dann von amtlich erfaßten Daten zu sprechen, wenn ihre statistische Erfassung zwar nicht durch Gesetz und Verordnung vorgeschrieben ist, sie aber in Veröffentlichungen der Bundesanstalt für Arbeit oder ihres Instituts für Arbeitsmarkt- und Berufsforschung enthalten und in der Regel von ihren Mitarbeitern erarbeitet sind.

Anmerkung 22 siehe S. 194.

23 Den Abwanderungen stehen Zuwanderungen im Rahmen von Familienzusammenführungen und aus EG-Ländern gegenüber. Der »Wanderungssaldo der ausländischen Erwerbspersonen« ist seit 1974 negativ und beträgt allein für die Jahre 1974-1976 432 500 Personen. (Nur vorübergehende Entlastung des Arbeitsmarktes durch Rückwanderung ausländischer Arbeitnehmer. In: *DIW-Wochenbericht* 13/78, S. 125-131.)

24 Nicht berücksichtigt ist dabei die große Zahl derer, die wegen der Zuwanderungsbeschränkung arbeitslos in ihren Ländern zurückbleiben, sonst aber eine Arbeit in der Bundesrepublik hätten aufnehmen wollen. – »Zum Zeitpunkt des Anwerbestopps im Herbst 1973 standen in der Türkei mehr als eine Million Arbeitskräfte auf Vormerklisten für die Anwerbung in die Bundesrepublik Deutschland; Schätzungen sprachen von bis zu weiteren drei Millionen potentiell Wanderungsbereiten.« – *Frankfurter Allgemeine Zeitung*, 26. Juli 1978.

25 *Jahresgutachten 1977/78 des Sachverständigenrates zur Begutachtung der gesamtwirtschaftlichen Entwicklung. Bundestags-Drucksache* 8/1221 vom 22. 11. 1977, S. 75. – Dieses Schicksal ist natürlich nicht nur auf die Arbeitsmigranten in der BRD beschränkt: »Between 1973, the year in which immigration reached its peak, and the start of 1976, 1.3 million migrant workers lost their jobs in Western Europe.« David H. Freedman, *Employment perspectives in industrialised market economy countries*, in: *International Labour Review*, Vol. 117, No. 1, Jan.-Febr. 1978. S. 1-20.

26 *DIW-Wochenbericht* 13/78, S. 131.

27 Eine Untersuchung über Umfang und Struktur der »Stillen Reserve« vom September 1977 geht von einem Umfang von ca. 600 000 aus und schätzt dabei den Anteil der deutschen Jugendlichen unter 20 Jahre mit 50 000; da die »Stille Reserve« bis Ende 1978 nach amtlichen Angaben um fast 10% über den dieser Untersuchung zugrundegelegten Umfang angestiegen ist, setzen wir in dieser Kategorie 55 000 ein. S. Institut für Arbeitsmarkt- und Berufsforschung, *Zur »Stillen Reserve« am Arbeitsmarkt. IAB-Kurzbericht* vom 9. September 1977.

28 *Arbeitslosenstatistik verschleiert die Jugendarbeitslosigkeit*, in: *Gewerkschaftliche Bildungspolitik* 1/2-78. Vgl. auch: Martin Baethge, Frank Gerlach, *Kein schönes Land in dieser Zeit*, in: *Betrifft Erziehung* 3/78, S. 58-65.

29 Die Jungdemokraten kommen bei ihrer Untersuchung der Jugendarbeitslo-

22 Die Angaben sind der folgenden Übersicht entnommen:

Jahres-durchschnitt	Erwerbspersonen-potential			davon														
				Erwerbstätige			davon						Registrierte Arbeitslose			Stille Reserven		
							Selbständige und mithelf. Fam.-Angeh.			Beschäftigte Arbeitnehmer								
	Ins-gesamt	Dtsche.	Aus-länder	Ins-gesamt	Dtsche.	Aus-länder	Ins-gesamt	Dtsche.	Aus-länder	Ins-gesamt	Dtsche.	Aus-länder	Ins-gesamt	Dtsche.	Aus-länder	Ins-gesamt	Dtsche.	Aus-länder
1	2	3	4	5	6	7	8	9	10	11	12	13	14	15	16	17	18	19
	– Personen in 1000 –																	
1965	26916	25756	1160	26769	25611	1158	5130	5091	39	21639	20520	1119	147	145	2	–	–	–
1966	26890	25601	1289	26686	25401	1285	5036	4995	41	21650	20406	1244	161	157	4	43	43	–
1967	26539	25466	1073	25817	24760	1057	4896	4853	43	20921	19907	1014	459	443	16	263	263	–
1968	26300	25230	1070	25839	24775	1064	4785	4740	45	21054	20035	1019	323	317	6	138	138	–
1969	26419	25002	1417	26240	24826	1414	4604	4556	48	21636	20270	1366	179	176	3	–	–	–
1970	26719	24856	1863	26570	24712	1858	4422	4371	51	22148	20341	1807	149	144	5	–	–	–
1971	26916	24721	2195	26639	24456	2183	4311	4256	55	22328	20200	2128	185	173	12	92	92	–
1972	26973	24613	2360	26580	24237	2343	4220	4162	58	22360	20075	2285	246	229	17	147	147	–
1973	27077	24497	2580	26648	24088	2560	4148	4086	62	22500	20002	2498	273	253	20	156	156	–
1974	26943	24390	2553	26155	23707	2448	4063	3996	67	22092	19711	2381	582	513	69	206	170	36
1975	26820	24380	2440	25266	23133	2133	3937	3865	72	21329	19268	2061	1074	923	151	480	324	156
1976	26654	24365	2289	25033	23031	2002	3800	3723	77	21233	19308	1925	1060	954	106	561	380	181
1977 1)	26609	24394	2215	24970	23016	1954	3707	3625	82	21263	19391	1872	1030	938	92	609	440	169
1978 2)	26655	24462	2193	25020	23092	1928	3650	3566	84	21370	19526	1844	993	896	97	642	474	168

1) Vorläufig, 2) Schätzung

Quelle: Autorengemeinschaft, *Der Arbeitsmarkt in der Bundesrepublik Deutschland 1979 (insgesamt und regional)*, in: *Mitteilungen aus der Arbeitsmarkt- und Berufsforschung* 1/79, S. 24-41.

sigkeit zu folgendem Ergebnis: »Der Umfang der Gruppe der nicht registrierten jugendlichen Arbeitslosen unter 20 Jahren dürfte ebenso groß sein wie die Zahl der arbeitslos gemeldeten. Darüber hinaus werde die Statistik der jugendlichen Arbeitslosen durch 230 000 wehr- und ersatzdienstleistende Jugendliche entlastet.« – *Süddeutsche Zeitung*, 16. Januar 1979.

30 Institut für Arbeismarkt- und Berufsforschung, *Zur »Stillen Reserve« am Arbeitsmarkt. IAB-Kurzbericht* vom 9. September 1977. (Zur Berechnung vgl. Anmerkung 27.)

31 *Früherer Rentenbeginn entlastet Arbeitsmarkt*, in: *DIW-Wochenbericht* 1/78, S. 1-5.

32 »Die Anwendung der flexiblen Altersgrenze hat die Beschäftigungssituation der älteren Arbeitnehmer in gewisser Weise ›verändert‹. Die registrierte Arbeitslosigkeit in dieser Altersgruppe hat nachgelassen. Der Anteil männlicher Arbeitsloser von 55 Jahren und älter, der im Jahre 1972 noch 41% betragen hatte, sank bis zum Jahr 1974 auf 14,4%. Diese Zahlen sind Ausdruck einer personalpolitischen Instrumentierung in den Unternehmen, wo versucht wird, in Zeiten ökonomischer Krisen ältere Arbeitnehmer mit Hilfe der flexiblen Altersgrenze bevorzugt aus dem Produktionsprozeß auszugliedern. Hier wird auch der Zusammenhang zwischen betrieblichen und staatlichen Strategien deutlich. Um die überschüssige Belegschaft zu reduzieren oder andererseits den Arbeitsmarkt bzw. die eigenen finanziellen Ressourcen zu entlasten, zielen beide Seiten darauf ab, Ältere als marginale Erwerbspersonengruppe aus dem Produktionsprozeß auszugliedern. Mit dieser Entwicklung ist das Problem der älteren Arbeitnehmer nicht gelöst, denn es findet lediglich eine Korrektur in der Arbeitslosenstatistik statt; die registrierte Arbeitslosigkeit verwandelt sich in eine latente. Es wird deutlich, daß sich ein Wandel in der Ausgliederung älterer Arbeitnehmer aus dem Produktionsprozeß vollzogen hat; für die Ausgliederung durch lang andauernde Arbeitslosigkeit steht jetzt der vorzeitige Rentenbezug.« (Margret Steffen, Friedrich-Hermann Niestrath, *Die Ausgliederung älterer Arbeitnehmer aus dem Arbeitsmarkt*, in: Claus Offe (Hrsg.), *Opfer des Arbeismarktes*, Neuwied, Darmstadt 1977. S. 93-120.)

33 Bundesministerium für Arbeit und Sozialordnung, *Arbeits- und Sozialstatistik: Hauptergebnisse 1978*, S. 36.

34 *Handelsblatt*, 6. November 1978. – »Ein Brotkorb, in Deutschland gefertigt, kostet teilweise bis zu 5 DM. Der Preis eines gleichen Korbes aus China liegt dagegen einschließlich Fracht mitunter bei 80 Pfennig. So ist es kein Wunder, daß die Zahl der Heimarbeiter seit Jahren rückläufig ist.« – *Frankfurter Allgemeine Zeitung*, 21. Oktober 1978.

35 Auf diesen Zusammenhang macht aufmerksam: Gert Hautsch, *Massenarbeitslosigkeit – Ergebnis monopolkapitalistischer Profitwirtschaft*, in: *Marxistische Blätter* 2/78, S. 13-20.

36 Dieter Freiburghaus, Wissenschaftszentrum Berlin, macht darauf aufmerksam, daß kranke Arbeitslose für die Zeit ihrer Erkrankung nicht als Arbeitslose zählen. Er schätzt ihre Zahl auf 30 000 (*Welt der Arbeit*, 31. Mai 1979). Da uns unbekannt ist, ob und in welchem Umfang diese Gruppe bei der »Stillen Reserve« berücksichtigt ist, bleibt sie bei unserer Berechnung unberücksichtigt.

37 Autorengemeinschaft, *Arbeitsmarkt 1979*, in: *Mitteilungen aus der Arbeitsmarkt- und Berufsforschung* 1/79, S. 27.

38 Autorengemeinschaft, *Arbeitsmarkt 1979*, in: *Mitteilungen aus der Arbeismarkt- und Berufsforschung* 1/79, S. 27. In die Berechnung der »Entlastungswirkung« gehen Annahmen über das Verhalten der Beteiligten ein, wenn es diese Maßnahmen nicht gäbe. Vgl. Eugen Spitznagel, *Arbeitsmarktwirkungen, Beschäftigungsstrukturen und Ziel-*

gruppenorientierung von Allgemeinen Maßnahmen zur Arbeitsbeschaffung, in: *Mitteilungen aus der Arbeitsmarkt- und Berufsforschung* 2/79, S. 198-216.

39 Autorengemeinschaft, *Arbeitsmarkt 1979*, in: *Mitteilungen aus der Arbeismarkt- und Berufsforschung* 1/79, S. 27 (BA= Bundesanstalt für Arbeit).

40 So heißt es beispielsweise unter der Überschrift *Staat schafft neue Arbeitsplätze*: »Bund und Länder wollen bis 1979 in den wirtschaftlich besonders schwachen Gebieten der Bundesrepublik im Zuge des 5. Rahmenplans der Gemeinschaftsaufgabe ›Verbesserung der regionalen Wirtschaftsstruktur‹ mehr als 430 000 Arbeitsplätze neu schaffen und fast 180 000 bestehende Arbeitsplätze absichern.« *Handelsblatt*, 15. Dezember 1975. – Für die »Rettung« von Arbeitsplätzen verwenden die Länderregierungen hohe Steuermittel; sie legitimieren ihre »Sanierungshilfen« ausschließlich mit dem Erhalt von Arbeitsplätzen. (Beispiel: *Bayerischer Staat spielte 172mal den Sanierer: 1975 wurden 35 000 Arbeitsplätze gerettet. – Handelsblatt*, 28. April 1976.)

41 Vom Deutschen Institut für Wirtschaftsforschung, Berlin, werden die Beschäftigungswirkungen von »Konjunkturprogrammen« als relativ niedrig angesehen. Vgl.: Gefahr steigender Arbeitslosigkeit durch die bisherigen Konjunkturprogramme nicht gebannt. In: *DIW-Wochenbericht* 2/78 (12. Januar 1978), S. 13–19.

42 Im öffentlichen Dienst haben Sparmaßnahmen seit einigen Jahren zur Verringerung der Zahl der Beschäftigten und damit zur Verringerung der Leistungen für den Bürger geführt. Allein gegenüber dem Vorjahr hat die Zahl des vollbeschäftigten Personals im unmittelbaren öffentlichen Dienst 1977 um 26 980 abgenommen, wovon 20 277 Beschäftigte auf die Deutsche Bundesbahn entfielen. (Vgl. *Personal des unmittelbaren öffentlichen Dienstes am 30. Juni 1977*, in: *Wirtschaft und Statistik* 4/78, S. 212-215. – »Die Deutsche Bundesbahn hat seit Beginn der Einstellsperre am 30. November 1974 bis Ende September 1978 insgesamt 72 200 Arbeitskräfte eingespart, davon 14 700 für Nachwuchskräfte.« – *Frankfurter Allgemeine Zeitung – Blick durch die Wirtschaft*, 26. Oktober 1978.

43 Eine weitere Form der real bestehenden Unterbeschäftigung, die nicht als offene Arbeitslosigkeit in Erscheinung tritt, ist die betriebliche Unterauslastung der beschäftigten Arbeitskraft. Das DIW beziffert die gesamte »Produktivitätsreserve gemessen in Erwerbstätigen« mit 720 000 Personen (*DIW-Wochenbericht* 2/78, 12. 1. 78, S. 17). Zieht man davon den Arbeitslosigkeitsminderungseffekt der Kurzarbeit von etwa 30 000 ab, so bleibt noch ein Effekt in der Größenordnung von 700 000.

(Personen in Tausend)

		1970	1971	1972	1973	1974	1975	1976	1977	1978
Arbeitslose insgesamt	JD	149	185	246	273	582	1074	1060	1030	993
Arbeitssuchende insgesamt	JD	281	325	403	452	778	1274	1296	1280	1251
Zugang an Arbeitslosen	JS	1296	1563	1662	1877	2795	3450	3256	3315	3081
Arbeitsvermittlungen	JS	2988	2706	2583	2653	2239	2127	2327	2290	2138

JD = Jahresdurchschnitt, JS = Jahressumme
Quelle: *Arbeitsstatistik 1978 – Jahreszahlen, Amtliche Nachrichten der Bundesanstalt für Arbeit*, Sondernummer, 5. Juli 1979, Übersicht 1.

44 Während in den Jahren bis 1973 die Zahl der Arbeitsvermittlungen immer erheblich über der Zahl des Zugangs an Arbeitslosen lag, hat sich ab 1974 das Verhältnis umgekehrt, wie die folgende Aufstellung zeigt:

45 Autorengemeinschaft, *Arbeitsmarkt 1978*, in: *Mitteilungen aus der Arbeitsmarkt- und Berufsforschung* 1/78, S. 36-38.

46 Julius Shiskin, *The Labor Market: Matching Up the Statistics and the Realities*, in: *Challenge*, Januar-Februar 1978, S. 28-33.

47 Richard B. du Boff, *Unemployment in the United States: An Historical Summary*, in: *Monthly Review*, Vol. 29, No. 6, November 1977, S. 10-24.

48 Eine andere Berechnung kommt für April 1975 auf 13.0 Mio Arbeitslose, was einer Rate von 13,6% der Arbeitskraft entspricht, und immer noch eine Unterschätzung der wahren Arbeitslosigkeit darstelle. Die genannte Zahl wird auf folgende Weise erreicht:

	Millions
(1) Officially reported unemployment	8,2
(2) Persons wanting a job, but not included in the official count of unemployment[a]	3,1
(3) Adjustment for those involuntarily working part-time[b]	1,7
Total unemployment	13,0

(a) Excludes those wanting a job, but who reported that they were not actively looking for work because they were at school or ill. These data are for the first quarter of 1975, the latest date for which this information is available. In the light of recent trends, however, this is most likely an underestimate of the situation in April 1975.
(b) The full-time equivalent unemployment of those working part-time (an average of 22.5 hours a week) but who want full-time work (40 hours a week). (Paul Sweezy, *Capitalism and Unemployment*, in: *Monthly Review*, Vol. 27, No. 2, Juni 1975, S. 1-14, Tab. 3.)

49 Besonders stark betroffen ist dabei die schwarze Bevölkerung: »During the third quarter of 1975, black unemployment rose above 3 000 000 – counting those workers who are discouraged and no longer looking for a job or are holding part-time jobs, because they cannot find full-time employment. This unofficial but accurate picture of black unemployment remained at about 26 per cent during 1975. Even the official unemployment rate for blacks was running twice that of whites at 13.2 per cent and for black teen-agers it was a catastrophic 37 per cent.« – *International Herald Tribune*, 5. April 1978. – Wie kompliziert die quantitative Erfassung und der transnationale Vergleich der Arbeitslosigkeit sind, belegt auch eine neuere Untersuchung: Carol L. Jusenius, Burkhard von Rabenau, *Internationaler Vergleich offener und verdeckter Arbeitslosigkeit am Beispiel der USA und der Bundesrepublik Deutschland*, Bonn 1979.

50 Vgl. Angelika Ernst, *Arbeitslosigkeit und Unterbeschäftigung in Japan*, in: *Mitteilungen aus der Arbeitsmarkt- und Berufsforschung* 1/78, S. 34-49. – Dieser Arbeit sind die im Text zu Japan angeführten Zahlenangaben entnommen.

51 Saisonal bereinigte Zahl für das III. Quartal 1979: 1 220 000. – OECD, *Main Economic Indicators*, November 1979, S. 78.

52 Offizielle Arbeitslosigkeit und andere amtliche Daten zur Unterauslastung des Arbeitskräftepotentials, 1974, in Tsd. Personen

Unterbeschäftigungskategorie	Insgesamt	Männer	Frauen
1. Offizielle Arbeitslose (LFS)	730	470	260
2. Arbeitslose nach überwiegendem Status (ESS)	3276	641	2636
3. Latentes Arbeitskräftepotential (aus ESS, nur Personen, die aus arbeitsmarktbezogenen Gründen nicht aktiv einen Arbeitsplatz suchen, eigene Schätzung)	2092	235	1857
4. Unvollkommen Beschäftigte (ESS, nur Personen, die zusätzliche Beschäftigung wünschen)	2279	1643	636
5. Summe der Kategorien 2 bis 4	7647	2519	5129

(Quelle: Angelika Ernst, S. 48, Tab. 16.)

53 Saisonal bereinigte Zahlen für das III. Quartal 1979: 1 785 000. – OECD, *Main Economic Indicators*. November 1979, S. 122.

54 *Frankfurter Allgemeine Zeitung – Blick durch die Wirtschaft*, 10. März 1978.

55 *Der Spiegel*, Nr. 9/78, 27. Februar 1978, S. 148.

56 Aus den einleitenden Bemerkungen einer Untersuchung von Heinz Hollenstein, *Produktionsverlagerungen der Schweizer Industrie nach Niedriglohnländern und ihre wirtschaftlichen und sozialen Auswirkungen in der Schweiz*, in: *Konjunktur-Analysen und Prognosen*, Heft 12/1978, S. 37-60 und Heft 1/1979, S. 19-34.

57 Eidgenössische Konsultativkommission für das Ausländerproblem, *Auswirkungen der Rezession auf die Ausländer*, Bern 1977.

58 OECD, *Main Economic Indicators*, November 1979, S. 144.

59 Es ist also für diesen Teil des Arbeitskräftepotentials dafür zu sorgen, daß er sich einerseits still verhält, andererseits immer noch eine Reserve bildet, also reaktivierbar bleibt. Für die früher »Verrenteten« trifft diese Reservefunktion scheinbar nicht zu, denn es ist schwer vorstellbar, daß dieselben Personen in größerer Zahl wieder eine Erwerbstätigkeit aufnehmen. Wendet man jedoch die bei demographischen Prozessen übliche und hier angebrachte Kohortenbetrachtung an, so sieht man, daß auch dieser Teil der Reserve durch ein Abgehen von der »Frühverrentung« aufgelöst werden kann.

60 Harry Braverman, *Work and Unemployment*, in: *Monthly Review*, Vol. 27, No. 2, June 1975, S. 18-31, Zitat: S. 30.

61 Dies wird auch aus anderen EG-Ländern berichtet.

62 Es ist auch nicht möglich, das für einen bestimmten Zeitpunkt festgestellte Verhältnis von registrierter zu wirklicher Arbeitslosigkeit für Extrapolationen heranzuziehen. Denn die Bildung und Auflösung dieses Teils der Reservearmee verläuft nicht synchron mit der Zu- oder Abnahme der Zahl der registrierten Arbeitslosen, und zwar aus systematischen Gründen.

63 *Business Week*, 26. Februar 1979, S. 58.

64 »Almost without noticing, the major industrialized nations are being drawn into a destructive subsidies race. Subsidies to prop up ailing industries and arrest lengthening dole queues are multiplying almost everywhere at an alarming rate.« – *The Times*, 23. Februar 1978.

65 »Jedes einzelne Land ist bestrebt, durch Produktivitätssteigerung und Kostendisziplin die Exporte zu erhöhen und damit Arbeitslosigkeit abzubauen. Sitzen alle an einem Tisch, so müssen sie erkennen, daß sie im Zwange eines Nullsummen-Spiels stehen. Auch ›Kostendisziplin‹ kann also beggar-my-neighbor-Politik beinhalten.« – Gottfried Bombach, *Lohnhöhe und Beschäftigung*, in: *Mitteilungen aus der Arbeitswelt und Berufsforschung* 3/78, S. 271-277.

66 Der sechste Subventionsbericht der Bundesregierung (*Bundestagsdrucksache* 8/1195 vom 17. 11. 1977) umfaßt mehr als 300 Seiten. Er verzeichnet an direkten Finanzhilfen und Steuervergünstigungen für die Wirtschaft mehr als 14 Mrd. DM für 1978. Inzwischen liegt eine neue Berechnung vor: Karl Heinz Jüttemeier, Konrad Lammers, *Subvention in der Bundesrepublik Deutschland,* Kiel 1979.

Finanzhilfen für Betriebe oder Wirtschaftszweige

Bezeichnung	1975 Ist		1976 Ist		1977 Soll		1978 Reg. Entw.	
	in Millionen DM	v. H.	in Millionen DM	v. H.	in Millionen DM	v. H.	in Millionen DM	v. H.
Erhaltungshilfen	1824,1	*37,3*	1708,2	*36,8*	2034,3	*40,0*	2356,8	*40,2*
Anpassungshilfen	2102,4	*43,0*	2121,9	*45,7*	2137,4	*42,0*	2569,0	*43,8*
Produktivitäts-(Wachstums-)hilfen	962,3	*19,7*	812,1	*17,5*	915,2	*18,0*	938,8	*16,0*
Summe der Finanzhilfen einschließlich der Beträge für Darlehensgewährungen	4888,8	*100*	4642,2	*100*	5086,9	*100*	5864,6	*100*

Steuervergünstigungen für Betriebe oder Wirtschaftszweige

Bezeichnung	1975		1976		1977		1978	
	in Millionen DM	v. H.	in Millionen DM	v. H.	in Millionen DM	v. H.	in Millionen DM	v. H.
Erhaltungshilfen	2769	*34,0*	2776	*32,3*	2627	*32,2*	2470	*30,3*
Anpassungshilfen	4975	*61,0*	5485	*63,7*	5171	*63,3*	5300	*64,9*
Produktivitäts-(Wachstums-)hilfen	409	*5,0*	346	*4,0*	370	*4,5*	394	*4,8*
Summe der Steuervergünstigungen	8153	*100*	8607	*100*	8168	*100*	8173	*100*

Quelle: *Bundestagsdrucksache* 8/1195, Übersicht 3 und Übersicht 6.)

67 Claus Schäfer kommt nach einem Vergleich alternativer Mittelverwendung zu dem Schluß: »Am allergrößten jedoch ist der gesamtwirtschaftliche Beschäftigungseffekt bei der Einstellung von zusätzlichem Personal in den öffentlichen Dienst bei einem Kostenaufwand von ebenfalls rund einer Milliarde DM mit fast 43 000 neuen Stellen.« Auch bei Berücksichtigung der Folgekosten und des Selbstfinanzierungseffekts schneidet diese Alternative gut ab. Trotzdem wird anders verfahren: »Auch die Personalpolitik im öffentlichen Dienst hat seit 1975 zur Krise beigetragen. Die im Vergleich zu früheren Jahren ab 1975 stark verringerten jährlichen Einstellungen,

die 1976 einem faktischen Einstellungsstop gleichkamen, haben dem Arbeitsmarkt jährlich 50 000 bis 80 000 weniger Arbeitsplätze angeboten als in der Vergangenheit.« – Claus Schäfer, *Finanzpolitik und Arbeitslosigkeit*, in: *Aus Politik und Zeitgeschichte* B7/78 vom 18. 2. 1978, S. 29-45.

68 Direkt kann dieser Effekt eintreten durch die Förderung von rationalisierungsrelevanten Technologien; indirekt dadurch, daß durch Lohnkostensubventionen zusätzliches Kapital für Rationalisierungsinvestitionen frei wird.

69 Die *Times* sieht durch solche Maßnahmen sogar die »freie Konkurrenzwirtschaft« bedroht: »Yet although the Brussels Commission is right to be anxious about the distortions to trade caused by such subsidies, the singular opposition to the TES seems less sound. There is not a country in the European Community that eschews industrial subsidies of one sort or another.

Belgium has a small firms recruitment subsidy, as well as subsidies to help special groups. It has also temporarily reduced employer's social security payments. In Holland there is a scheme to help hard-core unemployment, besides many other types of subsidy.

The same is true of France, the Irish Republic, Denmark, Luxembourg, Italy and even West Germany. Elsewhere, Sweden is calculated to provide subsidies to industry that amount to the equivalent of no less than 3 per cent of its entire gross domestic product.

Unfortunately, as each country has thought to tackle its own unemployment problems, it has paid scant regard to the consequences of its actions on its neighbours and on international trade generally. It is true that such action has usually not been taken specifically for protectionist purposes but in practice the ultimate effect may be much the same as if it had been. Subsidies enable inefficient producers to compete in the home market with foreign suppliers even if they do not directly help exports. In that sense a jobs subsidy transfers unemployment to somebody else overseas or even to somebody else in the same country.« – *The Times*, 23. Februar 1978.

70 *Arbeitsplätze durch Lohnsubventionierung – Informationssammlung über ein immer häufiger angewendetes Instrument der Arbeitsmarktpolitik*, in: *WZB Mitteilungen*, Nr. 4, Januar/Februar 1979, S. 4.

71 *Handelsblatt*, 1. Februar 1979.

72 Business International, *Europe in the 1980s. Corporate Forecasts and Strategies*, Genf 1979, S. 72.

73 Die Forderung nach der Schaffung von Arbeitsplätzen ist mit diesem Prinzip völlig unvereinbar: »Every businessman I know is trying to run his business with the least number of people.« So die Stellungnahme eines Managers, zitiert in: Business International, *Europe in the 1980s*, S. 68.

74 In der Bundesrepublik Deutschland werden solche Einkommensminderungen noch durch die in Verhandlungen erreichten Steigerungen der nominalen Lohntarife verdeckt. Was nach Abzug der (echten) Inflationsrate übrigbleibt, stellt jedoch keineswegs eine durchschnittliche Erhöhung der Realeinkommen der Arbeiterbevölkerung dar. Die in großer Zahl erfolgenden Abgruppierungen in niedrigere Tarifgruppen schlägt erheblich zu Buche. Außerdem muß die überwiegende Zahl derer, die arbeitslos waren und wieder beschäftigt werden, Lohnminderungen hinnehmen. »Im Durchschnitt hat sich bei ihnen das monatliche Nettoeinkommen nach der Arbeitslosigkeit um etwa 100 DM gegenüber dem Einkommen vor der Arbeitslosigkeit verringert.« – Christian Brinkmann, *Arbeitslosigkeit und Mobilität*, in: *Mitteilungen aus der Arbeitsmarkt- und Berufsforschung* 2/77, S. 201-228. Zitat S. 215. – Dies ist, wohlgemerkt, eine Durchschnittsangabe, und sie betrifft jährlich über drei

Millionen Personen, die arbeitslos waren und wieder einen Arbeitsplatz gefunden haben. Das Realeinkommen mindert sich für viele Angehörige der Arbeiterklasse auch noch auf andere Weise: Der Anteil der Bezieher von Arbeitslosenhilfe, im Gegensatz zum höheren Arbeitslosengeld, an der Zahl der Arbeitslosen steigt. Die Zahl der versteckt Arbeitslosen ohne Unterstützung steigt. Die Anpassung der Renten an die durchschnittlichen Arbeitseinkommen wurde aufgegeben, denn durch die »Verrentung« von Arbeitslosen geraten die Rententräger ins Defizit. – Inzwischen ist in praktisch allen traditionellen Industrieländern ein merklicher Rückgang der Realeinkommen der arbeitenden Bevölkerung eingetreten. Vergleiche: *The Shrinking Standard of Living*, in: *Business Week*, 28. Januar 1980.

75 *Frankfurter Allgemeine Zeitung – Blick durch die Wirtschaft*, 6. März 1979.

76 Nur zwei Zitate als Beispiele: »Mit einem ›dramatischen Anstieg der Arbeitslosigkeit‹ in Westeuropa rechnet das in Basel ansässige Europäische Zentrum für Wirtschaftsforschung Prognos AG bis 1990. In dem Euro-Report 1979 heißt es, ›ohne einschneidende Veränderungen von Arbeitszeit und Arbeitsorganisation‹ im Laufe des kommenden Jahrzehnts sei bis 1990 für Westeuropa bei einer durchschnittlichen Arbeitslosenquote von 9% eine Gesamtzahl von 12 Mill. Arbeitslosen zu erwarten.« (*Süddeutsche Zeitung*, 29. Dezember 1978) – »Die Industrie habe sich auf ein Absatzwachstum von durchschnittlich 3% pro Jahr eingerichtet. Im Vergleich zu 1977 sollen den Angaben zufolge bis 1983 rd. 3,5% der Beschäftigten entlassen werden. Das entspräche 250 000 Personen.« (*Süddeutsche Zeitung*, 9. März 1979, mit Bezug auf eine Erhebung des Ifo-Instituts für Wirtschaftsforschung, München.)

Anne-Marie Münster

Rationalisierung, Qualifikation, Verlagerung
Ein Fallbeispiel aus der Elektronik

> »Das Reich der Freiheit beginnt in der Tat erst da, wo das Arbeiten, das durch Not und äußere Zweckmäßigkeit bestimmt ist, aufhört.«
> Karl Marx, *Das Kapital*, Band 3

In den unterentwickelten Ländern entstehen durch die Verlagerung von Teilproduktionen aus den fortgeschrittenen Industrieländern Inseln neuzeitlicher Technik, die umgeben sind von Slums der Armut arbeitsloser, arbeitsuchender Menschen. Neben einer jungen Industriearbeiterschaft wächst ein riesiges Subproletariat heran, das kaum Zugang zu den Arbeitsmöglichkeiten in der modernen Industrie findet.

Gleichzeitig weitet sich auch in den Industrieländern die Sorge um die Erhaltung von Arbeitsplätzen aus, die von Rationalisierung und Verlagerung bedroht sind. Arbeitskämpfe gegen Betriebsschließungen und Umstellungen in Betrieben der Elektrotechnik und anderswo zeugen von der Furcht vor Arbeitslosigkeit als Folge der »elektronischen Revolution«. Am Beispiel der Umstellung von der elektromechanischen auf die elektronische Produktion soll im folgenden der Zusammenhang von Rationalisierung und Verlagerung näher untersucht werden. Vorrangig geht es dabei um die zu erwartenden Auswirkungen dieser neuen Technologie auf die Beschäftigten hinsichtlich der Änderung der Qualifikationsanforderungen und der Verluste von Arbeitsplätzen.

Angesichts der Tatsache, daß der Arbeitsmarkt heute für produzierende Unternehmen weltweit geworden ist, wurden die untersuchten Probleme in einen weltweiten Zusammenhang gestellt, ein Versuch, der in der industriesoziologischen Forschung bisher kaum gemacht wurde. Die Vermutung ist, daß miteinander gekoppelte Rationalisierungs- und Verlagerungsprozesse nicht nur quantitative Effekte auf das Beschäftigungsniveau, sondern auch qualitative auf die Arbeitsplatz- und Beschäftigungsstruktur haben.

Zur Entwicklung von Qualifikation und Arbeitsmarkt

Optimistische und pessimistische Einschätzungen der Folgen des technischen Fortschritts für den Wandel der Arbeitsplatz- und Berufsstrukturen stehen sich gegenüber. In den fünfziger und sechziger Jahren dominierte die Hoffnung, daß die automatisierte Produktion die Entfremdung des Arbeiters durch repetitive Teilarbeiten in der Massen- und Fließbandfertigung aufheben würde. Nach dieser u. a. von Jean Fourastié und Robert Blauner vertretenen These wird im Zuge des technischen Fortschritts Industriearbeit »requalifiziert«, wobei allerdings nicht Ausbildungszeit und mitgebrachte berufliche Qualifikation das entscheidende Kriterium für die Anforderungen an die Arbeitskräfte darstellen, sondern Verantwortungsbewußtsein und andere extrafunktionale Qualifikationen.[1]

Demgegenüber kam James R. Bright aufgrund von umfangreichen Untersuchungen über den Produktionsbereich in verschiedenen Industrien in den Vereinigten Staaten zu einem differenzierten Bild von der Entwicklung der Qualifikationsanforderungen im Zuge der Mechanisierung und Automatisierung von Produktionsprozessen, das ihn zu einer Kritik der Vorstellung veranlaßte, daß die Automation begrüßt werden solle, weil sie die Arbeitskräfte in höherwertige, würdigere und befriedigendere Stellungen bringe.[2] Der Höherstufungseffekt tritt nach Bright nicht annähernd in dem Umfange ein, wie oft angenommen werde. Statt dessen fand er mehr Beweise für eine Verringerung der Qualifikationsanforderungen des Bedienungs- und Instandhaltungspersonals durch Einführung automatischer Anlagen. Fortschreitende Automation führt, so zeigen Brights Darstellungen, zunächst zu steigenden und dann zu fallenden Qualifikationsanforderungen an den Arbeiter (»Qualifikationskurve«):

»Wenn Arbeitsabläufe erstmalig automatisiert werden, muß der Arbeiter gewöhnlich Fehlleistungen entdecken, entsprechend handeln und sie vielleicht korrigieren. Deshalb ist die Verantwortung bei halbautomatisierten Arbeitsvorgängen besonders groß. Doch bei fortschreitender Mechanisierung vermag die Maschine Störungen festzustellen und zu korrigieren. In dem Maße, wie die Zuverlässigkeit dieser Korrekturvorrichtungen zunimmt (und das ist zweifellos bei späteren Maschinengenerationen der Fall), verliert der Arbeiter buchstäblich die Möglichkeit zur Ausübung von ›Verantwortung‹, selbst wenn die Maschine komplizierter und kostspieliger wird.«[3]

Schon zu Beginn des 20. Jahrhunderts hatte Frederik W. Taylor propagiert, daß die Verantwortungsbefugnis des Arbeiters im Produktionsprozeß möglichst einzuschränken sei, wenn ein Betrieb »wissenschaftlich« nach den Kriterien der Rentabilität und Effizienz geleitet werden solle. Solange der Arbeiter noch irgendeine Entscheidungsbefugnis über die Produktion habe, würde Management eine frustrierende und beschränkte Aufgabe bleiben; daher lautete seine Empfehlung: »All possible brain work should be removed from the shop and centered in the planning or laying-out department . . .«[4]

»Wissenschaftliche« Betriebsführung dient nach Taylor nicht dazu, den Produktionsprozeß so zu organisieren, daß die Arbeitsaufgaben für den Arbeiter möglichst leicht wahrzunehmen und zu erfüllen sind. Vielmehr sollte die oberste Maxime sein, den Arbeitsprozeß von Qualifikation, Intelligenz und persönlichen Gewohnheiten des Arbeiters unabhängig zu machen. Daß die Einführung technischer Innovationen und, in Verbindung damit, die Änderung der Arbeitsteilung und der Qualifikationsanforderungen einen derart instrumentellen Charakter für die Kapitalverwertung haben, wurde lange Zeit in der Industriesoziologie nicht thematisiert. Technischer Fortschritt wurde von seinem gesellschaftlichen Zusammenhang isoliert betrachtet. Angesichts der Schwierigkeiten, brauchbare Kriterien für die Entwicklung der Arbeitsanforderungen im Zuge des technischen Wandels aufzustellen, bemühte sich in jüngerer Zeit die sozialwissenschaftliche Industrie- und Arbeitsmarktforschung, zunächst unabhängig von der Entwicklung des technischen Fortschritts die betrieblichen Interessen beim Einsatz von Arbeitskräften näher zu bestimmen.

Hinsichtlich der Qualifikation der eingesetzten Arbeitskräfte manifestieren sich, diesen Untersuchungen zufolge, in den Betrieben zwei konfliktuelle Interessen: Dem Bestreben, die Produktionskosten zu minimieren und also auch möglichst die hohen Lohn- und Gehaltskosten für hohe Qualifikationen einzusparen, damit aber auch, die Arbeitsteilung zu vertiefen und die Produktion möglichst unabhängig von menschlichen Eingriffen zu machen, steht das Interesse an möglichst qualifizierten Arbeitskräften gegenüber, die für die Unternehmen den Vorteil haben, daß sie flexibel einsetzbar sind. Gerade bei komplizierten oder anfälligen Anlagen, bei häufigen Produktionsumstellungen oder sehr hohen Qualitätsansprüchen kann sich der Einsatz »teurer« Facharbeiter als wirtschaftlicher erweisen als der von niedriger bezahlten angelernten Arbeitern.[5]

Eine der bekanntesten Untersuchungen zur Qualifikationsentwicklung der Arbeitskräfte in der Produktion stellte fest, daß mit aufsteigender Mechanisierung/Automatisierung gerade unqualifizierte Tätigkeiten traditioneller Ausprägung bedeutsam bleiben. Die Instandhaltungsarbeiten an automatisierten Anlagen erfordern nach der u. a. von Kern/Schumann vertretenen Polarisierungsthese eine große Gruppe relativ unqualifizierter Arbeiter und eine Spitzengruppe von hochqualifiziertem Wartungspersonal.[6] Die Umschichtung zwischen Instandhaltungs- und Produktionspersonal sollte nach Kern/Schumann jedoch nicht überschätzt werden, weil mit der Rationalisierung des Instandhaltungssektors heute systematisch begonnen wird.

Theoretisch wird das Nebeneinander von differierenden betrieblichen Interessen bei der Einstellung von Arbeitskräften in einem Ansatz von Altmann/Bechtle[7] reflektiert. Ihr Konzept verdeutlicht, daß das Bestreben des Betriebes zunächst dahin geht, die Verwertung des Kapitals möglichst autonom gegenüber der Umwelt durchzusetzen, wobei ein großer Spielraum im Einsatz von Technologie, Organisation und Arbeitskraft genutzt wird. Prinzipiell gleichgültig gegenüber bestimmten Qualifikationen oder Produkten werden die beiden flexiblen Potenzen Technologie/Organisation und Arbeitskraft je nach den gegebenen Verwertungsbedingungen spezifisch kombiniert. Zu diesen Verwertungsbedingungen werden die vorhandenen oder beschaffbaren Technologien, die Marktchancen für Produkte und die Arbeitsmarktbedingungen gerechnet. Es liegt im Bestreben des Betriebes, auf diese Bedingungen derart einzuwirken, daß größtmögliche unternehmerische Autonomie gegenüber ihnen gewährleistet wird.

Rationalisierungen dienen unter anderem dem Ziel, Kosten für die Fertigung eines bestimmten Produktionsvolumens durch die Kombination verschiedener Mittel einzusparen. Zu diesen gehört die Nutzung von Fertigungstechnologien, die die Produktionskosten durch die Neuorganisation von Arbeitsprozessen oder die Ersetzung oder Dequalifikation menschlicher Arbeitskraft senken. *Durch die Zerlegung des Arbeitsprozesses in einfache Teilarbeiten wird der Arbeitsprozeß nicht nur von bestimmten qualifizierten Arbeitern unabhängig, sondern auch von bestimmten Produktionsstandorten. Unsere*

These ist, daß die von Taylor empfohlenen Prinzipien der Arbeitsteilung heute durch die Verlagerung von (Teil-)Produktionsprozessen zu besonders billiger Arbeitskraft erneut Anwendung finden.

Die Einführung von arbeitsparenden Maschinen hängt unter anderem davon ab, ob die Anschaffungskosten für eine neue Technologie durch die Ersparnis von Lohnkosten zumindest kompensiert werden. Diese Kostenkalkulation ist heute im weltweiten Kontext, unter Berücksichtigung der Eigenschaften der sich international anbietenden Produktionsstandorte in bezug auf Lohnkosten, Qualifikation und Disziplin der Arbeitskräfte, Transportkosten und Zölle, Subsidien, »politische Stabilität« und andere Faktoren wie voraussichtliche Höhe und Dauer der Produktion anzustellen. Unter gewissen Bedingungen ist es also rentabler, (Teil-)Produktionsprozesse in Niedriglohn-Länder zu verlagern statt sie zu automatisieren. Angesichts der wachsenden industriellen Reservearmee in den unterentwickelten Ländern, aus der Arbeitskräfte zu extrem niedrigen Löhnen und zu beinahe allen Arbeitsbedingungen rekrutiert werden können, angesichts der modernen Technologien für Kommunikation, für Transport und für die Zerlegung von Arbeitsprozessen ist die Verlagerung für die Unternehmen in vielen Fällen zur Notwendigkeit rentabler Produktion geworden.

Rationalisierungen als Automatisierung und Verlagerung stellen nicht nur eine Alternative dar, sondern sind häufig komplementär verbunden. Nicht selten werden Produktinnovationen mit Prozeß- und Standortinnovationen verknüpft, eine Umstellung, die für die betroffenen Arbeitskräfte neue Qualifikationsanforderungen bzw. die ganze oder teilweise Entwertung ihrer bisherigen Qualifikation bedeutet.

Der Arbeitsmarkt ist für das Kapital weltweit. Diese Tatsache ist von den bisher auf den nationalen Rahmen beschränkten Ansätzen der Arbeitsmarktforschung nicht berücksichtigt worden.[8]

Verlagert werden sowohl Teilfertigungen, die im nationalen Rahmen das untere Segment des primären Arbeitsmarktsektors mit relativ stabiler Arbeitsplatzsicherheit sowie betrieblichen Aufstiegschancen boten, als auch Fertigungen mit Arbeitsplätzen des instabilen, sekundären Arbeitsmarktsektors. Anders als in den Industrieländern entsteht durch die Verlagerung von Teilproduktionen in den unterentwickelten Ländern jedoch kaum eine Nachfrage nach Fachkräften mit qualifizierter Ausbildung. Vielmehr werden in kurzer Zeit anlernbare Arbeitskräfte für arbeits- und kapitalintensive Produktionen gesucht, denen relativ wenige Qualifizierungs- und Aufstiegsmöglichkeiten offenstehen, da die nachfolgenden Fertigungsstufen in den traditionellen Industrieländern verbleiben.

Die Nutzung von billigen Arbeitskräften in den Niedriglohn-Ländern ist zwar funktional für die rentable Produktion der Unternehmen der traditionellen Industrieländer. Dies impliziert jedoch nicht unbedingt, daß die Arbeitskräfte in der »Peripherie« bei eigener instabiler Beschäftigung zur Stabilität der sogenannten Stammbelegschaften des primären Arbeitsmarktsektors in den traditionellen Industrieländern beitragen.

Die Verlagerung setzt nicht nur die Zerlegung von Arbeitsprozessen voraus, die weniger Fach- und Spezialarbeiter benötigen, sie erzeugt auch die Bedingungen für die Einführung neuer, arbeitsparender Technologien: Durch die Einstellung von billigen Arbeitskräften in Niedriglohn-Ländern kann die Herstellung von Produkten derart kostengünstig betrieben werden, daß die Nachfrage steigt und zur Massenproduktion übergegangen werden kann. Bei stabiler Nachfrage für Massengüter sind dann wiederum die Möglichkeiten für die weitere Kapitalintensivierung und damit Rationalisierung von Arbeitsplätzen in nicht verlagerten und verlagerten Produktionsprozessen gegeben.

Freilich lassen sich derartige Abläufe kaum zufriedenstellend schematisieren. Der Zusammenhang von Rationalisierung, Verlagerung und der Änderung der Qualifikationsanforderungen an die Arbeitskräfte ist je nach Fertigung und Branche unterschiedlich, so daß spezifische Untersuchungen notwendig sind.

Ein Beispiel aus der elektrotechnischen Industrie: die Umstellung von der Elektromechanik auf die Elektronik

Die Möglichkeit, arbeitsintensive Teilarbeiten an elektronischen Bauteilen in Niedriglohn-Länder auszulagern, hat die Produktion von diesen Bauteilen nicht unerheblich verbilligt und damit zum Erfolg der »elektronischen Revolution« beigetragen. Durch die Verlagerung von Teilproduktionen werden die Gesamtkosten bei der Herstellung von Bauelementen etwa um 40% gesenkt; die

Kosten für ein elektronisches Endgerät verbilligen sich dadurch durchschnittlich um etwa 16%.[9]

Im Inland ist die Umstellung auf die neue Technologie im Produktionsbereich der elektrotechnischen Industrie mit der Wegrationalisierung von Arbeitsplätzen von Spezial- und Facharbeitern verbunden, die zu den Stammbelegschaften zählten. Nach der Umstellung auf elektronische Fertigung werden nicht nur weniger, sondern auch niedriger qualifizierte Arbeitskräfte benötigt als vorher. Der Verminderung des Arbeitsaufwands an traditionellen Standorten steht die Erhöhung des Arbeitsaufwands an neuen Standorten gegenüber.

Qualifikationsanforderungen in der Elektroindustrie in den Industrieländern

Bis auf die Löt- und Montagearbeiten, die zu einem erheblichen Teil in Niedriglohn-Ländern durchgeführt werden, ist die Produktion der elektronischen Schaltungen (»hardware«) weitgehend automatisiert. Dagegen ist die Entwicklung der Schaltungen und der Programme (»software«) gegenwärtig der arbeitsintensivste Bereich in der Elektronikindustrie. Für die *Entwicklung* von großintegrierten Schaltungen sind hochqualifizierte Arbeitskräfte wie Ingenieure und Physiker unerläßlich. Jedoch wird gerade in dem hochqualifizierten Arbeitskräften vorbehaltenen Entwicklungs- und Programmierbereich zunehmend rationalisiert und verbleibende Arbeit in Arbeiten mit niedrigeren Qualifikationsanforderungen zerlegt: Nach Aussagen der Bauteilhersteller soll sich der Entwicklungsaufwand für Hardware (Schaltungen) und Software (Programme) auf 20 bis 30% gegenüber festverdrahteter Logik senken.[10] Der Umstellungsprozeß auf die neue Technologie wird zwar zunächst dazu führen, daß der Entwicklungsaufwand im Vergleich zur herkömmlichen Technik steigt; im Laufe der Zeit wird er aber, wie Nieß u. a. in einer RKW-Studie feststellten, auf einen Wert absinken, »wie er in der Literatur prognostiziert und als Vorteil der Mikroprozessortechnologie hervorgehoben wird«.[11]

Von vielen Halbleiterherstellern werden schon vollautomatische Entwurfs- und Designsysteme verwendet. Der Computer übernimmt alle regelmäßigen und oft wiederkehrenden Arbeiten, deren Anteil durch die zunehmende Vereinfachung der Hardware

(Beispiel Mikroprozessoren) seinerseits wächst. So wird der Computer für das Design von Logikblöcken eingesetzt, wobei ihm eine Zellenbibliothek zugeordnet ist. Der Designingenieur kann über ein Datensichtgerät und den Plotter neue Daten und Strukturen direkt eingeben, hat aber bei Standardschaltkreisen mit regelmäßigen Strukturen wie Speichern und Schieberegistern wenig Variationsspielraum.

Die Standardisierung der Hardware zu frei programmierbaren Bauteilen wird die Senkung der Qualifikationsanforderungen der im Entwicklungsbereich Beschäftigten und den Zwang zur Umschulung auf Programmiertätigkeit nach sich ziehen. Die *Softwareentwicklung* ist heute der arbeitsintensivste Bereich der Elektronikindustrie. Obwohl in der Anfangsphase der Computerära die Programmiertätigkeit als kreativ galt, wurden die Arbeitsbedingungen bald nach Taylorschen Prinzipien verändert. Die Pro-

Tabelle 1
Veränderungen des Entwicklungsaufwands für ein Mikroprozessorprojekt mit zunehmender Erfahrung

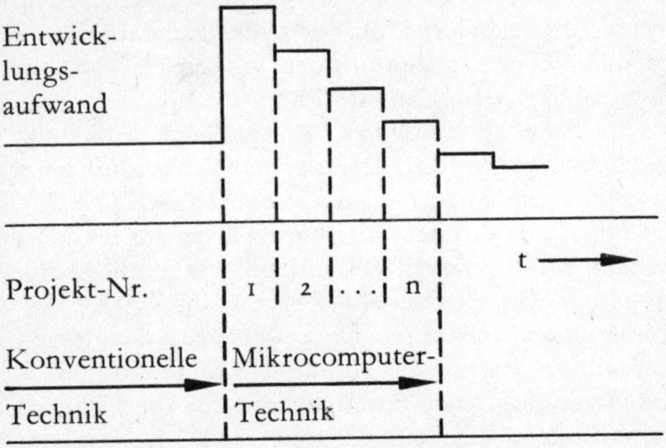

Quelle: Peter Nieß, Helmut Röck, Rolf Schlauch, *Mikroprozessoren und Mikrocomputer*, a.a.O., S. 81.

grammierarbeit wurde auf die drei Ebenen Systemaufbau, Struktogrammentwurf und Codieren aufgeteilt. Der Entwurf erfolgt in anderen Abteilungen als die Ausführung des Entwurfes, die wiederum in Teilarbeiten zerlegt wurde. Für jede Abteilung wurde die Ausbildung so weit standardisiert, daß keine Aufstiegsmöglichkeit vom Codieren zum Struktogrammentwurf oder zum Systemaufbau besteht. Daß der »Ingenieurberuf zum Massenberuf« geworden ist und eine »extreme Spezialisierung durch die Firma, eine Einengung des Wissens« (so ein Ingenieur aus dem Entwicklungsbereich von Siemens) schon auf der Ebene des Struktogrammentwurfs stattfindet, während auf der untersten Ebene dem Codierer nur noch die peinlichst genaue Einhaltung einer Reihe von Vorschriften und Regeln bei der Übersetzung von Anweisungen in die Computersprache abverlangt wird, hat Philip Kraft ausführlich am Beispiel der amerikanischen Programmierindustrie gezeigt.[12]

Während die Entwicklungsarbeiten ganz in den traditionellen Industrieländern durchgeführt werden – was durchaus nicht dem Mangel an qualifizierten Arbeitskräften in den unterentwickelten Ländern zuzuschreiben ist, wie die hohen Zahlen von Arbeitslosigkeit und »Brain – Drain« von Akademikern in Ländern der Dritten Welt zeigen –, gibt es auf der Ebene der *Produktion* von elektronischen Bauteilen eine internationale Arbeitsteilung: Die weitgehend automatisierten Produktionsschritte werden überwiegend in den Industrieländern vollzogen, die Handarbeiten an elektronischen Bauteilen dagegen zu einem großen Teil verlagert.

Die einzelnen Schritte der »Chip«-Produktion sind[13]:

1. Auf der Grundlage des Entwurfs werden Baupläne verschiedenfarbig gezeichnet und fotografiert. Bei der Systemteilung werden alle arbeitsparenden Möglichkeiten, die sich aus der Verwendung von Standardschaltkreisen, Logikkomplexen aus Standardschaltkreisen und Standardzellen aus der »Zellenbibliothek« ergeben, berücksichtigt. Die Systemteilung ergibt eine Art Blockdesign, das mit Hilfe automatischer Designsysteme zusammengesetzt wird. Auch die Zusammenstellungszeichnung, auf der alle Bauelemente in topologischer Form mit den für die Fertigung erforderlichen Maskenebenen eingezeichnet sind, wird von einer automatischen Zeichenmaschine angefertigt.

2. Herstellung der Masken: Die Zusammenstellungszeichnung eines integrierten MOS-Schaltkreises mit einer Chip-Fläche von 22 mm^2 enthält insgesamt etwa 20 000 bis 30 000 verschiedene Rechtecke. Nach Überprüfung der Zeichnung werden die Datenträger (Magnet oder Lochband) für die direkte Ansteuerung eines Plotters verwendet, der die Maskenvorlagen im Maßstab 100:1

liefert. Der Plotter ist ein numerisch gesteuertes Gerät, das mit Hilfe eines Lichtgriffels die Strukturen auf Fotopapier überträgt. Aus den Maskenvorlagen werden nun Reticles mittels einer Reduzierkamera hergestellt. Als Reticles bezeichnet man Maskenvorlagen im Maßstab 10:1, die dazu verwendet werden, die Vorlage für die endgültigen Arbeitsmasken herzustellen. Reticles können neuerdings auch direkt mit dem Datenträger hergestellt werden. Beim letzten Schritt, der die Originalmaske ergibt, wird der Schaltkreis mit einer Step- and Repeatkamera verkleinert und gleichzeitig so oft vervielfältigt, wie er auf eine Siliziumscheibe (Wafer) paßt.

3. Herstellung der Wafer (Diffundieren der Siliziumscheibe): Die Leiterplatte wird gemäß dem Negativ mit verschiedenen Metallen und Halbleitern bedampft und teilweise abgeätzt. Der Fertigungsprozeß der Scheiben umfaßt die Diffusion, die Foto-, Reinigungs- und Bedampfungsschritte. Im Verlauf der Fertigung erfolgen bei den einzelnen Herstellungsstufen viele Messungen, um die nicht verwendungsfähigen Systeme ausfindig zu machen. Anschließend wird die Scheibe – die etwa einen Durchmesser von 76 mm hat – geritzt und gebrochen, und die brauchbaren Systeme – etwa 1000 Chips – werden selektiert.

4. Auflegen der guten Systeme in Gehäuse, Verschweißen der Gold- und Aluminiumdrähte per Hand von angelernter Arbeitskraft oder in automatischen Ultraschall-Kontaktier B (Bondier-) Anlagen, durch die Gold- und Aluminiumdrähte auf die vorgesehenen Anschlußstellen »aufgerieben« werden. Per Hand ist das Kontaktieren oder der Einbau des Chips in ein Gehäuse ein besonders mühsamer Arbeitsvorgang, der unter dem Mikroskop vor sich geht.

5. Testen der Schaltkreise.

Der Produktionsprozeß von großintegrierten Schaltungen ist also im Gegensatz zu dem von elektromechanischen Bauteilen, der qualifizierte Handarbeit erfordert, hochautomatisiert. Nur bestimmte Arbeitsvorgänge wie das Anlöten von Drähten (Kontaktieren), der Einbau in das Bauteilgehäuse und Testvorgänge werden teilweise noch manuell erledigt.

Die Tendenzen in der Halbleiterindustrie zur *Standardisierung der Hardware* und zur *Vorwärtsintegration* der Bauteileindustrie in die Geräteindustrie kündigen Rationalisierungs- und Konzentrationsprozesse an, von denen verstärkende Impulse auf die Verringerung von Arbeitsplätzen und Qualifikationsanforderungen in den sich heute abzeichnenden Formen ausgehen werden.

Die *Standardisierung* von elektronischen Bauteilen ermöglicht die Automatisierung von u. U. verlagerten Fertigungsprozessen, die bisher wegen zu kleiner Stückzahlen als nicht rentabel erschien, und führt gleichzeitig zu einem vermehrten Einsatz von Programmierern für die Software-Entwicklung bei frei programmierbaren Bauteilen wie z. B. dem Mikroprozessor:

Die elektronischen Schaltkreise mit hohem Integrationsgrad lassen sich in drei Klassen aufteilen[14]:

– anwendungsspezifische Systeme, meist als festverdrahtete Logikbausteine, die für sehr große Gerätestückzahlen (Beispiel: Taschenrechner) produziert werden. Diese Bausteine sind also für ein bestimmtes Produkt angelegt, programmiert und festverdrahtet;

– anwendungsorientierte Systeme (Mikrocomputer) mit speziellen auf den Anwendungsbereich zugeschnittenen Eigenschaften für genügend große Anwendungsvolumen;

– frei programmierbare Universalsysteme (ebenfalls Mikrocomputer) für kleine Produktserien mit geringen Kosten für die Hardware-Entwicklung und etwas größerem Aufwand für die Programmierkosten.

Ein *Mikrocomputer* ist eine Einheit aus technischen Bausteinen und Programmen, d. h. aus Hardware und Software. Seine Struktur ähnelt der des Großcomputers, aber er hat die Ausmaße einer postkartengroßen Leiterplatte.

Das Herzstück des Mikrocomputers ist der *Mikroprozessor*, ein in Massenproduktion hergestellter Baustein mit standardisierten Schaltungsfunktionen. Er enthält das gesamte Rechen- und Steuerwerk eines Computers. Es ist möglich, unterschiedliche Schaltungs- und Rechenprobleme mit dem gleichen Mikroprozessor zu lösen, wobei das speziell erforderliche Programm in andere Halbleiter-Bausteine (Programm- und Datenspeicher) einprogrammiert wird. Ihr Inhalt läßt sich während des Prozeßablaufs per Programm beliebig oft ändern:

a) in Programm- und Datenspeicher können von außen immer wieder neue Programme eingegeben werden;

b) das Programm kann vom Mikrocomputer während des Rechen- oder Prozeßablaufs selbständig geändert werden.

Während anwendungsspezifische Logikbausteine relativ unflexibel sind und den jeweiligen Aufgaben durch Hardware-Eingriffe angepaßt werden mußten, kann man bei frei programmierbaren Mikrocomputern Standardbausteine verwenden, in denen alle möglichen Funktionen vorhanden sind. Diese Funktionen müssen nur noch in der für die spezifische Aufgabe erforderlichen Reihenfolge logisch verknüpft und abrufbar gemacht werden. Das Programmieren gewinnt an Bedeutung, während die Entwicklung von Hardware zunehmend vereinfacht wird.

Als »*Vorwärtsintegration*« der Bauelementeindustrie wird der Prozeß des Eindringens der Bauelementetechnik in die Geräteindustrie bezeichnet, der häufig darauf hinausläuft, »daß der Bauelementehersteller, der in integrierter Schaltungstechnik schon wesentliche Geräte oder Anlagen herstellt, nun auch noch den Rest, wie z. B. Verkabelung und Gestellbau übernimmt«.[15] In zahlreichen Großunternehmen der elektrotechnischen Industrie sind beide Industriezweige vertreten (u. a. Siemens); für mittlere und kleine Unternehmen der Geräteindustrie zeichnen sich »Umstrukturierungen in der bisher klar gezogenen Arbeitsteilung zwischen Bauelemente- und Geräteherstellern«[16] ab. Eine eingehende Beschreibung der sich hier abzeichnenden Konzentrationstendenzen liefert eine Teiluntersuchung für die Kommission über wirtschaftlichen und sozialen Wandel:

Da die Gerätehersteller häufig keine Experten haben, die selbständig integrierte Schaltungen entwerfen können, können sie bei Neuentwicklungen von Schaltungen zwar die Gesamtfunktion des mikroelektronischen Bausteins vorgeben, die Entwicklung der Schaltungstechnik muß jedoch weitgehend dem Bauelementehersteller überlassen bleiben.

»Mit den zunehmenden technischen Möglichkeiten der Mikroelektronik ist der Gerätehersteller ohne eigene Experten aber u. U. nicht mehr in der Lage, die technische Weiterentwicklung seiner Geräte in entsprechendem Tempo voranzutreiben – es sei denn, er arbeitet eng mit den Entwicklern der Bauelementehersteller zusammen.«[17]

Für die Geräteindustrie bietet die Vorwärtsintegration der Bauelementeindustrie Möglichkeiten zur Rationalisierung und Verlagerung ihrer Vorfertigung. So wurde die neue Form der Arbeitsteilung zwischen Bauelementeherstellern und -anwendern von der Mehrzahl der 25 befragten Anwender – (Geräte-)Firmen im Rahmen der Mikroelektronik positiv bewertet; einige Firmen »begrüßten diese Entwicklung sogar ausdrücklich; unter anderem weil damit das Problem der Beschaffung zusätzlicher qualifizierter Mitarbeiter hinfällig wurde.«[18] Nur vier Unternehmen richteten eigene Forschungs- und Entwicklungslabors ein, die den elektronischen und topologischen Entwurf integrierter Schaltungen im eigenen Haus bis zur Fertigungsreife vorantreiben sollten. Es handelt sich hier durchweg um Großunternehmen, da der Aufwand für die erforderlichen Experten und Bemühungen im »computer-aided-design« sehr groß sei.

Wenn vor allem Mittel- und Kleinunternehmen die Umschichtung der Arbeitsteilung zugunsten der Bauelementehersteller hinnehmen, während Großunternehmen das Know-how der Schaltungsentwicklung im eigenen Haus behalten, sind von Dequalifizierungsprozessen durch die Umstellung auf die Elektronik besonders die kleineren und mittleren Gerätehersteller der elektrotechnischen Industrie betroffen. Die Rückwärtsintegration der Gerätehersteller in den Wertschöpfungsbereich der Bauelementehersteller dagegen ist so gut wie ausgeschlossen.

Der Trend zur Vorwärtsintegration der Bauelementeindustrie in die Geräteindustrie impliziert die abnehmende Komplexität der Produktion und des Fächers der Qualifikationen der Arbeitskraft: Softwareentwicklung und Montage von »Schränken« um das elektronische Innenleben (Mikrocomputer) von Geräten wie Telefonanlagen, Fernsehgeräten, Steuerungsapparaten etc. sind, wie dieser grobe Überblick zeigt, diejenigen Produktionsbereiche, die (noch) menschlicher Arbeitskraft überlassen bleiben, wenn auch soweit wie möglich in Teilprozesse zerlegt und dequalifiziert.

Qualifikationsanforderungen in der Elektroindustrie in Niedriglohnländern

Kennzeichnend für die bisherige Entwicklung der weltweiten Nutzung der Arbeitskraft war die Verlagerung von Teilarbeitsprozessen auf möglichst gering qualifizierte oder zu qualifizierende Arbeitskraft in Niedriglohnländern, wenn eine Reihe von Bedingungen gegeben waren:

– ein hoher Lohnanteil an den Gesamtkosten der Produktherstellung;
– die Fertigung erfordert keine hohen Qualifikationen;
– die Montage ist nicht mechanisierbar wegen kurzfristigen Än-

derungen der Bauteile (kleine Losgrößen);
– niedrige Transportkosten;
– niedrige Löhne und Soziallasten in den betreffenden Ländern.

Der hohe technologische Standard der Elektronikindustrie, verbunden mit hoher Arbeitsintensität, macht die Verlagerung von Fertigungsprozessen in billige Produktionszonen besonders einfach und profitabel. Deshalb werden die in den Industrieländern produzierten Wafer zusammen mit anderen Materialien in Länder geflogen, in denen die Arbeitskosten nur etwa ein Zehntel der amerikanischen betragen. Unter dem Vergrößerungsglas übernehmen dann angelernte junge Frauen die besonders anstrengende Arbeit, Golddrähte (Kontakte) anzuschweißen und den Halbleiter in eine Kapsel einzubauen. Nach einer Untersuchung von Moxon[19] über die amerikanische Elektronikindustrie konnten für die ermüdenden Arbeiten nach Aussagen befragter Manager in den Vereinigten Staaten nicht genügend Arbeitskräfte gefunden werden, die bereit waren, diese Arbeiten zu übernehmen. Die schlechten Erfahrungen mit amerikanischen Arbeitskräften – hohe Fluktuation bei geringer Produktivität und schlechter Qualität der Produkte – wurden von den südostasiatischen Arbeiterinnen wieder wettgemacht. Alle befragten Manager waren sich darin einig, daß Arbeiter in ausländischen Produktionsstätten besser für diese Art von Arbeit geeignet seien, sie waren produktiver und weniger anfällig für Fehler. Technisch anspruchsvolle integrierte Produktionsprozesse finden in unterentwickelten Ländern nicht statt. Die Regierungen beklagen, daß sie von der Industrie bei ihren Bemühungen um Ausbildung und Schaffung von Arbeitsplätzen für fachlich qualifizierte Arbeitskräfte häufig im Stich gelassen würden.

Die Anlernung dauert nur wenige Tage. Typischerweise sieht die Tätigkeit folgendermaßen aus[20]: Der Produktionsprozeß beginnt mit der Gravierung der Wafer, um die einzelnen Plättchen voneinander zu trennen. Die Arbeiterin muß den Wafer sorgfältig auf eine Diamant-Gravier-Maschine legen. Nachdem der Wafer von dieser Maschine zwischen jedem Plättchen eingeritzt worden ist, wird er auseinandergebrochen, indem ein weicher Gegenstand über seine Rückseite gerollt wird. Die Ausbildung für diesen Vorgang dauert zwei Tage; die Arbeiterin sollte mindestens eine Mittelschulbildung haben. Jedes Plättchen wird dann auf Metall- und andere einfache Fehler geprüft. Diese einfache Prüfungstätigkeit wird in einem Monat erlernt; fünf Monate gelten zusätzlich als Einarbeitungszeit. Jeder Chip muß nun auf einem Träger befestigt werden, der auf einem Metallstreifen sitzt. Die Arbeiterin nimmt den Chip mit einer Vakuumnadel auf und plaziert ihn auf den Träger; durch Hitzeeinwirkung werden dann Chip und Träger eutektisch verbunden. Das Anlernen hierfür dauert eine Woche zuzüglich einiger Wochen Einarbeitung. Die Metallstreifen mit den Chips auf den Trägern gelangen dann zum »Drahtverbindungsprozeß«, in dem die äußeren Drahtverbindungen maschinell an das Chip gelötet werden. Die Arbeiterin hat den Arbeitsvorgang durch ein Mikroskop, das dreißigfach vergrößert, zu überwachen. Die Drahtverbindungen müssen dann auf Verläßlichkeit überprüft werden; die Ausbildung hierfür dauert drei Wochen. Es folgt die Verkapselung von Chip und Drähten: Erhitztes Plastik wird in eine Mulde gegossen, um den Plastikkörper zu formen, der dann auf Risse überprüft wird. Die Frauen arbeiten bei dieser schwierigen Aufgabe zu zweit. Nach der Überprüfung der neu geformten Teile werden die Streifen mit Zinn elektroplatiert, chemisch gewaschen und getrocknet. Sie sind dann fertig für die Verpackung und die Verschiffung.

Neben der Anlernung am Arbeitsplatz in wenigen Tagen und Wochen umfaßt die »Ausbildung« Kurse für alle Beschäftigten, die offensichtlich zur Eindämmung der hohen Fluktuation beitragen sollen. Trotz großer Konkurrenz auf dem Arbeitsmarkt wegen hoher Arbeitslosigkeit, trotz »Gentlemen's agreements« unter den Halbleiterfirmen »that they will not pirate personnel from the others«[21], was dahingehend interpretiert werden kann, daß ehemalige Arbeiter/Arbeiterinnen aus den anderen Halbleiterfirmen nicht beschäftigt werden, sind die jährlichen Fluktuationen in einigen Produktionsabteilungen extrem hoch. Es werden wöchentliche Kurse über Benehmen in der Öffentlichkeit, Pünktlichkeit, persönliche Hygiene, Sauberkeit in der Produktion, Sparsamkeit, Gebrauch von Ruheräumen usw. abgehalten. Die Gewöhnung an die vom Betrieb verlangte Arbeitsdisziplin soll als »Entwicklung der Persönlichkeit des Arbeiters« gesehen werden:

»Personality development is seen as important for the young girls, and the managerial staff feels a direct responsibility to guide them to better lives and to set examples in their own. At times, ›refinement‹ courses, taught by teachers from outside, are conducted for the girls on courtesy, behavior, etiquette, and homemaking.«[22]

Die intensive »Human-Relations-Politik« der Betriebe, die dazu dient, die kostspielige Fluktuation einzudämmen, könnte ein Hinweis auf langfristige Investitionsinteressen der Unternehmen sein. Möglicherweise geht es hier um die Herausbildung von stabilen Stammbelegschaften für eine insgesamt schon sehr kapitalintensive Technologie, die in unterentwickelten Ländern mit eingeschränkter Sozialgesetzgebung mehr ausgelastet werden kann als in den Industrieländern.

Die Entwicklung von Mikroprozessoren und damit die Entstehung der Möglichkeit, elektronische Bauelemente in vorher nicht dagewesenem Ausmaß als Massenprodukte herzustellen, die anschließend nur noch jeweils für verschiedene Geräte programmiert werden müssen, stellt die Rationalisierung menschlicher Arbeit, auch wenn sie besonders billig ist, jedoch zur Alternative. So zeichnen sich in jüngerer Zeit beim Kontaktieren von elektronischen Bauteilen Möglichkeiten für eine drahtlose Montagetechnik ab, die die konventionelle Kontaktiertechnik weitgehend ablösen und zur »Reduktion der Lohnkosten um mehr als die Hälfte«[23] führen soll.

Rationalisierung, Dequalifizierung und Verlagerung in einer Fernschreiberproduktion

In den traditionellen Industrieländern hat die Umstellung von der Elektromechanik auf die Elektronik die Dequalifizierung von Stammbelegschaften und die Rationalisierung/Verlagerung von bisher stabilen Arbeitsplätzen in den Produktionsbereichen der elektrotechnischen Geräte- und Anlagenindustrie zur Folge gehabt. Ein Beispiel: die Produktion des Fernschreibers in den Berliner Siemens-Werken.

Die Fertigung des elektronischen Fernschreibers kann am traditionellen Standort mit ca. 25% der Arbeitskräfte durchgeführt werden, die für die Produktion des elektromechanischen Fernschreibers bisher notwendig waren. 75% des Arbeitsaufwands in der Fernschreiberproduktion wurden mit der Umstellung von der Elektromechanik auf die Elektronik wegrationalisiert und verlagert. Verlagert wurde die Vorfertigung, in der elektromechanische Bauteile hergestellt wurden: Die elektronischen Bauteile werden nicht mehr am traditionellen Standort gefertigt.

Wie sehen die Qualifikationsanforderungen für die Fertigung

des elektromechanischen Fernschreibers aus? In der Arbeitsvorbereitung steuerten Techniker, Ingenieure und kaufmännische Angestellte die gesamte Produktion. Der Angestelltensektor in diesem Bereich hat durch die Umstellung auf die Elektronik einen starken Einbruch erlitten. Die Mehrzahl dieser Gehaltsempfänger werden für die Arbeitsvorbereitung des elektronischen Fernschreibers nicht mehr gebraucht. In der Vorfertigung arbeiteten etwa 2000 Arbeitskräfte für die verschiedenen Produktionen des Datentechnik- und des Nachrichtentechnik-Bereichs, wobei ebenfalls wie in der Vorfertigung 25% des Arbeitsaufwands dem Fernschreiber galt. Der größte Teil der Beschäftigten bestand aus Facharbeitern. Wie die Teilefertigung wurde die gesamte Galvanik, die ebenfalls 2000 Arbeitskräfte für den Datentechnik/ Nachrichtentechnik-Bereich beschäftigt hatte, im Zuge der Rationalisierung und Verlagerung der Produktionen geschlossen. Von der Schließung dieser beiden Abteilungen – Teilefertigung und Galvanik (Oberflächenbehandlung) – besonders betroffene Berufe waren:

a) Blechschlosser, Elektroschweißer, Autogenschweißer (spanlose Verformung);

b) Dreher, Fräser, Bohrer, Feiler (Spanverformung)

c) Galvanische Berufe, Maler, Lackierer (Oberflächenveränderung).

Einige Beispiele verdeutlichen den Wegfall von qualifizierten Arbeiten in der Vorfertigung: Das Gehäuse des Fernschreibers bestand früher aus zahlreichen Einzelteilen. Typische Vorfertigungsarbeiten waren Punktschweißen, Schweißen, Durchsetzen, Verputzen und Richten. Diese Schlosserarbeiten sind unnötig geworden, da heute ein Kunststoffgehäuse angeliefert wird.

Ebenso lohnintensiv war die Fertigung der Typenhebeltastatur, die im elektronischen Fernschreiber durch eine einzige Plastikwählscheibe ersetzt wurde. In der elektromechanischen Fertigung mußten die Buchstaben aus einem Blechband gestanzt, revidiert und dann einzeln in verschiedenen Arbeitsgängen auf die Taste (Typenhebel) gelötet werden, dieser wurde dann befettet und entfettet, verkupfert, vernickelt, gerichtet, bis der Einbau und die genaue Justierung erfolgen konnten. Bei diesem Vorgang des »Buchstabenaufdrückens« waren qualifizierte Werkzeugmacher beschäftigt gewesen (Lohngruppe 5 und 6, teilweise 8, auch Angestellte »ehrenhalber«, Sonderlöhner).[24]

In der Montage des elektromechanischen Fernschreibers waren etwa 30% angelernte Frauen, 50% Spezialarbeiter und 20% Facharbeiter als Lohnempfänger sowie einige Gehaltsempfänger (Meister, Gruppenführer) beschäftigt. Für die Beschäftigten in der Montage war die Umstellung von der Montage elektromechanischer Teile zum Stecken elektronischer Bauteile auf Leiterplatten mit Abgruppierungen und Dequalifizierung verbunden. Fast alle Frauen, die vorher in den Lohngruppen 1-5 gearbeitet hatten (vor allem Lohngruppen 1-3), wurden in Lohngruppe 1 eingestellt (mit dem Einstellohn und einer kleinen Zulage).

Die Spezialarbeiter hatten in der Montage des elektromechanischen Fernschreibers als angelernte »Experten« gegolten und waren in den Lohngruppen 5-7 beschäftigt gewesen. Ihre häufig in zehn bis fünfzehn Jahren als Einrichter und Nachregulierer erworbene, für die Fernschreiberproduktion spezialisierte Qualifikation wurde für die Fertigung elektronischer Fernschreiber nicht mehr gebraucht. Im Gegensatz zu den Facharbeitern aus der Vorfertigung, die zu 90% versetzt werden konnten, war ihre spezifische Qualifikation in keinem anderen Werk verwertbar. Dieser Schwierigkeit sah sich der Betriebsrat des Fernschreiberwerks gegenüber, der versuchte, die Spezialarbeiter über den innerbetrieblichen Arbeitsmarkt in anderen Produktionen unterzubringen.

Auch im Prüffeld gab es durch die Umstellung auf die Elektronik einen Beschäftigtenabbau. Für die Prüfung der elektromechanischen Fernschreiber waren etwa 35–40 Facharbeiter und Techniker eingesetzt, die mechanische Prüfungen manuell durchzuführen hatten.

Wie sehen die Qualifikationsanforderungen für die Fertigung des elektronischen Fernschreibers aus? Gegenüber der elektromechanischen Fertigung des Fernschreibers liegen die Qualifikationsanforderungen für die Produktion des elektronischen Fernschreibers erheblich niedriger.

In der Arbeitsvorbereitung sind heute noch etwa 20 Techniker und Ingenieure notwendig.

Die Vorfertigung wurde auf einige Dreh- und Stanzarbeiten für die Fertigung der restlichen elektromechanischen Teile reduziert oder als Produktion elektronischer Bauteile in andere Produktionsstätten verlagert. Die Montage umfaßt eine kleine Kabelformerei, die Baugruppen- und die Endmontage. 1977 (30.9.) waren hier 752 Arbeitskräfte beschäftigt, davon 449 Frauen, die fast alle in die unterste Lohngruppe zurückgestuft worden waren, selbst wenn sie in der elektromechanischen Produktion in höheren Lohngruppen gearbeitet hatten.

Für die kleine Vorfertigung von einigen elektromechanischen Bauteilen sind als Einrichter oder Elektroniker insgesamt 140 Facharbeiter beschäftigt.

Im Prüffeld des elektronischen Fernschreibers sind weniger, dafür höher qualifizierte Arbeitskräfte als im Prüffeld des elektromechanischen Fernschreibers eingesetzt.

Die Zwischenprüfung (Baugruppenprüfung) wird nicht mehr manuell, sondern an Automaten von Ingenieuren bzw. Diplomingenieuren durchgeführt. Die Qualifikationsanforderungen liegen hier höher als in der Prüfung von elektromechanischen Geräten. Die Endprüfung stellt weniger hohe Qualifikationsanforderungen. Hier sind etwa drei bis vier Nachrichtengeräteelektroniker (Meisterebene) beschäftigt. Die Vermutung liegt nahe, daß die Eingangsprüflager durch den vermehrten Einkauf und Bezug von Bauteilen an Bedeutung gegenüber der alten Produktionstechnik gewonnen haben. Jedoch beschränkt sich die Eingangsprüfung – im Gegensatz zu früher – auf die Stückzahlprüfung; die Qualitätskontrolle findet nicht im Gerätewerk, sondern in der Bauteileproduktion selbst statt (»Vorwärtsintegration«).

Zusammenfassend läßt sich sagen, daß mit der Umstellung von elektromechanischer auf elektronische Produktion Arbeitsplätze mit den relativ hohen Qualifikationsanforderungen an den traditionellen Standorten der Fernschreiberproduktion wegrationalisiert werden:

– Überflüssig werden Ingenieure, Techniker und kaufmännische Angestellte in der Fertigungsplanung und der Arbeitsvorbereitung;
– Umgesetzt oder entlassen werden Facharbeiter in der Bauteilefertigung einschließlich Galvanik (Oberflächenbehandlung): Blechschlosser, Elektroschweißer, Autogenschweißer, Dreher, Fräser, Bohrer, Feiler, Maler, Lackierer;
– Überflüssig werden die angelernten Spezialarbeiter in der Montage des elektromechanischen Fernschreibers, die sich in jahrelanger Tätigkeit als Nachregulierer und Einrichter qualifiziert hatten und in hohen Lohngruppen beschäftigt waren. Im Gegensatz zu den Facharbeitern aus der Vorfertigung, die teilweise in andere

Werke umgesetzt werden können, ist die spezifische Qualifikation der Spezialarbeiter in keiner anderen Produktion verwertbar.

– Für die angelernten Frauen der unteren Lohngruppen in der Montage, soweit sie in die neue Produktion übernommen werden, bedeutet die Umstellung auf die Elektronik eine Intensivierung der Arbeit und finanziellen Verlust. Fast alle werden von den Lohngruppen 2 und 3 in Lohngruppe 1 mit einer kleinen Zulage zurückgestuft. Für viele Frauen, besonders die älteren, ist die Montage von elektronischen Bauteilen zu diffizil, was entweder sie selbst oder die Firmenleitungen nach einer Umlern- bzw. Probezeit von 8 bis 12 Wochen zu Kündigungen veranlaßt.

– Im Prüffeld werden mit der Umstellung von elektromechanischen auf elektronische Fernschreiber gleichfalls Arbeitsplätze eingespart. Die wenigen neuen Tätigkeiten für formal höhere Qualifikationen stehen in keinem Verhältnis gegenüber der Zahl der insgesamt wegrationalisierten Arbeitsplätze für Ingenieure, Techniker, Fach- und Spezialarbeiter.

Schlußbemerkung

Die Tendenz zur Rationalisierung menschlicher Arbeit im Produktions- und Dienstleistungsbereich ist nicht an sich negativ zu beurteilen. Die Einführung der Elektronik in diese und viele andere Lebensbereiche könnte den Menschen entlasten: Wir gehen zwar davon aus, daß Arbeit dem Menschen ein natürliches Bedürfnis ist, weil er hier seine ihm von der Natur gegebenen geistigen und körperlichen Kräfte entfalten kann. Wir hängen aber keinem puritanischen Arbeitsbegriff an, sondern der Idee, daß es neben dem »Reich der Notwendigkeit« der Arbeit, das durch äußere Zweckmäßigkeit bestimmt ist, ein »Reich der Freiheit« geben muß, in dem die menschliche Entfaltung beginnt, die »sich als Selbstzweck gilt«.[25]

Die Erfüllung der Grundbedürfnisse bleibt die Voraussetzung, um dieses Reich der Freiheit betreten zu können; der notwendige Arbeitsaufwand zur Erfüllung dieser Bedürfnisse wird durch die Entwicklung von neuen Techniken reduziert. Marx nannte als weitere Bedingungen dafür, daß das »Reich der Freiheit« aus dem »Reich der Notwendigkeit« erblühen könne, die gemeinschaftliche Kontrolle über die Produktion und die Verkürzung des Arbeitstages. Schon der Arbeitszeitverkürzung stehen allerdings einige Schwierigkeiten entgegen, deren Bewältigungschancen teils optimistisch, teils zurückhaltend eingeschätzt werden.[26]

Wenn unter dem Imperativ der Kapitalverwertung reduzierte Arbeit ungleich verteilt und dequalifiziert wird, entsteht aus der potentiellen Entlastung des Menschen durch technischen Fortschritt eine Belastung: Arbeitslosigkeit ist keine bessere Alternative zur Verrichtung von einseitigen, physisch und psychisch verschleißenden Tätigkeiten. Die Hoffnung besteht, daß in den fortgeschrittenen Industrieländern auf der Basis ihrer ökonomischen und wissenschaftlichen Kapazität Rentabilitätsgesichtspunkte bei der Einführung von technischen Innovationen zugunsten der Humanisierung der Arbeit relativiert werden. Es lassen sich jedoch schon jetzt Tendenzen erkennen, daß die Unternehmen dann unter dem Druck der internationalen Konkurrenz gezwungen sind, wenig »humane« und umweltgefährdende Produktionen in Länder zu verlagern, in denen Widerstand dagegen nicht zugelassen wird.

Anmerkungen

1 Vgl. Jean Fourastié, *Die große Hoffnung des 20. Jahrhunderts*, Köln 1969; Robert Blauner, *Alienation and Freedom*, Chicago 1964.

2 Vgl. James R. Bright, *Lohnfindung an modernen Arbeitsplätzen in den USA*, in: Günter Friedrichs (Hrsg.), *Automation und technischer Fortschritt in Deutschland und den USA*, Frankfurt/Main 1963.

3 James R. Bright, a.a.O., S. 144.

4 Frederik W. Taylor, *Principles of Scientific Management*, Westport, Connect., 1976, S. 98.

5 Vgl. Friedrich Weltz, Gert Schmidt, Jürgen Sass, *Facharbeiter im Industriebetrieb*, Frankfurt 1974.

6 Horst Kern, Michael Schumann, *Industriearbeit und Arbeiterbewußtsein*, Frankfurt 1970. Vgl. auch: Martin Baethge, Friedrich Gerstenberger, Horst Kern, Michael Schumann, Hans Wolfram Stein, Elisabeth Wienemann, *Produktion und Qualifikation*, Hannover 1975; Otfried Mickler, Wilma Mohr, Ulf Kadritzke, *Produktion und Qualifikation*, 1977.

7 Norbert Altmann, Günter Bechtle, Klaus Düll, *Bedingungen und Ziele des betrieblichen Arbeitskräfteeinsatzes*, München 1974.

8 Vgl. u. a. Walter Sengenberger (Hrsg.), *Der gespaltene Arbeitsmarkt, Probleme der Arbeitsmarktsegmentation*, Frankfurt 1978.

9 Vgl. Anne-Marie Münster, *Qualifikationsänderungen bei der Rationalisierung und Verlagerung von Produktionen, untersucht am Beispiel der Elektronik*, Diss., Dortmund 1980, im Erscheinen.

10 Peter Nieß, Helmut Röck, Rolf Schlauch, *Mikroprozessoren und Mikrocomputer*, RKW-Studie 1, Frankfurt 1977, S. 80.

11 Ebd., S. 81.

12 Philip Kraft, *Programmers and Managers – The Routinization of Computer Programming in the United States* (Mimeo) 1976.

13 Vgl. Siemens (Hrsg.), *MOS – Technologien – Design – Anwendungen*, München (o. J.).

14 Vgl. Siemens AG (Hrsg.), *Entwicklungstendenzen in der Elektronik*, München o. J., S. 11.

15 Vgl. Siemens AG (Hrsg.), *Entwicklungstendenzen in der Elektronik*, a.a.O., S. 3. Zum Beispiel werden die Herstellkosten des Taschenrechners heute zu mehr als 80% vom Bauelementehersteller bestimmt. Einige der größten Halbleiterhersteller der Welt produzieren und vertreiben daher heute selbst Taschenrechner und haben darin eine führende Marktposition erreicht.

16 Hans Matthöfer, Alfred Prommer, *Die Industrie im Zeichen der Großintegration*, Siemens AG, München 1975, S. 61.

17 Lothar Scholz, *Technologie und Innovation in der industriellen Produktion*, Göttingen 1974, S. 93-308.

18 Lothar Scholz, a.a.O., S. 165.

19 Richard A. Moxon, *Offshore Production in the Less Developed Countries. A Case Study of the Multinationality in the Electronics Industry*, New York 1974; vgl. auch Folker Fröbel, Jürgen Heinrichs, Otto Kreye, *Die neue internationale Arbeitsteilung*, Reinbek 1977, Teil III.

20 Vgl. Jack N. Behrman, Harvey W. Wallender, *Transfers of Manufacturing Technology within Multinational Enterprises*, Cambridge 1976.

21 Jack Behrman, Harvey W. Wallender, *Transfers of Manufacturing Technology*, a.a.O., S. 300.

22 Jack N. Behrman, Harvey W. Wallender, *Transfers of Manufacturing Technology*, a.a.O., S. 295.

23 *VDI-Nachrichten*, 19. 11. 1976.

24 »Hier [. . .] beim Buchstabenaufdrücken, haben wir Lohngruppe 5 und 6 gehabt – qualifizierte Werkzeugmacher. Ein Werkzeugmacher kann ein Werkzeug oder einen Schnitt in der Hand haben, das einen ungeheuren Wert hat. Das hat er jetzt in der Bearbeitung. Und wenn er jetzt irgend etwas daneben knallt. [. . .] Das sind die hochqualifiziertesten. Das sind zum Teil Lohngruppe 8. Oder sie waren Angestellte ehrenhalber, Sonderlöhner.« (Betriebsrat des Fernschreiberwerks).

25 »Das Reich der Freiheit beginnt in der Tat erst da, wo das Arbeiten, das durch Not und äußere Zweckmäßigkeit bestimmt ist, aufhört; es liegt also der Natur der Sache nach jenseits der materiellen Produktion. Wie der Wilde mit der Natur ringen muß, um seine Bedürfnisse zu befriedigen, um sein Leben zu erhalten und zu reproduzieren, so muß es der Zivilisierte, und er muß es in allen Gesellschaftsformen und unter allen Produktionsweisen. Mit seiner Entwicklung erweitert sich dies Reich der Naturnotwendigkeit, weil die Bedürfnisse; aber zugleich erweitern sich die Produktivkräfte, die diese befriedigen. Die Freiheit in diesem Gebiet kann nur darin bestehen, daß der vergesellschaftete Mensch, die assoziierten Produzenten, diesen ihren Stoffwechsel mit der Natur rationell regeln, unter ihre gemeinschaftliche Kontrolle bringen, statt von ihm als einer blinden Macht beherrscht zu werden; ihn mit dem geringsten Kraftaufwand und unter den ihrer menschlichen Natur würdigsten und adäquatesten Bedingungen zu vollziehen. Aber es bleibt dies immer ein Reich der Notwendigkeit. Jenseits desselben beginnt die menschliche Kraftentwick-

lung, die sich als Selbstzweck gilt, das wahre Reich der Freiheit, das aber nur auf jenem Reich der Notwendigkeit als seiner Basis aufblühen kann. Die Verkürzung des Arbeitstages ist die Grundbedingung.« Karl Marx, *Das Kapital*, Band 3, Berlin 1972, S. 823.

26 Vgl. Anselm Görres, *Arbeitszeitverkürzung als Mittel der Beschäftigungspolitik*, Beiträge zur Arbeitsmarkt- und Berufsforschung, Nürnberg 1980, im Erscheinen; Bettina Schattat, *Arbeitszeitverkürzung, Problemanalysen und alternative Lösungsmöglichkeiten*, Ifo-Institut für Wirtschaftsforschung, München 1979.

Andre Gunder Frank
Wirtschaftskrise und Staat in der Dritten Welt*

Die These von Engels und Lenin, der bürgerliche Staat sei vor allem ein Instrument der Bourgeoisie, um die Bedingungen für die Ausbeutung der Arbeitskraft zu gewährleisten, bewahrheitet sich besonders deutlich in der Dritten Welt. Dort beteiligt sich der Staat noch unmittelbarer und sichtbarer als in den entwickelten kapitalistischen Ländern an der Organisation des wirtschaftlichen, sozialen, kulturellen, also des politischen Prozesses. Darüber hinaus ist der Staat in der Dritten Welt ein wesentlicher und aktiver Vermittler zwischen der nationalen Wirtschaft und der Weltwirtschaft. Bei den abhängigen Ökonomien der Dritten Welt ist freilich der Staat – als abhängiger – auch ein wichtiges Werkzeug zur Sicherstellung der Abhängigkeit der Ökonomien der Dritten Welt im System der internationalen Arbeitsteilung und des globalen Prozesses der Kapitalakkumulation. Zunehmend tritt der Staat der Dritten Welt auch als Vermittler auf zwischen nationalem Kapital – und nationaler Arbeit – einerseits und internationalem Kapital andererseits; als abhängiger Staat erfüllt er diese Funktion zugunsten des internationalen Kapitals und damit relativ zuungunsten des nationalen Kapitals sowie absolut auf Kosten der einheimischen Arbeitskraft. Die Bedürfnisse des Prozesses der Kapitalakkumulation und der internationalen Arbeitsteilung, sowohl weltweit als auch innerhalb der unterentwickelten Länder selbst, werden auf diese Weise zu den hauptsächlichen Bestimmungsgründen der Rolle und der Form des Staates in der Dritten Welt (wie überall sonst in der kapitalistischen Welt ebenfalls).

Der abhängige Staat der Dritten Welt

Fortschrittliche und marxistische empirische und theoretische Untersuchungen des Staates sind erst in jüngster Zeit wieder

* Das Manuskript wurde im April 1978 abgeschlossen. Übersetzung aus dem Englischen: Jürgen Heinrichs

aufgenommen worden. C. Wright Mills[1] und William Domhoff[2] haben in den Vereinigten Staaten durch ihre Analysen *The Power Elite* und *Who Rules America?* einen Anstoß gegeben. In Europa war es Ralph Miliband[3], der mit *The State in Capitalist Society* eine Institutionen-Analyse vorlegte, auf die Nicos Poulantzas[4] unter dem Titel *Political Power and Social Classes* mit einer Untersuchung des Staates als des Instruments der Bourgeoisie antwortete. Gegenseitig kritisierten sie die Begrenztheit ihrer jeweiligen Ansätze in einer langen Debatte, die in *New Left Review* (1968-1973) stattfand. Beide wurden darüber hinaus kritisiert von Holloway und Picciotto[5], Laclau[6] und anderen: der Ansatz von Miliband sei zu allgemein, der von Poulantzas, von seinem Mentor Louis Althusser beeinflußt, sei zu abstrakt, um für konkrete Analysen bestimmter Staaten in bestimmten Ländern und Zeiten des Klassenkampfes gebraucht werden zu können. Viele ihrer Kritiker haben es aber ebenfalls nicht geschafft, einen angemessenen Kurs zu steuern zwischen der Scylla hochfliegender theoretischer Annahmen über die Instrumentalisierbarkeit oder die Autonomie des Staates bezüglich einer Klasse oder ihrer Fraktionen und der Charybdis bloßer empirischer Beschreibung.

Robin Murray[7] versucht offenbar, beide Ansätze miteinander zu verbinden, wenn er unter der Überschrift *Die strukturelle Rolle des Staates als ökonomisches Instrument des Kapitalismus* schreibt:

»Ich unterscheide sechs ökonomische ›res publica‹ oder staatliche Funktionen: 1. Gewährleistung der Eigentumsrechte: [...] wird von den Exekutivorganen des Gesetzes unterstützt: von der Polizei und vom Militär [...]2. Ökonomische Liberalisierung: [...] Abschaffung der Restriktionen für die Bewegung von Waren, Geld oder Personen innerhalb des Territorialgebietes, sowie die Standardisierung der Währung, des Wirtschaftsrechts, der Maße, Gewichte und so weiter [...] 3. Ökonomische Harmonisierung: [...] schließt die Beeinflussung von Konjunkturzyklen und Wirtschaftsplanung ein [...] 4. Bereitstellung von Vorleistungen: [...] Arbeitskräfte [...], Sicherung der Existenz eines Proletariats [...], Ausbildung des Proletariats, [...] Kontrolle der Löhne [...], Bereitstellung von Grund und Boden, [...] Sicherung eines funktionierenden Finanz- und Kapitalmarktes, [...] Technologie, [...] Finanzierung von mehr als der Hälfte aller Forschungs- und Entwicklungsarbeiten, [...] Wirtschaftliche Infrastruktur, vor allem Energie und Kommunikation, [...] Interesse an billiger, zuverlässiger Versorgung mit diesen Leistungen, [...] industriell erzeugte allgemeine Vorleistungen [...] 5. Intervention für sozialen Konsens, [...] Abschwächung der offenkundig zerstörerischen Auswirkungen der Ausbeutung der Nichtkapitalisten-Klassen [. . .] 6. Regelung der Außenbeziehungen eines kapitalistischen Systems, [. . .] Unterstützung der inländischen Kapitalisten, [. . .] Verteidigung quasi-monopolistischer Stellungen, die von inländischen Kapitalisten gegenüber ausländischem Kapital errichtet wurden. [. . .] Die zur Erfüllung dieser Funktionen verwendeten Instrumente sind: I) Militärische Macht [. . .], II) Hilfe [. . .], III) Wirtschaftliche Sanktionen [. . .], IV) Finanzielle Sanktionen [. . .], V) Regierungskontrollen [. . .] Koordination oder Beeinflussung der inländisch/ausländischen Wirtschaftsbeziehungen durch Überwachung der Zahlungsbilanz. Daraus ergeben sich außerdem fünf weitere Funktionen: [. . .] Sicherung der Nachfrage durch Massenkäufe bei der Privatwirtschaft, [. . .] Staat als Steuerbehörde, [. . .] als Förderer und Beschützer bestimmter Monopole, [. . .] ›Erste-Hilfe-Leistender‹ für kränkelnde Wirtschaftssektoren und Firmen, [. . .] Staat als Abnehmer von Überschuß.«

Murray hatte bei dieser Aufstellung von Funktionen den imperialistischen Staat im Auge. Wir werden weiter unten sehen, daß auch abhängige Staaten der Dritten Welt diese Funktionen – mehr oder weniger – erfüllen. Aber auch dieser strukturell-instrumentelle Ansatz der Analyse des Staates erklärt noch nicht, *wann* ein Staat etwas oder gar sich selbst ändert, um in neuer Weise diese Funktionen wahrzunehmen, und warum solche Änderungen zu bestimmten Zeiten an bestimmten Orten auftreten.

Die Grenzen der politökonomischen Analyse des Staates in der kapitalistischen Gesellschaft werden noch deutlicher im Fall der Untersuchung des Staates (oder besser: der Staaten) der Länder der Dritten Welt und ihrer unterschiedlichen historischen, technologischen, ökonomischen, sozialen, kulturellen, mithin politischen Entwicklung. Über solche Verschiedenheiten hinaus hat auch die Abhängigkeit der Länder der Dritten Welt (die ihnen gemeinsam ist, wenngleich sie in unterschiedlichen Formen auftritt) die Analyse – und erst recht die Transformation – des Staates in der Dritten Welt behindert. In seiner Kritik einiger der weiter unten angeführten Untersuchungen macht Colin Leys[8] zutreffend darauf aufmerksam, daß »wir, um die Bedeutung jedweden Staates für den Klassenkampf zu verstehen, beim Klassenkampf und nicht beim Staat beginnen müssen«; aber auch Leys Hinweis vermittelt kein brauchbares Instrument zur Analyse, solange Klassen und ihre Fraktionen nicht so einfach bestimmt werden können und solange ihre Auseinandersetzung unter den Bedingungen von Abhängigkeit von Wirtschaft, Gesellschaft und Staat stattfindet.

Denn Zusammensetzung und Verhalten der Klassen sowie ihr Kampf um die Kontrolle und Transformation des Staates sind Ausdruck ihrer abhängigen Beteiligung am Prozeß der Kapitalakkumulation und ihrer Funktion in der internationalen Arbeitsteilung. Diese Schwächen der überkommenen Theorie und eine sich ändernde Wirklichkeit beeinflussen notwendigerweise die Untersuchung der Stellung und Funktion des Staates in der Dritten Welt während der gegenwärtigen Krise der Kapitalakkumulation.

Ruy Mauro Marini[9] gibt zu bedenken, daß, »aufgrund eines allgemeinen Gesetzes kapitalistischer Gesellschaften, demzufolge die relative Autonomie des Staates in einem inversen Verhältnis zur Fähigkeit der Bourgeoisie steht, ihre Klassenherrschaft auszuüben, [. . .] ein starker kapitalistischer Staat immer das Gegenstück zu einer schwachen Bourgeoisie ist«. Dementsprechend behauptet Marini, eines der Kennzeichen abhängiger Gesellschaften sei die erhebliche relative Autonomie des Staates. Aber Autonomie von wem? Von den nichtherrschenden Klassen, da die herrschenden Klassen einen um so »stärkeren« Staat brauchen, mit dem sie die nicht-herrschenden Klassen beherrschen, je schwächer sie selber und die ihnen verfügbaren Mittel sind? Oder meint er Autonomie von bestimmten Fraktionen oder Mitgliedern der herrschenden Klasse? Wenn ihre Schwäche darauf beruht, daß sie nicht zusammenstehen in ihrem Kampf gegen die nicht-herrschenden Klassen, kann zeitweilig ein autonomer »bonapartistischer« Staat die Belange der Bourgeoisie in einer Periode des Umbruchs wahrnehmen? Oder vielleicht meint der Autor Autonomie von der Bourgeoisie selbst? Das ist ein eher fragwürdiges Konzept, da der bourgeoise Staat und die Staatsbourgeoisie und also die Bourgeoisie als ganze tendenziell ununterscheidbar miteinander verflochten sind. Dies trifft besonders auf die Fälle zu, in denen es eine Nicht-Staatsbourgeoisie nicht gibt (oder nur in Ansätzen), die ihrerseits fast nur den Staat zur Verfügung hat, um ihre Herrschaft auszuüben und Mehrwert aus den Beherrschten herauszuziehen.

Insoweit Marini recht hat, gilt seine Aussage besonders für abhängige Gesellschaften, und zwar für die inverse Beziehung zwischen der Stärke der metropolitanen oder imperialistischen Bourgeoisie und der Schwäche und dem daraus folgenden Mangel an Autonomie des abhängigen Staates in der Dritten Welt. Mag der Staat der Dritten Welt in seinem Verhältnis zur lokalen Bourgeoisie relativ stark und autonom sein, so ist er doch sehr schwach und faktisch weitgehend nur Instrument (und, wie wir weiter unten sehen werden, ein Geschöpf) der imperialistischen Bourgeoisie der Metropole. Der Staat der Dritten Welt ist schwach, insofern er abhängig ist – finanziell, technologisch, institutionell, ideologisch, militärisch, in einem Wort: politisch –, abhängig von der internationalen Bourgeoisie und ihren metropolitanen Staaten. Dies kann man als das zentrale Merkmal des Staates der Dritten Welt ansehen.

In ihrer Untersuchung Nigerias kommt Terisa Turner[10] zu dem Ergebnis, daß »ausländische und einheimische Geschäftsleute mit Staatsbeamten ein Dreieck bilden.« Die imperialistische Bourgeoisie (ihre einzelnen Mitglieder und Staaten) verhandelt mit der lokalen Bourgeoisie (ihren Mitgliedern und Fraktionen) buchstäblich durch Vermittlung der guten Dienste des Staates der Dritten Welt und seiner Beamten (die im allgemeinen dafür eine Bezahlung erhalten, wie der Lockheed-»Skandal« deutlich gemacht hat). Es mag sehr wohl möglich sein, wie Marini[11] für Brasilien behauptet, daß sich die lokale Bourgeoisie gerade wegen ihrer Schwäche im Verhältnis zur imperialistischen genötigt sieht zu versuchen, ihre eigene Verhandlungsposition zu verbessern, indem sie ihren »eigenen« Nationalstaat stärkt, wodurch sich die Autonomie des Staates von der Bourgeoisie relativ erhöht. Die Erfahrung hingegen belegt – was auch aus Marinis Analyse deutlich hervorgeht –, daß die Macht der beiden Bourgeoisie-Ecken des Dreiecks sehr ungleich ist. In diesem wirtschaftlichen, politischen und militärischen Poker-Spiel haben die imperialistischen Kräfte stets eine viel stärkere und dauerhaftere Position als die lokale Bourgeoisie. Im übrigen haben die Imperialisten immer noch eine Reihe von Trümpfen in der Hand: eine »fünfte Kolonne« in der lokalen Bourgeoisie und meistens eine »Militärkolonne« im Staat der Dritten Welt selbst. Die wirtschaftlichen Interessen und politischen Aktionen dieser imperialistischen »fünften Kolonnen« innerhalb von Bourgeoisie und Staat in der Dritten Welt entsprechen den längerfristigen strategischen Plänen und oft sogar den kurzfristigen taktischen Bedürfnissen der imperialistischen Bourgeoisie. Folglich ist im Konflikt innerhalb der Klasse der ausländischen und der einheimischen Bourgeoisie oder ihrer Fraktionen und Mitglieder der Staat in der Dritten Welt viel mehr ein Instrument des ausländischen als des einheimischen

Kapitals. Jemand, der es wissen sollte, nämlich der erste Premierminister von Indien, Jawaharlal Nehru[12], wies auf die »Quisling-Klassen« hin, die ein entschiedenes Interesse mit der Fremdherrschaft verband, welche Britannien errichtet hatte, um Indien zu teilen und zu beherrschen. Er stellte fest, daß der »Imperialismus auf diese Weise vorgehen muß, sonst hört er auf, Imperialismus zu sein.« Nehru[13] hielt diese Politik für »natürlich und verständlich [...], und es ist ein wenig naiv, darüber verwundert zu sein, so schmerzlich es auch vom Standpunkt eines indischen Nationalisten aus ist«. Wenn jedoch Nehru für die Vergangenheit recht hat, so ist ein nationalistisches Konzept, das heute seine Hoffnung auf eine andere Politik und Wirklichkeit setzt, erst recht naiv. Nehrus eigene Regierung und die Entwicklung eines nachkolonialen Staates in Indien zeigen deutlich, wie unbegründet die Annahme ist, daß ein solcher Staat die Interessen einer einheimischen, aber kaum nationalistischen Bourgeoisie eher wahrzunehmen vermag, als die Interessen des Imperialismus. Wenn die Realität im Indien Nehrus bereits so desolat war, um wieviel mehr ist sie es heute, da viel kleinere und schwächere Bourgeoisien in der Dritten Welt viel stärker integriert und abhängig vom imperialistischen System sind, und das nicht zuletzt mit Hilfe des neokolonialen Staates selbst. Die neuere Entwicklung des Staates der Dritten Welt ist in diesem Zusammenhang so beschrieben worden:

»Der Staat an der Peripherie wiederum hat die Funktion, so weit wie möglich die politische Grenze zwischen Weltmarkt und nationalem ökonomischem Gebiet, das diesen Staat existieren läßt, aufzuheben. [...] Die außenwirtschaftlichen Beziehungen sind ein Teil der grundlegenden Funktion des peripheren kapitalistischen Staates, [...] die die Existenz und Expansion des Weltmarkts auf dem Gebiet der peripheren kapitalistischen Ökonomie gewährleisten.«[14]

Der Staat in Asien, Afrika und Lateinamerika

In seinem einflußreichen Aufsatz *The State in Postcolonial Societies: Pakistan and Bangladesh*, in dem er auch auf Indien, Indonesien und einige andere Länder in Asien eingeht, legt Hamza Alavi[15] dar:

»Das wesentliche Problem des Staates in nachkolonialen Gesellschaften ergibt sich aus der Tatsache, daß er nicht von einer einheimischen Bourgeoisie, die sich erhoben hat, sondern vielmehr von einer fremden imperialistischen Bourgeoisie errichtet wurde. Mit der Unabhängigkeit wurde zwar ihre direkte Beherrschung des kolonialen Staates beendet; damit hört aber ihr Einfluß auf den Staat keineswegs auf. In der postkolonialen Gesellschaft ist die metropolitane Bourgeoisie vorhanden, und sie verbündet sich jetzt mit anderen neokolonialen Bourgeoisien. [. . .] Ich möchte besonders hervorheben, daß der Staat in der nachkolonialen Gesellschaft nicht das Instrument einer einzigen Klasse ist. Er ist relativ autonom, und er vermittelt zwischen den konkurrierenden Interessen der drei besitzenden Klassen: der metropolitanen Bourgeoisie, der einheimischen Bourgeoisie und der Klasse der Landeigner; zugleich vertritt er sie alle, indem er die Ordnung bewahrt, in die ihre Interessen eingebettet sind, nämlich die Institution des Privateigentums und die Dominanz der kapitalistischen Produktionsweise.«[16]

Mit Blick auf einige dieser asiatischen Staaten stellt Alavi[17] fest, daß die herrschenden Klassen einen »überentwickelten Staatsapparat und seine institutionellen Praktiken«, wodurch die Kolonialmacht über sie und den Rest der Bevölkerung geherrscht hat, übernommen haben. Nach der Unabhängigkeit steht die überentwickelte Staatsmacht relativ unterentwickelten herrschenden Klassen zur Verfügung, denen gegenüber der Staatsapparat einen gewissen Grad von Autonomie erlangt, während er zugleich von den imperialistischen Kräften abhängig bleibt. Diese Analyse mag auf die größeren postkolonialen Staaten Asiens zutreffen, sie muß jedoch ergänzt werden in bezug auf neokoloniale oder neoimperialistische Staaten in einigen Teilen Ostasiens, etwa Südkorea, Taiwan, Thailand und vermutlich die Philippinen und Singapur. In ihnen wurde nach dem Zweiten Weltkrieg unter US-amerikanischer Oberhoheit ein neokolonialer Staat errichtet oder wiedererrichtet. Diese Staaten sind vermutlich weniger überentwickelt im Sinne Alavis; und ihre relative Autonomie, sofern es sie überhaupt gibt, mag eher daher rühren, daß die einheimische Bourgeoisie von Anfang an nicht so schwach war, zugleich aber eine neokoloniale Bourgeoisie aufgepäppelt sowie ein neokolonialer Staat unter US-amerikanischem wirtschaftlichem, politischem und militärischem Schutz errichtet wurden, wozu sich, besonders in Südkorea, in der Folge Japan gesellte.

Der Staat in Afrika ist in letzter Zeit wieder beachtet und untersucht worden, unter anderem in verschiedenen Ausgaben der *Review of African Political Economy*.[18] Colin Leys[19], John Saul[20], Steven Langdon[21] und andere stellten fest, daß Alavis' These vom überentwickelten nachkolonialen Staat auf Afrika im Grunde nicht zutrifft, da die Kolonialmacht dort in vielen Fällen kaum einen Staatsapparat und noch weniger eine intakte einheimische Bourgeoisie zur Übernahme zurückgelassen hat. Diese und andere Autoren[22] diskutieren miteinander ihre verschiedenen Einschätzungen des Verhältnisses des Staates oder bestimmter Staaten in Afrika zu den einheimischen Klassen und ihrer Zusammensetzung. Aber alle (außer Nicola Swainson[23], die über Kenia, und Paul Kennedy[24], der über Ghana schreibt) stimmen darin überein, daß so ziemlich alle unabhängig gewordenen Staaten im Afrika südlich der Shara (wobei diejenigen, die portugiesische Kolonien waren, nicht berücksichtigt sind) in erster Linie Instrumente des Imperialismus und des Neokolonialismus sind und daß »kaum ein Zweifel besteht, daß die *herrschende* Klasse immer noch die ausländische Bourgeoisie ist«.[25]

»In Kenia entsteht keine *unabhängige* Bourgeoisie, die von sich aus den Staatsapparat bestimmt; [. . .] vielmehr hat der Staat Kenias eine ziemlich subtile und anspruchsvolle Rolle, die er recht gut spielt; die Rolle besteht darin, im Land eine wachsende Symbiose zwischen multinationalen Konzernen, dem Staat und der einheimischen Bourgeoisie zu regulieren, wachsen zu lassen und zu verteidigen.«[26]

Eine zusätzliche Rolle des Staates in Afrika besteht darin, »das Zusammenspiel von kapitalistischen und vorkapitalistischen Produktionsweisen zu organisieren«.[27] Dies geschieht auf die Weise – oder genauer: auf mannigfaltige Weisen –, daß immer stärker die dörfliche Gesellschaft und die Produktion und Extraktion wirtschaftlichen Mehrwerts durch »sogenannte primitive« oder »fortdauernd primitive«[28] oder »ursprüngliche« Akkumulation[29] in »nicht-kapitalistischen« Produktionsverhältnissen verbunden werden mit dem nationalen und internationalen Prozeß der Kapitalakkumulation (wie es Rey[30] untersucht hat und Meillassoux[31] besonders für frankophone Staaten sowie Mamdani[32] für Uganda und Campbell[33] für den »kommandierenden« Staat in Uganda). Dem zufolge

»hat der institutionelle Apparat des Staates einen gewichtigen Einfluß auf die Klassenbeziehungen zwischen einheimischen und ausländischen Bourgeoisien, indem er das einheimische mit dem internationalen Kapital verbindet wie er auch kapitalistische mit nichtkapitalistischen Produktionsweisen verbindet. [. . .] Der Staat ist erfolgreich darin, führenden

Afrikanern einen Platz in der dominierenden, kontrollierten Wirtschaft als Partner, leitende Mitarbeiter und sogar als Konkurrenten der multinationalen Konzerne zu verschaffen.«[34]

Aber das ausländische Kapital hält die Zügel und alle Asse in der Hand.

Natürlich gibt es wichtige Unterschiede in der Klassenstruktur und der Organisation des Staates zwischen afrikanischen Ländern, angefangen von richtigen neokolonialen Staaten mit Kompradoren- oder produzierenden Bourgeoisien wie in Nigeria, Kenia und Elfenbeinküste, über bürokratische Bourgeoisien, die Leute kleinbürgerlicher Herkunft beschäftigen, personifiziert in Kaiser Bokassa im Zentralafrikanischen Reich oder auch Idi Amin in Uganda, bis hin zu »fortschrittlichen« Staaten wie Tansania, in denen zwar Intellektuelle mit sozialistischen Ansichten einigen Einfluß haben, aber der Sozialismus noch weit entfernt ist, wie Präsident Julius Nyerere gesagt hat.[35] Nach Meinung von Shivji[36], Freyhold[37] und anderen gerät sogar das angebliche Ziel des Sozialismus ständig mehr aus dem Blick einer Klassenformation, die einen schwachen Staat zu organisieren hat, dessen Schwäche ein Ausdruck der Unfähigkeit ist, Tansanias und ihre eigene Abhängigkeit vom Imperialismus zu bekämpfen. Auch in Nigeria, das bei weitem größte Land mit der mächtigsten Wirtschaft und nun auch den höchsten staatlichen und privaten Einkommen durch Ölexporte zu OPEC-Preisen, ist der Staat grundsätzlich ein Instrument ausländischen Kapitals, das an politischer Stabilität interessiert ist, um die Zufuhr von Öl und den Absatz von Importgütern zu garantieren.

Da aber viele der Staaten und einheimischen Bourgeoisien Afrikas eigentlich eher nachkolonial als exkolonial sind, hat sich noch kein stabiles Gleichgewicht zwischen den imperialistischen Mächten und den örtlichen Anwärtern auf den Status von verbündeten Juniorpartnern eingestellt. In dem Maße, wie staatliche Gewalt die hauptsächliche Quelle kollektiven oder privaten Zugewinns in Afrika ist, was sie eben wegen der Dreiecksbeziehungen oder der Vermittlung des Staates mit imperialistischem Kapital ist, in dem Maße wird um die Staatsgewalt in der einheimischen Ecke des Dreiecks stark und gewalttätig gekämpft. In den meisten Fällen stützt man sich dabei auf militärische Gewalt als den entscheidenden Faktor, um zu bestimmen, wer dieses Militär und die Staatsgewalt nutzen wird, um zusammen mit den Kräften des Imperialismus die Massen der arbeitenden Bevölkerung in Afrika zu unterdrücken und auszubeuten.

Im größten Teil Lateinamerikas begann die Bildung nachkolonialer Staaten schon vor anderthalb Jahrhunderten (Kaplan[38], Halperin Donghi[39], Córdova[40]). Die konfliktreiche Geschichte und die aus ihr hervorgegangenen instabilen Staaten Lateinamerikas werden manchmal als ein mögliches oder sogar unvermeidliches Modell für das gegenwärtige Afrika angesehen. In einem früheren Buch[41] habe ich die Ansicht vertreten, daß der ein bis zwei Generationen andauernde Konflikt, wer den Staat in Lateinamerika bilden und kontrollieren solle, zu welchem politisch-ökonomischen Zweck und für welche Klassenkonstellation, so etwas wie ein Luxus war, den sich Lateinamerika so lange leisten konnte, als seine Ökonomien relativ wenig in die Weltökonomie integriert waren. Er begann während der ökonomischen Niedergangsphase 1816-49 (in Kondratieff-Zyklen gesprochen), als die metropolitane Macht Britannien ihre wirtschaftliche und politische Aufmerksamkeit der indischen Kolonie sowie der Versorgung der neuen Industrie mit Baumwolle durch Ägypten und den Süden der USA widmete. Vielleicht ist der Zusammenhang auch genau anders herum zu erklären: Vielleicht haben Britannien und Europa genau deshalb wenig wirtschaftliches und politisches Interesse an Lateinamerika gezeigt (außer an Brasilien, wo ein kolonialer Staat uneingeschränkt fortbestand), weil Lateinamerika noch keine Staaten aufwies, die kräftig und stabil genug waren, die Wirtschaft zu organisieren und wirkungsvoll als Vermittler in dem Dreieck zwischen Metropole, einheimischen Interessen und dem neokolonialen Staat selbst zu fungieren. Britannien besaß und benutzte in Indien direkte Kolonialgewalt, um einen Staat zu organisieren, der seinen Interessen diente. In Lateinamerika hatte es dazu nicht die Macht. So könnte man behaupten, die metropolitanen Ökonomien hätten mit der gänzlichen Einverleibung einiger Teile Afrikas und ihrer Bevölkerung in die kapitalistische Weltökonomie im 19. Jahrhundert und bis heute gerade deswegen gezögert, weil sie einheimische staatliche Institutionen wünschten, die stark und stabil genug waren, ihre Vermittlerrolle zu erfüllen. Solche einheimischen staatlichen Institutionen sind nötig, um zwischen der internationalen oder metropolitanen Wirtschaft und den einheimischen Gesellschaftsformationen, von denen einige als noch »vorkapitalistisch« gelten, zu vermitteln.

Je bedeutender die Rohstoffe, wie Kupfer und besonders Erdöl, und je attraktiver die möglichen Absatzmärkte sind, um so größer sind die Anstrengungen und um so schneller stellt sich der Erfolg ein, einen abhängigen neokolonialen Staat zu errichten und zu stabilisieren, der den metropolitanen Zugang zu diesen Rohstoffen und Märkten wirtschaftlich organisiert und politisch garantiert. In Lateinamerika wurden diese Staaten schließlich unter dem Vorzeichen »liberaler Reformen« errichtet, als in der klassischen Periode des Imperialismus besonders Rohstoffe – oder Kanäle zur möglichen Verbindung der Ozeane im Falle von Panama und Nicaragua – wirtschaftlich wichtig wurden.[42] In ganz Lateinamerika spielt der Staat noch diese Rolle, und in einigen »Bananen«-Republiken (obwohl diese Bezeichnung heute nicht mehr zutrifft) ist dies nahezu sein ausschließlicher Zweck. In einigen Ländern, zu denen Chile, Peru, Argentinien und Uruguay gehören, sieht sich der Staat heute aufgefordert, wieder deutlich einzugreifen, um in dieser Periode der »Exportförderung« den Export von Rohstoffen zu unterstützen. Im mittleren Drittel des 20. Jahrhunderts war der Staat in gleicher Weise damit befaßt, den Prozeß der Import-Substituierung von Industriegütern anzuregen und zu überwachen sowie die regionale Wirtschaftsintegration zu organisieren. Zu den Institutionen, die zu diesem Zweck geschaffen wurden, gehören der Andenpakt und der Zentralamerikanische Gemeinsame Markt, die jedoch beide weniger einen regionalen Markt schützen, als ihn vielmehr ausdehnen und wirkungsvoll in den Weltmarkt integrieren. Alles in allem hat der Staat in Lateinamerika stets reagiert auf die – oder genauer: war ein Ergebnis der – Möglichkeiten und Erfordernisse des ungleichen und ungleichmäßigen Prozesses weltweiter Kapitalakkumulation und des Kampfes in Lateinamerika zwischen den und innerhalb der Klassen um Teilhabe an diesem Akkumulationsprozeß in der einen oder anderen Form der internationalen Arbeitsteilung. Auch heute wird die Rolle des Staates in Lateinamerika bestimmt und sein Charakter festgelegt durch die Erfordernisse der weltweiten Kapitalakkumulation in der gegenwärtigen Weltkrise der Kapitalakkumulation (weswegen Exportsubstitution und Exportförderung auf der Tagesordnung stehen) und den Klassenkampf in Lateinamerika um die Art und Weise der Teilhabe an diesem Prozeß.

Die derzeitige Umstrukturierung des Staates in Lateinamerika und besonders die vielen neuen brutalen Militärregime haben ein verbreitetes öffentliches, ein tiefes politisches und neuerdings ein ernsthaftes wissenschaftliches Interesse an der heutigen Rolle und dem Charakter des Staates in Lateinamerika erzeugt. In der öffentlichen Meinung verwechseln einige noch die neuen institutionellen und tendenziell vielleicht korporativistischen Militärregime mit der individuellen Militärdiktatur (»caudillo«) der berüchtigten Bananenrepubliken. Der autoritäre Charakter der neuen Militärregime wird allgemein zugegeben, auch von ihren Sprechern und Anführern. In Chile zieht es General Pinochet vor, sein Regime eine »autoritäre Demokratie« zu nennen, ohne daß dieses für einen Widerspruch in sich selbst gehalten wird. Gegner sprechen natürlich von Diktaturen oder Militärdiktaturen. Andere reden von Militärstaaten, wenn die Herrschaft des Militärs offenkundig ist, oder von technokratischen Staaten, sofern – scheinbar unpolitische – technische Kader die meisten der wichtigen Positionen in Regierung und Verwaltung innehaben; oder von militärisch-technokratischen Staaten, wo beide Merkmale zusammenkommen, weil entweder Offiziere eine technische Ausbildung genossen haben, wie in Peru, oder »Technokraten« auf leitende Stellen von einem Militärregime gesetzt werden, wie die Gruppe der »Chicago boys« in Chile. Polit-ökonomische Analyse der wirtschaftlichen Funktion und des Klassencharakters (damit ist das Klasseninteresse gemeint, dem diese Staaten und Regime dienen, und nicht so sehr die soziale Herkunft ihrer führenden Leute, die weniger wichtig ist) solcher Regime in Brasilien und dem südlichen Teil von Südamerika hat zu ihrer Bezeichnung als finanzmonopolbourgeoise und/oder militärische Diktaturen geführt. Diese Regime vertreten die Interessen der Finanz- und Monopolbourgeoisie und ihrer Verknüpfung mit ausländischem Kapital und dem Weltmarkt stärker als die – und sogar im Gegensatz zu den – Interessen desjenigen einheimischen Kapitals, das sich eher auf dem Inlandsmarkt betätigt.

Diese Staatsformen werden zunehmend auch »faschistisch«, »neofaschistisch« oder »abhängig faschistisch« genannt (Briones[43], Vuscović[44], Dos Santos[45], Guevara[46]). Diese Terminologie läßt sich vielleicht rechtfertigen zur legitimen propagandistischen Aufdeckung autoritärer Regime, die sich auf diese Weise in der Öffentlichkeit leicht identifizieren lassen. Aber der Gebrauch dieser Terminologie ist oft mit einer fragwürdigen Politik verknüpft, besonders von kommunistischen Parteien und ihren unmittelbaren Verbündeten, die diese Regime durch eine »demokratische«, »antifaschistische« Viel-Klassen-Allianz stürzen wollen, um ein »demokratisches« Regime wiederherzustellen, das eine populäre nationale Wirtschaftspolitik betreiben könnte. Eine solche populäre Politik kann heute nicht mit den Erfordernissen weltweiter Kapitalakkumulation in Einklang gebracht werden. (Unter den bedeutenderen politischen Persönlichkeiten und Gruppen Lateinamerikas sind Pedro Vuscović vom Coordinadora-Flügel der Sozialistischen Partei Chiles und, weniger deutlich, Roberto Guevara von der revolutionären Arbeiterpartei Argentiniens Ausnahmen, da sie ausdrücklich unterscheiden zwischen klassischen faschistischen Regimen und den heutigen in Lateinamerika und eine Politik der Wiederherstellung früherer »bürgerlich-demokratischer« oder sogar weniger demokratischer Regime zurückweisen; nichtsdestoweniger benutzen und verteidigen sie eine Terminologie, die von »Faschismus« redet, zur Bezeichnung gegenwärtiger Regime und Staaten in Lateinamerika.)

Gegen die Benutzung der Bezeichnung »faschistisch« für diese Staatsformen sind schwerwiegende Bedenken anzumelden, wenn man sie mit den größeren klassischen Beispielen von Faschismus in Deutschland und Italien vergleicht. Die neuen Regime sind alles andere als expansiv nationalistisch, und sie mobilisieren keine Massen mit Unterstützung des Kleinbürgertums; vielmehr sind sie international abhängig, und sie unterdrücken notwendigerweise die Massen. Sie sind Geschöpfe der Allianz zwischen internationalem Kapital und begrenzten Fraktionen der einheimischen (antinationalen) Monopolbourgeoisie (wo es eine solche gibt) oder einer bürokratischen und militärischen Bourgeoisie, oder einer Verbindung von beiden.

»Die Militärdiktatur hat, im Gegensatz zum Faschismus, keine Möglichkeit flexibler Massenmobilisierung. In Deutschland und Italien kam der Faschismus an die Macht, als die Arbeiterklasse schon besiegt war. In Chile, Brasilien, Uruguay, Bolivien oder Argentinien ist es die Aufgabe der Militärdiktatur, die Arbeiterbewegung und die gesamte Arbeiterschaft niederzuschlagen; damit ist jede Möglichkeit ausgeschlossen, die Mobilisierung der Kleinbürger, wie vor der Machtübernahme, zu erhalten und das Proletariat als Anhänger zu gewinnen. [...] Die Militärdiktaturen Lateinamerikas finden sich von allen Lösungen faschistischer Art ausgeschlossen, weil sie im wesentlichen eine organisierte Arbeiterbewegung bekämpfen, diese und ihre Massenorganisationen der Führung berauben und ohne irgendein Gegengewicht die gesamte Gesellschaft der Herrschaft des Militärstaates unterwerfen müssen. [. . .] Es war daher in Chile selbst in der ideologischen Propaganda nicht möglich, als ein Regime aufzutreten, das zu allen Klassen den gleichen Abstand hat, was zu den Ansprüchen des Faschismus gehört, um ›antikapitalistisch‹, ›nationalistisch‹, ›sozialistisch‹ zu sein, das Bürgertum aufs Messer zu bekämpfen etc. [. . .] Die bewaffnete Macht stellt die Hegemonie des großen internationalen Finanzkapitals dar, das gesellschaftlich auch durch die einheimischen herrschenden Klassen nur recht spärlich repräsentiert ist. Daher ist ihr Verhältnis oft durch Spannungen gekennzeichnet, die durch den Gegensatz von relativer gesellschaftlicher Schwäche des großen Kapitals und seiner wirtschaftlichen Stärke, die ihren politischen Ausdruck im Militärregime findet, entstehen. Die Militärdiktatur der Gorillas wird zum Werkzeug für den Versuch des großen internationalen Monopolkapitals, seine politische Oberherrschaft über die gesellschaftlichen Formationen in Lateinamerika zu errichten, nachdem es sich schon erfolgreich zum Dreh- und Angelpunkt ihres Kapitalakkumulationsprozesses gemacht hat. [. . .] Diese beiden Merkmale – im Besitz des Gewaltmonopols in der Gesellschaft zu sein und der Teil der Gesellschaft zu sein, der am wenigsten von der institutionellen Krise berührt ist, die auf der äußersten Verschärfung des Klassenkampfes beruht – erlauben es der bewaffneten Macht, die Rolle der politischen Partei des großen Kapitals zu spielen und die herrschenden Klassen insgesamt anzuführen.«[47]

Deshalb wurde die bewaffnete Macht in Argentinien und an anderer Stelle in Lateinamerika die »Militärpartei«[48] oder die »Partei der auswärtigen Politik« genannt und manchmal beschuldigt, eine fremde militärische Besatzungsmacht zu sein, die aus Söldnern besteht, die im besetzten Land rekrutiert und dann unter nationalen Uniformen versteckt wurden.[49]

Wirtschaftskrise und Staatsintervention

Die Rolle und die Transformation des Staates sowie seine Beteiligung am geschichtlichen Entwicklungsprozeß der Länder der Dritten Welt zu klären, wird erschwert durch einen die Gesellschaften der Dritten Welt kennzeichnenden Sachverhalt, der neben wichtigen Gemeinsamkeiten auf der einen zunehmende Unterschiede auf der anderen Seite enthält. Eine wichtige Gemeinsamkeit in bezug auf den Charakter, die Rolle und die Transformation des Staates in der Dritten Welt ist die Funktion, die zu erfüllen er aufgerufen ist, um das nationale und internationale Wirtschaftsgeschehen im Rahmen der internationalen Arbeitsteilung zur Zeit einer weltweiten Wirtschaftskrise zu organisieren. Damit hängt ein weiteres gemeinsames Merkmal der Staaten der Dritten Welt zusammen: gebraucht und beteiligt zu werden am Kampf und Konflikt zwischen und innerhalb der Klassen, sofern diese an der Arbeitsteilung teilhaben und von ihr profitieren. Ihre unterschiedliche Verflechtung in und Teilhabe an der allgemeinen internationalen Arbeitsteilung führt indes zu wichtigen Unterschieden in den Funktionen und Formen des Staates in den Ländern der Dritten Welt. In einigen dieser Länder hängen die wichtigsten wirtschaftlichen Prozesse, ja sogar die gesamte Wirtschaft völlig vom Akkumulationsprozeß der Weltwirtschaft und seinen zyklischen Bewegungen ab; demgegenüber zeigt in anderen Ländern, wie etwa Brasilien oder Indien, der Akkumulationsprozeß einen zyklischen Verlauf, der teilweise autonom ist, wenn auch nicht unabhängig. Entsprechend sind die Klassenstruktur und das Engagement des Staates im Klassenkampf in diesen Ländern verschieden. In unserer Darstellung wird die Betonung auf den Gemeinsamkeiten der Funktion und Transformation des Staates in Ländern der Dritten Welt liegen, obwohl in bestimmten Fällen die Unterschiede durchaus berücksichtigt werden.

Die wichtigste Gemeinsamkeit ist und bleibt der Gebrauch, die Rolle und die Stellung der Staatsmacht und der Staatsfunktionen im Klassenkampf. Die Form und die Art des Staates und seiner Interventionen hängen natürlich von dem Verhältnis der lokalen Klassenstrukturen zur internationalen Arbeitsteilung ab: wie nämlich der lokale Klassenkampf einerseits den lokalen Beitrag zum Prozeß der Kapitalakkumulation am Ort und weltweit zu jeder Zeit bestimmt und andererseits durch ihn bestimmt wird.

Immer wenn eine feste Absicht besteht, neue Rohstoffquellen, neue Arbeitskräfte und neue Märkte für den nationalen und internationalen Akkumulationsprozeß zu erschließen, werden die gesellschaftlichen Institutionen, die wirtschaftlichen Funktionen und die politischen Kräfte des Staates bemüht, Hilfsmittel und Menschen auf neue, andere und effektivere Weise in diesen Prozeß einzubeziehen, einschließlich des Mittels der »primitiven« oder »ursprünglichen« Akkumulation. Auf diese Weise »vermittelt« in vielen Ländern Afrikas und in einigen Asiens und Lateinamerikas der Staat zwischen der nationalen und der internationalen kapitalistischen Ökonomie einerseits und den »vorkapitalistischen« Sektoren andererseits, die mehr und mehr in die Landwirtschafts-, Bergbau- und Industrieproduktion sowie durch Dienstleistungen für und Käufe vom kapitalistischen Markt integriert werden. In Ost- und Südostasien, in der Karibik und anderswo werden die ökonomischen Funktionen des Staates und insbesondere seine politische und repressive Macht dazu genutzt, neue Quellen von Arbeitskräften für die Exportindustrie zu erschließen. Dort aber, wo die gesamte Bevölkerung schon voll an der internationalen Arbeitsteilung und am Prozeß der Kapitalakkumulation beteiligt war, wie etwa im südlichen Teil Südamerikas, ist die Zuflucht zur repressiven Macht des Staates das wichtigste Werkzeug, eine erhebliche Kürzung der Lohnrate und eine Weltmarktorientierung von Produktion und Beschäftigung zu erzwingen.

In diesem ganzen Prozeß bleibt der Hauptwiderspruch der zwischen dem Kapital – international und national unter Einschluß seiner verschiedenen Fraktionen, des Staates und ihrer unterschiedlichen einfachen und weniger einfachen Kombinationen – auf der einen Seite und der Arbeitskraft – in ihren verschiedenen Formen und vielen Gruppen – auf der anderen Seite. Es ist ausreichend beobachtet und dokumentiert worden, wie die Erfordernisse der gegenwärtigen Krise der Kapitalakkumulation der Ausdehnung der Ausbeutung und der gesteigerten Überausbeutung der Arbeitskraft der Dritten Welt bedürfen (und ebenso zunehmender Ausbeutung und Verarmung in industrialisierten und sozialistischen Ländern). Um mit diesem Hauptwiderspruch umgehen und ihn zugunsten des Kapitals entscheiden zu können, ist der bürgerliche und bürokratische Staat in fast allen Ländern der Dritten Welt genötigt, so aktiv wie möglich zu intervenieren. Der Staat interveniert, indem er die Arbeitskraft und die gesamte arme Bevölkerung wirtschaftlich, politisch, mit physischer Gewalt und mit Ideologien diszipliniert und unterdrückt. Wirtschaftliche und politische Repression durch die Staatsmacht wird eingesetzt, um Löhne zu kürzen, Beschäftigung abzubauen, soziale Hilfen abzuschaffen, Gewerkschaften zu zerschlagen, politische Opposition und öffentliche Meinung zum Schweigen zu bringen und unzählige Menschen zu unterdrücken durch Gefängnis, Folter, Terror, Arbeitslosigkeit und viele andere Mittel. In Ländern der Dritten Welt werden diese Methoden in Zeiten des

Notstands, des Kriegsrechts, der Militärregierung und durch andere institutionelle Formen oft erheblich verschärft. Die heute weit verbreitete Inanspruchnahme von Militärregimen, um die Repression zu verstärken, ist unserer besonderen Aufmerksamkeit wert. Wenigstens für Lateinamerika gilt, daß Militärregime eine doppelte Rolle übernommen haben, erstens die Arbeiter, Bauern und einen Teil des Kleinbürgertums niederzuhalten, als demokratisch-bürgerliche Staaten dies nicht mehr hinreichend leisteten, und zweitens bestimmte Schichten der einheimischen Bourgeoisie zu knebeln oder zumindest zu neutralisieren. Im wesentlichen haben diese Schichten für die lokale Nachfrage der Lohnarbeiter mit geringem Einkommen und der Leute mit mittlerem Einkommen produziert; ihre wirtschaftliche Basis wurde der Allianz zwischen nationalem Finanz- und Monopol- (und in einigen Fällen Großagrar-) Kapital und dem internationalen Kapital zur Exportproduktion für den Weltmarkt geopfert. Diese neuere Tendenz und ihre Erscheinungsformen in Lateinamerika sind eingehend untersucht worden (Vuscović[50]; Vuscović und Martinez[51]; Briones[52]; Dos Santos[53]; Valenzuela[54]; Marini[55]; Sader[56]; Lowy und Sader[57]; Frank[58] u. v. a.). Aus der Analyse von Thomas Vasconi sei hier zitiert:

»Es ist nicht nur einfach eine Frage der Rettung des Kapitalismus ›im allgemeinen‹ aus seiner gegenwärtigen Krise. In der Periode, in der sich Lateinamerika jetzt befindet, geht es darum, die Hegemonie der Finanzoligarchie, die mit dem Imperialismus verbündet ist, über die anderen bürgerlichen Fraktionen und Bereiche, die zum Machtblock gehören, zu sichern; und die Militärdiktatur (Brasilien 1964, Argentinien 1966, Bolivien 1972, Chile 1973) scheint mehr und mehr zum bevorzugten Instrument hierzu zu werden. Das Unterdrücken *aller* politischen Beziehungen hat folglich den doppelten Zweck, einmal den Hauptwiderspruch (zwischen Kapital und Arbeit) zu Gunsten der Bourgeoisie zu lösen und zum anderen den zweiten (intrabourgeoisen) Widerspruch zu Gunsten der Monopolbourgeoisie, die sich mit dem Imperialismus verbündet hat, zu entscheiden. [. . .] Das Problem der Hegemonie, das das politische Spiel der Kräfte nicht lösen konnte, wird jetzt durch Zuflucht zur Autorität entschieden. Daher ist es unumgänglich, das Land zu ›entpolitisieren‹.«[59]

Der Einfluß der Staaten der Dritten Welt auf die Entwicklung des Klassenkampfes ist heute folglich wesentlich beeinflußt, wenn nicht sogar bestimmt durch ihren Beitrag – und den Druck von außen, den Beitrag zu erhöhen – zum Prozeß weltweiter Kapitalakkumulation in der gegenwärtigen Krise. Es ist in besonderer Weise ein gemeinsames Symptom der Beteiligung der weltweiten kapitalistischen Wirtschaft an internationaler Arbeitsteilung, daß die meisten Länder der Dritten Welt und ihre Staaten heute schnell und in großem Umfang wachsende Zahlungsbilanzprobleme und -defizite aufweisen. Diese Defizite werden wiederum benutzt, um vermehrt Druck auszuüben, die Exporte zu fördern, einheimische Verarmung sowie die Überausbeutung durch Verringerung der Lohnrate und auf andere Weise durchzusetzen. Auch unterstützen die Zahlungsbilanz-Defizite die Tendenz, verschiedene Methoden der primitiven oder ursprünglichen Akkumulation als einen Beitrag zum weltweiten kapitalistischen Prozeß der Kapitalakkumulation und möglicherweise seiner Erholung von der gegenwärtigen Krise anzuwenden. Wie oben betont wurde, führt ein Wechsel des Schwerpunkts oder des »Wachstumsmodells« von »Importsubstitution« zu »Exportsubstitution« (sowie zu kapitalintensiverer Produktion für den Inlandsmarkt und insbesondere für die öffentliche Nachfrage) zu bedeutenden Änderungen der Allokation der Investitionen. Diese Änderungen haben ihrerseits weitreichende soziale Folgen, und sie sind daher nur möglich als Resultat eines ernsthaften politischen Konflikts und seiner zeitweiligen Lösung. Ineffiziente Kleinunternehmen, mittleres und sogar großes nationales Kapital, das beteiligt ist an der Fertigung von Industriegütern und Rohstoffen für den Inlandsmarkt, werden deutlich benachteiligt zugunsten der Ausweitung von Exportproduktion und kapitalintensiver Produktion durch größeres Kapital, oft Finanz-, Monopol- oder Staatskapital, das in Verbindung mit ausländischem Kapital steht. Die Löhne und Einkommen der Arbeiter in Industrie, Bergbau, Landwirtschaft, öffentlichen und privaten Dienstleistungssektoren werden zu nichts anderem als zu Kosten, die es durch Beschneidung der Reallöhne und durch Arbeitslosigkeit zu verringern gilt. Das Einkommen des Arbeiters ist nicht länger eine wichtige Quelle effektiver Nachfrage, die man auf dem Inlandsmarkt erhalten muß; folglich werden die Kapitalisten und Arbeiter, die Lohngüter für die Konsumenten herstellen und natürlich die einheimischen Konsumenten selbst zusätzlich durch die Exportförderung geschädigt. Sogar dort, wo Exportförderung zwar wichtig, aber nicht dominierend ist, wie etwa in Brasilien, ist der Prozeß der Kapitalakkumulation abhängig von und vielleicht sogar angeleitet durch kapitalintensive Produktion. Und der Staat bildet in wachsendem Maße die Hauptquelle des Investitionskapitals sowie der militärischen und zivilen oder beide kombinierenden Nachfrage, wie Marini[60] festgestellt hat. Der Erwerb von Kernkraftwerken (und Atombomben) durch Brasilien – von denen 70 Prozent der Bauteile von der nationalen Industrie geliefert werden – und durch den Iran, nicht zufällig in Zusammenarbeit mit Brasilien und Südafrika, sind herausragende Beispiele für diesen Trend (der eine große Publizität gefunden hat, sei es auch nur wegen der Einwände der USA gegen eine europäische Beteiligung an diesem Geschäft und den daraus erwachsenden Gewinnen). Alle diese Projekte machen einen Rückgang der Produktion sowie des Marktes für Lohngüter des Massenkonsums und sogar für einige langlebige Gebrauchsgüter für relativ hohe Einkommen erforderlich. In der Mehrzahl der Länder der Dritten Welt ist die Tendenz zur Exportförderung dominanter und exklusiver als in Brasilien.

Der Staat ist ein wichtiges Instrument, diese wirtschaftliche Transformation zu fördern, zu organisieren, voranzutreiben und zu diesem Zweck Investitionsmittel und Nachfrage bereitzustellen. Er muß hierzu seine Macht einsetzen bei Verordnungen und Genehmigungen, Importzöllen und -beschränkungen, Exportsubventionen, Monetär-, Fiskal- und Preismaßnahmen, Besteuerungen und Anreizen, Krediten, Subventionen; dazu kommen natürlich die eigenen Investitionsmittel und die Kaufnachfrage sowie andere wirtschaftliche und politische Kräfte und Maßnahmen zur Förderung und Durchsetzung des Wandels in bezug darauf, was und wie produziert wird, welche Waren ge- und verkauft werden. Je stärker oder schneller der wirtschaftliche Wandel stattfindet, um so machtvoller ist die staatliche Intervention, und um so gründlicher wird dieser Wandel durchgesetzt.

Die gegenwärtige Wirtschaftskrise hat eine Änderung der internationalen Arbeitsteilung hervorgebracht sowie das Bedürfnis oder den Wunsch eines Teils des einheimischen Kapitals und die Verpflichtung der einheimischen Arbeitskraft, dabei mitzuspielen. Solche Beteiligung wird vom Staat erlaubt und unterstützt. In vielen Ländern der Dritten Welt sieht sich heute der Staat aufgefordert, die Reallokation von Ressourcen, die Restrukturierung der Produktion und die Redistribution von Einkommen und Nachfrage zu fördern und durchzusetzen: eine Verschiebung von Ressourcen, Produktion und Profit vom nationalen Kapital, das den Inlandsmarkt beliefert, hin zu nationalem und internationalem Kapital zur Bedienung des Weltmarkts. Zu diesem Zweck muß der Staat die Verbindung zwischen nationalem und multinationalem Kapital intensivieren und sich oft selbst in gemeinsamen oder gemischten Unternehmen beteiligen. Folglich muß der Staat auch die »Entnationalisierung« oder »Verausländerung« des vorhandenen privaten oder öffentlichen Kapitals und seinen teilweisen oder gänzlichen Übergang zu ausländischem Kapital ermutigen und betreiben. Wo wegen früherer »Nationalisierung« (genauer: »Verstaatlichung«) und/oder Investitionen von öffentlichen Mitteln durch den Staat staatliches Kapital eine Rolle spielt, begibt sich der Staat selbst eines Teils seiner Unternehmen, um sie an privates, meist ausländisches Kapital zu verschleudern. Solche Übereignungen lassen sich heute für Chile, Argentinien, Peru, Nigeria, Ägypten, Bangladesh und andere Länder der Dritten Welt nachweisen. In diesen Ländern, aber auch dort, wo die staatlichen Investitionen geringer sind, erhöht der Staat seine Investitionen in öffentliche, gemischte (Staatskapital – nationales Kapital) und gemeinsame (Staatskapital – ausländisches Kapital) Unternehmen. Mit Hilfe dieser Investitionen kann er das private Kapital subventionieren, indem er einheimische und ausländische Privatunternehmen durch subventionierte Fertigung und Lieferung von verbilligten Vorleistungen wie Elektrizität, Stahl, Ausrüstungen, Transportleistungen, aufbereitetem Land und Wasser, technologischen Entwicklungen und anderen Leistungen versorgt. Es gibt wohl kaum ein Land in der Dritten Welt (und auch kein anderes kapitalistisches), in dem dieser Prozeß nicht beobachtet werden kann.

So gut wie alle diese vom Staat geförderten oder durchgesetzten Maßnahmen unterstützen die Tendenz, die Struktur und Eigentumsverteilung der Produktion in diesen Ländern der Dritten Welt zu zentralisieren und zu konzentrieren, folglich zu monopolisieren. Ferner begünstigen diese Maßnahmen die Sektoren des großen Kapitals, welche mit ausländischem Kapital und/oder mit dem Staat in Verbindung stehen, und sie fördern den Export sowie die öffentliche oder private Nachfrage, die durch den Staat angeregt oder finanziert wird. Staatliche Politik hat eine Reihe von Instrumenten zur Verfügung, um diese Umschichtungen der Investitionen, der Produktionsstruktur, die Verschiebungen in bezug auf Eigentum und Kontrolle des Kapitals zu betreiben. Das wichtigste Mittel ist der staatliche Einfluß auf die Einkommensverteilung, indem der Staat die Geld- und Fiskalpolitik, seine Beschäftigung und seine Ausgaben sowie Preise und besonders Löhne wirtschaftlich und politisch kontrolliert. Wir haben bereits dargestellt, wie die Einkommensverteilung sich von Arm zu Reich, von Arbeit zu Kapital, von der nationalen Wirtschaft zum imperialistischen Kapital verschiebt. Solche Verschiebungen der Einkommensverteilung sind sowohl Voraussetzung als auch Ergebnis der gegenwärtigen Beteiligung der Dritten Welt an der herrschenden Arbeitsteilung. Zusätzlich zur Änderung der Einkommensverteilung hat der Staat in vielen Fällen, so etwa in Chile und Argentinien, darauf hingewirkt, das Einkommensniveau zu senken, indem er eine erhebliche Verringerung der Industrieproduktion begünstigt oder sogar ausgelöst hat. Das Resultat waren verstärkte Entnationalisierung, Monopolisierung und die scharfe Ausprägung von Ungleichheiten in der Wirtschaft. Natürlich verfolgten internationales und nationales Kapital ihre wirtschaftlichen und politischen Ziele nicht lediglich mit Hilfe der Innenpolitik der Staaten der Dritten Welt. Im Verlauf ihres wirtschaftlichen und politischen Wettbewerbs mit anderen Kapitalfraktionen suchen sie ihr Interesse auch mittels der Außen- und Militärpolitik, was Kriege durchaus einschließt, zu befördern. In diesem Zusammenhang vergleiche man die Erörterung des »Subimperialismus« bei Marini.[61]

In diesem Prozeß erhöhen die Länder der Dritten Welt ihren Beitrag zur weltweiten Kapitalakkumulation, und sie helfen dem kapitalistischen System, seine Krise zu überwinden, indem durch Staatsintervention die internationale Arbeitsteilung umstrukturiert wird. Die daraus entstehenden Konflikte zwischen dem internationalen Kapital und seinen Fraktionen sowie zwischen den verschiedenen Fraktionen und unterschiedlichen Interessen des nationalen Kapitals der Länder der Dritten Welt und ihre Lösungen sind wichtig, aber dennoch zweitrangig. Der Hauptwiderspruch bleibt immer noch der zwischen all diesen Fraktionen des internationalen und nationalen Kapitals auf der einen und der Arbeit auf der anderen Seite.

Wirtschaftskrise und Staatsmacht

Die gegenwärtige weltweite Krise der Kapitalakkumulation, die wirtschaftliche und politische Intervention des Staates in den Ablauf des Klassenkampfes sowie die Umstrukturierung der internationalen Arbeitsteilung haben immer häufiger und brutaler zu einer Politik des »Ausnahmezustands«, »Notstands«, Kriegs-»Rechts« und der Militär-»Regierung« geführt – und, wie wir behaupten, sie erforderlich gemacht. Wann und wie solche Herrschaftsformen installiert – und dann oft auf Dauer verankert – werden, wird durch den Verlauf des Klassenkampfes bestimmt. Sobald demokratische und andere Formen des bürgerlichen Staats nicht mehr in der Lage sind, das Interesse des nationalen und internationalen Kapitals zu befriedigen, die lokalen Klassenkämpfe unter Kontrolle zu halten und/oder Eigentum und Nutzung der lokalen Produktionsmittel zu verändern, ruft eine Koalition von ausländischem und inländischem Kapital ihre politische Polizei und ihre militärischen Stellvertreter auf den Plan, um die vorhandene Staatsform zu ersetzen und/oder – soweit erforderlich und möglich – neue Formen einzuführen, die ihnen mehr Macht bieten. In ausgewählten strategisch wichtigen Gebieten wie Korea, Taiwan und Vietnam wurden diese autoritären Staatsformen im Kontext des Klassenkampfes und im Interesse des internationalen Kapitals der gesamten Region eingeführt. Gewöhnlich wurden repressive Maßnahmen und autoritäre Staatsformen errichtet, nachdem bäuerliche, proletarische und kleinbürgerliche Massen sich erhoben hatten und/oder wenn sie in einer Allianz mit einer Fraktion des nationalen Kapitals gegen eine andere Fraktion und gegen das internationale Kapital in Bewegung gesetzt wurden. Dann wird in aller Regel diese Massenbewegung zerschlagen, ihre Allianz mit einer Fraktion des nationalen Kapitals in einer reformistischen Regierung durch staatliche und üblicherweise auch militärische Aktionen zerbrochen, mit oder ohne Intervention aus dem Ausland. Oft sind solche Volksbewegungen und populistischen, reformistischen Allianzen gegen die herrschende und international verknüpfte Kapitalfraktion sowie die gewalttätige Reaktion der letzteren in Verbindung mit wirtschaftlichen und politischen Problemen aufgetreten, die sich in der Nationalökonomie in oder unmittelbar nach zyklischen Rezessionen einstellen. Diese Rezessionen waren wiederum gewöhnlich Teil weltweiter kapitalistischer Zyklen der Kapitalakkumulation.

Überall in der Dritten Welt sind in den letzten zwei Jahrzehnten zivile oder militärische bürgerliche Reformregierungen (mit der einzigen Ausnahme von Kuba, das »die Regel bestätigt«) entweder wieder zerfallen oder von rechts niedergeworfen worden. Militärische Putsche durch inländische rechte Gruppen, zusammen mit imperialistischer Intervention oder zumindest Unterstützung, haben die meisten der Reformregierungen nach einigen Monaten oder Jahren gestürzt, um sie durch repressive zu ersetzen, welche wichtige Konzessionen an das einheimische und das internationale Kapital machten. Andere Reformregierungen, die sich »national«, »demokratisch«, »populistisch« oder »sozialistisch« nannten, sind nach ein paar Jahren oder einem Jahrzehnt durch »Palastrevolten« (bei denen sie sogar manchmal dieselbe Person als Führer oder Regierungschef behielten) zu repressiven Regimen verkommen, die ihre früheren »Ideale« verrieten. Die neuen Regime machten dann zunehmend Konzessionen gegenüber privatem oder bürokratischem Kapital zu Hause und gegenüber westlichem, imperialistischem Kapital im Ausland. Kein einziges dieser bürgerlichen reformistischen Regime in der Dritten Welt hat den »Übergang zum Sozialismus« geschafft. Bei Kuba, der Ausnahme, war die ursprünglich reformistische Regierung von 1959-60 durch die bewaffnete Macht irregulärer »Rebellen«-Volksstreitkräfte eingesetzt und unterstützt worden.

Einflußreiche reaktionäre Bewegungen und bis heute andauernde autoritäre Staatsformen wurden in den früheren Jahrzehnten eingeführt in: Iran 1953, Libanon 1958, Kongo (heute Zaire) 1961, Brasilien 1964, Indonesien 1965, Ghana und Argentinien 1966, in Argentinien mit einem kurzen »demokratischen« Zwischenspiel. Im laufenden Jahrzehnt hat ein reaktionärer Umschwung stattgefunden in Bolivien und Ceylon (heute Sri Lanka) 1971, auf den Philippinen 1972, Uruguay und Chile 1973, Ägypten 1973 und 1977, Indien 1975, Thailand, Peru und Argentinien (wieder) 1976, Libanon (wieder) und Palästina (immer noch), Pakistan und Tunesien 1977-78. Wichtige Siege in Befreiungskämpfen und von Volksbewegungen sind in diesem Jahrzehnt zu verzeichnen in Indochina, in den früheren portugiesischen Kolonien in Afrika sowie, mit fragwürdigeren Ergebnissen, in Somalia, Äthiopien und einigen afrikanischen Ländern wie Kongo-Brazzaville und Äquatorial-Guinea. Abgesehen von diesen Ländern wurde nur in solchen Staaten der Dritten Welt Ausnahmezustand, Notstand oder Militärherrschaft (noch?) nicht eingeführt, wo und solange es möglich war, den Protest des Volkes und der Kleinbürger zu unterlaufen, zum Beispiel mit Ölgeld, wie in Venezuela; oder wo und solange es möglich war, die Massen zu überreden, niedrigere Einkommen zu akzeptieren, indem man ihre Führerschaft beteiligte, wie in Mexiko; oder wo nur geringe wirtschaftliche, politische oder strategische Interessen auf dem Spiel stehen, wie in Tansania; oder wo die Massen sich noch nicht einmal so weit organisieren konnten, daß sie als Schachfiguren einer Kapitalfraktion gegen eine andere zu dienen vermochten, geschweige denn, selbst eine Herausforderung darstellten, wie es noch in verschiedenen Ländern Asiens, Afrikas und Lateinamerikas der Fall ist. Die internationalen und inländischen wirtschaftlichen und politischen Schwierigkeiten und Notlagen, die durch die gegenwärtige weltweite wirtschaftliche und politische Krise erzeugt wurden, lassen mit Gründen vermuten, daß weiterhin zu Ausnahmezustand, Kriegsrecht und Militärherrschaft Zuflucht genommen wird.

Im »Ausnahmezustand« oder unter »Kriegsrecht« (was oft nächtliche Ausgangssperre bedeutet, manchmal für lange Zeit, wie in Chile, wo jetzt seit 4½ Jahren ununterbrochen Ausgangssperre besteht) befanden sich für einen Teil oder das ganze Jahr 1976 die folgenden Staaten (zufolge einer sicher unvollständigen Zusammenstellung des Autors):

Indonesien	Südafrika	Brasilien
Südkorea	Sambia	Argentinien
Philippinen	Uganda	Uruguay
Singapur	Benin	Paraguay
Malaysia	Marokko	Chile
Thailand	Algerien	Bolivien
Bangladesh	Ägypten	Peru
Sri Lanka	Äthiopien	Ecuador
Indien	Sudan	Kolumbien
Pakistan	Rhodesien	Nicaragua
Iran	Zaire	Honduras
Libanon		El Salvador
Irak		Jamaika
		Guatemala

Die Häufigkeit und Dauer des »Notstandes« sowie die Zahl von Ländern im »Ausnahmezustand« läßt diesen eher als den Normalzustand in der Dritten Welt heute erscheinen denn als einen »ausnahmsweisen Notstand«. Amnesty International stellt dazu fest:

»Notstandsgesetze werden zur Legalisierung der Repression mißbraucht – auch dann, wenn nach objektiven Kriterien kein Notstand besteht. [. . .] Es wird geschätzt, daß 80% der Bevölkerung Lateinamerikas unter Militärherrschaft lebt. Die Internationale Juristenkommission weist in einem Bericht mit dem Titel: ›Militärregime in Lateinamerika‹[62] darauf hin, daß diese Regime gewöhnlich einen ›permanenten Notstand‹ deklariert und eingeführt haben. Üblicherweise legen sich diese Regierungen spezielle Machtbefugnisse zu, die über die Zeit notwendigerweise zum Abbau der bürgerlichen Freiheiten, zur dauerhaften Einführung von Praktiken wie willkürliche Gefangennahme und Folter von verdächtigen Abweichlern und zu einer ›Repression, die keine konstitutionellen und rechtlichen Bindungen beachtet und die elementarsten Gebote der Humanität verletzt,‹[63] führt.«[64]

Die Militarisierung des Staates, der Gesellschaft und der Wirtschaft

Dem Ausnahmezustand und Kriegsrecht sind in Lateinamerika und Afrika in den meisten Fällen Militärregime gefolgt, oder sie wurden von diesen eingeführt. Sie sind dort schon zu einer »traditionellen« Einrichtung geworden. Das trifft weniger auf Asien zu, wo es eher vom Militär gestützte oder militarisierte Zivilregierungen gibt. Es ist allgemein bekannt, daß sich in den letzten Jahren militärische Machtübernahme und extensive Ausübung exekutiver Gewalt durch Gesetzgebung und Verordnung sowie durch Kriegsgerichtsbarkeit wie ein Lauffeuer in der Dritten Welt verbreitet haben. Jedoch reicht die Militarisierung des Staates und damit der Wirtschaft, Gesellschaft, Kultur und Ideologie weit tiefer, als zunächst erkennbar ist. Angesichts dieser Militarisierung stellt sich die Frage, wie weit und gründlich der Militarismus in der ganzen Dritten Welt verankert ist. Die »Militarisierung der Weltwirtschaft«[65] und die »neue militärische Weltordnung«[66], die auch die Dritte Welt durch ihre »Waffenökonomie« umfaßt, sind an anderer Stelle zu untersuchen. Hier wollen wir einige besondere Aspekte betrachten, die der offensichtlichen Tendenz zur militärischen Durchdringung, Organisation und Verwaltung des Staats, der Wirtschaft, der Gesellschaft und der Ideologie in vielen Ländern der Dritten Welt innewohnen. Dazu Thomas Vasconi:

»Was verstehen wir unter der globalen ›Militarisierung‹ der Gesellschaft? [. . .] Die organisatorischen und ideologischen Merkmale, die typischerweise die Streitkräfte in einem bürgerlichen Staat kennzeichnen, werden der ganzen Gesellschaft aufgenötigt. Um einige der eher allgemeinen Kennzeichen zu nennen: Unterordnung, Disziplin, Tüchtigkeit, Dienst, die militärische Version von Nationalismus, also ›Patriotismus‹, etc. etc.«[67]

In seiner Kritik der »Doktrin der nationalen Sicherheit« stellt Mauricio Ruz fest:

»Die offizielle Ideologie der politischen (Militär-)Regime, von denen wir reden, beruht auf bestimmten Vorstellungen, die wir ›technokratisch‹ nennen können. [. . .] Gemäß der technokratischen Ideologie können alle Probleme der Gesellschaft durch Wissenschaft und Technologie gelöst werden. Es gibt ›die‹ Antwort für jedes Problem, und gegenteilige Konzepte verschleiern nur ›die‹ Lösung und müssen ausgeschaltet werden. [. . .] Es ist offensichtlich, daß ein elitistisches Konzept dieser Art nur eine autoritäre Tendenz fördert, in der die ›wissenschaftliche‹ Wahrheit nicht zum Objekt demokratischen Kräftespiels zwischen Majoritäten und Minoritäten gemacht werden kann; und es ist (wesentlich) konservativ, da es keine alternativen Konzepte der Gesellschaft oder von Problemen ihrer Struktur zuläßt, um Lösungen in anderen sozialen Ordnungen zu finden.«[68]

Diese Ideologie findet man auch bei zivilen Technokraten, Regierungsbeamten, in Geschäfts- und manchen Universitätskreisen. Aber sie herrscht besonders vor im Militärapparat, der sie der übrigen Gesellschaft aufzwingt, wie Ruz festgestellt hat. Vuscović und Martinez[69] berichten, daß das Offizierskorps der modernen Armeen in Lateinamerika und anderswo nicht nur durch traditionell militärische autoritäre und bürokratische Haltung und Disziplin geprägt ist, sondern notwendigerweise ebenso durch eine technokratische, bedingt durch die moderne Waffentechnologie. (Jedoch weisen sie auch darauf hin, daß, je technologisch und technokratisch professioneller eine Armee in der Dritten Welt und ihre Offiziere sind, sie um so abhängiger sind von den Lieferanten der Waffentechnologie, sofern diese nicht im eigenen Land entwickelt und hergestellt wird.) Heute bemüht sich der herrschende Militärapparat, autoritäre und technokratische Organisationsformen und Normen für das gesamte wirtschaftliche, soziale, politische und ideologische Gefüge der Gesellschaft in Ländern der Dritten Welt zu propagieren – bevor, während und nachdem er die Militärherrschaft als solche ausübte. Selbst in Staaten der Dritten Welt, in denen das Militär (noch?) nicht die volle Regierungsgewalt übernommen hat, erlangen aktive Offiziere zunehmend hohe Stellungen im zivilen Sektor der staatlichen Administration. Die Streitkräfte als Institution bleiben derweil noch im Hintergrund, um das Spiel der politischen Kräfte aufmerksam zu verfolgen. Sogar Präsident Allende in Chile hat auf zahlreiche Beamtenstellen seiner Regierung hohe Offiziere berufen und zu Kabinettsmitgliedern gemacht. Nachdem diese Offiziere administrative und politische Erfahrungen in seiner Regierung gesammelt hatten, wandten sie sich, mit wenigen Ausnahmen, gegen ihn, machten einen Militärputsch und übernahmen die Macht. In Venezuela

»besetzen heute einige Dutzend hohe Militärs der Streitkräfte Venezuelas Schlüsselpositionen im regierungsamtlichen, wirtschaftlichen und politischen Leben des Landes. Unter den leitenden Angestellten in der ›strategischen Industrie‹ gibt es eine Reihe von Offizieren (die meisten von ihnen aktiv). [. . .] Die Führungsgruppen der Streitkräfte bestehen heute aus Berufssoldaten, die zugleich in den meisten Fällen auch Ökonomen, Juristen, Ingenieure verschiedener Art, Geographen, Lehrer, usw. sind«.[70]

In Argentinien (auch während zivile Regierungen im Amt waren) und in Brasilien sind sowohl die Streitkräfte als Institution wie auch ihre einzelnen Offiziere seit langem erheblich an Eigentum und Management in den verschiedensten Industrien beteiligt. Dasselbe hat sich – unter Ausschluß der Öffentlichkeit – in vielen Ländern in Afrika, im Mittleren Osten und in Süd- und Südostasien ereignet.

Wenn Militärregime eingeführt wurden oder an der Macht sind, deren hauptsächliche *raison d'être* durchaus eine andere sein kann, werden die Bildung und das Wachstum eines »militärisch-industriellen Komplexes« (wie ihn General Dwight D. Eisenhower in seiner Abschiedsrede als Präsident der USA getauft hat) beschleunigt, verstärkt und vertieft. Der militärisch-industrielle Komplex in der Waffen-Ökonomie (den Präsident Eisenhower aufgedeckt hat) und die Entwicklung von Waffen und anderer militärisch relevanter Produktion sowie ihr Export in mehr und mehr Länder der Dritten Welt werden hier nicht erörtert. Doch ist die Beteiligung von Militärregimen und ihren Offizieren an der Waffen-Ökonomie nur ein – allerdings ein besonders bemerkenswerter – Aspekt des sich auch in der Dritten Welt entwickelnden militärisch-industriellen Komplexes.

Militärregime befördern und beschleunigen die Herausbildung eines militärisch-industriell-staatlichen Komplexes. Er umfaßt die ganze nationale Wirtschaft. Und er dehnt sich zunehmend auf die internationale kapitalistische Wirtschaft aus, da sich der Staat und das Militär an gemischten oder gemeinsamen Unternehmen beteiligen. Indonesien ist dafür ein herausragendes Beispiel:

»Um zusammenzufassen: Militärpersonen haben nicht nur viele der gesuchtesten Positionen in dem nichtmilitärischen Bereich Indonesiens eingenommen; sie haben auch in einigen Fällen ihre Stellung dazu benutzt, große persönliche Reichtümer aufzuhäufen. Als Folge davon haben im Ausland jetzt viele Leute ein stereotypes Bild vom modernen indonesischen Armeeoffizier. Er ist dick und trägt eine Sonnenbrille; er lebt in einem verschwenderisch ausgestatteten Haus, voll von Kandelabern, Aquarien und Plüsch-Wohnzimmern; er fährt einen Mercedes. Das Geheimnis dieses Stereotyps ist leicht zu erraten. [. . .] ›Es gilt als klug, einen General im Vorstand zu haben, wenn man in Indonesien im Geschäft ist.‹«[71]

Der Prozeß der Militarisierung der Wirtschaft beschränkt sich natürlich nicht auf Indonesien, sondern tritt zusammen mit Militärregimen in der einen oder anderen Form überall in der Dritten Welt in Asien, im Mittleren Osten, in Afrika und in Lateinamerika auf. Aktive und pensionierte Militäroffiziere werden üblicherweise nicht nur auf Ministerposten, sondern auch in leitende Positionen von Staatsunternehmen und andere wirtschaftlich wichtige staatliche Einrichtungen wie Zentralbanken, Zollverwaltungen etc. berufen. Sie nutzen ihre Machtstellung und ihren Einfluß für »korrupte« Geschäfte mit einheimischen oder ausländischen Privatfirmen. Sie bereichern sich dabei persönlich direkt und/oder sie erhalten Vorstandssitze und Anteile für sich, ihre Familienmitglieder und Verbündete in denselben oder in anderen Firmen. Diese Privilegien und Finanzmittel werden dann zum Erwerb von Beteiligungen und Vorstandsposten gebraucht – in einem Wort: für bürgerlichen Status. Offiziere erreichen bürgerlichen Status auf zulässige oder unzulässige Weise, während sie noch aktiv sind oder nachdem sie sich früh in das »Privatleben« der nationalen und internationalen kapitalistischen Wirtschaft zurückgezogen haben. So endet für den einzelnen seine Beteiligung am militärisch-industriellen Komplex nicht mit Beendigung des aktiven Dienstes, manchmal fängt sie dann erst wirklich an. Der militärisch-industrielle Komplex überlebt auch die gelegentliche Ablösung von Militärregimen durch zivile Regierungen, ja, man muß sogar annehmen, daß in einigen Fällen diese Aussicht bei der Entscheidung von Militäroffizieren, »in die Kasernen zurückzukehren«, eine Rolle spielt. Zivilisten – unter ihnen frühere Militärs – wird erlaubt, das Staatsschiff und die Wirtschaft zu lenken, während die Militärs im Grunde ihre privaten Geschäfte verfolgen wollen, ohne durch offizielle Verantwortung und Einschränkungen durch den Beruf daran behindert zu werden. Diese Tendenz kann in Ländern auftreten, in denen Militärregierungen beabsichtigen, in den nächsten Jahren zivilen oder militärisch-zivilen Regierungen Platz zu machen. Auf diese Weise schreiten die Entwicklung des militärisch-industriellen Komplexes und die Militarisierung von Wirtschaft und Gesellschaft während und sogar noch nach der direkten Machtausübung von Militärregimen in Ländern der Dritten Welt rasch voran. Lock und Wulf fassen den Sachverhalt zusammen:

»In den meisten Entwicklungsländern sind die sozialen und politischen Bedingungen gekennzeichnet durch zwei auseinanderstrebende, sich jedoch komplementär ergänzende Tendenzen: dem überdurchschnittlichen Wachstum einiger eng begrenzter, im allgemeinen export-orientierter, industrieller Pole steht die absolute und relative Verelendung der Mehrheit der Bevölkerung gegenüber. Die Einrichtung ökonomischer Apartheid bedarf einer allgemeinen Militarisierung auf der Basis moderner militärischer Technologie, um das ökonomische Regime und die Klassenstrukturen bewahren zu können, die in den meisten Entwicklungsgesellschaften die Situation einer extremen sozialen Spaltung erzeugt haben. Daher bilden angenommene Bedrohungen von außen und die allgemeine Militarisierung als ein Mittel extremer sozialer Kontrolle gemeinsam einen starken Anreiz, fortgeschrittene militärische Technologie in das Gefüge der Nation in der Dritten Welt einzubringen. [. . .] Waffen, ihre Anwendung oder die Drohung, sie anzuwenden, sind wohl unverzichtbar für ein beständiges Funktionieren der Produktion und damit des Akkumulationsprozesses, aber es sind dieselben Ausgaben für Waffen, die eine Minderung des gesellschaftlichen verfügbaren Mehrwerts bedeuten. Die Kosten, um eine bestimmte Produktionsweise zu erhalten und die sozialen Funktionen durch Gewalt zu kontrollieren, könnten den gesamten verfügbaren Mehrwert übersteigen, ein Zustand, dem einige Länder der Dritten Welt schon nahekommen.«[72]

Die Institutionalisierung autoritärer Macht und politökonomische Perspektiven

Abschließend haben wir uns zu fragen, ob diese autoritären und insbesondere militärischen Staaten und ihre wirtschaftlichen und politischen Repressionen nur eine vorübergehende Erscheinung, ein bald vergessener böser Traum sind oder ob repressive Organisation und Militarisierung der Gesellschaft in der Dritten Welt fest verankert werden und vermutlich für die vorhersehbare Zukunft bestehen bleiben. Es sind unterschiedliche Erwägungen, die uns dazu nötigen, diese Frage zu stellen und nach Möglichkeit zu beantworten. Einerseits hat Präsident Carter eine »Menschenrechts«-Kampagne eingeleitet, und seit 1977 sind in verschiedenen Ländern der Dritten Welt Wahlen veranstaltet oder angekündigt worden. Beide Vorgänge hatten viele Leute zu dem Glauben bewogen (und das war vielleicht auch ihre Zweckbestimmung), daß politischer Wandel durch Appelle an den guten Willen erzielt werden kann, und daß es nunmehr eine Tendenz zur Demokratisierung und Liberalisierung des Staates und der Gesellschaft in vielen Teilen der Dritten Welt gibt. Andererseits haben führende Repräsentanten und Sprecher so ziemlich aller bedeutenden Gruppierungen der sozialistischen Linken in der Welt immer wieder offiziell erklärt, daß Befreiung, Revolution und Sozialismus überall in der Dritten Welt (und anderswo) unaufhaltsam und erfolgreich seien. Die chinesischen Führer haben auf jedem offiziellen Empfang in Peking und in großen Deklarationen vor den Vereinten Nationen feierlich erklärt, daß »die Lage in der Welt ausgezeichnet ist [. . .] und in China ebenfalls«. Die Sowjetunion und andere osteuropäische Länder erklären, der Imperialismus und die Reaktion seien auf dem Rückzug und verlören an Boden. Die kommunistischen Parteien Europas haben auf ihrem Treffen in Berlin ebenso wie diejenigen Lateinamerikas auf ihrem Treffen in Havanna die Meinung vertreten, daß Volksdemokratie, nationale Befreiung und sozialistische Revolution in den meisten entwickelten und unterentwickelten Ländern voranschreiten, trotz zeitweiliger Rückschläge in Lateinamerika. Trotzkisten erklären, es entstehe eine vorrevolutionäre Situation in verschiedenen Teilen der Welt. Der gleiche Optimismus wird von Sozialisten und Revolutionären verschiedener Orientierung in Lateinamerika, Afrika und Süd- und Südostasien geteilt. Sie wurden durch Volks-

und Befreiungsbewegungen und andere Ereignisse in ihren jeweiligen Ländern, Regionen oder andernorts dazu veranlaßt, und sie glauben, daß die Zeit für neue politische Aktivitäten ihrer Parteien und Organisationen reif ist oder bald reif sein wird. Und in der Tat wurden wir Zeugen der Siege des Volkes in Vietnam, Laos und Kambodscha; der Niederlage des portugiesischen Kolonialismus und der anschließenden westlichen Bemühungen, den Erfolg der MPLA in Angola zu untergraben; der Erschütterungen im südlichen Afrika in Zimbabwe, Namibia sowie Soweto, Port Elizabeth etc. innerhalb Südafrikas selbst; fortschrittlicher Entwicklungen am Horn von Afrika in Somalia, Äthiopien und Eritrea (obwohl die Prozesse in und zwischen diesen Ländern auch Anlaß zu Sorge und Zweifel gegeben haben). Spielraum für fortschrittliche politische Bewegungen und Manöver hat sich auch in einigen Regionen und Ländern Südasiens, Afrikas und Lateinamerikas gezeigt. Bürgerkriege und internationale Kriege, besonders mit ausländischer Beteiligung oder Intervention, bringen in Afrika und im Mittleren Osten manche politischen Regime oder Regierungen ins Wanken, und eine solche Bedrohung gibt es ebenso für Lateinamerika und Teile Asiens. Wenn ein Krieg verloren wird, ist es für eine Regierung, wenn auch nicht notwendigerweise für ein Regime, schwierig, an der Macht zu bleiben. Es ist daher wichtig zu klären, welche realistischen Aussichten die vorhersehbare Zukunft bietet, damit diejenigen, die handeln, erkennen können, wie sie handeln sollen. Natürlich muß man die Antwort durch konkrete Analyse der bestimmten Situation an jedem Ort und zu jeder Zeit suchen.

Weiter oben haben wir behauptet, daß die Einführung von autoritären und militärischen Regimen und die Militarisierung der Gesellschaft durch sie notwendige Voraussetzung und Begleiterscheinung der Umstrukturierung der Wirtschaft waren, damit diese in der internationalen Arbeitsteilung während der jetzigen kapitalistischen Krise der Kapitalakkumulation ihre Rolle spielen kann. Daher sollten wir prüfen, in welchem Umfang diese autoritäre politische Organisation wohl benötigt wird und/oder erhalten bleiben kann, wenn weiterhin die neue internationale Arbeitsteilung und/oder neue internationale Wirtschaftsordnung befördert wird. Auch sollten wir untersuchen, in welchem Ausmaß oder wie lange die jüngeren wirtschaftlichen Tendenzen wohl anhalten werden oder ob sie vielleicht durch andere abgelöst werden, welche andere Staatsformen und politische Regime erforderlich machen, mit ihnen vereinbar sind oder sie zulassen. 1. Wenn die neueren wirtschaftlichen Tendenzen anhalten sollen, müssen sie weiterhin in denselben politischen Formen unterstützt werden? 2. Wenn die politischen Formen geändert werden können – in Richtung auf mehr Demokratie oder gar Sozialismus –, werden die derzeitigen ökonomischen Tendenzen umgekehrt und das derzeitige Wirtschaftsmodell durch ein anderes ersetzt? 3. In welche andere Richtung, durch welche Handlungen und mit welcher Wahrscheinlichkeit kann die Beteiligung der Länder der Dritten Welt an der internationalen Arbeitsteilung geändert werden und mit welchen möglichen Folgen für ihre politischen Regime und Staatsformen? Das sind ein paar von den allgemeinen Fragen, auf die konkrete Antworten gegeben werden müssen. Die Antworten sind nur dann etwas wert, wenn sie für bestimmte Länder und Regionen der Dritten Welt die Wahrscheinlichkeit bestimmen, mit der die jüngere Entwicklung einer überausbeuterischen Wirtschaftsordnung und eines überrepressiven politischen Systems sich entweder fortsetzt oder umgekehrt werden kann. Einige Hinweise wollen wir prüfen.

Während des Jahres 1977 und Anfang 1978 wurden an einigen Stellen der Ausnahmezustand aufgehoben und Wahlen durchgeführt (Indien, Sri Lanka); in einer größeren Zahl von Fällen wurden Notstandsmaßnahmen beibehalten, aber Wahlen für die nähere oder fernere Zukunft angekündigt oder versprochen (in mehreren lateinamerikanischen Ländern und auf den Philippinen); oder eine strenge Militärdiktatur wurde durch eine »sanftere« mit Hilfe eines Putsches ersetzt (Thailand); oder Palastrevolten in der Absicht, noch strengere Regime einzuführen, wurden von der vorhandenen Koalition abgewiesen (Brasilien, Argentinien, Tunesien bis Ende 1977). Verschiedene Beobachter meinen, Präsident Carters »Menschenrechts«-Kampagne habe diese Entwicklungen verursacht. Es ist aber realistischer anzunehmen, daß Massenbewegungen und/oder Druck von und wachsende Widersprüche zwischen wirtschaftlichen Interessengruppen und militärischen und anderen politischen Vertretern in einigen dieser Länder politischen Wandel befördern. Optimisten halten sogar diese Liberalisierungsschwalben für Zeichen oder gar Beweise dafür, daß der Winter der Repression schon bald von einem demokratischen Frühling abgelöst werde.

Andererseits sind die meisten dieser Veränderungen mehr scheinbar als wirklich. In allen vier größeren Ländern Südasiens signalisieren die neuen politisch-wirtschaftlichen Koalitionen und ihre zivilen Repräsentanten (durch Wahlen in Indien und Sri Lanka) oder militärischen Anführer (in Pakistan und Bangladesh) einen großen Schritt nach *rechts*, was die inländischen politischen Mächte angeht, für die sie stehen und die sie interpretieren (obwohl einige von ihnen es sich für eine gewisse Zeit vielleicht leisten können, die politische Repression zu verringern). Die neuen gewählten Regierungen haben erste Schritte zur Liberalisierung getan, angefangen mit der Freilassung politischer Häftlinge. Trotz Wahlversprechen sitzen jedoch in Indien ein Jahr später immer noch viele »Naxaliten« im Gefängnis. Auch wurden das Gesetz zur Aufrechterhaltung der inneren Sicherheit (MISA) und die früheren Verfassungsänderungen nicht wesentlich korrigiert, und heute werden sie als schließlich doch notwendig verteidigt. (Seitdem wurden sie auf Bundesebene abgeschafft, jedoch in einigen Bundesstaaten neu eingeführt.)

Der neue autoritäre Status quo blieb in Lateinamerika trotz »demokratischer« Regungen unverändert. Rechtsradikale Herausforderungen durch die Generale Frota in Brasilien und Viola in Argentinien wurden durch die Präsidenten Geisel und Videla abgewiesen; der Sieg des letzteren ist aber keineswegs gesichert, und er bedeutet auf keinen Fall eine signifikante Liberalisierung. (In Brasilien steht der »zivile« Präsidentschaftskandidat Magalhaes Pinto rechts von Figueiredo, den Geisel sich zum Nachfolger erkoren hat.) In Peru und Ecuador wurden Wahlen angekündigt, nachdem die Militärregime einen deutlichen Schwenk nach rechts gemacht hatten. Die Wahlen und ihre Ergebnisse stehen für eine ausgehandelte oder vorfabrizierte zivile Institutionalisierung der herrschenden politisch-wirtschaftlichen Interessen. Die aus derlei Wahlen hervorgehenden zivilen Regierungen stehen mit hoher Wahrscheinlichkeit *rechts* von ihren militärischen Vorläufern. Die Militärmacht in Bolivien, Chile und Uruguay hat die Zügel in der Hand und behält sie wohl auch weiterhin, unangefochten von Volksabstimmungen, »zivilen« Ministern und durch Wahl oder Verhandlung erreichten »salidas« oder Abgängen. Auf den Philippinen hat Präsident Marcos erklärt, die »Wahlen« würden nicht unbedingt das Kriegsrecht beenden, das Zentrum der Macht werden sie mit Sicherheit nicht verschieben. Inzwischen haben die

Wahlen stattgefunden, aber sie werden auf der ganzen Welt für eine Farce gehalten. Wer in den Philippinen die Wahlen einen Betrug nennt, wandert ins Gefängnis. Kriegsrecht besteht weiterhin.[73]

Bedeutsamer als diese unmittelbar politischen Entwicklungen ist vielleicht die Institutionalisierung starker autoritärer Staatsformen, die sich in den letzten Jahren beobachten läßt. Fast überall hat die Exekutive zunehmend auf das Feld der Legislative, das den Parlamenten, wo es solche gab, vorbehalten war, übergegriffen. Die relative Unabhängigkeit der Gerichtsbarkeit wurde angegriffen, oft unterlaufen oder schlicht abgeschafft, besonders durch Militärregierungen. In Pakistan wurde den Gerichten die Rechtsprechung in Bürgerrechtssachen abgenommen, eine gerichtliche Überprüfung des von der Exekutive erklärten Notstands wurde ihnen nicht erlaubt.[74] In Chile und mehreren anderen Ländern Lateinamerikas können die Gerichte die meisten der »politischen« Verfahren nicht mehr durchführen; diese finden, wenn überhaupt, vor Militärgerichten statt. In Argentinien wurden die Richter, die sich einen Rest von Unabhängigkeit von den militärischen Machthabern bewahrt hatten, »ausgetauscht«. Die Kontrolle der Exekutive über die Presse, die Universitäten etc. nimmt zu. Vielleicht noch bedeutsamer ist, daß Verfassungen grundlegend geändert (Indien, Pakistan) oder durch »Verfassungsgesetze« (Chile) oder »Institutionalgesetze« (Brasilien) korrigiert wurden. Verfassungen wurden durch gänzlich neue ersetzt oder sollen ersetzt werden (Chile, Ecuador), um denjenigen Maßnahmen, die ursprünglich unter »Notstands«-gesetzen und Kriegs-»Recht« getroffen wurden, legale Gültigkeit zu verschaffen.[75]

Heißt das, daß in absehbarer Zukunft politische Repression in derselben Weise und genauso stark wie in den letzten Jahren beibehalten werden wird und muß? Im Gegenteil, in dem Maße, wie die derzeitigen Machthaber es geschafft haben, ihre Herrschaft zu konsolidieren und ihr politisches System zu institutionalisieren, in dem Maße benötigen sie nicht mehr soviel nackte Gewalt, um ihre politische Macht zu erhalten und ihr ökonomisches Modell durchzusetzen. Je tiefgreifender die Wirtschaftskrise und je radikaler der wirtschaftliche Wandel sind, um so gewalttätiger sind die politischen Maßnahmen, die benötigt werden, um ein alternatives Wirtschaftsmodell zur »Lösung« der ökonomischen Krise durchzusetzen. Aber wenn erst ein neuer Kurs der wirtschaftlichen Entwicklung oder Unterentwicklung eingeschlagen wurde oder stabilisiert ist, kann mit weniger politischer Gewalt die neue Richtung eingehalten werden. Folglich ist anscheinend die Antwort auf die erste der oben gestellten Fragen, daß die besonders gewalttätigen politischen Formen in der Zukunft minder »dringlich« sein werden. Es hängt davon ab, wie die neue Richtung der Wirtschaft »gedeiht«, gedeiht auf Kosten der Menschen (»der Wirtschaft geht es gut, den Menschen nicht«, wie Präsident Geisel von Brasilien zutreffend feststellt). Gewalttätige politische Formen werden auch dann nachlassen, wenn die Funktionen der brutalsten politischen Herrschaftsmethoden auf andere Weise institutionalisiert worden sind. Wenigstens zeitweilig wurde dieses Stadium in Indien und Sri Lanka erreicht, sowie in jenen acht lateinamerikanischen Ländern, die eine Demokratisierung oder Liberalisierung angekündigt oder begonnen haben. Diese »Liberalisierung« schließt ebenso Wahlen wie die Möglichkeit einer teilweisen Rückkehr des Militärs in die Kasernen ein. In keinem dieser Länder kann jedoch ein solcher Wandel als Anzeichen oder Beginn einer Abkehr von wirtschaftlicher und politischer Macht durch diejenigen, die erst kürzlich ihre Stellung eingenommen oder gefestigt haben, gedeutet werden. Das Gegenteil ist der Fall.

Zeigen solche politischen Änderungen an, daß das Wirtschaftsmodell der Kapitalakkumulation und Beteiligung an der internationalen Arbeitsteilung, das diese politischen Regime eingeführt und gestärkt haben, aufgegeben oder wenigstens modifiziert wird? Es gibt viele Leute, die Hoffnungen oder Illusionen über bevorstehende politische Demokratisierung hegen. Einige haben auch Hoffnungen oder Illusionen, daß eine neue Ära wirtschaftlicher Demokratisierung beginnen könnte. Es wird gesagt, die Lohnrate sei so stark gesenkt, daß es nun an der Zeit sei, sie wieder anzuheben, und zwar sowohl zum Wohle der Lohnabhängigen als auch im Interesse landwirtschaftlicher und industrieller Produzenten für den Inlandsmarkt. Diese Leuten erwarten also, daß politische Demokratisierung von wirtschaftlicher Demokratisierung begleitet wird, indem man vom Wirtschaftsmodell der letzten Jahre abgeht oder es grundlegend modifiziert.

In Indien haben sicherlich weder der Premierminister Desai noch etwa sein sozialistischer Industrieminister Fernandez (der von der vorherigen Regierung für seine führende Rolle in der Gewerkschaft und bei Streiks ins Gefängnis gesteckt worden war) im ersten Amtsjahr der Janata-Partei irgend etwas dieser Art geäußert. Der Haushalt für 1977, der kurz nach den Wahlen bekanntgegeben wurde, hat »keine neuen Wege eröffnet« und war »nach demselben Muster gemacht« wie der der alten Regierung.[76] Aber auch der neue Haushalt und die »neue« Industriepolitik, die Anfang 1978 verkündet wurden, stellen nur »verwirrte Zielsetzungen, unwirksame Instrumente für bescheidene Zwecke« dar, worin sie sich nicht von ihren Vorgängern unterscheiden.[77] Auf dem Lande, wo die Janata-Partei besonders stark ist, wurden die Bauern und Landarbeiter von den lokalen Grundbesitzern mit Unterstützung der Polizei noch rigider ausgebeutet und erneut politisch unterdrückt. Die gewählte Regierung des Jyoti Basu von der Kommunistischen Partei Indiens (CPI (M)) in West-Bengalen (60 Millionen Einwohner) wurde dafür gewonnen, »eine gemäßigte Front zu bilden«[78] und »Seil zu tanzen«[79]. Und »der Geschäftswelt wurde versichert, daß die Regierung keinen Ausbruch von Arbeitskämpfen gestatten würde«.[80] Inländische und ausländische Industrie finden es nicht schwierig, mit dem Ministerpräsidenten Basu und mit dem kommunistischen Finanzminister Ashok Mitra (ebenso wie mit dem sozialistischen Gewerkschaftler Fernandez) zusammenzuarbeiten und auszukommen. Ashok Rudra[81] stellt fest, die Regierung könne »zwei verschiedene Wege gehen. Sie kann sich dafür entscheiden, zum Klassenkampf zu ermuntern, [...] wobei jedoch klar ist, daß ein solches Verhalten nicht über längere Zeit aufrechterhalten werden kann«. Oder sie kann den zweiten Weg gehen, »so lange wie möglich an der Regierung zu bleiben, *als ein Zweck in sich selbst.* [...] Das bedeutet, die Dienste der Regierung für die Zwecke einzusetzen, wozu sie gemeint sind – nämlich das Klasseninteresse der Kapitalisten und Grundbesitzer zu schützen und zu fördern.« Die CPI(M)-Regierung in Westbengalen hat sich offensichtlich für den zweiten Weg entschieden, und die bürgerliche Presse ist dort und an anderer Stelle »voller Lob für die neu entdeckten Tugenden linker Minister«, und sie »verteidigt und unterstützt enthusiastisch die Regierung der Linken Front.« Inzwischen beginnt jetzt der konservative Premierminister Jairus Jayawardene in Sri Lanka sein neues Wirtschaftsmodell mit der lange angekündigten Freien Produktionszone einzuführen.

In Lateinamerika sind die neuen wirtschaftlichen Entwicklungen am einschneidendsten und mit der brutalsten politischen Repression verbunden. Hier sind der Inlandsmarkt, die Arbeitereinkommen, die Kaufkraft der Verbraucher und der Absatz der einheimischen verarbeitenden Industrie nahezu vollständig dem neuen Modell der Exportförderung zum Opfer gefallen. Ist eine politische Liberalisierung oder gar Demokratisierung in Lateinamerika in einem Ausmaß denkbar, daß dieses Modell wieder aufgegeben werden kann? Oder ist eher wahrscheinlich, daß *dasselbe* Wirtschaftsmodell weiter ausgedehnt und verfeinert wird, indem durch größere politische »Stabilität« mehr Auslandsinvestitionen angezogen werden? Und läßt sich im Lande mehr politische Unterstützung für dieses Wirtschaftsmodell mobilisieren, wenn eine stärkere Beteiligung des Bürgertums an den Erträgen, also Profiten, eingeräumt wird, sobald das Modell stabiler funktioniert? Unsere Untersuchung der politischen Ökonomie der derzeitigen Exportförderung und der zumindest gelegentlichen Hinweise darauf, wer welche Veränderungen in einigen lateinamerikanischen Ländern betreibt, legt eine Antwort auf die zweite Frage nahe: Die vorhersehbaren politischen Änderungen werden voraussichtlich die gegenwärtige Wirtschaftsweise nicht modifizieren, sondern sie stabilisieren. In Argentinien beispielsweise ist der neue Befürworter der »Demokratie« Admiral Massera, dessen Marine sich traditionell und jüngst wieder zum politischen Sprecher für die Interessen der Landoligarchie gemacht hat. Eine grundlegende Änderung der Politik von Massera und denjenigen, die er vertritt, zu erhoffen, hieße, von einem Leoparden zu erwarten, daß er seine Fellflecken wechselt. Präsident Videla bringt es möglicherweise zuwege, die harten Männer in der Armee im Zaum zu halten (obwohl es auch sehr wohl möglich ist, daß die Gruppe um Viola den Präsidenten Videla stürzen wird). Vielleicht ist Videla, wie zuvor Präsident Llanusse, sogar in der Lage, eine militärisch-zivile Revolutionsregierung zu installieren. Die Grundzüge der Wirtschaftspolitik werden sich jedoch kaum ändern. Wir stimmen mit dem *Latin American Political Report*[82] überein, der festgestellt hat, daß

»die Rückkehr zur Demokratie eine zivil-militärische politische Struktur notwendig macht, in der die letzte Kontrolle beim Militär liegen wird. Der Prozeß wird eine lange Übergangsperiode benötigen. [. . .] Als eine Vorbedingung zur Verwirklichung ihres Plans legt die Armee fest, daß bis frühestens 1980 eine größere Veränderung der Wirtschaftsstrategie von

José Martinez de Hoz nicht eingeleitet wird. Das bedeutet jedoch nicht, daß der Minister selbst auf seinem Posten bleiben muß.«

Der neue militärische Fürsprecher der »Demokratie« in Chile ist Luftwaffengeneral Leigh, der sich von allen Mitgliedern der Junta am deutlichsten für faschistische Politik und faschistische Gruppen ausgesprochen hat und noch ausspricht. Auch die christlichen Demokraten, unter Führung des früheren Präsidenten Frei, haben die Tugenden der »Demokratie« wiederentdeckt, nachdem sie den Putsch und das Militärregime General Pinochets mit heraufgeführt und begrüßt haben. In einem Text, der seine derzeitigen politischen Vorstellungen expliziert, macht Eduardo Frei[83] jedoch klar, daß eine Rückkehr zu einer Demokratie, wie es sie vorher gab – sogar während seiner eigenen Präsidentschaft –, nicht in Betracht komme und daß heute ein viel autoritäreres System notwendig sei. Das chilenische Wirtschaftsprogramm von Frei und seinen politischen und wirtschaftlichen Verbündeten (zu denen US-Kapital und die US-Regierung gehören) sieht vor, daß der jetzt benachteiligten Industriebourgeoisie eine stärkere Beteiligung und ein größerer Anteil am Gewinn gewährt werden sollen – dies jedoch innerhalb des im wesentlichen unveränderten exportorientierten Wirtschaftsmodells, welches die Junta eingeführt hat. Sogar das Wirtschaftsprogramm der Unidad-Popular-Parteien, welche die Allende-Regierung gebildet haben, die von Pinochet gewaltsam gestürzt wurde, räumt jetzt neuen Exporten und Auslandsinvestitionen in der Wirtschaft Chiles einen sehr wichtigen Platz ein. Die Wirtschaftsprogramme der Unidad Popular und der christlichen Demokraten für ein zukünftiges Chile unter ihrer Regierung, wie sie hoffen (entweder zusammen oder getrennt), sind sich in den meisten Teilen erstaunlich ähnlich; das Programm der christlichen Demokraten scheint sogar die Auslandsinvestitionen *stärker* einschränken zu wollen als das der kommunistisch-sozialistischen Unidad Popular.[84] Natürlich hegen die Parteien der Unidad Popular keine große Hoffnung, in der nächsten Zukunft an irgendeiner Regierung in Chile beteiligt zu sein. Und was könnte man von einer militärisch-zivilen Koalitionsregierung erwarten, an der die christlichen Demokraten und sogar die Unidad Popular beteiligt wären? Nichts anderes als die Beibehaltung des gegenwärtigen Wirtschaftsmodells der Exportförderung mit einigen kosmetischen Korrekturen und/oder Änderungen, um die ausländische und inländische wirtschaftliche und politische Unterstützung auszuweiten. Und obwohl die Bevölkerung weniger politische Repression zu erleiden hätte, würde sich ihre wirtschaftliche Lage nicht sonderlich bessern.

Das wirtschaftlich gewichtigste Land in Lateinamerika ist heute ohne Zweifel Brasilien. Dort verblich das »Wirtschaftswunder« im Jahr 1974. Seitdem wird ständig darüber gesprochen, das Wirtschaftsmodell zu verändern, um erneut die Ausdehnung des Inlandsmarkts zu begünstigen. Aber es ist aus nationalen wie internationalen wirtschaftlichen und politischen Gründen mehr als zweifelhaft, ob ein solcher Wandel wahrscheinlich und durchführbar ist. Nach Marini[85] basiert das derzeitige Modell der Kapitalakkumulation und der Beteiligung an der internationalen Arbeitsteilung in Brasilien auf Luxuskonsum, Exporten und der Nachfrage des Staates. Nur der zweite und der dritte Faktor können einen Ausweg aus der jetzt wieder aufgetretenen Krise der brasilianischen Kapitalakkumulation bieten; und ein Teil des ersten Faktors mag dann den beiden anderen geopfert werden müssen. Schließlich aber hängt der Umfang, in dem der Export eine mehr oder weniger wichtige Antriebskraft für die Akkumulation und die Wirtschaftsaktivitäten in der Dritten Welt bleibt, nicht nur davon ab, wieviel man in der Dritten Welt exportieren möchte, sondern auch davon, wieviel die übrige Welt importieren will.

In Afrika sind Militärregime die Regel, und nur drei Länder, nämlich Gambia, Botswana und Mauritius, unter den fünfzig Mitgliedern der Organisation für afrikanische Einheit haben angeblich eine funktionierende Mehrparteien-Regierung.[86] Seit der Unabhängigkeit sind Militärputsche an der Tagesordnung. Neuerdings gibt es auch Tendenzen für »Demokratisierung« oder Institutionalisierung der staatlichen Gewalt in Afrika und besonders in Westafrika. Senegal »nähert sich einem Vielparteien-Staat«. Volksentscheide und Vorbereitungen für Wahlen und Zivilregierungen (oder zivil-militärische oder militärisch gestützte »zivile«) im Jahr 1979 fanden in Obervolta, Ghana und Nigeria statt. Aber alle diese Veranstaltungen sehen vor, die »Demokratie« weitgehend einzuschränken. In Obervolta ist die Zahl der politischen Parteien durch die Verfassung begrenzt. In Ghana legte die Militärregierung den Wählern für ein Referendum eine Hobsonsche Entscheidung vor zwischen einer zivilmilitärischen »Einheitsregierung« ohne politische Parteien und einer anderen Lösung, die über die Fortsetzung des bestehenden Regimes und parlamentarische Alternativen nichts festlegte. Nach einer betrügerischen Wahlentscheidung, bei der die jetzige Militärregierung angeblich eine Mehrheit von 54% erhielt, wurden die Führer der Opposition aufgegriffen und ins Gefängnis gesteckt.[87] Die Pläne für eine Wahl in Nigeria sind so beschaffen, daß regionale oder Stammes-Parteien ausgeschlossen sind; andere Einschränkungen lassen einige Gewerkschaftsführer befürchten, daß sie und ihre Arbeiter nach der Wahl schlechter statt besser dastehen werden.[88] Daher gibt es, trotz möglicherweise täuschendem Anschein, »kein plötzliches Erblühen der Demokratie in Afrika«.[89]

Die dritte der oben gestellten Fragen war, welche alternative internationale Arbeitsteilung sich herausbilden könnte und welche Aussichten dies für eine Änderung der politischen Regime und Staatsformen in den Ländern der Dritten Welt bieten könnte. Eine dieser Alternativen besteht darin, daß die Industrienationen wieder stärker protektionistische Maßnahmen ergreifen. Die Verschärfung der wirtschaftlichen und politischen Konflikte, die in der weltweiten Wirtschaftskrise entstanden sind, können zu einem erheblich verschärften Protektionismus der Metropolen, zu einem Niedergang des internationalen Finanz- und Wirtschaftssystems und daher zu einem Rückgang der Importe aus Ländern der Dritten Welt führen. In diesem Falle sind die Länder der Dritten Welt nicht in der Lage, die ihnen zugedachte Rolle in der »neuen internationalen Arbeitsteilung« zu spielen oder ihre heutige Politik der »Exportförderung« fortzusetzen. Dieser internationale wirtschaftliche Zusammenbruch würde natürlich die wirtschaftliche Basis der autoritären Regime erschüttern. Eine geschwächte ökonomische Basis könnte vielleicht die politischen Koalitionen in einigen Ländern der Dritten Welt in Richtung auf nationalistisch-populistische Allianzen und eine Inlandsmarktpolitik der »Importsubstitution« wie in den 30er bis 50er Jahren verschieben. Einige bedeutende Kräfte und Tendenzen, die in diese Richtung weisen, sind sowohl in den Metropolen als auch in Teilen der Peripherie heute zu beobachten. Manche US-amerikanische Interessenten der Wirtschaft und der Arbeiterschaft setzen sich bereits ein für die Durchsetzung der »Menschenrechte«: Minimallöhne und menschenwürdige Arbeitsbedingungen in Ländern der Dritten Welt, deren Exporte mit inländischer Produktion und Arbeitsplätzen im Wettbewerb stehen.

Wenigstens noch zwei andere mögliche alternative Entwicklungen tauchen mittelfristig am Horizont auf: begrenzte Exportförderung für sehr spezialisierte Produktionen in bestimmten Ländern der Dritten Welt im Rahmen der internationalen Arbeitsteilung, wodurch eine Wiederbelebung der Produktion für einen Inlandsmarkt und ihre Erweiterung möglich werden oder auch nicht; und/oder die Bildung von wirtschaftlichen und politischen Blöcken – etwa USA – Lateinamerika, Europa – Afrika, Japan – Südostasien –, wobei eine begrenztere oder spezialisiertere Exportförderung und eine Ausdehnung des Inlandsmarktes für die Länder der Dritten Welt in den entsprechenden beherrschten Gebieten vorgesehen sein mag. Aber im letzteren Fall ist ebenso wahrscheinlich, daß die politischen Regime der Metropolen eines jeden der Blöcke sich erheblich nach rechts verschieben, was verbunden wäre mit politischen Auswirkungen auf die Neo-Kolonien, und die Produktionsstrukturen der Länder der Dritten Welt wären sogar vom Kapital ihrer jeweiligen Metropole noch stärker beherrscht, als sie es jetzt sind oder als sie es unter alternativen Bedingungen wären.

Kurzum, die kurzfristigen Aussichten auf einen demokratischen Sommer, der den Frühlingsschwalben der Liberalisierung von 1977-78 folgen könnte, sind nicht eben rosig. Mr. Carters »Menschenrechts«-Kampagne kann realistischerweise der Dritten Welt nicht viele Versprechungen erfüllen (ganz abgesehen von der Frage, wie sie sich, wenn überhaupt, in den USA selbst verteidigen läßt, wenn es dort zu einer neuen Rezession kommt). Die Aussichten auf einen demokratischen Sommer werden so lange trübe bleiben, wie sich nicht revolutionäre Volksbewegungen auf einer neuen Grundlage in den Ländern der Dritten Welt selbst, in den imperialistischen und vielleicht ebenso in den sozialistischen Ländern organisieren.

Anmerkungen

1 Mills, C. Wright, *The Power Elite*, New York 1956.
2 Domhoff, William, *Who Rules America?* Englewood Cliffs 1967.
3 Miliband, Ralph, *The State in Capitalist Society. The Analysis of the Western System of Power*, London 1969, 1973.

4 Poulantzas, Nicos, *Pouvoir politique et classes sociales*. Paris 1968. *Political Power and Social Classes*, London 1973.

5 Holloway, John und Picciotto, Sol, *Capital, Crisis and the State*, in: *Capital and Class*, No. 2, Sommer 1977.

6 Laclau, Ernesto, *Politics and Ideology in Marxist Theory. Capitalism, Fascism-Populism*, London 1977.

7 Murray, Robin, *Multinational Companies and Nation States. Two Essays*, London 1975, S. 45-55.

8 Leys, Colin, *The ›Overdeveloped‹ Post Colonial State: A Re-evaluation*, in: *Review of African Political Economy*, No. 5, Januar-April 1976.

9 Marini, Ruy Mauro, *Estado y Crisis en Brasil*, in: *Cuadernos Politicos* No. 13, Juli-September 1977, S. 76.

10 Turner, Terisa, *Multinational Corporation and the Instability of the Nigerian State*, in: *Review of African Political Economy*, No. 5, Januar-April 1976.

11 Marini, Ruy Mauro, *Estado y Crisis* . . ., S. 77.

12 Nehru, Jawaharlal, *The Discovery of India*, New York 1960, S. 221 ff.

13 Nehru, Jawaharlal, *Discovery* . . ., S. 243.

14 Evers, Tilman, *Subdesarrollo y estado. Elementos de una teoria del estado en el capitalismo periférico*, Berlin 1975, S. 84. (Ponencia para el coloquio sobre »Procesos de Urbanización en el capitalismo desarrollado y subdesarrollado«, 29. September - 2. Oktober 1975, Gießen.)

15 Alavi, Hamza, *The State in Postcolonial Societies: Pakistan and Bangladesh*, in: *New Left Review* No. 74, Juli-August 1972.(Neu herausgegeben in: Gough, Kathleen und Sharma, Hari P., Hrsg., *Imperialism and Revolution in South Asia*, New York 1973.)

16 Alavi, Hamza, *The State in Postcolonial Societies*, S. 148.

17 Ebd., S. 147.

18 *Review of African Political Economy* No. 5 (1976) und No. 8 (1977).

19 Leys, Colin, *The ›Overdeveloped‹ Post Colonial State: A Re-evaluation*, in: *Review of African Political Economy*, London, No. 5, Januar-April 1976.

20 Saul, John S., *The Unsteady State: Uganda, Obote and General Amin*, in: *Review of African Political Economy* No. 5, Januar-April 1976.

21 Langdon, Steven, *Debate: The State and Capitalism in Kenya*, in: *Review of African Poltical Economy* No. 8, Januar-April 1977.

22 Shivji, Issa G., *Class Struggles in Tanzania*, New York 1976.

23 Swainson, Nicola, *The Rise of a National Bourgeoisie in Kenya*, in: *Review of African Political Economy* No. 8, Januar-April 1977.

24 Kennedy, Paul, *Indigenous Capitalism in Ghana*, in: *Review of African Poltical Economy* No. 8, Januar-April 1977.

25 Langdon, Steven, *Debate* . . ., S. 91 (mit seiner Hervorhebung in einem Zitat von Leys, Colin, *The »Overdeveloped« Post Colonial State)*.

26 Langdon, Steven, *Debate* . . ., S. 96 (Hervorhebung im Original).

27 Langdon, Steven, *Debate* . . ., S. 92.

28 Bartra, Roger, *Estructura agraria y clases sociales en México*, Mexiko 1974.

29 Frank, Andre Gunder, *Lumpenbourgeosie and Lumpendevelopment. Dependency, Class and Politics in Latin America*, New York 1972; Frank, Andre Gunder, *World Accumulation 1492-1789*, London und New York 1978.

30 Rey, Pierre-Philippe, *Colonialisme, néo-colonialisme et transition au capitalisme. Exemple de la »Comilog« au Congo-Brazzaville*, Paris 1971.

31 Meillassoux, Claude, *Femmes, greniers et capitaux*, Paris 1975.

32 Mamdani, Mahmood, *Politics and Class Formation in Uganda*, New York 1976.

33 Campbell, H., *The Commandist State in Uganda*. Sussex 1977. (Political Studies Research in Progress Seminar, University of Sussex.)

34 Langdon, Steven, *Debate* . . ., S. 96-97.

35 *International Herald Tribune*, 21. April 1977.

36 Shivji, Issa G., *Class Struggles*.

37 Freyhold, Michaela von, *The Post Colonial State and its Tanzanian Version*, in: *Review of African Political Economy* No. 8, Januar-April 1977.

38 Kaplan, Marcos, *Formación del Estado nacional en América Latina*, Santiago 1969.

39 Halperin Donghi, Tulio, *Historia contemporánea de América Latina*. Madrid 1969; Halperin Donghi, Tulio, *Hispanoamérica después de la Independencia. Consecuencias sociales y económicas de la emancipación*, Buenos Aires 1972.

40 Córdova, Arnaldo, *Los origines del Estado en América Latina*, in: *Cuadernos Políticos*, No. 14, Oktober-Dezember 1977.

41 Frank, Andre Gunder, *Dependent Accumulation and Underdevelopment*, London und New York 1978.

42 Frank, Andre Gunder, *La politica economica en Chile: Del Frente Popular a la Unidad Popular*, in: *Punto Final*, Ergänzungsband zu No. 153 (1972).

43 Briones, Alvaro, *El neofascismo en América Latina*, in: *Problemas del Desarrollo* No. 23 (1975); Briones, Alvaro, *Neofascismo y nacionalismo en América Latina*, in: *Comercio Exterior* Juli 1975; Briones, Alvaro, *América Latina: crisis economica y fascismo dependiente*, in: *Comercio Exterior*, August 1976.

44 Vuscović, Pedro, *La restructuración del capitalismo mundial y el nuevo orden economico international*, in: *Comercio Exterior* No. 3, Vol. 28 (1978); Vuscović Pedro, *El neofascismo en América Latina*, in: *Zona Abierta* No. 14/15 (1978).

45 Dos Santos, Theotonio, *La crisis del milagro brasileño*, in: *Comercio Exterior* No. 1, Vol. 27 (1977).

46 Guevara, Roberto, *Nuevas formas de militarismo en América Latina*, Belgrad 1977 (Semana Latinoamericana, 7-14 de Noviembre); Guevara, Roberto, *El partido militar en América Latina*, in: *Chile-América* No. 33-34, Juli-August 1977.

47 Sader, Emir, *Fascismo y dictadura militar*, in: *Chile-América* No. 33-34, Juli-August 1977, S. 115-118.

48 Guevara, Roberto, *Nuevas Formas* . . .; Guevara, Roberto, *El partido militar* . . .

49 Echeverría, José, *Fascismo y colonialismo en el caso chileno*, in: *Chile-América* No. 33-34, Juli-August 1977.

50 Vuscović, Pedro, *America Latina: la crisis de un patron de desarrollo y sus consecuencias politicas*, in: *Comercio Exterior* No. 12, Vol. 25 (1975). Vuscović, Pedro, *La restructuracion del capitalismo* . . .; Vuscović, Pedro, *El neofascismo en América Latina*.

51 Vuscović, Pedro und Martínez, Javier, *Once proposiciones sobre la situacion actual de América Latina,* (Mimeo) 1977.

52 Briones, Alvaro, *América Latina: crisis económica y fascismo dependiente*, in: *Comercio exterior*, August 1976.

53 Dos Santos, Theotonio, *La crisis del milagro brasileño*, in: *Comercio Exterior* No. 1, Vol. 27 (1977); Dos Santos, Theotonio, *Socialism and Fascism in Latin America Today*, in: *The Insurgent Sociologist*, No. 4, Vol. VII, Herbst 1977; Dos Santos, Theotonio, *Imperialismo y dependencia*, Mexiko 1977.

54 Valenzuela, Carlos J., *El nuevo patrón de acumulación y sus precondiciones. El caso chileno: 1973-1976*, in: *Comercio Exterior*, September 1976.

55 Marini, Ruy Mauro, *La acumulación capitalista mundial y el subimperialismo*, in: *Cuadernos Politicos*, No. 12 (1977).

56 Sader, Emir, *Fascismo y dictadura militar*, in: *Chile-América*, No. 33-34, Juli-August 1977.

57 Lowy, Michael und Sader, Emir, *La militarización del estado en América Latina*, in: *Cuadernos Politicos*, No. 13, Juli-September 1977.

58 Frank, Andre Gunder, *Economic Genocide in Chile. Monetarist Theory versus Humanity*, Nottingham 1976; Frank, Andre Gunder, *Economic Crisis, Third World and 1984*, in: *World Development*, Vol. 4, No. 10, 11 (1976); Frank, Andre Gunder, *Reflexiones sobre la crisis económica*, Barcelona 1977. Ebenso erschienen als *Réflexions sur la nouvelle crise économique mondiale*, Paris 1978; Frank, Andre Gunder, *World Crisis and Underdevelopment*, in: *Contemporary Crisis*, No. 1 (1977).

59 Vasconi, Tomás Amadeo, *El estado militar en América Latina. El caso chileno*, (Mimeo) 1976, S. 44-45. (Hervorhebung im Original).

60 Marini, Ruy Mauro, *Estado y crisis en Brasil.*

61 Marini, Ruy Mauro, *Subdesarrollo y revolución*, Mexiko 1974; Marini, Ruy Mauro, *La acumulación capitalista.*

62 *ICJ Review*, No. 17, Dezember 1976.

63 *ICJ Review*, No. 17, Dezember 1976.

64 *Amnesty International Report*, London 1977, S. 9, 116.

65 Sivard, Ruth Leger, *World Military and Social Expenditures*, Leesburg 1976, S. 5.

66 Ausdruck von Oberg (1976).

67 Vasconi, Tomás Amadeo, *El Estado Militar*, S. 445.

68 Ruz, Mauricio F., *Doctrina de seguridad nacional en América Latina. Contribución a un debate*, in: *Mensaje*, No. 261, August 1977, S. 423.

69 Vuscović Pedro y Martînez, Javier, *Once proposiciones . . .*

70 Del Monte, Matías, *El caso venezolano: reflexiones sobre una nueva variante de militarización en un país latinoamericano*, (Mimeo) 1977, S. 1-2.

71 *Far Eastern Economic Review*, 13. Januar 1978.

72 Lock, Peter und Wulf, Herbert, *Register of Arms Production in Developing Countries*, Hamburg 1977, (Mimeo), S. VIII.

73 *International Herald Tribune*, 17. April 1978.

74 *Economic and Political Weekly*, 4. Juni 1977.

75 Petzoldt, Volker, *Consideraciones sobre el Estado Militar en América Latina*, in: *Actualidades*, Vol. 1, No. 1 (1976).

76 *Economic and Political Weekly*, 18. Juni und 9. Juli 1977.

77 *Economic and Political Weekly*, 28. Januar, 4. März und 11. März 1978.

78 *Far Eastern Economic Review*, 18. November 1977.

79 *Economic and Political Weekly*, 7. August 1977.

80 *Economic and Political Weekly*, 27. August 1977, S. 1530.

81 Rudra, Ashok, *The Left Front Government*, in: *Economic and Political Weekly*, 1977, 3. September, S. 1565.

82 *Latin American Political Report*, 24. März 1978, S. 90.

83 Frei Montalva, Eduardo, *El mandato de la historia y las exigencias del porvenir*, in: *Chile-América*, No. 14, 15 (1976).

84 Guerrero, Hernán und Varela, G. Andrés, *Y después de Pinochet que?* in: *Comercio Exterior*, Vol. 27, No. 10 (1977).

85 Marini, Ruy Mauro, *Estado y crisis . . .*

86 *International Herald Tribune*, 31. Januar 1978.

87 *International Herald Tribune*, 26. Januar 1978; *Intercontinental Press*, 1. Mai 1978.

88 *Imprecor*, 1. Mai 1978.

89 *International Herald Tribune*, 31. Januar 1978.

Otto Kreye
Westeuropas wirtschaftliche und soziale Entwicklung und die Rationalität und Realität einer Neuen Internationalen Wirtschaftsordnung

1. Die Entwicklung der kapitalistischen Weltwirtschaft – und entsprechend die wirtschaftliche und soziale Entwicklung der Länder Westeuropas – ist seit Mitte der sechziger Jahre durch weitreichende strukturelle Veränderungen gekennzeichnet. Zu den strukturellen Veränderungen zählen insbesondere die *Herausbildung eines Weltmarktes für Arbeitskraft und eines Weltmarktes für Produktionsstandorte und, damit verbunden, die Entwicklung einer neuen internationalen Arbeitsteilung.* Ausgelöst sind diese strukturellen Veränderungen in der kapitalistischen Weltwirtschaft durch einen Satz veränderter Randbedingungen für die Kapitalverwertung, die selbst wiederum Ergebnis bisheriger kapitalistischer Entwicklung sind. Zu diesem Satz von veränderten Randbedingungen zählt einerseits die Existenz eines praktisch unbegrenzten weltweiten Reservoirs billiger Arbeitskräfte, vor allem in den Entwicklungsländern, und andererseits das Vorhandensein von Transport-, Organisations- und Kommunikationstechnologien und die Verfügung über Fertigungstechnologien der Aufspaltbarkeit der Produktion in Teilfertigungen, die die Nutzung eben dieses Reservoirs billiger Arbeitskraft möglich machen. Die modernen Transport-, Organisations- und Kommunikationsmittel machen den Ort industrieller Produktion und auch traditioneller landwirtschaftlicher Produktionen der Industrieländer zunehmend unabhängig von (weltweiten) geographischen Entfernungen, und die moderne Fertigungstechnologie erlaubt in einem hohen Maße die Nutzung ungelernter billiger Arbeitskraft auch für hochkomplexe Fertigungen.

Auf dem Weltmarkt für Arbeitskräfte konkurrieren heute die Arbeitskräfte in den traditionellen Industrieländern mit den Arbeitskräften an den neuen Produktionsstandorten in den Entwicklungsländern. Auf dem Weltmarkt für Produktionsstandorte konkurrieren die Industrieländer mit den Entwicklungsländern um den Verbleib oder die Neuansiedlung industrieller und auch landwirtschaftlicher Produktionen. Die Unternehmen der verarbeitenden Industrie, aber auch die der Agroindustrie und des Dienstleistungssektors sind bei Strafe des Untergangs gezwungen, diese veränderten Randbedingungen des Weltmarktes in ihren Kalkulationen zu berücksichtigen, und sie sind bei Strafe des Untergangs gezwungen, in einer zunehmenden Zahl von Fällen, die sich aus den Kalkulationen ergeben, Produktionen aus traditionellen Industrieländern in Entwicklungsländer zu verlagern und zugleich die Fertigung an traditionellen Standorten beschleunigt zu modernisieren und zu rationalisieren. Die gegenwärtige wirtschaftliche und soziale Entwicklung Westeuropas kann sinnvoll nur im Rahmen dieser Strukturveränderungen der kapitalistischen Weltwirtschaft begriffen werden. Nur eine Analyse der Entwicklungstendenzen der kapitalistischen Weltwirtschaft als solcher und ihrer ökonomischen und sozialen Ausprägungen und Auswirkungen in Westeuropa erlaubt es, die politischen Handlungsalternativen westeuropäischer Länder im Hinblick auf die Vorschläge einer »Neuen Internationalen Wirtschaftsordnung« anzugeben. Nur aus einer solchen Analyse ergeben sich im einzelnen Hinweise darauf, welche Vorschläge auf den Widerstand europäischen Kapitals, europäischer Arbeitskräfte und europäischer Staaten stoßen und, umgekehrt, inwieweit sie mit Interessen von europäischen Unternehmen, Gewerkschaften und Regierungen vereinbar sind und entsprechend eine Unterstützung erfahren.

2. Als wesentliche Auswirkung der Strukturveränderungen in der kapitalistischen Weltwirtschaft ist in Westeuropa am Ende der siebziger und am Anfang der achtziger Jahre eine anhaltende krisenhafte Entwicklung zu verzeichnen.[1] Als regionale krisenhafte Entwicklung ist sie jedoch keineswegs notwendig gleichbedeutend mit einer Akkumulationskrise westeuropäischer Unternehmen (westeuropäischen Kapitals) oder in Westeuropa operierender nichteuropäischer Unternehmen (nichteuropäischen Kapitals). Zu den regionalen Krisenerscheinungen zählen anhaltende und zunehmende Arbeitslosigkeit, abnehmende und absolut niedrige Wachstumsraten des Bruttosozialprodukts, abnehmende und absolut niedrige Investitionsquoten, starke Produktionsrückgänge in einer wachsenden Zahl von Branchen der verarbeitenden Industrie, keineswegs nur mehr in der Textil- und Bekleidungsin-

dustrie, sondern in vielen anderen Industriezweigen, darunter in der Eisen- und Stahlindustrie, im Schiffbau, in der feinmechanischen und optischen Industrie, in Teilen des Maschinenbaus und der elektrotechnischen Industrie. Zu den Krisenerscheinungen sind aber auch im Unternehmensbereich Überkapazitäten und eine steigende Zahl von Konkursen und Fusionen, im staatlichen Bereich zunehmende haushaltspolitische und währungspolitische Probleme und im sozialen Bereich ein drastischer Abbau der Sozialleistungen, stagnierende oder abnehmende Reallöhne sowie der Verlust von Qualifikationen bei gleichzeitiger Erhöhung der Arbeitsanforderungen, z. B. der Arbeitsintensitäten, zu zählen.

Diese Entwicklungen in Westeuropa – Ausdruck einer transnationalen Neuorganisation der Produktion insbesondere auch europäischer oder in Europa operierender Unternehmen, die durch Produktionsverlagerungen, Modernisierungen und Rationalisierungen charakterisiert ist, und zugleich verschärfter internationaler Konkurrenz – sind zugleich – Ergebnis der »Anpassung« und Neuorganisation – mit einer drastischen Verbesserung der Akkumulationsbedingungen von einzelnen Unternehmen und einzelnen Industrien und in einzelnen Regionen verbunden.

Die folgenden Zahlen machen die krisenhaften Entwicklungen in den oben genannten Industriezweigen deutlich: Die Rohstahlerzeugung war in der Europäischen Gemeinschaft 1977 mit 126 Millionen Tonnen um 19 Prozent geringer als 1974 (155 Millionen Tonnen). 1978 erreichte die Rohstahlerzeugung in der Europäischen Gemeinschaft 134 Millionen Tonnen. Die Produktionskapazitäten belaufen sich jedoch auf 200 Millionen Tonnen; damit waren nur zwei Drittel der installierten Kapazität ausgelastet.[2] Entsprechend ist die Beschäftigtenzahl in der Stahlproduktion der Europäischen Gemeinschaft reduziert worden. Während im Jahre 1974 800 000 Arbeitskräfte in der Stahlindustrie der Europäischen Gemeinschaft beschäftigt waren, waren es 1978 nur noch 700 000. Bis Anfang 1980 ist diese Zahl auf ungefähr 650 000 Arbeitskräfte zurückgegangen. Weitere Entlassungen sind von den Stahlindustrien der einzelnen Länder am Beginn der achtziger Jahre angekündigt worden. Allein in der britischen Stahlindustrie sollen mehr als 50 000 Arbeitsplätze abgebaut werden. Die Kommission der Europäischen Gemeinschaften strebt über den sogenannten Davignon-Plan eine Reduzierung der Rohstahlkapazität bis 1982 um 27 Millionen Tonnen an.[3]

Der Anteil der EG-Länder an der Weltproduktion in der Schiffbauindustrie ist nach Angaben der bundesdeutschen Industriegewerkschaft Metall in den letzten beiden Jahrzehnten von 70 Prozent auf fast 20 Prozent gesunken.[4] Nach Angaben der Kommission der Europäischen Gemeinschaften sind im EG-Schiffbau sowie in den Zulieferindustrien seit Anfang der siebziger Jahre 90 000 Arbeitsplätze »verloren« gegangen. Die Kommission läßt keinen Zweifel daran, daß sie mit einer weiteren Reduzierung der Schiffbaukapazität in Europa und weiteren Entlassungen in den kommenden Jahren rechnet.[5] Allein bei den bundesdeutschen Werften ist dic Beschäftigung seit 1975 um 23 Prozent zurückgegangen.[6] Im Handelsschiffneubau ist das »Produktionsniveau« der bundesdeutschen Werften nach Angaben des Verbandes der Deutschen Schiffbauindustrie bis Ende 1979 auf weniger als 50 Prozent der noch im Jahre 1975 geleisteten Fertigungsstunden geschrumpft.[7] Ähnliche Produktionsrückgänge und Reduzierungen der Beschäftigtenzahlen werden aus westeuropäischen Ländern berichtet, die nicht der Europäischen Gemeinschaft angehören, so aus Norwegen, Schweden und Spanien.

Charakteristisch für die Krisenerscheinungen in der westeuropäischen Uhrenindustrie ist die Entwicklung der schweizerischen Uhrenindustrie. Der Anteil der schweizerischen Uhrenindustrie an der Weltproduktion ist von 39,7 Prozent im Jahre 1972 auf 27,7 Prozent im Jahre 1976[8], die Zahl der Beschäftigten vom Beginn der siebziger Jahre bis Ende des Jahres 1977 von 90 000 auf 55 000 zurückgegangen.[9] In der bundesdeutschen Uhrenindustrie ist die Zahl der Beschäftigten von 1970 bis Anfang 1979 von 32 000 auf 20 000 zurückgegangen. Die Industrie rechnet insbesondere in der Großuhrenherstellung mit einem weiteren drastischen Abbau der Arbeitsplätze.[10]

Die Produktions- und Beschäftigungslage in der bundesdeutschen elektrotechnischen Industrie und im bundesdeutschen Maschinenbau sind ein Gradmesser für die Entwicklung dieser Branchen in Westeuropa. Die Zahl der Beschäftigten in der elektrotechnischen Industrie in der Bundesrepublik Deutschland ging nach Angaben des Zentralverbandes der elektrotechnischen Industrie von 1,074 Mill. Beschäftigten im Jahre 1973 auf 958 000 Beschäftigte im Jahre 1977 zurück.[11] Die Produktion des bundesdeutschen Maschinenbaus – obwohl diese Branche nach wie vor die erste Stelle im Weltexport von Maschinenbauerzeugnissen innehat – stagnierte nach Angaben des Vereins deutscher Maschinenbauanstalten im Jahre 1978 bei 95,8 Prozent des Standes (im vergleichbaren Zeitraum) von 1970.[12] Ebenfalls nach Angaben des Vereins deutscher Maschinenbauanstalten hat die Zahl der Beschäftigten im bundesdeutschen Maschinenbau von 1970 bis Ende 1977 um 150 000 Arbeitskräfte abgenommen.[13] Bis Ende 1979 hat die Beschäftigung – allerdings nur geringfügig um weniger als ein Prozent – wieder zugenommen.[14] Obwohl die westeuropäische Textil- und Bekleidungsindustrie zu den Industriezweigen zu zählen ist, die am frühesten und bisher am nachhaltigsten von den Strukturveränderungen in der Weltwirtschaft betroffen waren und entsprechend früh starke Produktionsanpassungen und Beschäftigungsrückgänge zu verzeichnen hatten, hat der Verlagerungs- und Rationalisierungsdruck Anfang der achtziger Jahre auch in diesem westeuropäischen Industriezweig keineswegs abgenommen. Und obwohl die Zahl der Arbeitskräfte in der westeuropäischen Textil- und Bekleidungsindustrie in den siebziger Jahren um mehr als 1 000 000 abgenommen hat, wird damit gerechnet, daß in der ersten Hälfte der achtziger Jahre die Arbeitsplätze mindestens noch einmal um die gleiche Zahl zurückgehen werden.[15]

Den Produktions- und Beschäftigungsrückgängen in zahlreichen industriellen Branchen Westeuropas stehen, wie angedeutet, zunehmende Produktionsverlagerungen, steigende Auslandsinvestitionen und Auslandsproduktionen europäischer Unternehmen aus eben diesen Branchen sowie Modernisierung und Rationalisierungen der verbleibenden Produktionen gegenüber.[16] Eine rasche Zunahme der Auslandsinvestitionen, insbesondere in der zweiten Hälfte der siebziger Jahre, ist – entgegen landläufiger Meinung – keineswegs nur für bundesdeutsche Unternehmen festzustellen; britische, französische, holländische, schwedische, schweizerische Investitionen im Ausland haben ähnlich hohe Zuwachsraten zu verzeichnen. Produktionsverlagerungen werden sowohl in der Form der Direktinvestition (eigenen Auslandsproduktion), der Vertragsproduktion (Lohnveredelungen, »subcontracting«) als auch in Form der Substitution von Inlandsproduktion durch Importe von ausländischen Produzenten vorgenommen. Die wichtigste Erscheinungsform der transnationalen Reorganisation der Produktion ist die Verteilung des Fertigungsprozesses eines Produktes oder eines Teilproduktes auf verschiedene

Produktionsstandorte weltweit.

Die Verlagerung der Produktion an neue Produktionsstandorte, insbesondere in Entwicklungsländern, wird von einer beispiellosen Rationalisierungswelle in der Produktion an den westeuropäischen Standorten sowie weltweit begleitet. Rationalisierungsschübe sind an der Tagesordnung sowohl in den von Verlagerungen gegenwärtig am stärksten betroffenen Industriebranchen als auch in anderen Branchen, darüber hinaus im Dienstleistungssektor. Die Rationalisierungen betreffen ebenso den Produktionsprozeß wie die Produktstruktur; sie haben in zahlreichen Branchen den Charakter fast revolutionärer Veränderungen sowohl der Prozeß- als auch der Produkttechnologie.

Häufig wird behauptet, daß die Rationalisierungswelle in der westeuropäischen Industrie unabhängig von den veränderten Randbedingungen auf dem Weltmarkt eingesetzt hat, und daß die Rationalisierungswelle ein von den Produktionsverlagerungen unabhängiger, allenfalls paralleler Prozeß ist. Die Möglichkeiten und Zwänge zu massiven Prozeß- und Produktinnovationen sind jedoch in unmittelbarem Zusammenhang mit den veränderten Randbedingungen des Weltmarktes (diese sind, wie festgestellt, zum Teil selbst Ergebnis vorhergehender Prozeß- und Produktinnovationen) und den dadurch ausgelösten Produktionsverlagerungen zu sehen; sie führen ihrerseits zu neuen Möglichkeiten und Zwängen von Produktionsverlagerungen.

Prozeß- und Produktinnovationen werden erstens dadurch erzwungen, daß an den traditionellen Industriestandorten Westeuropas eine rentable Nutzung installierter Produktionsanlagen – und damit im Vergleich mit der Produktion an den Standorten billiger Arbeitskraft rentable Fertigung – nur um den Preis massiver Rationalisierung – mit dem Ergebnis der Freisetzung von relativ hochbezahlter Arbeitskraft – erzielt werden kann. Der Papst der herrschenden bundesdeutschen Lehrmeinung zur Weltwirtschaft, Herbert Giersch, stellt dieses Problem wie folgt dar:

»Wer in einem Hochlohnland produziert und vom Importdruck aus dem Süden betroffen ist, kann den inländischen Standort verteidigen, wenn es ihm gelingt, die Kosten durch Prozeßinnovationen und durch maßvolle Lohnpolitik genügend zu senken und niedrig zu halten. Ein anderer Ausweg ist die Produktinnovation: das Ausweichen auf Erzeugnisse, die neu und höherwertig sind und wegen ihres Innovations- und Humankapitalgehalts nicht kurzfristig imitiert werden können. Unternehmen, die sich weder mit Prozeß- noch mit Produktinnovationen verteidigen können, müssen den Weg der Standortinnovation beschreiten, d. h. Produktionsstätten für bisher angebotene Güter oder Teilprozesse an Standorte mit niedrigeren Löhnen verlagern.«[17]

Giersch irrt allerdings, wenn er meint (im Mai 1977), daß »nach den bisherigen Erfahrungen, vor allem Teile der Textil- und Bekleidungsindustrie, der Schuh- und Ledererzeugung, der Zellstoff- und Papierindustrie, der Keramik- und Sportwarenproduktion und der Elektro- und Kraftfahrzeugindustrie« betroffen sind.[18] Um es zu wiederholen: betroffen sind alle Industriebranchen, darunter gegenwärtig vor allem die Eisen- und Stahlindustrie, der Schiffbau, Teile des Maschinenbaus und selbst des Industrieanlagenbaus, betroffen sind also keineswegs nur Branchen der Konsumgüterindustrie, sondern ebenso wichtige Bereiche der Produktionsmittelindustrie.

Prozeß- und Produktinnovationen werden zweitens insbesondere dadurch erzwungen, daß durch die Mikroelektronik zahlreichen Industriebranchen neue Verfahren und Bauelemente angeboten werden, die die massenweise profitable Ersetzung traditioneller Fertigungsverfahren und Produktgruppen erlauben und also gebieten. Aber auch die durch die Mikroelektronik ausgelöste Rationalisierungswelle ist im Zusammenhang mit den Veränderungen in der internationalen Arbeitsteilung zu sehen. Die Verbilligung elektronischer Bauelemente und die damit rentabel gewordene Substitution von Mechanik durch Elektronik auch außerhalb der elektrotechnischen Industrie, wie zum Beispiel in der feinmechanischen Industrie und Uhrenindustrie, sind nicht zuletzt ein Ergebnis der massiven Verlagerung von Teilfertigungen in der Herstellung von elektronischen Bauelementen an die Standorte *billiger* Arbeitskraft in Entwicklungsländern und des dadurch möglichen Verzichts auf kapitalintensive Anlageinvestitionen, der wiederum die rasche Produktionseinführung von immer neuen Generationen elektronischer Bauelemente ermöglichte und ermöglicht.

Unbezweifelbar werden die Verlagerungs- und Rationalisierungsinvestitionen westeuropäischer Unternehmen und in Westeuropa operierender nichteuropäischer Unternehmen jedoch nicht nur mit den angegebenen Auswirkungen auf die westeuropäischen Arbeitsmärkte verbunden sein, sondern auch zu Überkapazitäten in zahlreichen industriellen Branchen in Westeuropa und weltweit führen. Die damit verbundene Verschärfung der internationalen Konkurrenz wird für zahlreiche Unternehmen Konkurs oder allenfalls Rettung in die Fusion bedeuten. Umgekehrt werden erfolgreich operierende Unternehmen, vor allem multinationale Konzerne, enorme Extraprofite erzielen können, wie es sich in zahlreichen Bilanzen bereits zeigt. Weitere Konzentration und Zentralisation, mit anderen Worten, Oligopolisierung und Monopolisierung im Weltmaßstab stehen auf der Tagesordnung.

Für die wirtschaftliche und soziale Entwicklung Westeuropas in der ersten Hälfte der achtziger Jahre zeichnen sich insgesamt folgende Tendenzen ab:

– Die vorstehend aufgezeigten Entwicklungstrends setzen sich fort;

– die westeuropäische Entwicklung nähert sich damit den in den USA beobachtbaren Entwicklungstrends an. Angesichts der Auswirkungen der Verlagerungs- und Rationalisierungsprozesse werden sich die Standortbedingungen für rationalisierte und modernisierte Produktionen und Produkte allmählich wieder zugunsten Westeuropas verschieben:

Die Rationalisierungs- und Verlagerungsprozesse werden absolut abnehmende Real- und sogar Nominallöhne in Westeuropa zum Ergebnis haben; die industrielle Reservearmee wird in Westeuropa absolut zunehmen;

Prozeß- und Produktinnovationen werden in vielen Fällen eine kapitalintensiv organisierte automatische, weitgehend ohne Arbeitskräfte durchzuführende Produktion rentabler werden lassen als eine vorwiegend arbeitsintensiv organisierte Produktion mit billiger Arbeitskraft in Entwicklungsländern; und die ausbleibenden, jedoch versprochenen Ergebnisse der Produktionsverlagerung und Exportindustrialisierung in den Entwicklungsländern sowie ihre negativen ökonomischen und sozialen Folgen in diesen Ländern werden hier vielfach unvermeidlich zu politischen Entwicklungen führen, die Kapitalverwertung letztlich an zahlreichen – heute rentablen – Standorten in Entwicklungsländern in Frage stellen werden.

3. Die bisherige Analyse erlaubt es, in großen Umrissen anzugeben, welche der Forderungen und Vorschläge in den programmatischen Erklärungen einer »Neuen Internationalen Wirtschaftsordnung« entweder auf den Widerstand von westeuropäischen Unternehmen, Gewerkschaften und Regierungen stoßen oder in Zukunft stoßen werden, oder inwieweit sie den Interessen der genannten Gruppen entsprechen und deshalb, soweit westeuropäische Kräfte maßgeblich sind, sich durchsetzen lassen werden. Selbstverständlich sind auch differenzierte Reaktionen der jeweiligen Kräftegruppen der einzelnen westeuropäischen Länder anzunehmen, entsprechend den besonderen politischen, ökonomischen und historischen Bedingungen dieser Länder; diese bleiben hier weitgehend unberücksichtigt.

Nach einer Klassifikation von UNITAR können die Problembereiche einer »Neuen Internationalen Wirtschaftsordnung« in sechs Hauptgruppen unterteilt werden: Entwicklungsfinanzierung, Internationaler Handel, Industrialisierung und Technologie, Nahrungsmittelversorgung und Ressourcenverfügung, institutionelle und politische Probleme und schließlich soziale Probleme.[19] Diese sechs Hauptgruppen lassen sich zusammenfassen zu zwei in ihren Inhalten grundsätzlich verschiedenen Zielvorstellungen, nämlich Vorschlägen zur Anpassung des supranationalen handels- und währungspolitischen Überbaus an die Strukturveränderungen in der Weltwirtschaft und Vorschlägen, die Elemente zur Veränderung der kapitalistischen Struktur der Weltwirtschaft selbst enthalten.

4. Die westeuropäischen Unternehmen (das westeuropäische Kapital) befürworten und unterstützen eine Verwirklichung derjenigen Vorschläge, die auf eine Anpassung des supranationalen Überbaus zielen und dazu beitragen, die transnationale Reorganisation der Produktion zu erleichtern und die transnationale Mobilität der Unternehmen zu erhöhen. Mit gleicher Entschiedenheit werden einschränkungslos alle Vorschläge des zweiten Bereichs, nämlich zur Veränderung der kapitalistischen Struktur der Weltwirtschaft selbst, diskussionslos abgelehnt und ihre Verwirklichung verhindert und auch zukünftig zu verhindern versucht werden.

Diejenigen Vorschläge für eine »Neue Internationale Wirtschaftsordnung«, die dazu beitragen, eine weitere Integration der Entwicklungsländer in die internationale Arbeitsteilung zu erleichtern und zu beschleunigen, werden vom westeuropäischen

Kapital – von Ausnahmen abgesehen – unterstützt, ja, zu eigenen Forderungen erhoben. Darunter fallen so gut wie alle Vorschläge, die einen Abbau von tarifären und nichttarifären Handelshemmnissen zum Inhalt haben. Eine protektionistische Politik wird von Unternehmensseite, als den eigenen Expansionsbemühungen entgegenstehend, letztlich abgelehnt. Ferner werden von Unternehmensseite diejenigen Vorschläge einer »Neuen Internationalen Wirtschaftsordnung« unterstützt, die eine Modifikation des internationalen Währungssystems beinhalten und dazu beitragen, einerseits Investitionsfinanzierungen in Entwicklungsländern zu erleichtern und andererseits die Entwicklungsländer vor absoluter Zahlungsunfähigkeit zu bewahren. Schließlich wird der Transfer von staatlichen Ressourcen in Entwicklungsländer von Unternehmensseite befürwortet, insbesondere insoweit sie helfen, die Standortbedingungen für Kapitalexpansion in Entwicklungsländern zu verbessern.

Die Forderungen nach einer »Neuen Internationalen Wirtschaftsordnung« sind von westeuropäischen Unternehmen insofern längst zu einem Katalog von Vorschlägen modifiziert worden, deren Verwirklichung dazu beiträgt, von Unternehmensseite beabsichtigte Strukturveränderungen in der Weltwirtschaft zu beschleunigen. Zugleich sieht das westeuropäische Kapital, insbesondere die westeuropäische Industrie, die internationale Konkurrenzfähigkeit industrieller Produktion an westeuropäischen Standorten langfristig keineswegs als gefährdet an. In einer »Neuen Internationalen Wirtschaftsordnung« werden sich nach der Strategie westeuropäischer Unternehmen eben diese Unternehmen weltweit als konkurrenzfähig erweisen, indem sie im Rahmen transnationaler Aufteilung der Produktion traditionelle Fertigungen zunehmend in den Entwicklungsländern vornehmen oder vornehmen lassen und von dort importieren und durch moderne Fertigungen an den traditionellen Standorten die bisherigen Produktionen ersetzen. Für die Stahlindustrie heißt dies beispielsweise, daß die Rohstahlerzeugung in Entwicklungsländern expandieren wird, während gleichzeitig die Stahlkapazitäten in Westeuropa auf die Erzeugung von Edelstahl und Spezialstählen konzentriert werden. Für die Schiffbauindustrie heißt dies beispielsweise, daß der konventionelle Handelsschiffbau und die arbeitsintensiven Prozesse im Schiffbau vorwiegend in Entwicklungsländern stattfinden, während der Bau von Spezialschiffen, der zunehmend an Bedeutung gewinnt, wie etwa der Bau von Fabrikschiffen und die Fertigung moderner Schiffsausrüstungen, an den traditionellen Werftstandorten in den Industrieländern verbleibt. Für die Textilindustrie heißt dies beispielsweise, daß sich die westeuropäische Industrie durch rationalisierte Fertigung von hochwertigen Geweben an den traditionellen Industriestandorten ihren Vorsprung auf dem Weltmarkt sichern wird und zugleich in Entwicklungsländern die Fertigung von »billiger« Standard- und Massenware organisiert. Für die westeuropäische Industrie insgesamt heißt dies, daß veraltete, nichtrentable Anlagen stillgelegt werden und die Produktion in modernen Anlagen und auf moderne Produkte konzentriert wird. Der Prozeß zu internationaler Dezentralisierung und Diversifizierung der Produktion auf Fabrikebene ist damit gleichzeitig ein Prozeß internationaler Hierarchisierung, Konzentration und Zentralisation der Produktion auf Unternehmensebene.

5. Die westeuropäischen Regierungen und die Kommission der Europäischen Gemeinschaften haben zu den Vorschlägen für eine »Neue Internationale Wirtschaftsordnung« eine Position bezogen, die einerseits bestimmt ist von den Zwängen zur Förderung der Konkurrenzfähigkeit westeuropäischer Unternehmen auf dem Weltmarkt und andererseits von den Zwängen einer Politik sozialer Befriedung. Alle Vorschläge, die auch nur im Ansatz Elemente einer Veränderung der kapitalistischen Struktur der Weltwirtschaft enthalten, werden – aus »ordnungspolitischen« Erwägungen, wie eine geläufige Formel entsprechender Legitimationsbemühungen lautet – selbst von sozialdemokratischen Regierungen Westeuropas nicht unterstützt. Umgekehrt finden diejenigen Vorschläge für eine »Neue Internationale Wirtschaftsordnung«, die dazu beitragen, die Integration der Entwicklungsländer in die Weltwirtschaft zu vertiefen, die Expansion europäischer Unternehmen im Ausland zu erleichtern, mit anderen Worten, internationale handels- und investitionspolitische Barrieren abzubauen, mehr oder weniger die Unterstützung westeuropäischer Regierungen. Diese Politik wird begleitet von dem Einsatz nationaler wie supranationaler wirtschaftspolitischer Instrumente zur Vermeidung »unerträglicher sozialer Härten« einerseits und zur Verbesserung der Standortbedingungen in Westeuropa andererseits. Die Forderung nach einer »Neuen Internationalen Wirt-

schaftsordnung« wird also von den westeuropäischen Regierungen akzeptiert und modifiziert als ein Bündel von Maßnahmen, welches Strukturveränderungen in der Weltwirtschaft, wie sie nicht zuletzt vom Standpunkt der Konkurrenzfähigkeit westeuropäischer Unternehmen erwünscht sind, erleichtern hilft. Die »Neue Internationale Wirtschaftsordnung« stellt sich für westeuropäische Regierungen und ebenso für die Kommission der Europäischen Gemeinschaften letztlich als eine Ordnung dar, in der die Kapitalakkumulation im weltweiten Rahmen einerseits befreit wird von allen vermeidbaren wirtschaftspolitischen Hemmnissen und in der andererseits ein Minimum an staatlicher Steuerungs- und Anpassungspolitik stattfindet, insbesondere in der Form von Ressourcenumverteilung, die »unerträgliche soziale Härten« in den Industrieländern vermeidet und in den Entwicklungsländern Veränderungen, die Veränderungen des internationalen politischen Kräfteverhältnisses bedeuten, auffängt.

Forderungen der Entwicklungsländer nach einer Kontrolle der Aktivitäten multinationaler Unternehmen werden in der Diskussion um die »Neue Internationale Wirtschaftsordnung« von westeuropäischen Regierungen umformuliert zu Forderungen nach einer Verbesserung des »Investitionsklimas« in den Entwicklungsländern. Forderungen nach einer Stabilisierung der Rohstofferlöse der Entwicklungsländer werden umformuliert zu Forderungen nach Garantien der Entwicklungsländer für die Sicherung der Rohstoffversorgung Westeuropas. Die Bereitschaft zum Ressourcentransfer in die Entwicklungsländer wird abhängig gemacht von der Bereitschaft der Entwicklungsländer, sich den kompromißlosen »ordnungspolitischen« Vorstellungen des Internationalen Währungsfonds zu unterwerfen, was faktisch einen um so stärkeren Ressourcenabfluß aus den Entwicklungsländern sichert.

Gleichzeitig erfährt der Umstrukturierungsprozeß in den westeuropäischen Industrieländern jedwede Unterstützung, die nationale und supranationale Wirtschaftspolitik zu leisten imstande ist. Investitionssubventionen werden für Produkt- und Prozeßinnovationen eingesetzt. Die Konzentration der Unternehmen wird nicht mehr länger behindert, sondern zunehmend gefördert. Die Standortbedingungen in Westeuropa für moderne, auf dem Weltmarkt konkurrenzfähige Industrie werden generell zu verbessern versucht.

6. Die westeuropäischen Gewerkschaften haben sich in zahlreichen Erklärungen national wie international zu den Vorschlägen der Entwicklungsländer für eine »Neue Internationale Wirtschaftsordnung« sowie zu den Strukturveränderungen in der Weltwirtschaft geäußert. Die bisherige Haltung der westeuropäischen Gewerkschaften zu den Vorschlägen für eine »Neue Internationale Wirtschaftsordnung« weicht kaum ab von der oben dargestellten Position der westeuropäischen Regierungen. Anders als die US-Gewerkschaften haben die westeuropäischen Gewerkschaften bisher kaum versucht, die Tendenz zu einer neuen internationalen Arbeitsteilung durch die Forderung nach protektionistischer Politik aufzuhalten. Die Politik der Gewerkschaften läuft faktisch darauf hinaus, durch Unterstützung des Umstrukturierungs- und Modernisierungsprozesses der westeuropäischen Industrie die Konkurrenzfähigkeit eben dieser Industrie und damit gleichzeitig die Konkurrenzfähigkeit der westeuropäischen Arbeitskräfte auf dem Weltmarkt für Arbeitskräfte zu bewahren. Dieses strategische Ziel der westeuropäischen Gewerkschaften, auch unter den Bedingungen einer partiellen Durchsetzung der Vorschläge für eine »Neue Internationale Wirtschaftsordnung«, also insbesondere der weiteren Liberalisierung des Welthandels und der weiteren Integration der Entwicklungsländer in die internationale Arbeitsteilung, die Konkurrenzfähigkeit der westeuropäischen Arbeitskräfte und damit ein Mindestmaß an Beschäftigung zu wahren, soll über ein Bündel von nationalen oder supranationalen Anpassungsmaßnahmen erreicht werden. Dieses Maßnahmenbündel reicht von der Forderung nach Subventionen und einer staatlichen Technologiepolitik für moderne Produktionen, der Forderung nach Koordination westeuropäischer industrieller Aktivitäten – durchaus auch auf Unternehmensebene –, der Forderung nach Nachfragebelebung durch steuerliche Umverteilung und der Forderung nach Erhöhung der beruflichen Qualifikation und Mobilität der Arbeitskräfte bis zu der Forderung nach Verstaatlichung der Schlüsselindustrien, wenn sich private unternehmerische Anpassungspolitik als unzureichend erweisen sollte. Die Mehrzahl der westeuropäischen Gewerkschaften wie der westeuropäischen Gewerkschaftsvereinigungen scheinen sich sicher zu sein, daß eine koordinierte Modernisierungs-, Rationalisierungs- und Verlagerungspolitik, koordiniert zwischen Unternehmen, Regierungen und Gewerkschaften, die Konkurrenzfähigkeit der westeuropäischen Standorte und der westeuropäischen Industrie so zu sichern vermag, daß auf dem Weltmarkt für Arbeitskraft und Produktionsstandorte der Vorsprung westeuropäischer Arbeitskraft und Produktionsstandorte vor den Arbeitskräften und Produktionsstandorten der Entwicklungsländer gewahrt bleibt.

7. Zusammenfassend ist zu sagen, daß sowohl von westeuropäischer Unternehmensseite als auch von westeuropäischer Gewerkschaftsseite, als auch von westeuropäischen Regierungen zahlreiche Vorschläge zur Anpassung der internationalen handels- und währungspolitischen Strukturen, wie sie im Rahmen der Diskussion für eine »Neue Internationale Wirtschaftsordnung« gemacht werden, Unterstützung finden. Ebenso eindeutig ist jedoch, daß die Verwirklichung solcher Vorschläge, obwohl angeblich im Interesse der Entwicklungsländer liegend, nicht den fundamentalen Interessen der Entwicklungsländer und ihrer Bevölkerung entspricht und tatsächlich den Interessen der Kapitalverwertung dient.

Umgekehrt gibt es gegenwärtig keine Aussicht, daß auf westeuropäischer Seite Vorschläge, die Elemente einer Veränderung der kapitalistischen Struktur der Weltwirtschaft selbst enthalten, auch nur auf Diskussionsbereitschaft stoßen, geschweige denn, daß sie politische Unterstützung finden. Es erübrigt sich festzustellen, warum Vorschläge einer Veränderung der kapitalistischen Struktur der internationalen Wirtschaftsordnung von den Unternehmen, d. h. vom Kapital selbst, nicht nur diskussionslos abgelehnt werden, sondern mit Vorschlägen einer Stabilisierung der kapitalistischen Struktur der Weltwirtschaft beantwortet werden. Der Katalog solcher entgegengesetzten Vorschläge ist sehr umfangreich. Reprivatisierungen, freie Investitionszonen, Aufhebung von Arbeitsgesetzgebungen etc. sind die Stichworte.

Die gewerkschaftlichen Stellungnahmen zu Vorschlägen, die auf eine Veränderung der kapitalistischen Struktur der internationalen Wirtschaftsordnung zielen, reduzieren sich bisher auf die Ankündigung neuer Strategien, falls die durch die tatsächlichen Strukturveränderungen in der Weltwirtschaft zunehmenden sozialen Konflikte nicht entschärft werden. Allerdings zeichnet sich bisher nicht ab, welchen Inhalt solche Strategien haben könnten und haben werden. Andererseits könnten gerade die westeuropäischen Gewerkschaften durch die faktische Entwicklung der

Weltwirtschaft zunehmend gezwungen werden, von Forderungen nach einer Veränderung der kapitalistischen Struktur der internationalen Wirtschaftsordnung Kenntnis zu nehmen und sie möglicherweise zu übernehmen.

Die Haltung der westeuropäischen Regierungen hinsichtlich der Vorschläge nach einer Veränderung der kapitalistischen Struktur der internationalen Wirtschaftsordnung ist gegenwärtig, wie vorher festgestellt, selbst auf sozialdemokratischer Seite ablehnend. Es wird vom zukünftigen Kräfteverhältnis zwischen Unternehmen und Gewerkschaften abhängig sein, welches die zukünftige Haltung – mindestens sozialdemokratischer – Regierungen sein wird.

Will man ein Resümee dieser Analyse ziehen, so bleibt nichts anderes übrig, als festzustellen, daß – soweit die internationale Entwicklung durch westeuropäische Kräfte beeinflußt wird – eine Änderung der fundamentalen Strukturen der internationalen Wirtschaftsordnung nicht auf der Tagesordnung steht. Die existierende internationale Wirtschaftsordnung ist die kapitalistische Ordnung und Unordnung der Weltwirtschaft. Die Vorschläge in der internationalen Diskussion für eine »Neue Internationale Wirtschaftsordnung«, die Elemente zur Veränderung der kapitalistischen Struktur dieser Ordnung enthalten, reduzieren sich bisher auf Vorschläge, wie die internationalen Wirtschaftsbeziehungen *nicht* gestaltet sein sollten. Sie enthalten keine alternativen Vorstellungen; sie enthalten keine Elemente einer konkreten Utopie einer alternativen Struktur und Entwicklung der Weltwirtschaft. Die von UNITAR in ungeschminkter Deutlichkeit beschriebenen Konsequenzen der bestehenden »Ordnung« werden daher zunächst auch weiterhin die internationale soziale Entwicklung bestimmen:

»The existing international economic order is unsatisfactory for all members of the international community. It produces widening gaps between rich and poor nations, and between wealthy and marginal populations within nations; it fails to assure a life free of alienation and unemployment in industrialized countries and free from hunger and deprivation in developing countries; and it makes the progressive achievement of self-reliance difficult or impossible for the majority of nations and peoples. If continued unchanged, the present international economic order would create more injustice, suffering, and conflict.«[20]

1 Die Europäische Wirtschaftskommission der Vereinten Nationen beginnt ihren *Jahresbericht 1977* mit den folgenden Bemerkungen: »Economic performance in the ECE region was not satisfactory in 1977. The gross domestic product of the *West European countries* increased by only 2 per cent compared with 4.5 per cent in 1976. [. . .]
[. . .] the outlook for an improvement in the persistantly depressed labour markets is bleak. At the end of 1977 unemployment was higher than a year earlier in Belgium, Denmark, Finland, Italy, Sweden, the United Kingdom . . .; elsewhere in Western Europe it was more or less unchanged or marginally lower.« (United Nations, Secretariat of the Economic Commission for Europe, *Economic Survey of Europe in 1977*. Part I, *The European Economy in 1977*, New York 1978, S. 1 u. 3.)
Ein Jahr später heißt es im *Jahresbericht 1978*: »On a year-to-year basis (annual averages), industrial production only grew by an estimated 2 per cent in 1978 – that is less than in 1977 and less than GDP. [. . .]
For Western Europe as a whole, there was not any noticable increase in employment in 1978 nor any substantial change in unemployment. [. . .]
Total unemployment rose in seven West European countries as well as in the United States between 1973 and 1978.« (United Nations, Secretariat of the Economic Commission for Europe, *Economic Survey of Europe in 1978*. Part I, *The European Economy in 1978*, New York 1979, S. 1 u. 12-13.)

2 Kommission der Europäischen Gemeinschaften, *Eine Europäische Stahlpolitik*, Brüssel, März 1979, S. 2.

3 Ebenda.

4 Vgl. *Metall, Zeitung der Industriegewerkschaft Metall*, 10. März 1978.

5 Vgl. *Nachrichten für Außenhandel*, 6. März 1978.

6 Vgl. *Frankfurter Allgemeine Zeitung/Blick durch die Wirtschaft*, 19. Januar 1980.

7 Vgl. *Handelsblatt*, 31. Dezember 1979.

8 Vgl. *Handelsblatt*, 19. April 1978.

9 Vgl. *Die Zeit*, 28. April 1978.

10 Vgl. *Frankfurter Allgemeine Zeitung*, 26. März 1979.

11 Vgl. *Frankfurter Allgemeine Zeitung*, 22. März 1978.

12 Vgl. *Handelsblatt*, 26. Oktober 1978.

13 Vgl. *Handelsblatt*, 16./17. Dezember 1977.

14 Vgl. *Handelsblatt*, 14./15. Dezember 1979.

15 Vgl. *Financial Times*, 10. Januar 1980.

16 Der Vizepräsident der EG-Kommission, Wilhelm Haferkamp, beurteilt die wirtschaftliche Lage Westeuropas am Ende der siebziger Jahre wie folgt: »Die Weltwirtschaft wird immer stärker zu einem einzigen Aktionsfeld. Auf diesem Aktionsfeld spielen zwar Amerika und Europa nach wie vor eine bedeutende Rolle, aber ihr relatives Gewicht nimmt ab. Andere Akteure beanspruchen ihren Platz. Die Folgen dieser Entwicklung treffen Unternehmer wie Arbeitnehmer in Europa. Arbeitnehmer an der Saar, in Liverpool oder in Lille sehen ihre Arbeitsplätze bedroht, weil in Korea, Brasilien oder am Persischen Golf neue, exportorientierte Düngemittelfabriken, Stahlwerke, Erdölraffinierien oder Werften entstanden. Werksanlagen müssen stillgelegt, Investitionen vorzeitig abgeschrieben werden, weil in anderen Teilen der Welt wirtschaftliche Veränderungen erfolgen, zu denen oft andere Sektoren der europäischen Industrie beigetragen haben. Einige Bereiche der europäischen Industrie müssen schrumpfen, damit andere expandieren und die

Früchte der weltwirtschaftlichen Neuorientierung ernten können. Die Anpassung an die weltwirtschaftlichen Veränderungen verlangt Opfer. Sie bringt Lasten und soziale Spannungen mit sich. Diese sind ungleich verteilt. Sie treffen ungelernte Arbeitnehmer und Frauen härter als Facharbeiter und Ingenieure. Sie treffen strukturschwache, entlegende Gebiete stärker als die industriellen Zentren, die sich frühzeitig auf anspruchsvolle industrielle Erzeugnisse spezialisiert haben.« (*FAZ/Blick durch die Wirtschaft*, 19. Dezember 1978.)

17 Herbert Giersch, *Zu den Forderungen nach einer neuen Weltwirtschaftsordnung*, in: B. Schiemenz (Hrsg.), *Weltwirtschaftsordnung und Wirtschaftswissenschaft. Vorträge der Festveranstaltung des Fachbereichs Wirtschaftswissenschaften der Philipps-Universität Marburg aus Anlaß des 450jährigen Jubiläums am 26. Mai 1977*, Stuttgart und New York 1978, S. 27.

18 Ebenda.

19 Vgl. Ervin Laszlo, Robert Baker, Elliott Eisenberg, Venkata Raman, *The Objectives of the New International Economic Order*, New York 1978.

20 UNITAR, *Progress in the Establishment of a New International Economic Order: Obstacles and Strategies. A Joint Project of UNITAR and the Center for the Economic and Social Study of the Third World*, Project Outline, 1978.

Otto Kreye
Perspektiven des industriellen Wachstums und der sozialen Entwicklung in den Entwicklungsländern

1. In den sechziger und siebziger Jahren hat in den Entwicklungsländern eine rasche industrielle Entwicklung stattgefunden. In den Zuwachsraten der verarbeitenden Industrie spiegelt sich diese Entwicklung wie folgt wider: Von 1960 bis 1970 verzeichnete nach Angaben der UNCTAD die verarbeitende Industrie in den Entwicklungsländern durchschnittlich jährliche Wachstumsraten von 6,4 Prozent, von 1970 bis 1976 sogar von 7,5 Prozent. In den westlichen Industrieländern betrugen die Wachstumsraten in den gleichen Zeiträumen 5,8 und 3,4 Prozent.[1] Die Beschäftigung in der verarbeitenden Industrie nahm in den Entwicklungsländern von 1960 bis 1970 durchschnittlich um jährlich 3,8 Prozent und von 1970 bis 1976 um 6,2 Prozent zu. In den Industrieländern stagnierte dagegen die Beschäftigung in den sechziger Jahren und entwickelte sich rückläufig in der ersten Hälfte der siebziger Jahre.[2]

War das industrielle Wachstum in den Entwicklungsländern in der ersten Hälfte der sechziger Jahre wie in den fünfziger Jahren vor allem durch sogenannte importsubstituierende Produktion gekennzeichnet, so spielte ab der zweiten Hälfte der sechziger Jahre und ebenso in den siebziger Jahren die industrielle Produktion für Auslandsmärkte, sogenannte Exportproduktion, eine wachsende Rolle. Mittlerweile sind auch in den Entwicklungsländern importsubstituierende und exportorientierte industrielle Produktionen in einem hohen Ausmaß miteinander verflochten.[3]

Die rasche industrielle Entwicklung in den Entwicklungsländern war keineswegs auf einige wenige Länder beschränkt, sie war vielmehr in der Mehrzahl der Länder Asiens und Lateinamerikas und auch in einer größeren Zahl von Ländern Afrikas zu verzeichnen. Das industrielle Wachstum fand ferner keineswegs nur in der Leichtindustrie, sondern vor allem auch im Bereich der Schwerindustrie statt. Die Schwerindustrie hatte in den Entwicklungsländern sogar überdurchschnittliche Wachstumsraten. Die Zuwachsraten betrugen von 1960 bis 1976 jährlich ungefähr 9 Prozent.[4] Mittlerweile sind zahlreiche traditionelle Produktionen der Leichtindustrie, insbesondere die Textil- und Bekleidungsindustrie und Teile der elektrotechnischen Industrie, und zahlreiche traditionelle Produktionen der Schwerindustrie, insbesondere die Stahlproduktion und der Schiffbau, in einem erheblichen Ausmaß in der Dritten Welt angesiedelt. Zudem finden sich heute schon zahlreiche Beispiele für hochmoderne industrielle Fertigungen in der Dritten Welt, wie der Bau von Bohrinseln in Singapur, die Serienfertigung von Bodenstationen für den Satellitenfunkverkehr in Indonesien oder die Fertigung von Flugzeugen in Brasilien.

In fast allen Entwicklungsländern sind in den sechziger und siebziger Jahren moderne Industriestandorte entstanden, die mit den wesentlichen Einrichtungen für industrielle Vorleistungen und moderner Infrastruktur ausgestattet sind. Die rasche industrielle Entwicklung war schließlich keineswegs auf die verarbeitende Industrie beschränkt. Andere Bereiche, so zum Beispiel die Agrarindustrie und die extraktive Industrie, verzeichneten gleichfalls hohe Zuwachsraten. Die Tendenz einer raschen industriellen Entwicklung in den sechziger und siebziger Jahren wurde im übrigen kaum durch die massiven Konjunkturkrisen dieser Perioden, so zum Beispiel die Krise 1974/75, unterbrochen.

Natürlich weist diese – pauschal geschilderte – industrielle Entwicklung in den sechziger und siebziger Jahren in den Ländern der Dritten Welt erhebliche regionale Unterschiede auf. Nichtsdestoweniger kann von einer sich durchsetzenden Tendenz der Industrialisierung in der Dritten Welt gesprochen werden, in deren Verlauf die alten Agrar- und Rohstoffländer zumindest zu Agrar-, Rohstoff- *und Industrie*ländern werden.

Zu einem der fundamentalen Glaubenssätze herkömmlicher Entwicklungspolitik zählt, daß durch Industrialisierung der Entwicklungsländer eine wesentliche Voraussetzung für die Überwindung von Unterentwicklung erfüllt werde. Die Berichte zur sozialen Lage in den Entwicklungsländern, die am Ende der siebziger Jahre von zahlreichen internationalen Organisationen vorgelegt worden sind, zeigen jedoch, daß das rasche industrielle Wachstum in den Entwicklungsländern nicht mit einer entsprechenden Verbesserung der sozialen Lage der Mehrheit der Bevölkerung dieser Länder verbunden war. Eher weisen die Statistiken zur Beschäftigungs- und Einkommensentwicklung, zur Ernährungslage, zur Wohnsituation und zur Lage der sozial Abhängigen darauf hin, daß sich in vielen Regionen die soziale Lage eines großen Teils der Bevölkerung nicht nur relativ, sondern sogar absolut verschlechtert hat. Anläßlich der »World Conference on Employment, Income Distribution and Social Progress and the International Division of Labour« im Jahre 1976 veröffentlichte das Internationale Arbeitsamt in seinem Bericht *Employment, Growth and Basic Needs* die folgenden Zahlen:

»More than 700 million people live in acute poverty and are destitute. At least 460 million persons were estimated to suffer from a severe degree of protein-energy malnutrition even before the recent food crisis. Scores of millions live constantly under a threat of starvation. Countless millions suffer from debilitating diseases of various sorts and lack access to the most basic medical services. The squalor of urban slums is too well known to need further emphasis. The number of illiterate adults has been estimated to have grown from 700 million in 1960 to 760 million towards 1970. The tragic waste of human resources in the Third World is symbolised by nearly 300 million persons unemployed or underemployed in the mid-1970s.«[5]

Kaum zwei Jahre später revidierte das Internationale Arbeitsamt diese Zahlen dahingehend, daß es nach »jüngsten Schätzungen [...] 1,1 bis 1,5 Milliarden Menschen auf der Welt [gebe], die sich nicht einmal ein Minimum an Grundbedürfnissen erfüllen können«.[6]

Im sogenannten ersten Weltentwicklungsbericht, der von der Weltbank 1978 vorgelegt wurde, heißt es im Vorwort McNamaras:

»Das vergangene Vierteljahrhundert war eine Periode von beispiellosen Veränderungen und Fortschritten in der sich entwickelnden Welt, und dennoch sind nach wie vor etwa 800 Millionen Menschen in dem gefangen, was ich als absolute Armut bezeichnet habe: in einem Zustand, der so stark geprägt ist von Unterernährung, Analphabetentum, Krankheit, erbärmlicher Umgebung, hoher Kindersterblichkeit und niedriger Lebenserwartung, daß er außerhalb jeder vertretbaren Definition der menschlichen Würde liegt.«[7]

Kein anderes Bild der sozialen Entwicklung in den Entwicklungsländern in den sechziger und siebziger Jahren spiegeln die zahllosen Analysen und Berichte wider, die von anderen Organisationen wie der FAO, der UNCTAD, den regionalen Wirtschaftsorganisationen der Vereinten Nationen und den regionalen Entwicklungsbanken in den letzten Jahren vorgelegt worden sind.

2. Es bleibt zu fragen, warum industrielle und soziale Entwicklung in den Ländern der Dritten Welt so manifest auseinanderklaffen, und ob sich die Tendenzen solcher gegenläufiger Entwicklungen in den achtziger Jahren fortsetzen werden. Eine Analyse der Bedingungen, der Struktur und der Ergebnisse der Industrialisierung in den Entwicklungsländern erlaubt hierauf eine erste Antwort.

Die Industrialisierung in den Entwicklungsländern vollzieht sich unter den Bedingungen der transnational integrierten kapitalistischen Ökonomie[8]. Die Industrialisierung in den Entwicklungsländern vollzieht sich insbesondere unter den Bedingungen eines existenten Weltmarktes für Arbeitskräfte und eines existenten Weltmarktes für Produktionsstandorte, zusätzlich zu den Bedingungen eines seit Jahrzehnten oder seit Jahrhunderten existenten Weltmarktes für Kapital, Rohstoffe, Technologien und Halb- und Fertigwaren.

Industrialisierung unter den Bedingungen des transnational integrierten kapitalistischen ökonomischen Systems ist damit wesentlich Ergebnis der Möglichkeit und des Zwanges zur transnationalen Organisation der Produktion. Eine der führenden internationalen Unternehmensberatungsorganisationen, Business International Corporation, hat unter dem Begriff ›Worldwide Sourcing‹ vor Jahren die Notwendigkeit transnationaler Organisation der Produktion beschrieben:

»[. . .] the entire world (has become) a single uninterrupted continuum not only from a sales standpoint but also from a sourcing one. . . . companies look worldwide not only for men, materials, and the money to run their business, but also for manufacturing resources. In the short run this means sourcing decisions from existing manufacturing capabilities; in the long run it means locating the company's assets in the best possible location for profit worldwide – one of the most important types of major decisions that a company must make.«[9]

Die Industrialisierung der Entwicklungsländer in den sechziger und siebziger Jahren ist in einem hohen Grade das Ergebnis solchermaßen getroffener Investitionsentscheidungen. Das gilt nicht nur für die Exportproduktion, sondern auch zu einem erheblichen Teil für die sogenannte Importsubstitutionsproduktion, wobei zum Beispiel tarifäre und nichttarifäre Handelshemmnisse lediglich ein Investitionskalkül unter mehr als hundert anderen sind.[10]

Was Frederik Clairemonte über die Bananenproduktion vor vielen Jahren schrieb, nämlich daß nicht *Länder* Bananen produzierten, sondern daß *Unternehmen in* Ländern Bananen produzierten, trifft auch auf die industrielle Produktion zu. Nicht die *Länder* der Dritten Welt produzieren jetzt auch Autos, elektronische Bauelemente und Stahl, sondern *Unternehmen* produzieren zunehmend *in* diesen Ländern Autos, elektronische Bauelemente und Stahl. Es sind nicht Entwicklungsländer, die Autos produzieren, sondern es sind Unternehmen wie General Motors, Volkswagen und Mitsubishi, die in steigendem Maße Autos in Brasilien, Nigeria und Südkorea produzieren; es sind nicht Entwicklungsländer, die elektronische Bauelemente montieren, sondern es sind Unternehmen wie General Electric, Siemens und Sony, die in Mexiko, Südkorea und Taiwan elektronische Bauelemente montieren; es sind nicht Entwicklungsländer, die Stahl produzieren, sondern es sind Unternehmen wie United Steel, Mannesmann und Kawasaki, die in Brasilien, Südkorea und auf den Philippinen Stahl produzieren. Selbst wenn von Inlandsunternehmen für Auslandsmärkte produziert wird, ist diese Produktion – häufig als Lizenz- oder Auftragsproduktion – nichts anderes als Produktion von *Unternehmen* in Entwicklungsländern und nicht von Entwicklungs*ländern*.

Die Zielorientierung der Produktion von Unternehmen ist so eindeutig, wie es ihre Bedingungen sind. Es wird für Märkte produziert und es muß für Märkte produziert werden, von denen eine kaufkräftige Nachfrage zu erwarten ist, unabhängig davon, ob dies Inlands- oder Auslandsmärkte sind. Und es wird an Standorten produziert und es muß an Standorten produziert werden, die eine rentable, mit anderen Worten, profitable Produktion erlauben. Letztere sind in vielen Fällen heute Standorte in den Entwicklungsländern; die Märkte finden sich nach wie vor überwiegend in den Industrieländern und nur zu einem geringen Teil in den Entwicklungsländern. Die Masse der Bevölkerung in den Entwicklungsländern – meist ohne nennenswerte Geldeinkommen – ist trotz ihres ungeheuren Bedarfs nicht zu einer kaufkräftigen Nachfrage fähig und stellte und stellt infolgedessen keinen Markt dar, für den produziert werden konnte oder in Zukunft produziert werden kann.[11]

Die Zielorientierungen industrieller Produktion von Unternehmen in Entwicklungsländern – wie im übrigen jeder anderen ökonomischen Tätigkeit – sind nicht und können nicht, bei Strafe des Untergangs der Unternehmen, die Probleme der Entwicklungsländer sein. Ebenso können und dürfen die Unternehmen nicht, bei Strafe des Untergangs, ihre Kalkulationen für Finanzierung, Produktion, Technologie, Einkauf und Verkauf und nicht zuletzt für die Realisierung, Verteilung und Wiederanlage des Gewinns abhängig nur von den jeweiligen Bedingungen und Bedürfnissen der einzelnen Länder vornehmen. Daher ist in den Entwicklungsländern eine Industrie entstanden und/oder im Entstehen, die nur zufällig – und häufig auch dann nur eingeschränkt – den Bedürfnissen der Bevölkerung und den Möglichkeiten des jeweiligen Landes entspricht. Und es ist eine Industrie entstanden und/oder im Entstehen, die nur zufällig und eingeschränkt komplex oder in die übrige regionale Ökonomie integriert ist. Viel häufiger ist sie entstanden oder ist sie im Entstehen als nichtkomplexe, nichtintegrierte Teilproduktion oder Monoproduktion. Sie ist entstanden und/oder ist im Entstehen, weil Unternehmen am jeweiligen Standort die günstigsten Bedingungen für die jeweilige Produktion oder Teilproduktion vorgefunden haben oder vorfinden. Zu diesen günstigen Bedingungen in den Entwicklungsländern zählen gegenwärtig vor allem billige Arbeitskräfte, verfügbare Rohstoffe, verfügbare Energie, verfügbare Industriegebiete und, schließlich, steuerpolitische, kreditpolitische und sonstige investitionspolitische Vorteile.

Der Aufbau industrieller Teilproduktion in den Entwicklungsländern im Rahmen transnationaler Organisation der Produktion ist ein augenfälliges Phänomen des Industrialisierungsprozesses der Dritten Welt. Solche Teilproduktionen finden sich sowohl in der Leichtindustrie als auch in der Schwerindustrie. Drucker hat diese Form der transnationalen Organisation der Produktion in einem mittlerweile vielfach zitierten Artikel im *Wall Street Journal* als »production sharing« bezeichnet.[12] Wohl eher unfreiwillig hat er damit auch ausgedrückt, daß diese Form der Arbeitsteilung in der Tat »production sharing« und nicht »decision sharing« und vor allem nicht »consumption sharing« ist.

Es bedarf wohl kaum einer Begründung, daß nichtkomplexe und nichtintegrierte Teilproduktion oder Monoproduktion keine ausreichende Basis für die Überwindung von Unterentwicklung und somit für die Lösung der sozialen Probleme der Länder der Dritten Welt darstellt. Erst recht ist industrielle Teilproduktion oder Monoproduktion keine Basis für die Überwindung von Unterentwicklung, wenn solche Produktion, wie es in der überwiegenden Zahl der Entwicklungsländer der Fall ist, der nationalen Kontrolle entzogen bleibt. Nicht die Länder, sondern die Unternehmen in den Ländern kontrollieren Produktion, Technologie, Management und Marketing und damit die Verwendung und Verteilung der Produktion und ihrer Erträge. Ist schon in der Phase der Importsubstitutionsproduktion deutlich geworden, daß durch Lizenzproduktion keine unabhängige nationale Produktion entstehen kann, so ist die sogenannte Exportproduktion nationaler Kontrolle noch in stärkerem Maße entzogen. Während Unternehmen gezwungen sind, sich bei Produktionen für Inlandsmärkte nationalen Kontrollen mindestens teilweise zu unterwerfen – sofern solche Restriktionen alle Unternehmen betreffen, bleiben sie im übrigen konkurrenzneutral –, sind sie bei Produktionen für den Auslandsmarkt häufig in der Lage, sich nationalen Kontrollen zu entziehen, da die unterschiedlichen nationalen Investitionsbedingungen bei der Standortwahl für Auslandsproduktionen in einem weit höheren Grade ausgenutzt werden können.

Soweit industrielle Produktion in den Entwicklungsländern durch ausländische Unternehmen kontrolliert wird, sei es direkt durch Kapitalbeteiligungen, sei es indirekt durch Managementverträge, durch Lizenzproduktion oder durch Vertragsproduktion, bleiben Technologie, Management, Marketing und die Verwendung und Verteilung der Erträge fast ausschließlich unter ausländischer Unternehmenskontrolle. In einem hohen Maße unterliegt die industrielle Produktion in Entwicklungsländern direkter oder indirekter ausländischer Unternehmenskontrolle. So ist, von Ausnahmen abgesehen, den Entwicklungsländern durch industrielle Produktion ausländischer Unternehmen in den letzten zwanzig bis dreißig Jahren weder der Zugang zu moderner Technologie noch der Zugang zu den Märkten eröffnet worden.[13]

Der Zugang zu ausländisch-kontrollierten Märkten, Rohstoff- und Energiequellen bleibt den Entwicklungsländern auch bei fortgeschrittener Importsubstitutionsproduktion und Exportproduktion so gut wie verschlossen. Von entscheidender Bedeutung ist jedoch, daß die Erträge ausländisch-kontrollierter Produktion in den Entwicklungsländern, gleichgültig, ob sie auf Inlandsmärkte oder auf Auslandsmärkte zielt, der inländischen Kontrolle und damit der inländischen Abschöpfung, Umverteilung und Verwendung entzogen werden können. Legale Instrumente, zum Beispiel die Nutzung von Steueroasen, die Verwendung von Verrechnungspreisen und die Erhebung von Lizenzgebühren, sind dazu die Mechanismen. Dies hat in den vergangenen 25 Jahren dazu geführt, daß das Wachstum industrieller Produktion in den Entwicklungsländern von einem ständig steigenden Abfluß von Produktionsüberschüssen, in Form offener oder verschleierter Gewinntransfers, aus diesen Ländern begleitet war. Die Fähigkeit zur erweiterten volkswirtschaftlichen Reproduktion der Entwicklungsländer durch industrielle Produktion in diesen Ländern war und ist somit zunehmend in Frage gestellt. Unzureichende inländische Spar- und Investitionsraten, wachsende externe Verschuldung und entsprechende Zahlungsbilanzdefizite sind der äußere Ausdruck solcher Entwicklung.

Verwertungsinteresse und Befriedigung gesellschaftlicher Bedürfnisse sind nicht notwendig deckungsgleich und sind insbesondere in Entwicklungsländern nicht deckungsgleich. So einfach, so richtig und so alt diese Erkenntnis ist, so unbekannt soll sie eben im Verwertungsinteresse bleiben. Die nachstehend wiedergegebenen Ausführungen des Präsidenten von Tansania, Mwalimu Julius K. Nyerere, bestätigt der Vorstandsvorsitzende eines US-amerikanischen transnationalen Konzerns auf seine Weise:

»The motive of private investment is the making of profit. Anyone proposing to build a factory demands four things: assured, adequate, and cheap power and water supplies; a labour supply which is disciplined and with an adequate skill component; the existence of an effective market, and easy access to it; and fourthly, economic and political stability, with especial reference to low taxation, profit repatriation, and the availability of adequate consumer goods and services to provide incentives for senior management...

By its very nature, therefore, foreign capital will only find poor countries attractive in those areas where returns are immediate and very high. These are not usually the most useful investments. Any other kind of foreign investment has to be induced by promises of tax exemptions, and of priority over even the most essential provision of services to our people.

Some poor countries have nevertheless decided to pin their faith in private enterprise as the basis of their development strategy. They have given the tax-holidays demanded, guaranteed the export of profit, endeavoured to prevent the growth of trade unions which would demand dignity and decent conditions for the employees in such firms. But they remain poor nations. Even if a small group of their citizens become wealthy, the people as a whole remain undeveloped. To their other problems is added that of gross internal inequality, with – sooner or later – its consequent political instability. . .

But private enterprise will not make the quantity and quality of investment required to overcome our poverty; it will not do the priority jobs in our nations; and, to the extent that we attract it by promising to leave it uncontrolled and untrammelled, it will add to our social and cultural problems.«[14]

»In looking at society and its needs for goods and services, it is clear that the private sector does not and cannot fill the entire bill. To be really efficient, the private sector has to operate with a return on investment and in its own self-interest. By doing so, the private sector certainly provides benefits to the rest of society. But it cannot equitably distribute the proceeds to that society nor can it guarantee the security and welfare of the total community. That has to be done by some other body.«[15]

3. Nachdem für alle Welt klar geworden ist, daß die Strategie der Industrialisierung durch Importsubstitution keine komplexen, integrierten industriellen Systeme in den Entwicklungsländern hat entstehen lassen, und nachdem für alle Welt klar geworden ist, daß insofern die Strategie der Entwicklung durch Importsubstitution gescheitert ist, wird den Entwicklungsländern eine neue Strategie, die der Industrialisierung durch Exportwachstum und der Entwicklung durch Exportindustrie, verkündet. Kaum verwunderlich ist, daß sich die Weltbank nunmehr an die erste Stelle der Vertreter einer Kritik der Politik der Importsubstitution und der Propagierung einer Politik des Exportwachstums stellt. Im sogenannten ersten *Weltentwicklungsbericht* hat die Weltbank den Entwicklungsländern folgenden Unsinn mitzuteilen:

»Je weitgehender ein Land Importe durch im Inland hergestellte Güter substituiert, desto unwirtschaftlicher wird nach und nach die Verwendung inländischer Produktionsfaktoren zur Einsparung von Devisen durch die Verdrängung von Importen verglichen mit der Verwendung dieser Faktoren zur Erwirtschaftung von Devisen über zusätzliche Ausfuhren. Wo nur noch wenig zusätzlicher Raum für eine industrielle Importsubstitution verbleibt und zugleich die Ausfuhren wenig oder gar nicht wachsen, wird die Devisenknappheit schnell zum bedeutendsten Engpaß für die weitere Entwicklung.«[16]

Demjenigen, der das glaubt, verspricht die Weltbank, daß eine Verbesserung der Zahlungsbilanzlage und der Beschäftigungssituation dann eintritt, wenn »die Benachteiligung der Produktion für den Export gegenüber der für den Inlandsabsatz verringert wird«, um schließlich die sozialen »Erschütterungen« einer exportorientierten Industrialisierungspolitik zu bagatellisieren:

»Ein industrielles Anreizsystem, das effiziente und international konkurrenzfähige Firmen belohnt, fördert in der Regel eine starke Zunahme der industriellen Beschäftigung und der Einkommen; eine schwergewichtig auf Außenhandelsschranken basierende industrielle Förderungspolitik neigt demgegenüber nicht dazu, ein dauerhaftes Wachstum mit hohen Zuwachsraten zu begünstigen. Durch eine Neuorientierung der verfolgten Strategien werden Veränderungen in der Industriestruktur ausgelöst, die ihrerseits Erschütterungen und insbesondere auch Verluste von Arbeitsplätzen in inländischen Branchen mit einer sehr unwirtschaftlichen Produktion verursachen. Dies kann insbesondere in Ländern mit einer bereits sehr hohen Arbeitslosigkeit und Unterbeschäftigung äußerst schmerzvoll sein und die Suche entlassener Arbeitskräfte nach neuen Arbeitsstellen sehr erschweren. Durch geeignete Maßnahmen können jedoch die Übergangsprobleme erleichtert und die mit der strukturellen Änderung verbundenen sozialen Kosten verringert werden. Die Übernahme dieser Kosten wird durch die erzielbaren Wachstums- und Beschäftigungsgewinne gerechtfertigt.«[17]

Durch ihren Mitarbeiter Donald B. Keesing läßt die Weltbank an anderer Stelle mitteilen:

»Production sharing is very important for developing countries, but the big impact comes on their overall industrial development, by increasing their ability to pay for imports, by overcoming bottlenecks, by giving them greater flexibility in terms of output mix and scale in face of the constraints imposed by their domestic demand, by allowing them to make better uses of their labor and other resources, and by improving what they learn and how fast they learn it. This helps to accelerate their overall growth and development, which in turn helps to provide jobs as well as opportunities for productivity growth.

Fortunately for the developing nations, industrial exports do not have to solve the problems of jobs and development; they only have to break bottlenecks and catalyze the process of industrialization. For this purpose, the richer nations' markets, along with the growing markets in other developing nations, could probably provide enough exports to do the job for one set of developing countries after another, provided developing countries do well in managing and fostering their end of industrialization.«[18]

Die politischen und wissenschaftlichen Vertreter einer Strategie der Entwicklung durch Exportwachstum verzichten im übrigen darauf, die veränderten Randbedingungen des Weltmarktes und die damit möglich und notwendig gewordene industrielle Exportproduktion an Standorten in Entwicklungsländern zu erklären, sie beschränken sich darauf, den faktisch stattfindenden Prozeß der Exportindustrialisierung zu legitimieren, indem sie versprechen, daß nunmehr das Zeitalter der Entwicklung für die Dritte Welt angebrochen sei und daß jetzt die Wohlfahrtseffekte industrieller Entwicklung unvermeidlich seien. Den Ländern der Dritten Welt wird versprochen, daß durch Exportproduktion und Exportwachstum die engen Grenzen innerer Märkte durchbrochen werden, höhere inländische Spar- und Akkumulationsraten erzielt, Zugänge zu moderner Technologie eröffnet und damit rasche Produktivitätssteigerungen möglich werden könnten, und daß sich die wirtschaftliche und soziale Infrastruktur in einer Weise entfalten würde, daß die Grundlagen für eine umfassende Entwicklung entstehen würden.[19]

Was theoretisch evident ist, kann mittlerweile auch als tatsächliches Resultat des Exportwachstums in zahlreichen Entwicklungsländern beobachtet werden: Die Versprechen der Entwicklung durch Exportindustrialisierung können sich nicht erfüllen und erfüllen sich nicht. Um es zu wiederholen: Exportindustrialisierung bedeutet noch mehr als Importsubstitutionsindustrialisierung, daß nicht Länder, sondern Unternehmen über Spar- und Akkumulationsraten, Zugang zu Märkten und über Technologie und Produktivität entscheiden. Für die Länder treten die versprochenen Effekte nicht ein. Statt höherer Spar- und Akkumulationsquoten erfahren sie höhere Kapitalabflüsse und damit abnehmende Spar- und Akkumulationsraten, statt zu neuen Märkten Zugang zu finden, erleben sie, daß sie über Märkte, wie eh und je, keine Kontrolle haben. Anstatt daß sie zu moderner Technologie Zutritt bekämen, werden Ansätze zu eigenständiger Technologieentwicklung zerstört. Und schließlich wird deutlich, daß sie anstelle dringend benötigter moderner wirtschaftlicher und sozialer Infrastruktur die Entwicklung einer Infrastruktur finanzieren müssen, die ausschließlich von Exportindustrien benötigt wird und der sonstigen ökonomischen und sozialen Entwicklung der Länder nicht nur nicht dient, sondern sie vielmehr behindert.

4. Will man Perspektiven für die industrielle Entwicklung und darüber hinaus für die allgemeine ökonomische und soziale Entwicklung in den Entwicklungsländern in den achtziger Jahren angeben, so sind neben den bisher genannten Tendenzen insbesondere zwei Entwicklungen zu berücksichtigen. Erstens sind die weitreichenden Strukturveränderungen, die in der Landwirtschaft weltweit stattfinden, die insbesondere durch zunehmende kapitalintensive Produktion ausgelöst sind, zu beachten. Zweitens sind die sich weltweit in fast allen industriellen Branchen durchsetzende Rationalisierungswelle, die vor allem durch neue Möglichkeiten der Elektronik ausgelöst worden ist, und eine damit im Zusammenhang stehende weltweite Kapazitätsausweitung zu beachten.

Zunehmende kapitalintensive Produktion auch in der Landwirtschaft der Entwicklungsländer hat eine verstärkte Freisetzung von Arbeitskräften zur Folge, die auf dem Weltarbeitsmarkt das Heer der industriellen Reservearmee beträchtlich verstärkt hat und weiter verstärken wird, so daß die Konkurrenz der Entwicklungsländer um arbeitsintensive Exportindustrien sich verschärfen wird. Die Bemühungen beispielsweise Bangladeshs, Sri Lankas und Ägyptens, zu neuen Standortländern für Exportindustrien zu werden, sind ein Ausdruck dieser Entwicklung. Im übrigen treffen die Entwicklungsländer in der Konkurrenz um arbeitsintensive Exportindustrien zunehmend auch auf die Konkurrenz sozialistischer Länder – nicht zuletzt Chinas –, die ihre Arbeitskräfte auf dem kapitalistischen Weltmarkt für Exportproduktionen in den sozialistischen Ländern oder in Form von Arbeitskräfteexporten anbieten.

Trotz sich weiter ausdehnender Industrieproduktion, insbesondere der Exportproduktion an Standorten in der Dritten Welt, wird bei zunehmender Streuung und zugleich ungleicher Verteilung die Industrieproduktion in der Mehrzahl der Entwicklungsländer auch nicht annähernd den Umfang erreichen, der den größeren Teil der arbeitslosen und unterbeschäftigten Menschen in der Dritten Welt zu absorbieren vermöchte. Das Angebot an billigen Arbeitskräften wird im übrigen nur dann die Ansiedlung neuer Industrien bewirken können, wenn es mit dem Angebot attraktiver Rohstoff- und Energieversorgung verknüpft werden kann. Auch von dieser Entwicklung her wird sich die Verteilung neuer Industrien auf Standorte in den Entwicklungsländern verändern.

Während sich einerseits abzeichnet, daß bestimmte traditionelle Industrien weltweit zunehmend an neuen Standorten in den Entwicklungsländern für den Weltmarkt produzieren werden – dazu zählen vor allem die Stahlerzeugung, der Fahrzeugbau, der Schiffbau und bestimmte Bereiche der chemischen Industrie und des Maschinenbaus –, gibt es andererseits Anzeichen dafür, daß in anderen industriellen Branchen, die in den sechziger und siebziger Jahren an Standorten in der Dritten Welt entstanden sind, so zum Beispiel der Textil- und Bekleidungsindustrie, der feinmechanisch-optischen Industrie und der elektronischen Industrie, aufgrund der neuen Rationalisierungsmöglichkeiten die Standortbedingungen der Entwicklungsländer sich dahingehend verändern, daß billige Arbeitskräfte nicht mehr in wachsendem Umfang benötigt werden. Die Möglichkeiten und Zwänge der Automatisierung, des Einsatzes von Robotern werden in vielen Fällen eher zur Rückverlagerung bisher arbeitsintensiver Produktion an traditionelle Industriestandorte in den Industrieländern führen. Auf den Reißbrettern der Unternehmen befinden sich längst Entwürfe derjenigen Fertigungsanlagen, die in den achtziger Jahren vielfach auch billige Arbeitskraft überflüssig machen können. Beispielsweise ist von Fachleuten der Bekleidungsindustrie zu hören, daß die Rationalisierung der Produktion erst an ihrem Anfang sei, daß zumindest die Teilautomatisierung jetzt auf der Tagesordnung stehe. Aus der elektronischen Industrie kommen Meldungen, daß die bisher manuell ausgeführten Löt- und Montagearbeiten bei der Herstellung integrierter Schaltkreise rentabel von automatisierter Fertigung abgelöst werden können. Es ist also damit zu rechnen, daß in Ländern wie Malaysia, Mexiko und Südkorea Hunderttausende von ungelernten Arbeitskräften, die gegenwärtig mit entsprechenden manuellen Tätigkeiten in diesen Branchen beschäftigt sind, überflüssig werden.

Da die Rationalisierungswelle in vielen Branchen mit erheblichen Kapazitätsausweitungen verbunden ist, rechnet die Industrie mit dem Entstehen beträchtlicher Überkapazitäten. Es gibt jedoch keine Hinweise darauf, daß nicht gerade die neuen Fabrikationsstätten in der Dritten Welt aufgrund von Unternehmensstrategien die ersten sein könnten, deren Kapazität überflüssig wird. Aus all dem folgt, daß sich der Industrialisierungsprozeß in der Dritten Welt regional und sektoral noch ungleichmäßiger entwickeln wird als bisher, trotz vermutlich global fortgesetzt relativ hoher

Zuwachsraten der industriellen Produktion in der Dritten Welt. Es ist nicht auszuschließen, daß in einer beschränkten Zahl von Entwicklungsländern schließlich eine zumindest teilweise komplexe, teilweise miteinander integrierte und zumindest teilweise zu autonomer Weiterentwicklung fähige Industrie entsteht. Ein systematisches Ergebnis der Industrialisierungstendenzen in der Dritten Welt ist eine solche Entwicklung jedoch nicht. Vielmehr ist sicher, daß eine komplexe, integrierte, zu autonomer Reproduktion fähige Industrie unter den gegebenen Bedingungen des Weltmarktes in der Mehrzahl der Entwicklungsländer nicht entstehen wird. Die Abhängigkeit der Industrialisierungsprozesse in den Entwicklungsländern von Unternehmenskalkulationen und Unternehmensentscheidungen besteht trotz aller entwicklungspolitischer und entwicklungsstrategischer Absichtserklärungen fort. Die Unternehmenskalkulationen und -entscheidungen sind wiederum abhängig von den sich verändernden Bedingungen des kapitalistischen Weltmarktes. Unternehmen müssen bei Strafe des Untergangs flexibel auf sich wandelnde Bedingungen, auf neue Möglichkeiten und Zwänge reagieren. Soziale Gesichtspunkte oder, anders gesagt, entwicklungspolitische Wunschvorstellungen können kein Kalkulationsmoment sein und sind es nicht. Es ist daher nicht verwunderlich, daß die Voraussagen internationaler Organisationen, wie z. B. der OECD, lauten, daß trotz fortschreitender industrieller Entwicklung in der Dritten Welt die Probleme von Armut und Elend für große Teile der Bevölkerung nicht nur bis zum Ende der achtziger Jahre, sondern über das Jahr 2000 hinaus fortbestehen werden. Um so verwunderlicher ist es allerdings, daß die Strukturen des ökonomischen Systems, das eine solche Entwicklung unvermeidlich macht, von den Autoren solcher Prognosen nicht einmal intellektuell-reflektorisch, geschweige denn politisch-praktisch im demokratischen Prozeß in Frage gestellt werden, auch nicht aufgrund der Einsicht, daß fortgesetzte Unterentwicklung Bürgerkriege, zwischenstaatliche Kriege, Revolutionen und Konterrevolutionen unvermeidlich werden läßt:

»What then is the overall picture of the Third World at the end of the century revealed by an analytical approach? How far does it add to, and confirm, the picture given by the worldwide scenarios? An analysis by country and by region reminds us, firstly – if this were necessary – of the possibility of more or less fundamental *sociopolitical upheavals* affecting one

Third World country or another and occasionally upsetting the economic and political equilibrium of a whole region. Such upheavals can take many forms: civil wars between different ethnic groups; border conflicts between countries; revolutions and counter-revolutions.«[20]

Anmerkungen

1 UNCTAD, *Handbook of International Trade and Development Statistics 1979*, New York 1979, S. 534.

2 UNCTAD, a.a.O., S. 536.

3 Eine Differenzierung der industriellen Entwicklung nach dem Unterscheidungsmerkmal »Inlands- oder Auslandsmarkt« ist daher in vielen Fällen kaum möglich; im übrigen ist die Produktion für den Inlandsmarkt (importsubstituierende Produktion) wie die Produktion für den Auslandsmarkt (exportorientierte Produktion) Produktion für den Weltmarkt, welcher, von welchem Produktionsstandort auch immer gesehen, nichts anderes als die Einheit von Auslands- und Inlandsmärkten darstellt.

4 UNCTAD, a.a.O., S. 534.

5 International Labour Office, *Employment, Growth, and Basic Needs: A One World Problem*, Genf 1976, S. 3.

6 Zitiert nach *Süddeutsche Zeitung* vom 9./10. Dezember 1979.

7 Weltbank, *Weltentwicklungsbericht 1978*, Washington 1978, S. III.

8 Das ökonomische System des Kapitalismus ist von Anfang an ein latent globales System. Die anfangs latent vorhandene Integration der ökonomischen Aktivitäten im internationalen Maßstab ist bis zur Mitte dieses Jahrhunderts längst zu einer faktischen geworden. Die Tatsache, daß das international integrierte ökonomische System nicht mit einem international integrierten politischen System korrespondiert, versperrt hierfür häufig den Blick.

9 Business International Corporation, *Solving Worldwide Sourcing Problems*, Management Monographs, Nr. 53, New York 1971, S. 3-5.

10 Vgl. in diesem Zusammenhang zum Beispiel Business International Corporation, *Decision Making in International Operations. 151 Checklists.*

11 Dies gilt auch für private und staatliche inländische Unternehmen in Entwicklungsländern. Soweit einzelne Regierungen versuchen, private oder staatliche Unternehmen vor den Bedingungen des Weltmarktes zumindest teilweise zu schützen, ist entweder keine auf dem Weltmarkt konkurrenzfähige Industrie entstanden oder im Entstehen, oder internationale Organisationen, wie zum Beispiel der Internationale Währungsfonds, sorgen dafür, daß solche staatliche Politik, die sich an Inlandsbedürfnissen und -bedingungen orientiert, nicht ausufert oder zu lange währt.

12 Peter F. Drucker, *Production Sharing*, in: *Wall Street Journal*, 15. März 1977.

13 Exemplarisch für fortgesetzte technische Abhängigkeit auch bei fortgeschrittener Entwicklung der Industrieproduktion in einer Branche ist die Abhängigkeit der südkoreanischen Elektroindustrie von japanischer und US-amerikanischer Technologie, wie sie in der nachfolgend zitierten Analyse der Korea Exchange Bank beschrieben wird: »At the end of last year (1976), 118 firms used foreign, mainly American and Japanese technology, principally in the production of parts and components. [. . .] In spite of relatively low requirements of fixed capital, why does the Korean electronics industry rely so heavily on foreign capital? The answer lies in

the fact that foreign corporations always tie capital participation to transfers of technology. Furthermore, the small size of domestic firms leaves little room for independent technological development. This further encourages the inflow of technology and leads to the neglect of domestic research. This vicious circle has left the Korean electronics industry with a low level of technology. [. . .] The technical dependence on both Japan and USA poses a threat to the continued growth of the industry. These countries' technical control over the Korean electronics industry could deal a crippling blow unless the industry devotes sufficient resources to the research and development of its own technology. Especially to lessen the reliance on Japanese technology which soon becomes outmoded, the industry is encouraged to go directly to the sources of new technology, if necessary through joint ventures.« (Korea Exchange Bank, *Monthly Review*, 9 (1977), *Electronics Industry in Korea*, S. 11-12.)

14 Mwalimu Julius K. Nyerere, *The Third World and the International Economic Structure,* in: *Internationales Afrika-Forum,* 2 (1976), S. 159-160; Text des Vortrags, den Nyerere am 4. Mai 1976 in Bonn gehalten hat.

15 William F. May, Chairman, American Can Co., *Executive Viewpoint,* in: *Business International,* 12. Januar 1979, S. 12.

16 Weltbank, *Weltentwicklungsbericht 1978,* Washington D.C., August 1978, S. 66.

17 Weltbank, a.a.O., S. 67.

18 Donald B. Keesing, *Production Sharing Implications For Trade Between Developing Nations And Developed Nations*, in: *Journal of The Flagstaff Institute*, Flagstaff, Vol. III, Nr. I, Januar 1979, S. 25.

19 Vgl. zum Beispiel Gerald M. Meier, *Employment, Trade and Development,* Leiden 1977.

20 OECD, *Interfutures. Final Report. Facing the Future: Mastering the Probable and Managing the Unpredictable*, Paris 1979, S. 229.

Über die Autoren des Bandes

Folker Fröbel, Jürgen Heinrichs, Otto Kreye und Anne-Marie Münster sind Mitarbeiter des Max-Planck-Instituts zur Erforschung der Lebensbedingungen der wissenschaftlich-technischen Welt, Starnberg.
Margaret Fay († Juni 1979) war zuletzt Mitarbeiterin des Max-Planck-Instituts, Starnberg.
Ernest Feder leitet ein Forschungsprojekt der Berghof-Stiftung für Konfliktforschung, Berlin.
Andre Gunder Frank arbeitete von 1974 bis 1978 am Max-Planck-Institut, Starnberg; er lehrt an der School of Development Studies, University of East Anglia, Norwich.
Barbara Stuckey war von 1976 bis 1979 Mitarbeiterin des Max-Planck-Instituts, Starnberg; sie arbeitet am Institut für Wirtschaftsforschung der Eidgenössischen Technischen Hochschule, Zürich.

504 Juan Rulfo, Der Llano in Flammen
505 Carlos Fuentes, Zwei Novellen
506 Augusto Roa Bastos, Menschensohn
508 Alejo Carpentier, Barockkonzert
509 Elisabeth Borchers, Gedichte
510 Jurek Becker, Jakob der Lügner
512 James Joyce, Die Toten/The Dead
513 August Strindberg, Fräulein Julie
514 Sigmund Freud, Eine Kindheitserinnerung des Leonardo da Vinci
515 Robert Walser, Jakob von Gunten
517 Luigi Pirandello, Mattia Pascal
519 Rainer Maria Rilke, Gedichte an die Nacht
520 Else Lasker-Schüler, Mein Herz
521 Marcel Schwob, 22 Lebensläufe
522 Mircea Eliade, Die Pelerine
523 Hans Erich Nossack, Der Untergang
524 Jerzy Andrzejewski, Jetzt kommt über dich das Ende
525 Günter Eich, Aus dem Chinesischen
526 Gustaf Gründgens, Wirklichkeit des Theaters
528 René Schickele, Die Flaschenpost
529 Flann O'Brien, Das Barmen
533 Wolfgang Hildesheimer, Biosphärenklänge
534 Ingeborg Bachmann, Malina
535 Ludwig Wittgenstein, Vermischte Bemerkungen
536 Zbigniew Herbert, Ein Barbar in einem Garten
537 Rainer Maria Rilke, Ewald Tragy
538 Robert Walser, Die Rose
539 Malcolm Lowry, Letzte Adresse
540 Boris Vian, Die Gischt der Tage
541 Hermann Hesse, Josef Knechts Lebensläufe
542 Hermann Hesse, Magie des Buches
543 Hermann Lenz, Spiegelhütte
544 Federico García Lorca, Gedichte
545 Ricarda Huch, Der letzte Sommer
546 Wilhelm Lehmann, Gedichte
547 Walter Benjamin, Deutsche Menschen
548 Bohumil Hrabal, Tanzstunden für Erwachsene und Fortgeschrittene
549 Nelly Sachs, Gedichte
550 Ernst Penzoldt, Kleiner Erdenwurm
551 Octavio Paz, Gedichte
552 Luigi Pirandello, Einer, Keiner, Hunderttausend

553 Strindberg, Traumspiel
554 Carl Seelig, Wanderungen mit Robert Walser
555 Gershom Scholem, Von Berlin nach Jerusalem
556 Thomas Bernhard, Immanuel Kant
557 Ludwig Hohl, Varia
559 Raymond Roussel, Locus Solus
560 Jean Gebser, Rilke und Spanien
561 Stanisław Lem, Die Maske · Herr F.
562 Raymond Chandler, Straßenbekanntschaft Noon Street
563 Konstantin Paustowskij, Erzählungen vom Leben
564 Rudolf Kassner, Zahl und Gesicht
565 Hugo von Hofmannsthal, Das Salzburger große Welttheater
567 Siegfried Kracauer, Georg
568 Valery Larbaud, Glückliche Liebende ...
570 Graciliano Ramos, Angst
571 Karl Kraus, Über die Sprache
572 Rudolf Alexander Schröder, Ausgewählte Gedichte
573 Hans Carossa, Rumänisches Tagebuch
574 Marcel Proust, Combray
575 Theodor W. Adorno, Berg
576 Vladislav Vančura, Der Bäcker Jan Marhoul
577 Mircea Eliade, Die drei Grazien
578 Georg Kaiser, Villa Aurea
579 Gertrude Stein, Zärtliche Knöpfe
580 Elias Canetti, Aufzeichnungen
581 Max Frisch, Montauk
582 Samuel Beckett, Um abermals zu enden
583 Mao Tse-tung, 39 Gedichte
584 Ernst Kreuder, Die Gesellschaft vom Dachboden
585 Peter Weiss, Der Schatten des Körpers des Kutschers
586 Herman Bang, Das weiße Haus
587 Herman Bang, Das graue Haus
588 Hermann Broch, Menschenrecht und Demokratie
589 D. H. Lawrence, Auferstehungsgeschichte
590 O'Brien, Zwei Vögel beim Schwimmen
591 André Gide, Die Rückkehr des verlorenen Sohnes
592 Jean Gebser, Lorca oder das Reich der Mütter
593 Robert Walser, Der Spaziergang
594 Natalia Ginzburg, Caro Michele
595 Rachel de Queiroz, Das Jahr 15
596 Hans Carossa, Ausgewählte Gedichte
597 Mircea Eliade, Der Hundertjährige
599 Hans Mayer, Doktor Faust und Don Juan
600 Thomas Bernhard, Ja
601 Marcel Proust, Der Gleichgültige

602 Hans Magnus Enzensberger, Mausoleum
603 Stanisław Lem, Golem XIV
604 Max Frisch, Der Traum des Apothekers von Locarno
605 Ludwig Hohl, Vom Arbeiten · Bild
606 Herman Bang, Exzentrische Existenzen
607 Guillaume Apollinaire, Bestiarium
608 Hermann Hesse, Klingsors letzter Sommer
609 René Schickele, Die Witwe Bosca
610 Machado de Assis, Der Irrenarzt
611 Wladimir Trendrjakow, Die Nacht nach der Entlassung
612 Peter Handke, Die Angst des Tormanns beim Elfmeter
613 André Gide, Die Aufzeichnungen und Gedichte des André Walter
614 Bernhard Guttmann, Das alte Ohr
616 Ludwig Wittgenstein, Bemerkungen über die Farbe
617 Paul Nizon, Stolz
618 Alexander Lernet-Holenia, Die Auferstehung des Maltravers
619 Jean Tardieu, Mein imaginäres Museum
620 Arno Holz / Johannes Schlaf, Papa Hamlet
621 Hans Erich Nossack, Vier Etüden
622 Reinhold Schneider, Las Casas vor Karl V.
624 Ludwig Hohl, Bergfahrt
627 Vladimir Nabokov, Lushins Verteidigung
628 Donald Barthelme, Komm wieder, Dr. Caligari
629 Louis Aragon, Libertinage, die Ausschweifung
630 Ödön von Horváth, Sechsunddreißig Stunden
631 Bernhard Shaw, Sozialismus für Millionäre
633 Lloyd deMause, Über die Geschichte der Kindheit
634 Rainer Maria Rilke, Die Sonette an Orpheus
635 Aldous Huxley, Das Lächeln der Gioconda
637 Wolf von Niebelschütz, Über Dichtung
638 Henry de Montherlant, Die kleine Infantin
639 Yasushi Inoue, Eroberungszüge
640 August Strindberg, Das rote Zimmer
641 Ernst Simon, Entscheidung zum Judentum
642 Albert Ehrenstein, Briefe an Gott
645 Marie Luise Kaschnitz, Beschreibung eines Dorfes
646 Thomas Bernhard, Der Weltverbesserer
647 Wolfgang Hildesheimer, Exerzitien mit Papst Johannes
648 Volker Braun, Unvollendete Geschiche
649 Hans Carossa, Ein Tag im Spätsommer 1947
651 Regina Ullmann, Ausgewählte Erzählungen
652 Stéphane Mallarmé, Eines Faunen Nachmittag
653 Flann O'Brien, Das harte Leben
654 Valery Larbaud, Fermina Márquez
671 Yehudi Menuhin, Kunst und Wissenschaft als verwandte Begriffe

edition suhrkamp

848 Dieter Wellershoff, Die Auflösung des Kunstbegriffs
849 Samuel Beckett, Glückliche Tage
850 Basil Bernstein, Beiträge zu einer Theorie
851 Hobsbawm/Napolitano, Auf dem Weg zum ›historischen Kompromiß‹
852 Über Max Frisch II
853 Brecht-Jahrbuch 1976
854 Julius Fučík, Reportage unter dem Strang geschrieben
856 Dieter Senghaas, Weltwirtschaftsordnung und Entwicklung
857 Peter V. Zima, Kritik der Literatursoziologie
858 Silvio Blatter, Genormte Tage, verschüttete Zeit
859 Russell Jacoby, Soziale Amnesie
860 Gombrich/Hochberg/Black, Kunst, Wahrnehmung, Wirklichkeit
861 Blanke/Offe/Ronge u.a., Bürgerlicher Staat und politische Legitimation. Herausgegeben von Rolf Ebbighausen
863 Gesellschaft, Beiträge zur Marxschen Theorie 8/9
864 Über Wolfgang Koeppen. Herausgegeben von Ulrich Greiner
865 Gesellschaft 12
866 Fichant/Pêcheux, Überlegungen zur Wissenschaftsgeschichte
867 Ernst Kris, Die ästhetische Illusion
868 Brede/Dietrich/Kohaupt, Politische Ökonomie des Bodens
870 Umwälzung einer Gesellschaft. Herausgegeben von Richard Lorenz
871 Friedensanalysen 4
872 Piven/Cloward, Regulierung der Armut
873 Produktion, Arbeit, Sozialisation. Herausgegeben von Th. Leithäuser und W. R. Heinz
874 Max Frisch/Hartmut von Hentig, Zwei Reden zum Friedenspreis des Deutschen Buchhandels 1976
875 Eike Hennig, Bürgerliche Gesellschaft und Faschismus in Deutschland
876 Bolius, Erziehungsroman
877 Starnberger Studien 1
878 Leithäuser/Volmerg/Wutka, Entwurf zu einer Empirie
879 Peter Bürger, Aktualität und Geschichtlichkeit
880 Tilmann Moser, Verstehen, Urteilen, Verurteilen
881 Loch/Kernberg u. a., Psychoanalyse im Wandel
882 Michael T. Siegert, Strukturbedingungen von Familienkonflikten
883 Erwin Piscator, Theater der Auseinandersetzung
884 Politik der Subjektivität. Texte der italienischen Frauenbewegung, Herausgegeben von Michaela Wunderle
885 Hans Dieter Zimmermann, Vom Nutzen der Literatur
886 Gesellschaft, Beiträge zur Marxschen Theorie 10
887 Über Hans Mayer, Herausgegeben von Inge Jens
888 Nicos Poulantzas, Die Krise der Diktaturen
889 Alexander Weiß, Bericht aus der Klinik
890 Bergk/Ewald/Fichte u. a., Aufklärung und Gedankenfreiheit. Herausgegeben und eingeleitet von Zwi Batscha

891 Friedensanalysen 5
892 Franz L. Neumann, Wirtschaft, Staat, Demokratie
893 Georges Politzer, Kritik der Grundlagen der Psychologie
895 Umberto Eco, Zeichen. Einführung in einen Begriff und seine Geschichte
897 Ralph-Rainer Wuthenow, Muse, Maske, Meduse
898 Cohen/Taylor, Ausbruchversuche. Identität und Widerstand
901 Der bürgerliche Rechtsstaat. Herausgegeben von Mehdi Tohidipur
902 Ernest Borneman, Psychoanalyse des Geldes
903 Steven Marcus, Umkehrung der Moral
904 Alfred Sohn-Rethel, Warenform und Denkform
905 Beiträge zur Soziologie der Gewerkschaften. Hrsg. von Joachim Bergmann
906 Brecht-Jahrbuch 1977
907 Horst Kern, Michael Schumann, Industriearbeit und Arbeiterbewußtsein
908 Julian Przybós, Werkzeug aus Licht
910 Peter Weiss, Stücke II
913 Martin Walser, Das Sauspiel mit Materialien. Herausgegeben von Werner Brändle
916 Dürkop/Hardtmann (Hrsg.), Frauen im Gefängnis
917 Bowles S./Gintis H., Pädagogik und die Widersprüche der Ökonomie
918 Klaus-Martin Groth, Die Krise der Staatsfinanzen
920 Tagträume vom aufrechten Gang. Sechs Interviews mit Ernst Bloch, Herausgegeben von Arno Münster
921 Silvia Bovenschen, Die imaginierte Weiblichkeit
922 Anderson, Von der Antike zum Feudalismus
923 Sozialdemokratische Arbeiterbewegung, Band 1, Herausgegeben von Wolfgang Luthardt
925 Friedensanalysen 6
927 Ausgewählte Gedichte Brechts, Herausgegeben von Walter Hinck
928 Betty Nance Weber, Brechts ›Kreidekreis‹
929 Auf Anregung Bertolt Brechts: Lehrstücke. Herausgegeben von Reiner Steinweg
930 Walter Benjamin, Briefe 1 und 2. Herausgegeben von Gershom Scholem und Theodor W. Adorno
932 Jugendarbeitslosigkeit. Herausgegeben von Gero Lenhardt
933 Ute Gerhard, Verhältnisse und Verhinderungen
934 Sozialdemokratische Arbeiterbewegung, Band 2, Herausgegeben von Wolfgang Luthardt
935 Literatur ist Utopie. Herausgegeben von Gert Ueding
936 Berger/Heßler/Kavemann, Brot für heute, Hunger für morgen
937 Labrousse, Lefebvre, Soboul u. a. Geburt der bürgerlichen Gesellschaft 1789. Herausgegeben von I. A. Hartig
938 Habermas, Bovenschen u. a., Gespräche mit Marcuse
939 Thomas Brasch, Rotter Und weiter
940 Simone Weil, Fabriktagebuch
941 Ute Volmerg, Identität und Arbeitserfahrung

942 Klaus Eßer, Lateinamerika
943 Gewerkschaften und Strafvollzug, Hrsg. v. Lüderssen u. a.
944 Alexander von Brünneck, Politische Justiz
945 Jacques Derrida, Die Stimme und das Phänomen
948 Thompson/Caspard/Puls; Alltagspraxis, Wahrnehmungsformen, Protestverhalten
949 Julia Kristeva, Die Revolution der poetischen Sprache
950 Perry Anderson, Die Entstehung des absolutistischen Staates
951 Grundrechte als Fundament der Demokratie, hrsg. von Joachim Perels
954 Elias/Lepenies, Zwei Reden. Theodor W. Adorno-Preis 1977
955 Friedensanalysen 7
956 Brecht-Jahrbuch 1978. Hrsg. Fuegi/Grimm/Hermand
957 Gesellschaft, Beiträge zur Marxschen Theorie 11
958 Friedensanalysen 8
959 Martin Walser, Wer ist ein Schriftsteller?
960 Albert Soboul, Französische Revolution und Volksbewegung
962 Bettelheim/Mészarós/Rossanda u. a., Zurückforderung der Zukunft
963 Starnberger Studien 2
964 Nach dem Protest. Literatur im Umbruch. Herausgegeben von W. Martin Lüdke
966 Kern, Kampf um Arbeitsbedingungen
967 Michail M. Bachtin, Die Ästhetik des Wortes, hrsg. von Rainer Grübel
968 Frauen, die pfeifen. Herausgegeben von R. Geiger, H. Holinka, C. Rosenkranz, S. Weigel
969 Ernst Bloch, Die Lehren von der Materie
970 Giuliano Scabia, Das große Theater des Marco Cavallo
971 Siegfried Kracauer, Jacques Offenbach
974 Jirí Kosta, Abriß der sozialökonomischen Entwicklung der Tschechoslowakei 1945-1977
975 Nathan, Ideologie, Sexualität und Neurose
976 Bernd Jürgen Warneken, Literarische Produktion
978 Klaus Mäding, Strafrecht und Massenerziehung in der VR China
979 Bertolt Brecht, Tagebücher 1920-1922
981 Jeanne Favret-Saada, Die Wörter, der Zauber, der Tod
983 Bassam Tibi, Internationale Politik und Entwicklungsländer-Forschung
984 Dieter Kühn, Löwenmusik
985 Agnes Schoch, Vorarbeiten zu einer pädagogischen Kommunikationstheorie
987 Augusto Boal, Theater der Unterdrückten
989 Brecht-Jahrbuch 1979
991 Ruggiero Romano u. a., Die Gleichzeitigkeit des Ungleichzeitigen
992 Naturalismus/Ästhetizismus. Herausgegeben von Bürger/Schutte-Sasse
993 Ginette Raimbault, Kinder sprechen vom Tod
996 Starnberger Studien 3
1000 Stichworte zur ›Geistigen Situation der Zeit‹ 1. Band, Nation und Republik; 2. Band, Politik und Kultur. Herausgegeben von Jürgen Habermas.

Alphabetisches Verzeichnis der edition suhrkamp